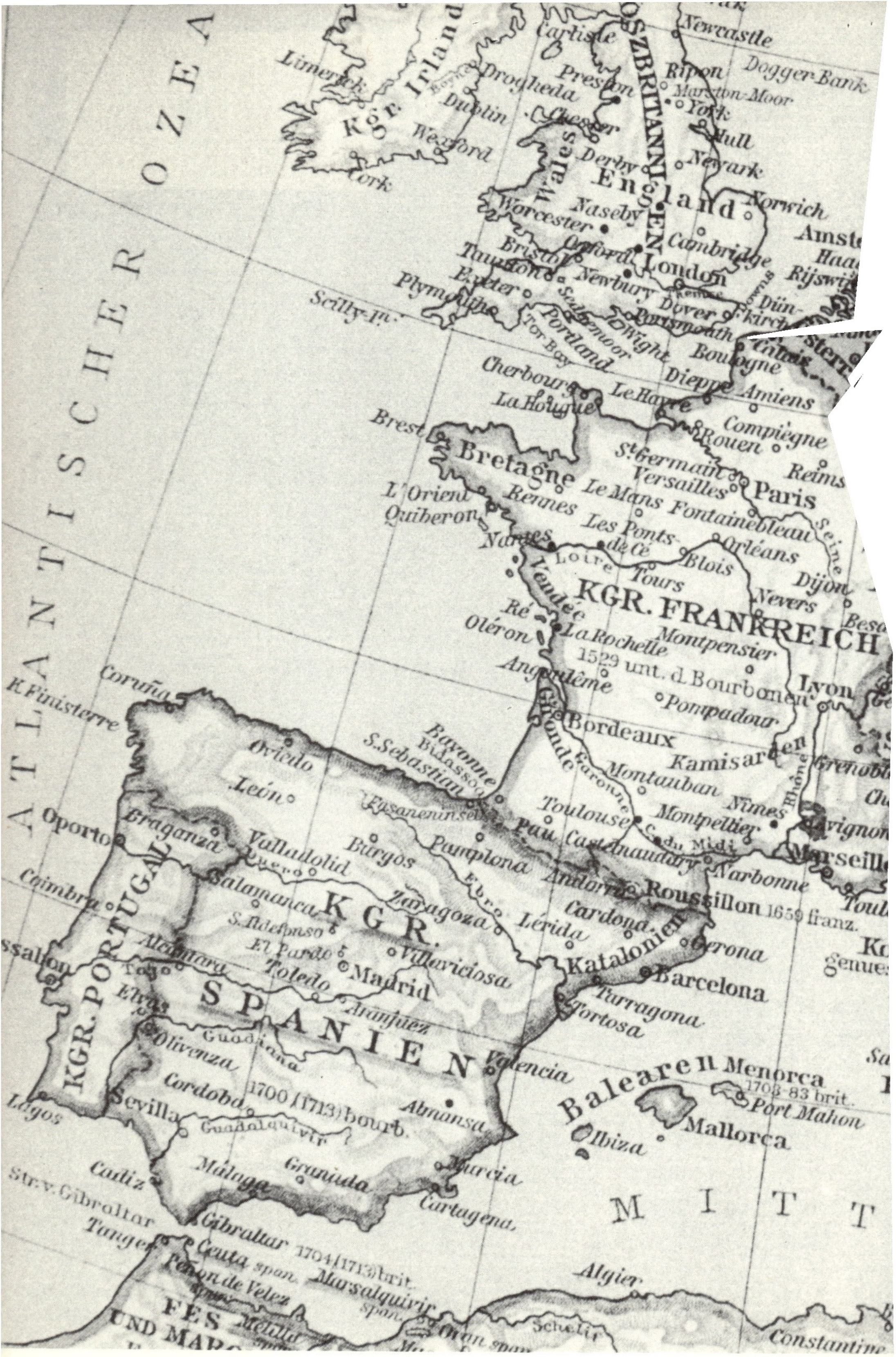
ATLANTISCHER OZEAN
Kgr. Irland
Limerick
Drogheda
Dublin
Wexford
Cork
Carlisle
Newcastle
Ripon
Dogger-Bank
Preston
Marston-Moor
York
Chester
Hull
Derby
Newark
Wales
England
GROSZBRITANNIEN
Norwich
Worcester
Naseby
Cambridge
Bristol
Oxford
Taunton
Newbury
London
Exeter
Plymouth
Dover
Scilly-In.
Portsmouth
Sedgemoor
Portland
Wight
Tor Bay
Dünkirchen
Boulogne
Calais
Cherbourg
Dieppe
Amiens
La Hougue
Le Havre
Brest
Compiègne
Rouen
Bretagne
St. Germain
Reims
Versailles
Paris
L'Orient
Rennes
Le Mans
Fontainebleau
Quiberon
Les Ponts-de Cé
Orléans
Nantes
Loire
Blois
Seine
Tours
Dijon
Vendée
KGR. FRANKREICH
Nevers
Ré
Oléron
La Rochelle
Montpensier
1529 unt. d. Bourbonen
Angoulême
Lyon
Pompadour
Coruña
K. Finisterre
Bordeaux
Gironde
Bayonne
Bidassoa
S. Sebastian
Oviedo
Kamisarden
Montauban
Garonne
Rhône
León
Toulouse
Nîmes
Montpellier
Oporto
Braganza
Pau
Pamplona
Valladolid
Burgos
Marseille
Duero
Castelnaudary
Narbonne
Coimbra
Salamanca
Andorra
Roussillon 1659 franz.
Zaragoza
KGR. PORTUGAL
KGR.
Ebro
Lérida
Cardona
S. Ildefonso
El Pardo
Katalonien
Gerona
Alcántara
Villaviciosa
Madrid
Toledo
Barcelona
Tajo
Elvas
SPANIEN
Aranjuez
Tarragona
Tortosa
Guadiana
Olivenza
Valencia
Menorca
1708-83 brit.
Cordoba
Balearen
Port Mahon
Lagos
Sevilla
1700 (1713) bourb.
Almansa
Guadalquivir
Mallorca
Ibiza
Cadiz
Málaga
Granada
Murcia
Str. v. Gibraltar
Cartagena
MITT
Tanger
Gibraltar 1704 (1713) brit.
Ceuta span.
Peñon de Velez
Marsalquivir span.
Algier
FES UND MAR
Melilla
Oran span.
Constantine

Eur

KGR. DÄNEMARK
Kopenhagen
Blekinge
Brömsebro
Schonen
Karlskrona
Malmö
Bornholm
Schleswig
Stralsund
Rügen
Holstein
Wismar
Lübeck
Pommern
Danzig
Hamburg
Mecklenbg.
Stettin
Bremen
Hannover
Fehrbellin
Minden
Brandenburg
Berlin
Kassel
Leipzig
Hessen
Sachsen
Dresden
DEUTSCHES REICH
Frankfurt
Prag
Bayreuth
Ansbach
Nürnbg.
Böhmen
Stuttg.
Regensbg.
Straßbg.
Donau
Bayern
München
Konstanz
Salzbg.
Österreich
Wien
Innsbruck
Tirol
Kärnten
Steiermark
Trient
Laibach
Krain
Triest
Venedig
Mantua
Parma
Modena
Bologna
Lucca
Florenz
Toskana
1737 habsb.
Ancona
Tolentino
Stato dei Presidi
Viterbo
Rom
Tiber
KIRCHENSTAAT
REPUBL. VENEDIG
Adriatisches M.
Chieti
Pontecorvo
Benevent
Neapel
Salerno
1714 österr.
1735 bourb.
Bitonto
Bari
Tarent
Otranto
KGR. BEIDER SIZILIEN
ARDINIEN
österr.
m. (savoyisch)
Cagliari
Tyrrhenisches M.
Palermo
Messina
Reggio
Sizilien
Catania
Augusta
Syrakus
1735 bourb.
Schaulen
Birsen
Düna
Memel
Litauen
Tauroggen
Kowno
Wilna
Holowtschin
Königsberg
Labiau
Wehlau
KGR. PREUSSEN
Grodno
Minsk
Bialystok
Thorn
Bromberg
Pultusk
KGR. POLEN
Posen
Warschau
Praga
Brest Litowsk
Pinsk
Fraustadt
Radom
Maziejowice
unter sächsischen König
1697–1763
Breslau
Lublin
Schlesien
1742 preuß.
Klissow
Sandomir
Wolhynien
Berditschew
Krakau
Lemberg
Brody
Weichsel
Olmütz
Galizien
Podhajce
Podolien
Mähren
Brünn
Bartfeld
Kamieniez
Neusohl
Munkacz
Czernowitz
Kaschau
Bukowina
1775 österr.
Preßburg
March
Neuhäusel
Erlau
Debreczin
Moldau
Jassy
Raab
Ofen
Pest
Gr. Wardein
Eisenbg.
Graz
Klausenbg.
KGR. UNGARN
1687 (99) österr.
St. Gotthard
Siebenbürg.
1688 (95) österr.
Szegedin
Maros
Hermannst.
Drau
Agram
Temesvár
Lugos
Kronstadt
Mohacs
Peterward.
Banat
bis 1718 türk.
Slawonien
Slankamen
Kleine
Große
Walachei
Bihać
Karlowitz
Belgrad
Grotzka
Passarowitz
1718–39 österr.
Bukarest
Bosnien
Serajewo
Donau
Serbien
Widin
Nikopolis
Sistowa
Dalmatien
Herzegowina
Nisch
Bulgarien
Sofia
Philippopel
Rep. Ragusa
Montenegro
Cattaro
Skutari
Üsküb
Durazzo
Rumelien
Kawala
Albanien
Saloniki
Lemnos
Tenedos
Janina
Larissa
Mytilene
Korfu
Parga
Chios
Liwadia
Kephalonia
Zante
Ionische In.
Morea
Korinth
Naxos
OSMANISCHES

m 1785

Joachim Kannicht · Und alles wegen Napoleon

Joachim Kannicht

Und alles wegen Napoleon

Aus dem Kriegstagebuch des Georg von Coulon, Major der Königlich Deutschen Legion, und den Briefen seiner Frau Henriette
1806–1815

Bernard & Graefe Verlag

Lithos: Repro GmbH, Ergolding
Gesamtherstellung: Druckerei Mühlberger GmbH, Augsburg
Herstellung und Layout: Walter Amann, München
Printed in Germany

ISBN 3-7637-5833-X

Inhalt

Über die Legion – Ein vorgezogenes Nachwort

»In der Stunde der Gefahr – in der Stunde des Todes – auf dem stürmischen Ocean – wie in dem Feldlager – von Mangel und Entbehrungen niedergebeugt, oder durch Glück und Sieg gehoben – überall finden wir sie standhaft, furchtlos, gemäßigt und brav; ihrem Könige treu – ihrem Vaterlande ergeben – die dargebotenen Bestechungen entehrender Knechtschaft mit Verachtung von sich weisend – und ihre theuersten Interessen willig der Freiheit und dem Rechte opfernd. Wir haben sie in der friedlichen Ruhe des gesellschaftlichen Lebens gesehen – und unter des Mißgeschicks entmuthigendem Druck – den Rückzug deckend – und voraneilend in der Schlacht – mit ritterlichem Muthe ihre Kriegsgefährten aus der Mitte der Feinde befreiend, und ihren letzten Bissen Brod mit ihren treuen Schlachtgenossen theilend. Wir sind ihnen in die schneebedeckten Gebirge Galliziens – in die verpesteten Sümpfe Hollands – in die stürmischen Regionen des Nordens und in die sanfteren Zonen des Südens gefolgt; – allein, gleichviel ob unter Italiens mildem Himmel oder auf Hollands sumpfigem Boden – in Spaniens Gebirgen oder in den eisigen Gefilden des Nordens – in den geselligen Kreisen des Friedens oder unter dem Waffengeräusch – in der Gefahr des Sturmes oder in dem Toben der Schlacht – zu allen Zeiten und an allen Orten – ist es derselbe tapfere, sanftmüthige, geduldige, treue, ehrenwerthe deutsche Soldat!«

Aus »Geschichte der Königlich Deutschen Legion«, 1832, von N. Ludlow Beamish, Kgl. Großbritannischer Major a. D., Mitglied der Königlichen Gesellschaft der Wissenschaften.

Einführung: Die Sorge um das tägliche Brot – vielleicht auch Patriotismus

Georg von Coulon verließ im Jahr 1806 seine Heimat, um als Capitain, später als Major, der Königlich Deutschen Legion gegen Napoleon zu kämpfen. Durch die Convention von Suhlingen im Juni 1803 und durch ihre verschärfte Formulierung vom 5. Juli war die hannoversche Armee aufgelöst worden, in die er 1778 eingetreten war.

Das Tagebuch berichtet aber nicht nur über die Erlebnisse Coulons von seiner Emigration im Jahre 1806 bis zur Rückkehr in die Heimat nach sieben Jahren. Es bietet vielmehr zugleich einen einzigartigen, erschütternden und manchmal auch ein wenig erheiternden Blick in ein Familienschicksal, in dem Frau Henriette von Coulon, geborene Klemmen, eine überaus eindrucksvolle Rolle spielt.

Wie der Name verrät, stammt die Familie der de Coulon (die sich übrigens auch Colon, Collon, Colom und auch Colomb schreibt) aus der Bourgogne. Da sie dem protestantischen Glauben anhing, verließ sie 1685 nach der Aufhebung des Edikts von Nantes Frankreich; dort hatten die Coulons als Besitzer von Glasfabriken angesehene Ämter bekleidet.

Auf einem Portrait aus dem Jahre 1810, vier Jahre später also als das Tagebuch von der bevorstehenden Trennung der Familie spricht, blickt der Capitain Georg von Coulon eher distinguiert und kühl als kriegerisch aus dem runden goldenen Rahmen, den Daumen der rechten Hand in den Überschlag seiner roten Uniformjacke geschoben. Das Bild wurde von einem Maler namens Joseph Politi in Syracuse auf Sizilien gemalt. Georg von Coulon schickte es seiner Frau mit der Bemerkung, es gleiche ihm ziemlich, »obschon ein wenig zuviel Röthe im Gesicht angebracht ist«.

Georg von Coulon und seine drei Brüder waren dem Vorbild ihres Vaters gefolgt und in die Kur-Hannöversche Armee eingetreten. Georg wurde 1778 Kadett im 4. Infanterie-Regiment und am 17. Mai 1801 Hauptmann. 1791 heiratete er, noch als Regiments-Quartiermeister im Range eines Fähnrichs, die 24jährige Henriette Maria Klemmen, die Tochter des Johan Erich Klemmen, Rittmeister im Kur-Hannöverschen Regiment No. 3 zu Stade.

Das Einkommen des Fähnrichs Georg von Coulon, der als Regimentsquartiermeister das Gehalt eines Leutnants bezog, reichte nicht für Rücklagen aus. Henriettes Mutter, schon frühzeit verwitwet, dürfte also die Konsenssumme hinterlegt haben, ohne die nicht geheiratet werden durfte.

1792 wurde ihnen ein Sohn, Friedrich, geboren. Ihm folgten 1797, 1801 und 1803 die Töchter Amalie Wilhelmine, Louise Henriette und Charlotte Caroline. Mit dem Einkommen eines Capitains, eines Hauptmanns, hätte die Familie mit den vier Kindern wohl ein einigermaßen sorgenfreies Leben führen können.

Nach der Besetzung des Kurfürstentums Hannover durch die Franzosen im Jahre 1803 sah das freilich ganz anders aus. Die Sorge wuchs, in Elend und Armut zu geraten, und so nahmen am 18. Juli 1806 die Ehegatten Abschied voneinander: der Capitain mit der Ordre, sich in England zu melden; die Ehefrau, mit vier Kindern zurückbleibend, mit der Hoffnung auf ein nicht allzu fernes Wiedersehen – und: von überallher, wohin auch immer der Kriegsdienst ihren Mann verschlagen würde, so viel Geld zu erhalten, daß sie alle genug zum Leben haben würden.

»UND ALLES WEGEN NAPOLEON« ist also kein Kriegstagebuch voller Heldentaten und bravouröser Unternehmungen; es wird eher die in jenen Jahren nicht einmal ungewöhnliche Geschichte einer nicht ungewöhnlichen Familie erzählt, die in die Mahlsteine des Krieges gerät und im Glauben an Gott, mit Treue und mit Liebe aushält, was das Schicksal für sie bestimmt hat. Das erfordert – man scheut sich fast es zu schreiben – viel stilles Heldentum der »Jette« (wie Henriette von Coulon genannt wurde) und viel Treue auch von ihrem Soldaten-Ehemann, der seine Pflicht erfüllt und dabei nie vergißt, daß es für ihn keinen schöneren Lohn geben kann, als ehrenvoll und wohlbehalten zu seiner Familie zurückzukehren. Es war keine Kriegslust, nicht die Freude am Abenteuer, die den Georg von Coulon hinaustrieb. Es war die nackte Sorge um das tägliche Brot, das Verantwortungsgefühl für die Seinen und die Erkenntnis, mit dem Handwerk noch etwas anfangen zu können, das er erlernt hatte: das Kriegshandwerk. Sicher war auch etwas Patriotismus dabei, wie ihn damals ein Hannoveraner empfand: Ablehnung Frankreichs, das Gefühl der Verpflichtung gegenüber dem englischen Souverän von Hannover.
Vielleicht veranlaßte ihn, der gottesfürchtig und konservativ erzogen worden war, auch die Überzeugung, daß von der Französischen Revolution nichts Gutes zu erwarten sei, zu dem Entschluß, sich dem englischen König im Kampf gegen Napoleon zur Verfügung zu stellen.

Die Königlich Deutsche Legion, in die Georg von Coulon im Juli 1806 als Capitain (Hauptmann) eintrat, nahm an folgenden Einsätzen teil:

- ☐ Expedition nach Hannover im Jahr 1805
- ☐ Expeditionen nach dem Baltischen Meer 1807–1808
- ☐ Expedition und Station am Mittelmeer (einschließlich Gibraltar, Sizilien, Malta, Korsika und dem Festland Italien) 1806–1816
- ☐ Feldzüge auf der Pyrenäischen Halbinsel (einschließlich Operationen in Katalonien) 1808–1813
- ☐ Expedition nach der Schelde 1809
- ☐ Feldzüge im südlichen Frankreich 1813–1814
- ☐ Operationen im nördlichen Deutschland 1813–1814
- ☐ Station in den Niederlanden 1814–1815
- ☐ Schlacht von Waterloo und Feldzug von 1815

Der historische Hintergrund

1769	15. 8.:	Napoleon Buonaparte in Ajaccio/Korsika geboren, das seit 1768 französisch ist.
1774	10. 5.:	Ludwig XVI. wird König von Frankreich.
1778		Georg v. Coulon wird Kadett im 4. Infanterie-Regiment der Kur-Hannöverschen Armee.
1779		Napoleon wird Kadett in Brienne und geht 1785 als Offizier nach Valence/Rhone.
1786		Friedrich II., der Große, stirbt in Sanssouci. Friedrich Wilhelm II. wird König von Preußen.
1788		Karl IV. wird König von Spanien.
1789	17. 6.:	Der Dritte Stand erklärt sich in Versailles zur Nationalversammlung.
	14. 7.:	Sturm auf die Pariser Bastille. Ausbruch der Französischen Revolution.
1790		Die Österreichischen Niederlande erklären sich für unabhängig.
	20. 2.:	Kaiser Joseph II. stirbt. Leopold II. folgt auf den Thron

		und wird im September zum römisch-deutschen Kaiser gewählt.
	2. 12.:	Österreichische Truppen besetzen Brüssel.
1791		Die französische Königsfamilie flieht im Juni, wird in Varennes gestellt und muß wieder nach Versailles zurückkehren.
	14. 7.:	Napoleon legt als Offizier den Eid auf die Verfassung ab, die am 3. September in Kraft tritt.
		Georg v. Coulon heiratet, noch im Range eines Fähnrichs, Henriette Maria Klemmen.
1792		Krieg Frankreichs gegen Österreich und Preußen; der 1. Koalitionskrieg dauert bis 1797.
	1. 3.:	Leopold II. stirbt. Sein Sohn Franz II. wird Kaiser.
	29. 3.:	In Schweden wird Gustav IV. Adolf König.
	10. 8.:	Erstürmung der Tuilerien in Paris.
	31. 8.:	Napoleon wird zum Hauptmann ernannt.
	20. 9.:	Kanonade von Valmy. Die preußischen Truppen ziehen sich zurück, Frankreich besetzt das linke Rheinufer.
	25. 9.:	Das Königtum wird in Frankreich abgeschafft.
	6. 11.:	Frankreich besetzt die Österreichischen Niederlande nach dem Sieg bei Jemappes.
1793	21. 1.:	Ludwig XVI. von Frankreich wird hingerichtet. Daraufhin schließen sich England, Holland, Spanien, Portugal, Sardinien, Neapel und das Deutsche Reich der Koalition Österreich–Preußen an.
	31. 1.:	Frankreich erklärt England und Holland den Krieg.
	7. 2.:	Kriegserklärung an Spanien.
	22. 2.:	Das Reich erklärt Frankreich den Krieg.
	19. 10.:	Napoleon wird zum Major befördert.
	22. 12.:	Nach der Kapitulation Toulons, das von den Engländern am 27. August besetzt worden war, wird Napoleon, der sich bei den Kämpfen ausgezeichnet hatte, zum Brigadegeneral befördert.
1794		Napoleon geht als Artilleriekommandeur nach Italien und wird im August wegen seiner Freundschaft mit dem am 28. Juli hingerichteten Robespierre zwei Wochen unter Arrest gestellt.
1795	5. 4.:	Friede zwischen Frankreich und Preußen in Basel.
	8. 6.:	Der Graf von Provence nimmt nach dem Tod von König Ludwig XVII. den Titel Ludwig XVIII. an.
	5. 10.:	Napoleon schlägt den Aufstand der Royalisten nieder und wird zum Divisionsgeneral ernannt.
1796	2. 3.:	Napoleon wird Oberbefehlshaber der Italien-Armee.

	9. 3.:	Heirat mit Josephine de Beauharnais, der Witwe des Generals Alexandre de Beauharnais.
	17. 11.:	Paul I. wird Zar von Rußland.
1797		Nach zahlreichen Siegen der Franzosen über die Österreicher wird am
	18. 4.:	der Vorfriede von Leoben zwischen Frankreich und Österreich geschlossen.
	6. 6.:	Napoleon gründet die Cisalpinische Republik.
	17. 10.:	Im Frieden von Campoformio tritt Österreich Belgien, die Lombardei und das linke Rheinufer an Frankreich ab. Österreich erhält Venedig und erkennt die Cisalpinische Republik an.
	16. 11.:	Friedrich Wilhelm II. von Preußen stirbt. Sein Sohn Friedrich Wilhelm III. wird preußischer König.
1798	1. 7.:	Napoleon siegt als Oberbefehlshaber der nach Ägypten entsandten Armee bei den Pyramiden.
	1. 8.:	Beginn der Seeschlacht von Abukir, in deren Verlauf der britische Admiral Nelson die französische Flotte vernichtet.
1799	23. 8.:	Nach Siegen in Syrien und bei Abukir über ein türkisches Heer verläßt Napoleon seine Armee und kehrt nach Frankreich zurück.
	9. 10.:	Napoleon stürzt das Direktorium und löst den Rat der Fünfhundert auf. Gemeinsames Konsulat mit Sieyès und Ducos.
	24. 12.:	Napoleon wird Erster Konsul für die Dauer von zehn Jahren. Es wird die »Parthenopäische Republik« (Neapel) gegründet.
1800	5. 5.:	Beginn des zweiten Italien-Feldzuges, in dessen Verlauf Napoleon Mitte Juni bei Marengo über die Österreicher siegt.
1801	9. 2.:	Im Frieden von Lunéville wird der Vertrag von Campoformio (1797) bestätigt.
	24. 3.:	Zar Paul I. von Rußland wird ermordet, Alexander I. folgt auf den Thron.
	2. 4.:	In der Seeschlacht vor Kopenhagen siegt der britische Admiral Nelson über die dänische Flotte.
1802	25. 3.:	Der Friede von Amiens zwischen Frankreich und England beendet den zweiten Koalitionskrieg, der am 12. März 1799 begonnen hatte.
	3. 8.:	Napoleon wird Konsul auf Lebenszeit.
1803	25. 2.:	Reichsdeputationshauptschluß zu Regensburg. Das Reich wird neu geordnet: Die vergrößerten Staaten Bayern, Württemberg, Baden, Hessen-Darmstadt und Nassau schließen sich Frankreich an und kämpfen ab 1805 auf seiten Frankreichs. Nachdem sie am 1. August 1806 aus dem Deutschen

Reich ausgetreten sind, legt Kaiser Franz II. die Kaiserkrone nieder.

Die Franzosen besetzen das Kurfürstentum Hannover, das seit 1714 mit England durch Personal-Union verbunden ist.

Die hannoversche Armee wird aufgelöst.

1804 18. 5.: Napoleon ernennt sich zum »Kaiser der Franzosen«.

1805 Dritter Koalitionskrieg (England, Österreich, Rußland) gegen Frankreich.

26. 5.: Napoleon wird in Mailand zum König von Italien gekrönt.

21. 10.: Nelson siegt bei Trafalgar über die französisch-spanischen Seestreitkräfte und wird tödlich verwundet.

2. 12.: Sieg Napoleons in der »Dreikaiserschlacht« bei Austerlitz über die russischen und österreichischen Armeen.

15. 12.: Frankreich und Preußen schließen im Vertrag von Schönbrunn ein Schutzbündnis.

Preußen erhält von Frankreich, ohne gefragt zu werden, Hannover.

26. 12.: Frankreich und Österreich schließen den Frieden von Preßburg, der Gebietsverluste für Österreich bringt.

Napoleon entthront das Haus Bourbon in Neapel und begründet dies mit Neutralitätsbruch, da dort die Landung einer 20 000 Mann starken russisch-englischen Armee zugelassen wurde.

1806 Napoleons Bruder Joseph wird nach der Vertreibung der Bourbonen König von Neapel.

1. 7.: Bündnis zwischen Preußen und Rußland.

Napoleon bietet das an Preußen gegebene Hannover England wieder an.

Capitain Georg v. Coulon geht nach England, um in der Königlich Deutschen Legion gegen Frankreich zu kämpfen.

7. 10.: Ultimatum Preußens an Frankreich. Der vierte Koalitionskrieg beginnt.

14. 10.: In der Doppelschlacht bei Jena und Auerstädt siegen Napoleon und Davout über die preußische Armee.

7. 11.: Preußen kapituliert und schließt mit Frankreich einen Waffenstillstand.

21. 11.: Napoleon verkündet in Berlin die Kontinentalsperre.

1807 28. 1.: Preußen und England schließen den Frieden von Memel.

7. 2.: Französischer Sieg bei Preußisch Eylau.

Hannover bleibt von den Franzosen besetzt.

England erhält eine neue Staats- und Kriegsleitung, die ganz im Sinne von William Pitt, dem 1806 gestorbenen Premierminister, arbeitet: »Der Weltkrieg ist ein sehr gutes und der Weltfrieden ein sehr schlechtes Geschäft.«

August: Der franzosenfeindliche schwedische König Gustav IV., der sich in den Krieg gegen Napoleon eingelassen hatte, muß die Stadt Stralsund und Rügen räumen. Ende August besetzen die Franzosen nach Abzug der Legion die geräumten Gebiete.

6. 8.: Der englische Diplomat Jackson stellt in Kiel dem Prinzregenten Friedrich für die dänische Flotte ein Ultimatum: »Entweder freiwillig mit England oder gezwungen.«

Drei Tage vor diesem Ultimatum erscheint der englische Admiral Gambier von Yarmouth aus mit einer starken Flotte im Sund. Er zieht alle in der Ostsee befindlichen englischen Flottenteile zusammen. Es sind 36 Kriegsschiffe, davon 18 Linienschiffe, 500 Lastschiffe. Als Landungstruppe sind die 10000 Hannoveraner der Königlich Deutschen Legion vorgesehen, die sich in Rügen und in Pommern befinden.

2. 9.–5. 9.: Kopenhagen wird mit 110 Geschützen beschossen. 2000 Menschen finden den Tod. Chef der Belagerungsarmee ist Sir Arthur Wellesley. England bringt von der dänischen Flotte 18 Linienschiffe, 15 Fregatten, 6 Briggs, 11 Kanonenboote mit 2 und 14 mit einer Kanone in seinen Besitz.

7. 9.: Im Tilsiter Frieden zwischen Frankreich auf der einen und Preußen und Rußland auf der anderen Seite beschließt Napoleon, die ganze Ostsee in das System der Kontinentalsperre einzufügen und sie zu einem »mare clausum« zu machen. Frankreich, Rußland und Schweden verfügen über 40 Linienschiffe.

Das Königreich Westfalen wird gebildet. Warschau wird Großherzogtum, Danzig Freie Stadt.

21. 10.–16. 11.: Die englische Flotte gerät während der Rückfahrt von Kopenhagen nach England vor Yarmouth in ein starkes Unwetter und erleidet schwere Verluste an Soldaten und Schiffen.

November: Die Franzosen besetzen Portugal.

Dezember: Dänemark schließt sich Frankreich an.

1808 Krieg Napoleons gegen Spanien und Portugal bis 1814, 80000 Soldaten rücken ein.

März: Madrid wird eingenommen.

Der von England geplante Handstreich gegen Ceuta wird abgeblasen. Die hierfür vorgesehenen Truppen gehen als Verstärkung nach Sizilien. Die englischen Garnisonen auf Sizilien waren: Syracusa, Augusta, Catania, Taormina, Messina, Milazzo, Palermo und Trapania.

	19. 3.:	Karl IV. von Spanien verzichtet zugunsten seines Sohnes Ferdinand VII. auf den Thron.
	2. 5.:	Ferdinand VII. dankt ab. Die spanische Bevölkerung erhebt sich gegen die französische Fremdherrschaft.
	6. 6.:	Der bisher in Neapel residierende Bruder Napoleons Joseph erhält die Krone Spaniens. Der Eroberer Madrids, Marschall Joachim Murat, mit der jüngsten Schwester Napoleons, Caroline, verheiratet, wird Josephs Nachfolger als König von Neapel.
	August:	Engländer landen in Portugal und bereiten dem französischen General Junot eine Niederlage.
	12. 10.:	Allianzvertrag zwischen Frankreich und Rußland.
	5. 10.:	Napoleon rückt mit seinen Truppen in Spanien ein.
	4. 12.:	Madrid wird von den Franzosen wieder eingenommen.
		Die Engländer müssen Spanien räumen.
		Guerillakrieg der Spanier gegen die Franzosen.
		Der englische General Wellesley wirft General Soult aus Oporto. Nach dem entscheidenden Sieg über König Joseph bei Talavera im Juli 1809 wird Wellesley zum Lord Wellington erhoben.
		Georg v. Coulon befindet sich seit April auf Sizilien.
1809	Juni:	Englische Expedition von Syracusa aus in den Golf von Neapel. Eroberung der Inseln Ischia und Proscita.
	14. 10.:	Der seit April dauernde fünfte Koalitionskrieg wird von Österreich durch den Frieden von Schönbrunn beendet, durch den Frankreich u. a. Galizien und Triest erhält.
1810		Die Franzosen dringen in Andalusien vor.
		Wellington zieht sich nach Portugal auf die Höhen Torres Vedras an der Küste zurück.
	2. 4.:	Napoleon heiratet die Tochter des österreichischen Kaisers Franz I., Erzherzogin Marie Louise, nachdem seine Ehe mit Josephine Ende des Vorjahres für ungültig erklärt wurde.
	September:	Die Franzosen versammeln 30 000 Mann in Kalabrien und unternehmen einen vergeblichen Landungsversuch auf Sizilien bei Messina mit 3000 Soldaten. Ende September ziehen sie sich nach Neapel zurück.
1811		Wellington besiegt von den Höhen Torres Vedras aus General Massena.
	Dezember:	Englische Truppenkonzentration in Milazzo als Drohung gegen die englandfeindliche Haltung des Königs in Palermo. Sir Bentinck verlangt ultimativ vom König und der Königin die Abdankung zugunsten ihres ältesten Sohnes, Einführung

		einer Verfassung nach englischem Muster und Verteilung der sizilianischen Garnison auf andere Orte. Englische Einheiten sollen in Palermo stationiert werden.
1812	24. 2.:	Militärbündnis zwischen Frankreich und Preußen.
	14. 3.:	Bündnis zwischen Frankreich und Österreich.
	April:	Rußland stellt Frankreich ein Ultimatum.
	24. 6.:	Napoleon beginnt den Feldzug gegen Rußland.
	14. 9.:	Moskau wird eingenommen.
	15. 9.:	Moskau beginnt zu brennen.
	Oktober:	Der Rückzug aus Rußland beginnt.
	Dezember:	Napoleon eilt nach Paris zurück, wo es im Oktober zu einer Verschwörung gekommen ist.
	30. 12.:	Der preußische General Yorck von Wartenburg schließt einen Waffenstillstand mit Rußland, die »Konvention von Tauroggen«.
		Die Franzosen geben Südspanien auf. Wellington belagert Ciudad Rodrigo.
1813	17. 2.:	Georg v. Coulon wird zum Major beim I. Linien-Bataillon ernannt, das in Portugal und Spanien eingesetzt ist.
	27. 2.:	Bündnis zwischen Rußland und Preußen.
	15. 3.:	Kriegserklärung Preußens an Frankreich.
	14. 6.:	England, Österreich und Preußen schließen den Vertrag von Reichenbach.
	21. 6.:	Wellington siegt bei Vitoria/Spanien. Die Franzosen werden fast aus ganz Spanien verdrängt.
	11. 8.:	Österreich erklärt Frankreich den Krieg.
	9. 9.:	Bündnis zwischen Österreich, Preußen und Rußland.
	16. 9.:	Beginn der Völkerschlacht bei Leipzig, die nach dreitägigem Ringen mit einer Niederlage Napoleons endet.
	11. 12.:	Joseph Bonaparte wird in Spanien abgesetzt. Ferdinand VII. kehrt auf den Thron zurück.
1814	Februar:	Die Franzosen ziehen sich nach der Schlacht bei La Rothiere zurück.
		Napoleons Schwager Murat geht in das Lager der Verbündeten über.
	1. 3.:	Es kommt zum Viererbündnis England, Rußland, Preußen, Österreich.
	12. 3.:	Wellington erobert Bordeaux.
	30. 3.:	Paris kapituliert. Die Alliierten ziehen in die französische Hauptstadt ein.
	1. 4.:	Sturz Napoleons. Talleyrand bildet eine provisorische Regierung. Ludwig XVIII. wird König von Frankreich.

	6. 4.:	Abdankung und Verbannung Napoleons nach Elba. Wellington siegt über General Soult bei Toulouse.
	30. 5.:	Erster Friede zu Paris, mit dem Frankreichs Territorialbestand von 1792 zugesichert wird.
	30. 10.:	Der Wiener Kongreß wird eröffnet. Hannover wird Königreich. König von Hannover ist Georg III. von England in Personalunion.
1815	1. 3.:	Napoleon landet bei Cannes und zieht am 20. 3. in Paris ein. Ludwig XVIII. flieht nach Gent. Wellington zieht im Mai in Belgien eine englisch-deutsche Armee zusammen. Blücher befehligt eine preußische Armee.
	12. 6.:	Napoleon rückt gegen die Verbündeten vor, greift Blücher bei Ligny/Belgien an und zwingt ihn zum Rückzug. Wellington siegt gegen Marschall Ney bei Quatre Bras.
	18. 6.:	Die Schlacht bei Waterloo (Belle-Alliance) beginnt. Wellingtons Armee, die aus 24 000 Engländern, 13 000 Niederländern, 30 000 Hannoveranern, Braunschweigern und Nassauern besteht, wird zum Weichen gezwungen. Blücher entscheidet mit seinen über 40 000 Preußen den Kampf.
	22. 6.:	Napoleon dankt zum zweiten Mal ab, will nach Amerika ins Exil gehen, wird jedoch durch die englische Blockade der Häfen daran gehindert.
	7. 7.:	Wellington und Blücher ziehen in Paris ein. Napoleon wird nach St. Helena verbannt, wo er am 17. Oktober eintrifft. Er stirbt dort am 5. Mai 1821.
	13. 10.:	Murat landet in Kalabrien, versucht sein ehemaliges Königreich Neapel zurückzuerobern, wird gefangengenommen und kriegsrechtlich erschossen.
	25. 10.:	Georg v. Coulon wird auf Halfpay gesetzt, wird pensioniert und reist nach Stade.
	22. 11.:	Nach über neunjährigem Dienst in der Königlich Deutschen Legion ist er wieder mit seiner Familie vereint.

Hintergrund: Die Französische Revolution und Napoleon

Für Frankreich war die Französische Revolution zunächst ein Vorgang, durch den der Absolutismus der Demokratie und die Klassengesellschaft der sozialen Gleichheit weichen mußte. Im größeren Zusammenhang gesehen, war diese Revolution aber keine nur französische Bewegung, sondern eine europäische; man muß sie in ihrer Verbindung mit den vorhergegangenen Revolutionen in England und Nordamerika bewerten. Sie ist keineswegs die erste, wohl aber für Frankreich, Europa und die Welt die folgenreichste Revolution, in der bis auf den heutigen Tag in einigen Ländern die Schlagworte des Jahres 1789 »Freiheit, Gleichheit, Brüderlichkeit« ihre politisierende Kraft nicht verloren haben.
Oft wird die vom französischen Adel zu verantwortende Mißwirtschaft als Hauptgrund der Revolution genannt. Doch viele Adelige waren keineswegs reich oder Unterdrücker einer ausgebeuteten Bevölkerung. Seit 1789 gab es keine Leibeigenschaft mehr, abgesehen von etwa einer Million Leibeigener, vor allem auf Klostergütern. Allerdings mußten die Bauern nach wie vor Abgaben entrichten, und rechnet man diese zusammen, dann blieb etwa nur die Hälfte dessen für sie übrig, was sie sich erwirtschaftet hatten. Über die Hälfte der Grundbesitzer besaß weniger Land, als zum Leben notwendig war, und die Landwirtschaft war bei weitem nicht so leistungsfähig wie beispielsweise die englische. Aber es gab auch Gebiete, in denen kein Hunger herrschte. Ohne den Aufstand der Bevölkerung von Paris und ohne die Agitation von »Revolutionären« hätte wohl die Rebellion der Bauern gegen die Grundherren auf sich warten lassen, – so wie auch die hungernden Pariser kaum die Bastille gestürmt hätten, ohne dazu aufgehetzt worden zu sein.
Es waren Vertreter der sogenannten Bourgeoisie, die eine Neuordnung der Verhältnisse wünschten; nicht der wirtschaftlichen, denn den Kaufleuten, Fabrikanten, Wissenschaftlern, Ärzten ging es nicht schlecht. Im Gegenteil, sie konnten es mit dem Adel aufnehmen. Sie hatten nur politisch nichts zu sagen. Deswegen wollten sie die Privilegien des Adels und des Klerus beseitigen, mehr Einfluß im Staat, mehr Macht. Bei ihnen hatten die Gedanken der Aufklärung und der Revolution einen besonders fruchtbaren Boden gefunden.
Der Ruf nach Freiheit wurde immer lauter. Freilich verstand jeder unter Freiheit etwas anderes: Der Adel verlangte die Wiederherstellung früherer Rechte, die Kirche und der Dritte Stand – Bürger, Bauern, Handwerker und Arbeiter – forderten Schutz vor Eingriffen des Staates. Der Dritte Stand wandte sich nicht nur gegen den König und Adel, sondern auch gegen die Kirche. Er repräsentierte die überwiegende Mehrheit der Bevölkerung, die damals in Frankreich rund 26 Millionen zählte. Daher trat er dafür ein, im Parlament nicht mehr nach Klassen,

sondern nach Köpfen abzustimmen, wobei noch gar nicht daran gedacht wurde, etwa die Monarchie abzuschaffen.
Als der König Truppen nach Paris verlegen ließ – meist deutscher und schweizerischer Abstammung – und der Eindruck entstand, das Militär solle die kritischen und fordernden Stimmen unterdrücken, kam es zu ersten nennenswerten Zusammenrottungen, Zwischenfällen und Plünderungen. Das Volk ließ sich durch nichts beruhigen, erstürmte die Bastille, die seit Richelieu als Staatsgefängnis diente, und massakrierte den alten Festungskommandanten, Marquis de Launay, sowie einige seiner Soldaten. Das abgeschlagene Haupt des Marquis wurde als Zeichen des Sieges durch die Straßen getragen. Diejenigen, die an »Freiheit, Gleichheit, Brüderlichkeit« glaubten, störte das nicht, und auch heute geht man ja wohl mit dem Sprichwort »Wo gehobelt wird, fallen Späne«, über die Begleiterscheinungen hinweg, die den Glanz der menschheitsbeglückenden Französischen Revolution nicht gerade vergrößern.
Doch die Toten, die es bei der Erstürmung der Bastille gab, waren nur Einzelschicksale, bedenkt man, wieviele ihrer eigenen Kinder die Revolution zunächst in den ersten Jahren der Wirren fraß, bis dann die Jakobiner die Macht gewannen und der Terror unter George Danton am 10. August 1792 einen neuen Höhepunkt erreichte, als Tausende die Tuilerien, das Pariser Schloß, stürmten, die Schweizergarden des Königs niedermetzelten und König Ludwig XVI. samt seiner Familie in das Staatsgefängnis sperrten. Der Befreiung von der Willkür des Adels und dem Druck des Klerus folgte eine Woge unvorstellbarer Willkür neuer Machthaber.
Der ersten Revolution folgte die zweite. Um das angeblich von äußeren Feinden bedrohte Vaterland zu verteidigen, hatte man 1792 Österreich den Krieg erklärt. Erfolgreiche Kämpfe in Belgien versetzten das Volk in einen Rausch der Opferbereitschaft und Begeisterung. Die Jakobiner verstanden es meisterhaft, sich dieser Stimmung zu bedienen. Wer es wagte, nicht für die Revolution zu sein, wurde ihr Opfer. Die Guillotine bekam Arbeit, ob es Priester waren, die sich weigerten, den Eid auf die neue Verfassung abzulegen, oder wehrlose, unschuldige Menschen. Als ein altes, taubes Weib gefragt wurde, ob es konspiriert habe, und die Frage nicht einmal verstand, wurde die Frau unter allgemeinem Gelächter abgeführt, denn einer der Richter rief: »Citoyens, elle a conspirée sourdement«, sie hat im geheimen konspiriert. Kähne, die mitten in der Seine geöffnet wurden, so daß die Insassen ertrinken mußten, hießen »die patriotische Taufe«. Ein Gericht von gepökeltem Menschenfleisch hieß »un plat de Civedant« (»Schüssel von Ehemals«, womit Adelige gemeint waren).
Als König Ludwig XVI. im Januar 1793 hingerichtet wurde, antworteten England und Spanien mit Kriegserklärungen und traten damit an die Seite der bereits kriegführenden Länder Österreich und Preußen.
Der revolutionäre Schwung setzte in Frankreich für unmöglich gehaltene Kräfte frei. In kürzester Frist wurden trotz Widerstand kirchlicher und bäuerlicher Kreise Hunderttausende Soldaten eingezogen und ausgebildet. Zwar war die »Levée en

masse« nicht das, was später verklärend aus ihr gemacht wurde, doch zeigte sich bald, daß auch die militärische Führung, nicht zuletzt unter dem Einfluß politischer Kommissare (!), überraschender Leistungen fähig war und die Koalition der europäischen Gegner Frankreichs in Verlegenheit brachte. Ein Name begann Aufmerksamkeit zu erwecken: Napoleon Buonaparte; der damalige Artilleriehauptmann zeichnete sich bei der Einnahme von Toulon, das sich wie Lyon gegen die Pariser Diktatur gewandt hatte, so aus, daß er zum Brigadegeneral befördert wurde.

Der Krieg und das Schlagwort, er werde für die Befreiung unterdrückter Völker geführt, ein »gerechter Krieg« also, gaben der Diktatur unter Robespierre die Rechtfertigung, gegen jeden Widerstand im Lande rücksichtslos vorzugehen. Ein Verdacht genügte, um den Verdächtigen als Feind des Vaterlandes zu verfolgen. Mit strenger Hand und unerbittlich wurde sichergestellt, daß alle Kräfte und Ressourcen dem Staat zur Verfügung gestellt wurden. Und wieder bot sich für den Brigadegeneral Bonaparte – er hatte seinen Namen inzwischen entitalienisiert und auf das »u« verzichtet –, sich hervorzutun. Er, der sich den Jakobinern angeschlossen hatte, schlug den Aufstand der Nationalgarde am 12. Vendémiaire 1795 (5. Oktober) nieder und erreichte, daß man ihm den Oberbefehl im italienischen Feldzug 1796/97 übertrug.

War von den demokratischen Veränderungen der ersten Jahre nicht mehr viel in der neuen republikanischen Wirklichkeit übriggeblieben, die sich in eine Diktatur verwandelt hatte, so war der Wandel im gesellschaftlichen Alltag dafür um so umfassender. Die Ehe hatte ihre Bedeutung als Sakrament verloren. Was an politischer Freiheit fehlte, wurde durch die Freiheit im Verkehr der Geschlechter untereinander kompensiert. Hergebrachte Grundsätze der Sitte und Moral galten nicht mehr. Wer Mundwerk, Ellbogen und Beziehungen zu benutzen verstand, kam voran, sofern er an die Richtigkeit der Ideen glaubte, die den Kern der Französischen Revolution bildeten. Wie Napoleon es tat.

Als seine Familie als Flüchtlinge am 14. Juni 1793 in Toulon landete, war er 24 Jahre alt und davon überzeugt, daß die Revolution den Franzosen Gerechtigkeit und ein Ende der Unterdrückung bringen würde. Der auf seine Abstammung stolze Korse erhoffte selbstverständlich auch für sein Heimatland eine bessere Zukunft. Er hielt die Wünsche der Bevölkerung für berechtigt. Wenn eine neue Verfassung König Ludwig XVI. einige Entscheidungsfreiheiten nehmen würde, brachte ihn dies in keinen Loyalitätskonflikt gegenüber seinem König. Eher blieben Konflikte zwischen seiner idealistischen Auffassung und der Wirklichkeit der Revolution nicht aus, als er 1789 im Namen seiner (terroristischen) Regierung in Avignon auf Landsleute schießen mußte. Doch da er sich nie mit der revolutionären Realität identifizierte, sondern mit ihrer Idee, konnte er die Grundsätze der Revolution im ganzen bejahen. Kein Opfer schien dem jungen, ehrgeizigen Offizier für die stolze Forderung nach Glück für alle zu groß. Er war ein Sohn dieser Revolution, erfüllt von einer genialischen Vision einer neuen europäischen Welt,

die durch die Kraft des französischen Volkes und seiner Ideen Wirklichkeit werden würde, und getrieben von dämonischer Tatkraft.
Mit dem Erfolg auf der militärischen Sprossenleiter wuchs auch der Ehrgeiz für den Machtmenschen, für den »la grande nation« zugleich Ziel und Mittel war. Kein Volk hätte freilich die Opfer erbracht, die »sein Napoleon« im Laufe der Jahre für die »Große Nation« forderte, wenn es nicht auch von dem Gefühl erfüllt gewesen wäre, zur Veränderung der Gegenwart und der Gestaltung einer besseren Zukunft berufen zu sein. Napoleon verstand es, den revolutionären Elan, der mit vielen Reibungsverlusten verbunden war, in geordnete Bahnen zu lenken; mit diktatorischer Strenge zwar, aber doch von der überwiegenden Mehrheit der inzwischen 34,8 Millionen Einwohner mitgetragen.
Nachdem Napoleon im Dezember des Jahres 1799 zum Ersten Konsul erhoben war, säumte er nicht, mit der Arbeit an einem einheitlichen bürgerlichen Gesetzbuch zu beginnen. Schon in der Verfassung von 1791 war die Erlassung eines solchen Gesetzbuches für ganz Frankreich vorgesehen. Aber es mußte erst Napoleon kommen, um die Absicht zu verwirklichen. Bis dahin hatten nur die königlichen Verordnungen im ganzen Lande Kraft. Mit dem »Code civil des Francais« wurde die überfällige Rechtsordnung geschaffen, unterstützt von einer Vielzahl administrativer Anordnungen und einem gut funktionierenden Verwaltungsapparat.
Nur wenige Jahre liegen zwischen Napoleons Ernennung zum Ersten Konsul am 13. Dezember 1799 und der Verfassungsänderung vom 18. Mai 1804, die ihn zum Kaiser der Franzosen machte. Doch was alles hatte er in dieser kurzen Zeit vollbracht! Durch glänzende Siege bei Marengo in Italien und durch den Erfolg Moreaus in Deutschland bei Hohenlinden hatte Frankreich im Frieden von Lunéville 1801 das linke Rheinufer gewonnen und seinen Einfluß bei der Neuordnung des Reiches gesichert. England fand sich 1802 zum Frieden von Amiens bereit, obwohl es 1798 in Ägypten siegreich geblieben war. Die Batavischen, Helvetischen, Ligurischen und Cisalpinischen Republiken in Holland, der Schweiz und Italien wurden gefestigt, und im Jahre 1801 hatte Napoleon den Streit mit der Kirche durch ein Konkordat beilegen können. Die Abgrenzung zwischen Staat und Kirche dämpfte den Widerstand kirchlicher Kreise und beruhigte die Teile der Bevölkerung, die ihr verbunden geblieben waren. Papst Paul VII. stand ihm denn auch bei der Krönung zum Kaiser in Paris bei, und es gab auch keinen Widerstand, als er sich 1805 in Mailand mit der eisernen Krone der Langobarden zum König von Italien machte. Niemand sah einen Verstoß gegen die einst so leidenschaftlich unterstützte Forderung nach Beseitigung der Monarchie, daß eine neue Monarchie und ein neuer, aus Revolutionären gebildeter Adel entstand.
Der Kaiser, schon als junger Offizier stolz darauf, aus einer, wenn auch verarmten, Patrizierfamilie zu stammen, sorgte nicht kleinlich für seine nächsten Angehörigen. Eugène, der Sohn aus 1. Ehe seiner Frau Josephine Beauharnais, wurde Vizekönig von Italien; seine Schwester Elisa Großherzogin von Toskana im Jahr

1809; Schwester Pauline wird mit Fürst Borghese verheiratet; Schwester Caroline heiratet General Murat, den späteren König von Neapel. Das sind nur einige der zahlreichen Fälle von Familienfürsorge . . .

Der Friede von Amiens, von England als Waffenstillstand betrachtet, endete 1803. Da London nicht bereit war, den Bedrohungen gegenüber tatenlos zu bleiben, die von Frankreich gegen die englischen überseeischen Besitzungen ausgingen, kam es unverzüglich zu einer neuen Kriegserklärung. Napoleon antwortete mit der Besetzung Hannovers, das der britischen Krone gehörte; 1805 gab er es an Preußen weiter. Sein Sieg in der »Dreikaiserschlacht« bei Austerlitz bringt ihm zu Lasten Österreichs unter anderem Venedig, Tirol und den Breisgau. Niemand dachte angesichts dieser Erfolge und der damit verbundenen Veränderungen auf der Landkarte an die Möglichkeit einer Katastrophe wie im Winterfeldzug gegen Rußland, die das Ende der napoleonischen Ära einläutet.

Zunächst rückt Napoleon jedoch erst einmal die Verhältnisse in Deutschland zurecht. Die territorial vergrößerten Herzogtümer Bayern und Württemberg werden Königreiche, Baden wird zum Großherzogtum gemacht, und auch Hessen-Darmstadt und Nassau werden mit Landgewinn bedacht. Es entsteht das Großherzogtum Frankfurt und 1807 das Königreich Westfalen unter dem jüngsten Bruder Napoleons, Jérôme Bonaparte. Der Einfluß Napoleons ist so groß geworden, daß Kaiser Franz II. die römisch-deutsche Kaiserkrone niederlegt. Das Heilige Römische Reich Deutscher Nation ging damit am 6. August 1806 zu Ende.

Unter dem Eindruck des französischen Erfolgs begann sich indes in den davon betroffenen Ländern das Nationalgefühl zu regen. Nicht nur in Spanien, das sich gegen den ihm von Napoleon aufgezwungenen König zur Wehr setzte – Joseph Bonaparte war 1808 in Madrid eingezogen –, hatten sich Zentren des Widerstandes gebildet.

Als das kurz zuvor Preußen zugesprochene Hannover von Napoleon England angeboten wurde, war dies für Preußens König Friedrich Wilhelm III. der Grund, Frankreich den Krieg zu erklären. Eine unglückliche Entscheidung, denn das preußische Heer mit seiner veralteten Gefechtsweise war gegen die beweglicheren Franzosen ohne Chance. Bei Jena und Auerstädt hatte es schwere Niederlagen erlitten. Doch eben diese halfen neue Geister zu wecken und überholte Strukturen zu beseitigen. Kanzler Hardenberg veranlaßte Reformen auf wirtschaftlichem und innenpolitischem Gebiet. Auf der spanischen Halbinsel verstrickte sich Napoleon zudem in einen langwierigen, verlustreichen Kampf, der während des Rußlandfeldzuges Truppen band.

Auf St. Helena sollte Napoleon am 6. Mai 1816 sagen: »Dieser unglückselige Krieg hat meinen Untergang bereitet. Er hat meine Macht zerteilt, meine Verlegenheit vervielfältigt, das Vertrauen in meine Redlichkeit erschüttert, doch konnte man die Halbinsel den Machinationen der Engländer, den Intrigen, der Hoffnung und den Vorspiegelungen der Bourbonen nicht überlassen.« So jedenfalls zitierte ihn Graf von Las Cases in seinen »Denkwürdigkeiten«.

England sorgte mit finanzieller Hilfe, aber auch mit Soldaten, darunter in der »Königlich Deutschen Legion« kämpfende Hannoveraner, daß diese »zweite Front« nicht zur Ruhe kam. Vor allem aber verstand es die Seemacht England, von ihrer Überlegenheit auf den Meeren Gebrauch zu machen. Zwar war Napoleon der Herr des Kontinents, doch England hatte nicht nur alle französischen Inseln in Ost- und Westindien in Besitz genommen, sondern beherrschte unangefochten die Handelsbeziehungen mit allen Erdteilen. Vor allem aber konnten mit Hilfe der Flotte immer wieder Bedrohungen geschaffen, gefährliche Schwerpunkte gebildet, der Nimbus des unbesiegbaren Napoleon in Frage gestellt werden. So auf der iberischen Halbinsel. Hier deuteten sich schon bald die Grenzen der französischen Macht an, während Napoleon noch mit Zar Alexander I. von Rußland ein Bündnis schloß, klug eingefädelt, um Rußland und Österreich zu entzweien, unter dessen Bevölkerung der erfolgreiche Kampf der Spanier nicht ohne Sympathien blieb. Fürst Metternich wob sein Netz gegen Napoleon, und in der Schlacht bei Aspern erlitt Napoleon seine erste Niederlage gegen den österreichischen Erzherzog Karl. Im Frieden von Schönbrunn zwang Napoleon dennoch am 14. Oktober 1809 Österreich seinen Willen auf: Es mußte Teile Galiziens an Polen abtreten, Salzburg und das Innviertel an den Rheinbund, die Küste Illyriens an Frankreich. Das Opfer der Tiroler, deren Anführer Andreas Hofer 1810 in Mantua standrechtlich erschossen wurde, war vergeblich gewesen. Napoleon hatte noch einmal den Aufruhr ersticken und demonstrieren können, wer der Mächtigste ist.
Holland, die deutsche Nordseeküste mit Ostfriesland, Oldenburg und die Hansestädte wurden französisch. Die gegen England gerichtete Kontinentalsperre wurde verstärkt. Sie sollte die englische Industrie und den Handel lahmlegen. Weite Teile der Bevölkerung auf dem Kontinent litten jedoch unter ihr mindestens so sehr wie die englische, soweit sie nicht an der Konjunktur teilhatten, die für einige Industriezweige in einigen Ländern anbrach, als die Importe aus England und Übersee ausblieben. Das Ausbleiben von Einfuhren stellte zwar einige Länder vor große Probleme, aber bewirkte schließlich 1811 auch den Bruch der französisch-russischen Allianz und löste Napoleons Feldzug gegen Rußland aus. Mit der Heirat zwischen Napoleon und der Tochter des österreichischen Kaisers Franz I., Marie Louise, im April 1810 schien dem Franzosen noch einmal ein großer diplomatischer Erfolg gelungen zu sein. Sie sicherte ihm die Unterstützung des mit ihm verwandt gewordenen österreichischen Herrscherhauses und die Flanke bei einem Krieg gegen Rußland. Das Erwachen des Willens, sich dem französischen Machtanspruch nicht länger zu beugen, konnte sie freilich so wenig verhindern wie die geistige Wandlung in Preußen, die zum Widerstand, zur Volkserhebung drängte. Sie äußerte sich in der Stein'schen Staatsreform, in dem Auftreten von Johann Gottlieb Fichte, den Werken Heinrich von Kleists, dem Wirken von Turnvater Friedrich Ludwig Jahn und nicht zuletzt in der Heeresreform, die der Kriegsminister und quasi Generalstabschef Preußens, von Scharnhorst, durchsetzte. Mit Hilfe des Krümpersystems wurde ein neues Heer aufgebaut.

Als sich Napoleon zum Feldzug gegen Rußland entschloß und mit einer halben Million Soldaten Richtung Moskau aufbrach, konnten sich allerdings auch die Preußen dem Befehl, ein Kontingent zu stellen, nicht widersetzen. Rund 300 000 deutsche Soldaten zogen mit der Großen Armee in den Krieg nach Osten, davon 20 000 Preußen, die laut dem Pariser Vertrag vom Februar 1812 zur Verfügung gestellt werden mußten. So blieb Preußen zwar zunächst von Kämpfen verschont, aber viele Offiziere hielt es nicht mehr unter der preußischen Fahne und in der Heimat. Einer von ihnen, der sich dem Gegner anschloß, war Gneisenau.

Ein solcher Wechsel der Fronten war in jener Zeit nichts Ungewöhnliches, geschweige denn Unehrenhaftes. Deutsche Offiziere dienten dem russischen Zaren, dem englischen König, dem französischen Kaiser. Mit wechselnden Koalitionen wechselten Freunde wie Feinde.

August Wilhelm Anton Graf Neidhardt v. Gneisenau, der aus österreichischer Familie stammte, ging 1786 in preußische Dienste. Bekannt wurde er, als er mit Unterstützung von Nettelbeck und Schill die Festung Kolberg bis zum Tilsiter Frieden hielt. Neben dem Freiherrn von Stein wirkte er als Mitarbeiter Scharnhorsts für die Erneuerung Preußens. Als Generalstabschef Blüchers war er nach der Niederlage bei Ligny für den Rückzug verantwortlich, den er so angeordnet hatte, daß die Armee rechtzeitig und entscheidend in die Schlacht bei Waterloo eingreifen konnte. 1808 nahm er zum ersten Mal, 1816 zum zweiten Mal seinen Abschied.

Der aus einem rheinischen Geschlecht stammende Reichsfreiherr Karl vom und zum Stein trat 1780 in preußischen Staatsdienst. Weil er die Zusammenarbeit mit dem königlichen Kabinett abgelehnt hatte, wurde er entlassen, nach dem Tilsiter Frieden auf Napoleons Empfehlung jedoch wieder zurückgerufen. Wegen eines Briefes, der Napoleon in die Hände fiel, mußte er im November 1808 entlassen werden; kurz darauf floh er, da er von Napoleon geächtet wurde. Zar Alexander I. von Rußland berief ihn 1812 als Berater an seinen Hof.

Auch Carl von Clausewitz quittierte den Dienst, als Preußen im Februar 1812 ein Schutz- und Trutzbündnis mit Frankreich gegen Rußland schließen mußte. Er trat in die russische Armee ein, um als »freier Preuße« gegen Napoleon kämpfen zu können. In seiner Bekenntnisschrift von 1812 hat er ausgesprochen, was auch die anderen Offiziere dachten, die wie er gehandelt hatten: »Man würdigt sich und die Nation herab, indem man aus Furchtsamkeit für eine Regierung streitet, die unser ärgster Feind ist, uns unserer Größe beraubt und gemißhandelt hat bis aufs Äußerste.«

Der Blutzoll der Großen Armee in Rußland war groß: 390 000 Soldaten blieben auf den Schlachtfeldern, 130 000 wurden von den Russen gefangen. Nur 100 000 erreichten deutschen Boden.

Die Konvention von Tauroggen zwischen dem preußischen General (später Feld-

marschall) Ludwig Graf Yorck von Wartenburg und dem russischen Generalmajor Iwan Graf Diebitsch-Sabalkanski war am 30. Dezember 1812 das Zeichen zur Erhebung, der Fanfarenstoß, mit dem zur Befreiung Europas aufgerufen wurde. Die Glücks- und Erfolgsbahn, die Napoleon so hoch emporgetragen hatte, begann sich zu neigen. Niederlagen und verzweifeltes Aufbäumen, Verbannung, Wiederkehr, endgültige Niederlage und Tod auf St. Helena füllten die letzten Jahre seines Lebens. Der Glanz seines Namens, der wie ein Stern über Europa geleuchtet hatte, blieb jedoch auch nach seinem Tode bestehen und beschäftigte die Menschen, die Napoleon erlebt, geliebt, bewundert, unter ihm gelitten, ihn hassen gelernt hatten.
Bis in die heutige Zeit wirken Napoleons Taten und Maßnahmen hinein. Nicht nur die militärischen, zu denen der Bau von Straßen und Brücken gehörte oder die Pflanzung von Pappeln an wichtigen Punkten, so daß man noch heute von Napoleonpappeln spricht oder daran erinnert wird, daß dort, wo Pappeln eine Chaussee auf beiden Seiten umsäumen, Napoleons Soldaten marschiert sind.
Auch die Hausnummern sind eine »Erfindung« der napoleonischen Zeit, und die staatliche Registerführung, wie sie heute üblich ist, wurde dadurch begründet, daß die gesetzgebende Versammlung in einer ihrer letzten Sitzungen der Kirche die Führung der Zivilstandsregister entzog. Dadurch wurde auf einem wichtigen Teilgebiet die traditionelle Bindung von Kirche und Staat beseitigt. Sogar im Grundgesetz der Bundesrepublik Deutschland findet sich ein Paragraph, der die Eigentumsrechte der Religionsgemeinschaften betrifft und auf einen Paragraphen zurückgeht, der 1803 im Reichsdeputationshauptschluß verfaßt worden ist.

Wenige Jahre nach Napoleons Tod stellte ein Literat die Frage, ob Napoleon Bonaparte wirklich den Beinamen »der Große« verdiene. Zwar habe er sich durch seine korsische Kühnheit und Verachtung aller Folgen, durch italienische List und kluge Benützung der Schwächen und Tugenden seiner Gegner ausgezeichnet. Doch: war das Größe? Und wo blieb dabei die sittliche Größe? Napoleon sei durch das Wohlwollen Ludwig XVI. in einer französischen Militärschule erzogen worden, die er als schwärmerischer Jakobiner verlassen habe. Schmeichelei und eine glückliche Heirat – mit Josephine Beauharnais – habe seine Karriere begünstigt und tatsächlich habe er als General in Italien einen großen Erfolg errungen. Doch seine Armee in Ägypten habe er im Stich gelassen und sich damit Frankreich erhalten, das keinen besseren General als Napoleon besaß. Mit Hilfe der Geistesgegenwart seines Bruders habe er die Nationalrepräsentation sprengen können, doch auf dem Höhepunkt seiner Macht habe er Pichegru und den Herzog von Enghien ermorden und Moreau ächten lassen. »Frankreich sah nun statt *einer* Bastille deren acht, überall Spione, jeden liberalen Gedanken erstickt . . . Veteranen wie unreife Jugend bluteten in fernen Gefilden für den Ehrgeiz des Großen, bis das Glück ermüdete, der Nimbus des unbesiegbaren Helden schwand und die Menschheit ihn bannte in den Bann der Menschheit.

Florus würde von ihm sagen, was er von Cäsar und Pompejus sagt: Causa tantae calamitatis nimia felicititas (Die Ursache so großen Unglücks war sein zu großes Glück).«
Napoleon hatte selbst einmal erklärt, ihm stünden jährlich hunderttausend Menschen zur Verfügung. Tatsächlich bedeuteten die elf Jahre seiner Herrschaft den Tod für fünf Millionen Menschen. In den letzten Jahren wohl über 100000 in *einem* Monat.
Und man darf fragen: Waren die Schwächen beim Rückzug mit dem Prädikat, ein großer Feldherr zu sein, vereinbar? Ist Rücksichtslosigkeit gegenüber seinen Soldaten, Mißachtung des Menschenmöglichen eines großen Feldherren würdig?

Der Name Napoleons wird in der Geschichte immer seinen Platz behalten. Er ist die epochemachende Persönlichkeit seiner Zeit. Man wird nie seine Großtaten und Leistungen vergessen. Aber, so noch einmal der zeitgenössische Literat, der die Frage nach Napoleons Größe stellte: »Alles, Alles nur für seinen grenzenlosen Ehrgeiz und eigene Größe, nicht für das Glück der Völker und die Forderungen einer hellern Zeit. Sie wird ihn segnen, daß er dem alten Unwesen des Adels und der Geistlichkeit zu Leibe ging; aber was setzte er an die Stelle? – Soldaten- und Beamtendruck, und an die Stelle gesetzlicher Freiheit seinen eisernen Willen . . . Man kann Napoleon alle Italienerstreiche verzeihen, um zur Gewalt und Größe zu gelangen, aber nie die Art und Weise, wie er sie gebrauchte; sie verdient den Abscheu jedes Mannes von Geist und Herz, und er nie den Namen *groß*.«
Von 1800 bis 1815 stand Napoleon im Mittelpunkt des Geschehens in Europa. Er verstand es, die durch die Revolution freigesetzten Energien zur Verwirklichung seiner Ziele einzuspannen. Zehn Jahre lang war er der große politische Gestalter, der sich wie kein anderer zuvor genial militärischer und administrativer Mittel bediente. Die gleichen Kräfte, die ihn auf die Höhen der Macht emporgetragen hatten: nationales Selbstgefühl, Patriotismus, führten zu seinem Sturz. Die Besinnung auf die eigenen Werte, der Wunsch, frei zu sein, der 1808 zunächst dem spanischen Volk den Erfolg gebracht hatte, griff auf Österreich, Rußland und Deutschland über. Hier hatten die von ihm erzwungenen Veränderungen, sein Spiel mit Menschen und Herrscherhäusern wie mit Schachfiguren, das Besitzverhältnisse bedrohte und veränderte, Reaktionen ausgelöst, mit denen er nicht mehr fertig wurde. Napoleons Ende war unabwendbar, so wie die Schlagwörter der Revolution »Freiheit, Gleichheit, Brüderlichkeit« nicht mehr aufzuhalten waren. Österreichs Staatskanzler Fürst Metternich hatte es zwar verstanden, die Kräfte der Restauration im Kampf gegen Napoleon zur Herstellung des alten Gleichgewichts zu einen, doch der Versuch, das Rad der Geschichte zurückzudrehen, war zum Scheitern verurteilt.

Abschied von Familie und Heimat im Juli 1806

»Unter den vielen unglücklichen und von ihrem Vaterland und Familien getrennten Menschen so die französische Revolution hervorgebracht hat, kann ich mich auch unter die Zahl rechnen; dieser habe ich es zu verdanken, daß ich mich zuerst von meiner lieben Familie trennen mußte, wie im Jahre 1793 ein Teil der hannöverschen Truppen nach Braband und Flandern marschierten, doch war dies nicht von langer Dauer, indem wir im Decbr. 1795 das Glueck hatten, wieder ins Vaterland zurueckzukommen. Bis im Fruehjahr 1803 dauerte diese Glueckseligkeit, als abermals der Krieg zwischen England und Frankreich ausbrach, die Franzosen zuerst Hannover mit einer grossen Macht ueberfielen, und unser kleines Corps nötigte, ueber die Elbe ins Lauenburgsche sich zurueckzuziehen, woselbst bekanntlich im Juny 1803 die fuer uns höchst traurige Capitulation geschlossen wurde, nach welcher alle hannöverschen Truppen das Gewehr niederlegen und als Krieges-Gefangene bis zur Auswechslung im Lande verbleiben sollten.

Durch diese traurige Catastrophe wurde das Militair in eine höchst niedrige und elende Lage versetzt, es war zwar stipuliert, dass wir unser Gehalt vor wie nach vom Lande bezahlt erhalten sollten, und die erste Zeit geschah dies noch so ziemlich, allein wie das Land durch die Feinde so stark mitgenommen wurde, dass alle öffentlichen Kassen erschöpft waren, kam auch unsere Zahlung in Rueckstand, und wir erhielten etwa nur alle 5–6 Monate eine Gage, wodurch der grösste Teil von uns in Elend und Armut geriet. Diejenigen von uns, so nichts zuzusetzen hatten mussten sich sofort anderweitig nach Brot und Unterhalt umsehen, sie gingen grösstenteils nach England ueber, woselbst sie sich in der deutschen Legion, welche zum Besten der Gefluechteten errichtet wurde, engagieren liessen.

Lange, lange stand ich an, diesen Weg einzuschlagen, indem ich so ungerne mein liebes Vaterland und teure Familie verlassen wollte, allein endlich musste ich dennoch diesen wichtigen Schritt wagen, da ich wohl einsahe, dass wenn ich ihn nicht tat, meine Familie und ich zum Bettelstab gebracht werden würde. Nachdem ich also mit meiner Frau alles reiflich überlegt, und diese ebenfalls den Schritt für notwendig hielt, ließ ich mich beim 8. Linien Bataillon als Captain ansetzen, erhielt eine Compagnie und ging im July 1806 nach England über.

Wie höchst traurig meine Trennung von einer innigst geliebten Familie war, kann sich nur derjenige vorstellen, der in gleicher Lage mit mir gewesen ist, und das Glück einer äußerst zufriedenen u. glücklichen Ehe mit einer geliebten Frau, und den Umgang mit vier guten Kindern genossen hat, und nur der tröstende Gedanke, daß die allwaltende Vorsehung, welche die Schicksale der Menschen leitet, es noch vielleicht wunderbarlich fügen kann, daß ich früh oder spät meine liebe Familie wiedersehen werde, heitert mich auf und läßt mich mein hartes Schicksal geduldig ertragen. Zugleich ist es für mich ein beruhigender Gedanke, daß ich in meiner jetzigen Lage doch noch im Stande gewesen bin, meine Familie unterstützen zu können, welches ich denn nach allen meinen Kräften und Vermögen tue, und ohne welches diese meine Teuren in einer höchsttraurigen Lage jetzt sein würden. Sollte auch die Gottheit über mein Leben gebieten, und solches bevor ich mein Vaterland wiedersehe, ein Ende machen, so hoffe und bin ich fest überzeugt, daß meine liebe Frau diejenige Unterstützung von Englands Großmut als Witwe erhalten wird, die einer jeden versprochen und derer leider schon mehrere Witwen genießen.

> Möchte aber doch die ewige Vorsehung den Wunsch und das Gebet so vieler guten Menschen erfüllen, und uns bald einen allgemeinen Frieden schenken, und hierdurch bewirken, daß ein jeder nach seinem Vaterlande und zu seiner Familie zurückkehren könne, ach! möchte dieser gewünschte Zeitpunkt nicht mehr lange entfernt sein!!«

Als am 18. Juli 1806 morgens 4.30 Uhr die Abschiedsstunde schlug und von Coulon »Stade, mein liebes Vaterland und teure werte Familie« verließ, da erdrückten ihn die Empfindungen so sehr, daß er sie nicht beschreiben konnte, »denn dazu war mein Herz zu beklommen, nachher wie ich an Schiffe war, ließ ich meinen Tränen vollen Lauf und wurde dadurch leichter ums Herz«.

Es war ein Abschied für lange Zeit, »a long farewell«, denn erst am 28. August des Jahres 1814 gab es Anlaß zu einem kurzen Heimaturlaub (aus Brabant), bevor der Major am 25. Oktober des gleichen Jahres mit Halbsold pensioniert und zu seiner Familie entlassen wurde.

Georgs Bruder Wilhelm Friedrich war übrigens schon kurz nach Auflösung der hannoverschen Armee nach England gegangen. Dort nahm er am 28. Dezember 1805 Dienst als Leutnant im 7. Linienbataillon und am 9. November 1807 wurde er zum Capitain befördert.

Als die Franzosen 1803 das Kurfürstentum Hannover besetzten, das seit 1714 mit England durch Personalunion verbunden war, befand sich das Heer in keiner guten Verfassung. Große Teile waren auf Urlaub, viele Stellen in den Regimentern waren unbesetzt; es fehlten Offiziere und Soldaten, die Disziplin hatte nachgelassen.

Im Monat März zählte die Armee – Kavallerie, Infanterie, Artillerie und Ingenieurs-Corps zusammen – 15 546 Mann. Ein Drittel davon war beurlaubt. Nur 10 000 Mann also standen bereit, im Notfall die Grenzen des Landes zu schützen, auf das sich Napoleons Blick bereits gerichtet hatte. Am 11. März 1803 teilte nämlich Frankreichs Außenminister Talleyrand dem britischen Gesandten in Paris in einer »note verbale« mit, es sei natürlich, daß der Erste Consul 20 000 Mann nach Holland senden müsse, wenn Frankreich keine genügende Auskunft hinsichtlich der Rüstungen in England erhalte und wenn diese wirklich gegenwärtig stattfänden. Und wenn diese Truppen erst einmal dort seien, dann sei es nicht minder natürlich, daß sie an den Grenzen von Hannover ein Lager beziehen würden.

So provozierend dies für England und unangenehm für Hannover war, so konsequent war es von Napoleon gedacht. Denn wenngleich nach den Grundsätzen des Völkerrechts nach dem Baseler Vertrag von 1795 und dem Frieden von Lunéville von 1801 Hannover in einem Konflikt zwischen Frankreich und England neutral bleiben und sich im übrigen als integrierender Teil des Deutschen Reiches auf den Schutz des Staatenbundes verlassen durfte, so galt dies bei Napoleon Bonaparte nichts. Er hielt es für Theorie, daß ein Herrscher zweier Länder, der König von England und von Hannover, den Krieg des einen erklären könne, ohne das andere dabei in den Kampf zu verwickeln.

Ganz anderer Meinung war freilich der damalige Premierminister des Kurfürstentums Hannover, Herr von Lenthe, dessen Gutgläubigkeit und Saumseligkeit kaum zu übertreffen waren. Wenn Englands König Georg III. nicht schon rechtzeitig durch den Herzog von Cambridge (dieser diente als Generalleutnant in der Armee, ohne Mitglied des Kabinetts in Hannover zu sein) veranlaßt hätte, »man möchte sich zunächst um den Beistand Preußens bemühen, im Fall aber dieser Schritt von keinem glücklichen Erfolg begleitet sein sollte, die Truppen nach Stade abführen, und wenn sie dort dem Feinde keinen wirksamen Widerstand zu leisten vermöchten, dieselben nach England einschiffen«, dann hätte es nicht einmal den Anschein einer Initiative gegeben.

Es blieb lediglich bei diesem Anschein. Wenngleich auch die Gedanken des englischen Königs in seinem Lande – und zum Teil wohl auch in Hannover – unterstützt wurden, verstand es Herr von Lenthe, wertvolle Zeit verstreichen zu lassen.

So wurde es zunächst einmal lediglich den Umständen für angemessen gehalten, »die jetzige Exercirzeit dazu zu benutzen, die Beurlaubten der Armee einzuziehen und Anstalten zu einem Übungslager zu treffen, damit die Zusammenziehung der Regimenter ohne Aufsehen bewirkt, und wenigstens soviel vermieden werden möchte, daß die zerstreuten Garnisonen nicht unerwartet abgeschnitten werden könnten«.

Dies ließ den Feldmarschall von Wallmoden-Gimborn wegen der Vorsichtsmaßregeln, die seine Ermächtigungen einengten, dem Ministerium einige Fragen vorlegen: »Wo sollen die Truppen versammelt werden? Wo will man sich hinziehen? Soll Hameln verteidigt werden? Welches sind im Allgemeinen unsere Mittel der Gegenwehr? Bis zu welcher Ausdehnung soll von ihnen Gebrauch gemacht werden?«

Es wurde schließlich April, bis das hannoversche Kabinett dem Feldmarschall dessen gewiß dringliche Fragen beantwortete. Das Kernstück des Antwortschreibens vom 22. April 1803 lautete: »Es scheint dem Ministerio zunächst im Allgemeinen auf Zweierlei anzukommen: Erstlich, daß man zur Zeit alles zu vermeiden suchen müsse, was Ombrage und Aufsehen erregen (faire un éclat), und wodurch man die Übel, die man fürchtet, herbeiführen könne; und Zweitens: daß man alle mit den erstgenannten Rücksichten vereinbare Vorbereitungsmaßregeln treffe um die Willensmeinung des Königs zu erfüllen.«

Der Feldmarschall wäre kein Soldat gewesen, wenn er nicht erkannt hätte, daß ihn die Kabinettsorder zu nichts ermächtigte. Er zögerte daher nicht lange, dem englischen König am 27. April reinen Wein über die Lage seiner Erblande einzuschenken. »Die Armee«, so heißt es in seinem Schreiben, »ist lange nicht das, was sie auf dem Papier erscheint . . . Sie ist bedeutend durch Desertion geschwächt, wird es bei einer plötzlichen und beunruhigenden Veränderung noch mehr werden und entbehrt durchaus aller Mittel des Ersatzes . . .«

In Hannover kursierte damals die Anekdote, dem Oberbefehlshaber der hannoverschen Armee sei befohlen worden, seiner Truppe nicht zu gestatten zu feuern und nur im dringendsten Notfall »das Bajonet mit Moderation zu gebrauchen«. Daraufhin wurde ein Mitglied des Ministeriums von einem Freund gefragt, »ob solch ein Befehl wirklich gegeben worden sei und was man darunter verstanden wissen wolle, ›sich des Bajonets mit christlicher Mäßigung zu bedienen‹«. Der Minister soll darauf erwidert haben, »daß die Sache im wesentlichen allerdings ihre Richtigkeit habe, der Ausdruck ›christlich‹ aber eine lieblose Hinzufügung des Publikums« sei.

Die Würfel waren so und so gefallen, auf beiden Seiten. Zwar glaubte man in London und Hannover, »in kurzem 28 bis 30 000 Mann zu versammeln« und an eine wirksame Verteidigung denken zu können, doch wurde auch der Gedanke ausgesprochen, mit den Waffen in der Hand und an der Spitze einer Achtung gebietenden Armee eine billige und nicht schimpfliche Kapitulation erringen zu können.

In diesem Fall war jedoch die Formulierkunst der Denkschrift größer als die Widerstandskraft der hannoverschen Truppen und Politiker, denn General Hammerstein, der die Avantgarde gegen die einrückenden Franzosen befehligte, sah sich nach einem Scharmützel nicht imstande, seine Stellung jenseits der Weser zu behaupten, bei dem es auf hannoverscher Seite zwei Tote, neun verwundete Soldaten und neunzehn verwundete Pferde gegeben hatte.

Bereits am 3. Juni 1803 wurde in der Convention von Suhlingen zwischen den hannoverschen Deputierten und dem französischen Befehlshaber festgelegt:

»I. Das Churfürstenthum Hannover und alle dazu gehörigen Festungen werden von der französischen Armee besetzt.

II. Die hannoverschen Truppen ziehen sich hinter die Elbe zurück. Sie verpflichten sich auf ihr Ehrenwort, während der Dauer des Krieges zwischen Frankreich und England, gegen die französische Armee und deren Aliirten keine Feindseligkeiten zu begehen, oder die Waffen zu tragen. Sie können sich dieser Verbindlichkeit nicht eher als entledigt ansehen, bis sie gegen eine gleiche Zahl französischer Generäle, Officiere, Unterofficiere, Soldaten oder Matrosen, welche England etwa in seine Gewalt bekommen möchte, ausgewechselt sein werden.

III. Kein Individuum der hannoverschen Truppen soll den ihm angewiesenen Bezirk, ohne Vorwissen des Obergenerals verlassen.

IV. Die hannoversche Armee zieht mit allen Kriegsehren ab, und die Regimenter führen ihre Feldstücke mit.

V. Das Geschütz, die Pulvervorräthe, Waffen und Munition aller Art, werden der französischen Armee überliefert.

VI. Alle Effecten, welcher Art sie auch seien, welche das Eigenthum des Königs von England sind, sollen zur Verfügung der französischen Armee gestellt werden.

VII. Alle öffentlichen Cassen, mit Ausnahme derjenigen der Universität von Göttingen, sollen mit Sequestration belegt werden.

VIII. Jede englische Militairperson, oder jeder Agent irgend einer Art in englischem Solde soll den Befehlen des Oberbefehlshabers gemäß verhaftet, und nach Frankreich gesendet werden.

IX. Der commandirende General en chef behält sich die Gewalt vor, in der Regierung

und in andern von dem Churfürsten eingesetzten Behörden, solche Veränderungen zu treffen, welche er für zweckmäßig erachten wird.
X. Die sämmtliche französische Cavallerie soll auf Kosten Hannovers remontirt werden. Das Churfürstenthum wird sowohl für den Sold, als die Bekleidung und den Unterhalt der französischen Armee sorgen.
XI. Die Ausübung der verschiedenen Religionen soll auf demselben Fuß, wie nach den bisherigen Einrichtungen, aufrecht erhalten werden.
XII. Alle Personen, alles Eigenthum und die Familien der hannoverschen Officiere, sollen unter den Schutz der Franzosen gestellt werden.
XIII. Alle Einkünfte des Landes, sowohl die der churfürstlichen Domainen, als auch die der öffentlichen Abgaben überhaupt, sollen zur Verfügung der französischen Regierung gestellt werden. Früher eingegangene Verpflichtungen werden berücksichtigt werden.
XIV. Die gegenwärtige Regierung des Churfürstenthums wird sich jeder Ausübung der Gewalt in dem von den französischen Truppen occupirten Lande enthalten.
XV. Der commandirende General en chef wird von dem Churfürstenthum Hannover solche Contributionen erheben, als er zur Befriedigung – der Bedürfnisse der Armee für nöthig erachten wird.
XVI. Jeder Artikel, über welchen Zweifel entstehen möchte, soll zu Gunsten der Einwohner des Churfürstenthums ausgelegt werden.
XVII. Vorstehende Artikel sollen den Stipulationen, welche etwa zu Gunsten des Churfürstenthums, zwischen dem ersten Consul und irgend einer vermittelnden Macht, statt finden dürften, keinen Abbruch thun.
Gegeben in dem Hauptquartiere zu Suhlingen, den (14. Prairial, an XI.) 3. Juni, 1803.
Mit Vorbehalt der Genehmigung des ersten Consuls. (Sauf approbation du premier consul.)
(Unterzeichnet:) der commandirende General en chef General-Lieutenant
Ed. Mortier.
F. v. Bremer, churfürstlicher Hofrichter und Landrath. G. v. Bock, Oberstlieutenant, Commandeur des hannoverschen Leibgarde-Regiments.«

Es dauerte nur wenige Tage, bis die Bedeutung der Klausel erfaßt wurde, daß die Convention von Suhlingen der Genehmigung des Ersten Konsuls, Napoleon Bonaparte, bedürfe. Die zweite Kapitulationsurkunde war eindeutig. Was General-Lieutenant Mortier, Oberbefehlshaber der französischen, und Graf von Wallmoden, Oberbefehlshaber der hannoverschen Armee, im Juli 1803 vereinbarten, besagte nämlich klipp und klar:

»Art. I. Die hannoversche Armee wird die Waffen niederlegen, welche so wie die ganze Artillerie der französischen Armee überliefert werden sollen.
»Art. II. Alle hannoversche Cavallerie- und Artilleriepferde sollen durch ein Mitglied der Regierung der französischen Armee ausgeliefert werden. Der Obergeneral wird unverzüglich eine von ihm zu ernennende Commission absenden, um die nöthigen Anordnungen zu diesem Zwecke zu treffen.
»Art. III. Die hannoversche Armee soll aufgelöset werden. Die Truppen sollen über die Elbe und in ihre Heimath zurückkehren. Sie werden sich durch ihr Ehrenwort verpflichten nicht gegen Frankreich und seine Alliirten zu dienen, bis sie gegen eine gleiche Zahl französischer Militairs von gleichem Range, welche im Verlauf des Krieges in englische Kriegsgefangenschaft gerathen mögen, ausgewechselt worden sind.
»Art. IV. Die hannoverschen Generale und Officiere sollen sich auf Parole nach den

Orten begeben, welche sie zu ihrem Aufenthalte erwählen werden, vorausgesetzt daß sie nicht das Festland verlassen. Sie werden ihre Degen, Pferde und ihr Gepäck behalten.
»Art. V. Es soll dem Oberbefehlshaber der französischen Armee ohne Verzug eine namentliche Liste aller Individuen der hannoverschen Armee zugestellt werden.
»Art. VI. Den hannoverschen Soldaten soll es in ihrer Heimath nicht gestattet sein die Uniform zu tragen.
»Art. VII. Den hannoverschen Truppen soll bis zur Ankunft in ihrer Heimath die nöthige Subsistenz für sie selbst und ihre Pferde geliefert werden.
»Art. VIII. Der sechszehnte so wie der siebenzehnte Artikel der Suhlinger Convention soll auf die hannoversche Armee fortdauern anwendbar bleiben.
»Art. IX. Die französischen Truppen werden sofort das Lauenburger Gebiet besetzen.
Gegeben im Duplicat auf der Elbe am 16ten Messidor, im eilften Jahr der französischen Republik (5ten Juli 1803).
Der General-Lieutenant, Oberbefehlshaber der französischen Armee,
Ed. Mortier.
»Unterzeichnet
Feldmarschall Graf v. Wallmoden.«

Da unter dem Drang der Ereignisse und bei der Menge der zu berücksichtigenden Details unter anderem auch »derjenige Artikel, welcher die künftige Subsistenz der Officiere und Soldaten betraf, unglücklicherweise der erstgenannten Form der Übereinkunft überlassen« wurde, zogen die Franzosen später daraus den Vorteil, die versprochene »Subsistenz« zurückzustellen oder aber dem Land Hannover zu überlassen.
Kein Wunder also, daß nach der Auflösung der hannoverschen Armee die Flamme der Begeisterung für die den Menschen Freiheit bringende französische Revolution unter den Hannoveranern nur wenig Nahrung fand. Insbesondere nicht unter den 15 000 »arbeitslos« gewordenen Angehörigen der Armee, die ziemlich formlos entlassen worden waren. Die Offiziere erhielten wenigstens eine Urkunde, aber keine regelmäßigen Zahlungen. Viele Soldaten verließen das Land. Sie suchten sich in Mecklenburg ein neues Betätigungsfeld, denn da der König von England, dem sich die Soldaten nach wie vor verpflichtet fühlten, der Konvention nicht zugestimmt hatte, fühlten auch sie sich nicht an ihren Inhalt gebunden; insbesondere den Artikel 4 legten sie in ihrem Sinne aus. In diesem war bestimmt worden, »die hannoverschen Herren Generale und Offiziere können sich gegen Ehrenwort nach den Orten begeben, welche sie zu ihrem Aufenthalt wählen, vorausgesetzt, daß sie sich nicht vom Kontinent entfernen. Sie behalten ihre Degen, ebenso ihre Pferde, Effekten und Bagagen«. Über finanzielle Abfindungen der Mannschaften wurde nichts vereinbart. Im übrigen nahm man den Offizieren das Ehrenwort nicht in feierlicher Form ab.
Als immer mehr der Entlassenen, die nicht mehr über ihren Sold verfügten, in finanzielle Not gerieten, nahm die Zahl derer zu, die daran dachten, sich in den Dienst des englischen Königs zu begeben.

Die Königlich Deutsche Legion wird in England aufgestellt

Die Franzosen verloren keine Zeit, neben den materiellen Ressourcen des Landes auch ehemalige Soldaten und Diensttaugliche für sich in Anspruch zu nehmen. 1803 kündigten sie an, eine französisch-hannoversche Legion aufstellen zu wollen. Dazu kam es tatsächlich, wenn auch nicht mit dem von ihnen erhofften Erfolg. Die Truppe bestand aus 1342 Mann leichter Infanterie und Jägern zu Pferde, setzte sich jedoch nicht nur aus hannoverschen Untertanen zusammen. Ein Drittel der Soldaten stammte aus anderen Ländern. 1811 wurde daraus schließlich eine rein französische Truppe.

Auch in England dachte man an den Aufbau einer Legion. Im Juli 1803 erhielt der Adjutant des Herzogs von Cambridge, Oberstleutnant von der Decken, in London eine Vollmacht, bis zu 4000 Ausländer für den englischen Dienst anzuwerben. In einem Aufruf lud König Georg III. »alle Ausländer, vorzüglich aber alle braven Deutschen« ein, in einem Korps Dienst zu nehmen, das »Kings Germans« genannt werden solle »und wenn es vollständig sein wird, unter die unmittelbaren Befehle Sr. Kgl. Hoheit des Herzogs von Cambridge gestellt werden soll. Sie werden ein sehr ansehnliches Handgeld erhalten und dieselbe Bezahlung und dieselben Vorrechte genießen, welche den regulären Regimentern in der britischen Linie zu Teil werden. – Diejenigen, welche während des Krieges unfähig zum Dienst werden, sollen Pensionen erhalten. Jeder Rekrut wird sich auf 7 Jahre engagieren und für ein halbes Jahr nach Unterzeichnung eines definitiven Friedens, worauf er entlassen und mit einer angemessenen Summe Geldes versehen werden wird, um die Reisekosten in seine Heimat bestreiten zu können.«

Im Gegensatz zu der Reaktion auf die Werbung der Franzosen war das Echo auf diesen Aufruf überaus stark. Eine große Anzahl von Offizieren rührte die Werbetrommel mit großem Erfolg. Zwar war die Reise nach England nicht ungefährlich, doch die Bevölkerung half den Soldaten auf dem Wege nach Holstein und von dort nach Helgoland, von wo aus dann englische Schiffe für die Weiterreise auf die Insel sorgten.

Die Franzosen und die von ihnen kontrollierten Behörden versuchten, die Flucht zu verhindern. Ende September 1803 war das Depot in Lymington trotzdem bereits so überfüllt, daß ein Teil der hannoverschen Soldaten auf die Insel Wight verlegt werden mußte.

Den Franzosen blieb der Aufbau der Legion natürlich nicht verborgen. Für die Angehörigen der Legionäre in der Heimat wirkte sich dies teils durch scharfe Überwachung aus. Aber das verzögerte den Aufbau der Organisation auf der britischen Insel nicht.

Im Oktober 1805 erhielt die Legion Befehl zur Einschiffung. Doch der erste

Einsatz im Rahmen eines englischen Hilfskorps von 18000 Mann (wovon die Legion ein Drittel stellte) wurde kein militärischer Erfolg. Das Ziel, Hannover zurückzugewinnen, wurde nicht erreicht. Hameln, von dem französischen General Barbou mit (nur) 3000 Mann und 40 leichten Kanonen verteidigt, wurde nicht angegriffen, und als Österreich sich im Frieden zu Preßburg am 25. Dezember 1805 mit Napoleon verständigte und Preußen mit Frankreich den Schönbrunner Vertrag schloß, bestand für einen Erfolg keine Chance mehr, so daß sich das englische Hilfskorps mit der Legion Anfang Februar 1806 wieder einschiffte.

Noch im November hatte es geheißen, Preußen solle gemäß dem Potsdamer Abkommen mit Napoleon einen Frieden vermitteln. Bliebe Graf von Haugwitz ohne Erfolg, solle Preußen vier Wochen nach Abbruch der Verhandlungen mit 180000 Mann die Koalition gegen Napoleon verstärken. Statt dessen ging Preußen ein Schutz- und Trutzbündnis mit Frankreich ein und bekam für Neuchâtel, Cleve und Wesel den souveränen Besitz von Hannover. Friedrich Wilhelm III. von Preußen erklärte in einer Proklamation zwar, er nehme Hannover bis zu einem allgemeinen Friedensvertrag lediglich »in Verwahrung und Administration«, doch übte Frankreich auf ihn einen starken Druck aus, Ströme und Häfen gegen England zu schließen.

Als Premierminister William Pitt im Januar 1806 starb und Grenville in London an die Spitze des Ministeriums trat, sah Napoleon eine Chance, mit dem Inselreich Frieden zu schließen. Er zögerte nicht, ihm das Preußen übergebene Hannover anzubieten, das nach den Niederlagen Preußens bei Jena und Auerstädt von den Franzosen wiederbesetzt worden war. Immerhin hatte die Kriegserklärung Preußens an Frankreich zu einer Verständigung mit England und Schweden geführt. Der zaudernde Grenville hielt jedoch seine Armee für zu schwach, Preußen gegen die französischen Belagerungstruppen vor Danzig und Kolberg zu unterstützen oder die Hauptfestung Schwedisch-Pommerns, Stralsund, zu befreien. Napoleons lange Nachschublinien wären außerordentlich gefährdet worden. Es wurden lediglich einige britische Kriegsschiffe nach Danzig entsandt, wo sie freilich nichts ausrichten konnten.

Mit der Entlassung Grenvilles änderte sich Englands Politik. Canning wurde Außenminister unter Portland, dem Nachfolger Grenvilles. Für Stralsund kam dieser Wechsel freilich zu spät, denn in der Schlacht bei Friedland errang Napoleon Mitte Juni 1807 einen entscheidenden Sieg. Dessen ungeachtet kündigte Gustav Adolf, König von Schweden, den seit April bestehenden Waffenstillstand Anfang Juli auf. Er sah sich der Armee des französischen Marschalls Brune mit etwa 40000 Mann gegenüber und konnte immerhin hoffen, daß englische Hilfskräfte einschließlich der Deutschen Legion zu Hilfe kommen würden, die zusammen etwa 20000 Mann zählen sollten.

Die »Kings German Legion« war inzwischen auf rund 13000 Mann angewachsen. In Winchester wurden das 7. und 8. Linienbataillon aufgestellt, außerdem mehrere Dragoner-Regimenter in anderen Garnisonen. Und der Zustrom zur Legion hielt an.

Wilhelm Friedrich von Coulon war schon einige Monate, bevor Georg sich zu diesem Schritt entschloß, in die Deutsch-Englische Legion eingetreten. Er war jünger als Georg, war Junggeselle geblieben und ein häufiger und gern gesehener Gast im Hause seines älteren Bruders und seiner Schwägerin Henriette, die er sehr verehrte. Ihm half ein aufgeschlossenes Wesen, Kontakt zu finden. Seiner Art entsprach ein eleganter Briefstil und die fast fehlerfreie Rechtschreibung.

Aus England schrieb er mehrere Briefe, in denen er die wenig angenehmen Verhältnisse im Lager Winchester schildert und seine Schwägerin Henriette bittet, Georg davon abzuhalten, ihm nach England zu folgen.

In einem Brief vom 20. April 1806 heißt es:

> »Wenn Sie etwas dazu beitragen können, so machen Sie nur, dass George nicht hierher kömmt, denn unter uns gesagt, es taugt hier nicht viel. Die Gage kann man mit Gemächlichkeit verzehren, dabei gibts der Schererereyen die Menge und was das Schlimmste ist, man muss erwarten, nach Ost u. Westindien, Maltha, Egipten und anderen Orten verschickt zu werden . . .«

Aber die Warnung blieb erfolglos. Die Umstände in der Heimat waren zwingender, und am 18. Juli 1806 begann die Reise Georgs von Stade aus nach England, über die er in seinem Tagebuch schreibt:

> **»Den 18. Juli 1806:** . . . Mit einem kleinen Schiff ging ich von Stade ab, und kam des Mittags 12 Uhr zu Brunsbüttel im Dänischen an. Hier mietete ich einen Wagen für 8 Thaler und fuhr bis Tönningen, woselbst ich gegen 8 Uhr Abends eintraf. – Mein Fuhrmann war zwar ein alter harthöriger Mann, mit dem ich wenig Unterredung halten konnte, demohnerachtet fuhr er sehr schnell und brachte mich in 7 Stunden nach Tönningen hin, welches 7 Meilen von Brunsbüttel entfernt ist. Unterwegens bekamen wir ein paar tuechtige Regenschauer, die Wege wurden aber in Zeit von ¼ Stunde wieder trocken, und bemerkte ich, dass die holsteinische Marsch ganz anders beschaffen ist, als wie die um Stade im alten Lande und Kehdingsche. Vor Tönningen musste ich mich mit meinen Sachen ueber den Eider-Fluss setzen lassen, wofuer ich 3 MHb. und die Sachen nach dem Wirtshaus zu bringen 5 MHb bezahlen musste. Die Stadt Tönningen ist nur ein kleiner Ort, da die Elbe gesperrt ist, so geht der mehrste Handel jetzt ueber diese Stadt nach Hamburg hin, welches den Einwohnern großen Vorteil bringt.«

Das Boot, das ihn nach England bringen sollte, segelte jedoch nicht von Hamburg, sondern von Husum ab. So mußte er am folgenden Tag mit dem Wagen nach dort fahren. Widriger Wind verhinderte am 20. Juli die Abreise. Erst am nächsten Tag war es so weit:

> »Morgens 4 Uhr wurden wir aufgeweckt, um an Bord zu gehen, um 6 Uhr bestieg ich mit einem jungen Hamburger Kaufmann, und einer engl. Frauensperson (welches nur die einzigen Passagiere mit mir waren) ein Boot, welches die Eider uns herunter ans Paket-Boot brachte. Der Captain vom Paket-Boot hieß Saunders und war ein freundlicher Mann. Um halb 9 Uhr Morgens wurde der Anker gelichtet, und wir gingen unter

Segel, da aber der Wind fast ganz gegen uns war, so lavierten wir ein paar Stunden etwas vorwärts, warfen aber hierauf wieder den Anker. Um 5 Uhr Abends wurde der Wind nördlich und gut, wir gingen sofort unter Segel, bald darauf wurde uns der Wind noch guenstiger, und es ging jetzt schnell vorwärts. Abends 8 Uhr passierten wir die letzte rote Tonne, und um 9 Uhr die Insel Helgoland, welche man aber nur so eben erkennen konnte. – Der Anblick der offnen See, wo man nichts als Himmel und Wasser sieht, erregte in mir eine besondere Empfindung, da ich noch nie dieses gesehen hatte, ich hielt mich bis Abends 11 Uhr auf dem Verdeck auf, da ich aber alsdann merkte, dass mir uebel wurde, so ging ich in die Cajuete, legte mich nieder und das Uebelbefinden gab sich, doch konnte ich die Nacht wenig schlafen.

Den 24. July 1806 warfen wir auf der Rehde von Harwich den Anker. Der Anblick des schönen Landes heiterte mich sogleich auf, und ich befand mich sofort wieder wohl. Um 7 Uhr wurden wir Passagiere abgeholet und gingen nach Harwich in dem Wirtshause the three Coups genannt, unsere Sachen wurden nach dem Custom Haus getragen, die meinigen wogen allein 390 Pfund.

Im Wirtshause traf ich einen deutschen Kaufmann an, der mit dem Paket-Boot nach Husum im Begriff stand abzugehen, diesem gab ich sogleich einen kleinen Brief an meine Frau mit, worin ich ihr meine glückliche Ankunft in England meldete, derselbe ist auch richtig ihr ueberliefert worden.

Nachdem ich mein Patent auf der Alien Office vorgezeiget, erhielt ich sogleich einen Pass nach London, mein Reisegefährte musste aber noch warten, bis er eine Bescheinigung von London aus erhielt. Um 3 Uhr nahm ich erst ein Dinner im Wirtshause vorlieb, und setzte mich Abends 7 Uhr mit allen meinen Sachen in die Postkutsche und fuhr nach London ab. Meine Sachen wurden zwar im Custom Haus genau registriert, allein der viele Tobak, den ich in der Matraze eingepackt und ueberbracht hatte, wurde nicht bemerkt, sondern entschluepfte gluecklich, wofuer mir anfangs sehr bange war, dass man ihn entdeckt hätte.

Zu Reisegefährten im Wagen erhielt ich einen alten Engelländer, und eine huebsche junge Lady, da ich aber der englischen Sprache nicht mächtig war, und beide kein französisch konnten, so war die Unterhaltung fuer mich sehr mager. Wir fuhren die ganze Nacht hindurch zu Colechester; ohngefähr die Hälfte des Weges wurden die Pferde gewechselt und supiert, und obschon Harwich von London 7 engl. Meilen entfernt ist, kamen wir doch schon des anderen Morgens als **den 25. July** um 8 Uhr zu London an, wo ich meine Sachen nach Mistress Parkers Hause bringen liess.

London ist gewiss der Muehe wert, zu sehen, es ist gewiss in seiner Art die einzige Stadt in der Welt, die so viele schöne Strassen und Kaufmanns Läden, die des Abends erleuchtet sind und wodurch die darin befindlichen herrlichen Sachen aller Art um so mehr in die Augen fallen, in sich fasst. Da ich nicht völlig 2 Tage darin zugebracht habe, so konnte ich alles Schöne daselbst nicht besehen, nur den St. James Park, die PaulsKirche und Westminster Bruecke habe ich gesehen u. bewundern muessen.

Der St. James Park allein hat, glaube ich, eben einen so weiten Umfang als ganz Stade hat. Nachdem ich mich ein wenig ausgeruht, ging ich mit dem Lieut. Schweitzer gegen Abend in den St. James Park und in vielen Strassen herum.

Den 26. July ging ich Morgens zum General v. d. Decken, Oberst Lt. Linsingen, Timaeus u. Brueckmann, besahe hierauf, in Begleitung eines Fuehrers die Stadt London bis 2 Uhr Nachmittags, ging sodann nach der Post und bezahlte solche bis Hilsea, ass um 4 Uhr zu Mittags und setzte mich um 5 Uhr in die Post-Chaise.

Ich hatte 4 Ladies als Passagiere inwendig in der Kutsche bei mir, oben auf der Post-Kutsche sassen 15 Personen, in allem waren wir 21 Menschen inwendig und ausserhalb der Post Kutsche befindlich. Meine 4 Reisegefährten wollten nach Portsmouth, ich glaube es waren sämtliche Frauens von Captains auf Kauffartei Schiffen, und soviel ich von ihren Reden verstand, war der eine Mann von ihnen nach West- und die anderen nach Ostindien hingegangen, drei Frauens davon waren guter Hoffnung, und da die Hitze sehr stark war, und eine von den Ladies nicht wohl wurde, so fuerchtete ich beinahe, es würde mit ihr nicht gut gehen, allein es ging doch besser wie ich dachte. Wir fuhren die ganze Nacht hindurch fort, und wechselten nur einmal die Pferde, bei welcher Gelegenheit ein wenig gegessen wurde, von London nach Hilsea rechnet man ebenfalls 72 Meilen und **den 27. July** Morgens 9 Uhr kam ich zu Hilsea an, ging gleich zum Bataillon, welches daselbst in den Baracken bequartieret lag, wurde von den Stabs-Officiers sehr freundschaftlich empfangen und besonders freuete ich mich meinen Bruder Wilhelm allhier anzutreffen, der beim 7. Battl. stand, welches ebenfalls in Hilsea lag.«

Bei seinem Bataillon angekommen und nach dem Eintrag über das Wiedersehen mit seinem Bruder Wilhelm, folgt nun im Tagebuch eine genaue Berechnung der Ausgaben für die Reise von Stade nach Hilsea. Man wird die Begeisterung für den Beruf und die Vaterlandsliebe nicht in Frage stellen, wenn man feststellt, daß sich die Gedanken des Georg von Coulon sehr häufig mit Geld beschäftigen. Einmal war es ja nicht zuletzt die Sorge, seine Familie vor dem Hunger zu bewahren, die ihn zum Dienst in der Königlich Deutschen Legion veranlaßte; zum anderen war die monetäre Situation dazumal geradezu aufregend verwirrend. Ein Reisender mußte mit einer Vielzahl von Währungen umzugehen verstehen.
Als Georg von Coulon sich mit 390 Pfund Gepäck auf die Reise nach England machte, trug er 6 Pistolen a 13 M 4 Sch. Hamburger Courant mit sich; diese hatten den Wert von 26 Taler und 24 Schilling.

Dies sind die Reisekosten von Stade nach Hilsea:

»Fuer den Wagen von BRUNSBUETTEL nach TÖNNINGEN	8 Th.	– Sch.
Im Wirtshaus zu BRUNSBUETTEL	–	9 Sch.
Zu MELDORF fuer Caffe	–	12 Sch.
Zu TÖNNINGEN fuer die UEBERFAHRT ueber die EIDER	–	24 Sch.
Die Sachen nach dem Wirtshause zu bringen	3 Th.	– Sch.
Zu TÖNNINGEN im Wirtshause	1 Th.	20 Sch.
Die Sachen auf den Wagen zu bringen	–	20 Sch.
Den Wagen von TÖNNINGEN nach HUSUM	3 Th.	32 Sch.
Unterwegens verzehrt, nebst Trinkgeld	–	25 Sch.
Fuer den Pass in HUSUM bezahlt	–	26 Sch.
An den Wirt Peter JANSEN	4 Th.	24 Sch.
Trinkgeld	–	28 Sch.
Summa	23 Th.	28 Sch.
Mitgenommen hatte ich 6 Pistolen à 13 M 4 Sch. Hamb. Courant, tut	26 Th.	24 Sch.
Blieb uebrig	2 Th.	44 Sch.

welche mir der Wirt JANSEN mit 11 Sh.Sterling engl. Gelde wechselte.

Fernere Ausgabe.

An den engl. Agenten in HUSUM fuer die Ueberfahrt im Paquet-Boot		4 £	16 Sh.	6 D
Dem Captain des Paquetbootes		1 £	11 Sh.	6 D
Dem Officier		– £	10 Sh.	6 D
Dem Stuart		– £	7 Sh.	– D
Den Matrosen Trinkgeld		– £	5 Sh.	3 D
Nach HARWICH fuer das Boot		– £	4 Sh.	– D
Trinkgeld an den Visiteur auf dem Custom Hause		– £	11 Sh.	6 D
Transport der Sachen nach dem Wirtshause		– £	4 Sh.	– D
Im Wirtshaus zu HARWICH		– £	8 Sh.	– D
Postgeld fuer meine Sachen von HARWICH nach London		2 £	8 Sh.	6 D
und fuer mich selbst		1 £	11 Sh.	6 D
Zu COLCHESTER im Wirtshaus		– £	7 Sh.	– D
In LONDON die Sachen nach BARKER Haus zu bringen		– £	7 Sh.	– D
An die Arbeitsleute		– £	4 Sh.	6 D
Bei Mistrs. PARKER bezahlt		– £	7 Sh.	– D
Postgeld fuer mich nach HILSEA		1 £	8 Sh.	– D
und fuer meine Bagage		2 £	16 Sh.	– D
Die Sachen nach der Post zu bringen		– £	7 Sh.	– D
Von LONDON nach HILSEA verzehrt		– £	7 Sh.	– D
Summa		19 £	1 Sh.	9 D
An Guinees hatte ich mitgenommen 30 St.: 31 £ 10 Sh.				
Dazu umgewechselt	11	32 £	1 Sh.	
Behielt uebrig		12 £	19 Sh.	3 D.«

Am 7. September erhielt das 8. Bataillon, bei dem v. Coulon sich befand, Befehl, sich in Bereitschaft zu halten, um nach Irland zu gehen. Die Begeisterung schien nicht sehr groß gewesen zu sein, denn als seine Kompanie Fareham erreicht hatte und angewiesen wurde, dort zu bleiben, verband sich damit bei den Offizieren die Hoffnung, man werde vielleicht doch nicht eingeschifft. Bald wußten die Hannoveraner jedoch, daß sie sich getäuscht hatten. Der Marschbefehl nach Gosport traf schon am nächsten Morgen ein. Unverzüglich begann die Schiffsverladung. Auf dem Transportschiff »Endeavour« bekamen die Offiziere

»nur eine kleine Cajuete und mußten sich sehr enge behelfen, unserer waren 12 Officiers u. Lt. DREWES seine Frau, 6 Schlafstellen waren nur in der Cajuete, woran ich das Glueck hatte eine zu bekommen, und dadurch die Bequemlichkeit erhielt, meine Sachen in etwas beisammen halten zu können, die uebrigen mussten auf dem Boden der Cajuete schlafen. Die Mannschaft war auch sehr enge zusammengepresst, und ⅓ der Mannschaft konnten unten im Raume nicht zu liegen kommen, sondern musste sich des Nachts auf dem Verdeck aufhalten. Denselben Tag Abends 5 Uhr ging unser Schiff aus dem Hafen und warf auf der Rehde von SPITHEAD den Anker. Hierselbst lagen an die 70 Schiffe, teils Krieges- teils Transport-Schiffe, es war ein herrlicher Anblick solche beisammen zu sehen, unter diesen Schiffen zeichnete sich besonders die ROYAL WILLIAM, ein Krieges-

Schiff von 84 Kanonen aus, die Insel WIGHT hatten wir in unserer Nähe, und der Prospect von unserem Schiffe dahin, so wie die Stadt PORTSMOUTH u. GOSPORT nahm sich vortrefflich aus.
Den 14. Septbr. wurde das 7. Battl. ebenfalls embarquieret, und kam gleichfalls in 4 Schiffen auf der Rehde von SPITHEAD bei uns an.
Den 16. Septbr. lag das Schiff noch immer vor Anker, und da der Wind nach IRRLAND uns contrair ist, so können wir, bevor er sich nicht ändert, nicht segeln.
Wir haben unseren Messmann am Schiff, der uns des Mittags fuer 2 Sh. noch so ziemlich gutes Essen giebet, des Morgens u. Abends trinkt ein jeder Caffee oder Thee fuer sich, unsere Janitscharen sind mit am Schiffe, und diese musicieren täglich des Abends eine Stunde auf dem Verdeck, dies macht uns die Abende, da es noch so ziemlich schönes Wetter ist, angenehm. Nach 8 Uhr gehen wir in die Cajuete und spielen bis 10 Uhr in Karten, wo sich dann ein jeder zu Bette legt, so gut er kann.«

In einem Brief vom 11. April 1806 hatte Wilhelm von Coulon seinen Bruder Georg gebeten, »Musik für die Janitscharen« mitbringen zu lassen, da er »die Aufsicht über die Musik und die Kasse unter Händen, woraus die Janitscharen die Zulage erhalten«, habe.
Die »Zulage« für die Musiker wurde aus freiwilligen Beiträgen der Offiziere und aus Zuschüssen der Regimentskasse aufgebracht, denn die Mitglieder der kleinen Musikkorps erhielten normale Soldatenlöhnung, hatten jedoch Ausgaben für ihre Instrumente und leisteten Überstunden. Sie unterschieden sich durch grüne Jakken mit roten Ärmeln von den anderen Soldaten. Da meistens Farbige mitwirkten, trugen sie auch einen Turban. Während des Marsches bedienten sie die von einem Esel getragene große Trommel (Pauke), die Wirbeltrommel, Becken und Triangel. Die Reiter bevorzugten Blechmusik. Bei der Infanterie jedoch sorgten die Janitscharen mit Querpfeifen und anderen Holzblasinstrumenten für die Musik.
Am 5. September 1806 schrieb Wilhelm seiner Schwägerin einen sehr langen Brief, in dem er zunächst versichert, daß er und Georg sich nichts mehr wünschen, als recht bald wieder nach Deutschland zurückkehren zu können, »dort in ihrem freundschaftlichen Umgang zu leben und Theil zu nehmen, an ihrem häuslichen Glück«.
Weiter lautet es:

». . . dies ist unser Aller Wunsch und ich hoffe, er wird bald erfüllet werden, da es starken Anschein hat, daß es Friede wird oder daß die Franzosen die Preußen aus de-Lande jagen werden, welches mir recht lieb seyn sollte.«

Über das Leben in der Königlich Deutschen Legion berichtet er:

»Am 4. August musterte der Herzog von Yorck einige englisch Regimenter und auch unser und das 8. Bataillon nahe bei Portsmouth; bei ihm waren seine Brüder der Herzog v. Cumberland und v. Cambridge, welcher letzterer die mehrsten von uns und auch mich und George noch kannte und uns gleich bei unserm Namen nannte. Sie bezeugten alle ihre Zufriedenheit über die beiden neuen Bataillons und das unsrige mußte noch ein kleines Mannoever machen, welches sehr gut exerciert wurde. Ueberhaupt, liebe Wääsche, wenn Sie uns im Februar gesehen hätten, als wir zu Ritzebüttel eingeschifft wurden, und sähen uns jetzt, Sie würden es gewiß nicht glauben, daß wir eins und das nämliche Bataillon wären, so sehr haben sich unsre Leute in der kurzen Zeit in Dreßur, Exerciern und Anzug zu ihren Vortheil geändert. Dabei haben wir auch eine recht gute Janitscharen Musik, worüber ich, wie Sie wissen, die Direction führe, und ich denke oftmals, wie sich die Wääsche freuen würde, wenn sie uns einmal so in Stade einmarschieren und ihren Herrn Gemahl und Herrn Schwager unter Sang und Klang so ohne allen Spott einherschreiten sähe.«

Uniform und Organisation der Legion entsprachen weitgehend denen der britischen Truppen. Sie setzte sich aus Infanterie, leichten Dragonern, Husaren und Artillerie zusammen. Georg und Wilhelm von Coulon dienten in Linienbataillonen. Die Abzeichen der Infanterie waren dunkelblau. Allerdings unterschied sich die Legion dadurch von britischen Regimentern, daß die »Wings« der Flügelkompanien blau waren, die der britischen Regimenter hingegen rot. Auch der Tornister war blau bis dunkelblau, und mitunter wurde das Bataillon an der Seite des Tornisters durch rote Buchstaben angegeben, z. B. »5 K.G.L.« Die Tressen der Offiziere standen paarweise und waren golden. Bei den übrigen Dienstgraden trugen sie rechteckige Enden und – nach einigen Quellen – einen blauen Streifen. Die Plättchen an den Schoßumschlägen variierten, wie bei der britischen Armee, beträchtlich. Tschako- und Bandelierblech waren mit dem Regimentszeichen des Hosenbandordens geschmückt, in dem gewöhnlich die Bataillonsnummer stand. Die Linienbataillone waren mit der glatten Steinschloßflinte mit aufgepflanztem Seitengewehr bewaffnet. Man konnte mit ihr bis auf 200 Schritt schießen, also etwa 150 Meter, gibt man einem Schritt 75 Zentimeter Länge. Die Schützen der Leichten Bataillone hatten die kurze Jägerbüchse mit gezogenem Lauf, die auf die doppelte Entfernung zielsicher war. Auch die Bewaffnung der Offiziere unterschied sich: Der Linienoffizier trug seinen Degen in einer Lederscheide, der Schützenoffizier den geschwungenen Husarensäbel in einer Metallscheide am langen Koppel.

Die Infanterie der vorwiegend aus Hannoveranern rekrutierten Deutschen Legion umfaßte acht Linien- und zwei Leichte Bataillone. Jedes Linienbataillon hatte zwei Fahnen. Die erste war der neue »Union Jack«. Die Inschrift im Mittelfeld lautete: »King's/German Legion/V Bataillon«. Die zweite Fahne war dunkelblau (Abzeichenfarbe), in der Oberecke war der Union Jack, in der Mitte die Initialen K.G.L. und die Bataillonsnummer, umgeben vom Unionskranz, der aus Rosen, Disteln und Kleeblättern bestand. Nach dem Spanienfeldzug wurde das Wort »Peninsula« rund um den Kranz gemalt. Diese Fahnen kamen bei Waterloo ins Feuer. Die Fahnen waren 195 cm lang und 180 cm breit.

Während der Ausbildung schwirrten natürlich viele Parolen durch die Garnisonen. Wie lange würde man in Winchester bleiben? Wann und wo würde es zu einer Verwendung der Legion kommen? Auch mit diesen Fragen beschäftigt sich Wilhelm:

»Wir haben zwar schon mehrere malen die Ordre erhalten, uns zur Einschiffung sofort in Bereitschaft zu halten und noch vor 14 Tagen kam ein neuer bestimmter Befehl, so

daß wir glaubten, noch desselben Tages abmarschieren zu müßen; allein noch immer ist es dabei geblieben, und nun versichert man für ganz gewiß, daß aus der Einschiffung nach Irrland nichts, wenigstens fürs erste nichts werden würde, welches auch der Herzog von Chumberland der jetzt hier in Winchester ist und uns morgen mustern wird, selbst gesagt hat.
Die beiden leichten Bataillons, die von Irrland nach Sicilien bestimmt sind, sollen nach der heutigen Zeitung in Plymouth wieder ausgeschifft worden seyn und daselbst campiren; die Offc. sollen aber nur ihren Mantelsack haben mit ans Land nehmen dürfen, die übrige Bagage ist auf die Schiffe geblieben. Aus allen diesen wollen einige schließen, daß wenn Preußen sich würklich gegen Frankreich wehren sollte, alsdann diese Truppen nebst der ganzen übrigen Legion und mehreren Engländern wiederum nach dem festen Lande abgehen und mit Preußen gemeinschaftliche Sache gegen Frankreich machen werde, weil England gar zu viel daran liegt, einen Alliierten auf dem festen Lande zu behalten und wäre es auch der König von Preußen, der uns das Hannöversche gestohlen hat. Für jetzt sind alles nur Muthmaßungen und die Zeit wird darüber nähere Aufklärung geben. Der Himmel verhüte nur, daß unser Land nicht noch der Schauplatz des Krieges werde.«

Am 16. September konnte Georg v. Coulons Schiff wegen widrigen Windes nicht nach Irland auslaufen. Einen Tag später änderte sich das Wetter ...

»**Den 17. Septbr.** Noch immer vor Anker u. schönes Wetter, heute Morgen wurde vom ROYAL WILLIAM ein Kanonenschuss gegeben, worauf sich von allen Krieges-Schiffen deren Bööte um selbiges versammelten. Die Ursache davon war die Strafe eines Matrosen, der gegen die Sübordination gehandelt, und deshalb von einem Martial-Court zu 500 Lashes oder Streiche, verurteilt war. Der Arrestant wurde solenniter von einem Krieges Schiff zu dem anderen gefueret, war auf ein Boot an ein Geruest festgebunden, und erhielt bei jedem Schiffe eine gewisse Anzahl Lashes oder Schläge, bei dem letzten Schiffe unseres gegenueber, empfing er nur einige Streiche, worauf er wie tot hinsank. Diese Strafe ist ausserordentlich hart, und zeigt von der strengen Disciplin, die auf den Krieges Schiffen herrscht, und die wohl durchaus notwendig sein muss, um die rohen Matrosen in Ordnung zu halten. Der Arrestant wurde nachher halbtot nach dem Hospital zu PORTSMOUTH gebracht.«

Zu den Einsatzorten, mit denen sich die Gerüchte beschäftigen, gehört auch das Mittelmeer. Nahrung erhalten solche »Landserparolen« dadurch, daß auf der Reede zehn Schiffe mit englischen Truppen ankommen, die für einen Einsatz auf Sizilien bestimmt sein sollen.

»**Den 21. Septbr.** Des Mittags änderte sich der Wind und wurde suedlich, um 2 Uhr gab der Commodore des uns begleitenden Krieges Schiffes durch einen Canon-Schuss das Signal, dass Anstalten zum Absegeln gemacht werden sollte, auf ein 2 tes Signal wurden die Anker gelichtet, und ueber 30 Schiffe gingen mit uns unter Segel, der Wind war aber so schwach, dass wir heute nicht weit kamen, sondern gegen Abend, nicht weit von einer kleinen Stadt auf der Insel WIGHT, Namens COWESDEN, den Anker warfen. Captain BRINCKMANN ging ans Land und besorgte mir einen Brief an meine liebe Henriette.
Den 22. Septbr. Morgens 7 Uhr gingen wir mit einem schwachen Winde wieder unter Segel und kamen bis Cow. YARMOUTH einem kleinen Städtchen auf der Insel WIGHT, hier mussten wir, da der Wind ganz contrair wurde, wieder den Anker warfen.
Den 24. Septbr. gab unser Commodore durch Signal Schuesse bei Anbruch des Tages

das Zeichen, die Anker zu lichten, und dass die Schiffe, so nach Sicilien bestimmt wären, ihre Reise dahin fortsetzen, die uebrigen aber so nach IRRLAND sollten, wieder umkehren und nach SPITHEAD zurueckkehren sollten; dieser Befehl wurde sofort befolget, und kamen wir gegen Abend wieder auf der Rehde von SPITHEAD an, und haben also nicht das Glueck gehabt, IRRLAND zu sehen.
Am 11. Octbr., wurden wir endlich zu GOSPORT debarquieret, ich marschierte mit meiner Compagnie nach WALDHAM hin, und
den 12. Octbr. Nachmittags 3 Uhr traf das ganze Battaillon zu WINCHESTER wieder ein, wovon wir gerade 4 Wochen abwesend gewesen waren.
Nachdem wir vom 12. October bis den 29. October zu Winchester in Quartier gelegen, marschierten wir von dieser Stadt aus und kamen zu Margate wieder ins Quartier, die Tour von Winchester bis nach Margate ist ueber 150 Meilen englisch, wir marschierten 10 Tage lang hierauf und passierten eine der herrlichsten Gegend von England, wir nahmen unseren Weg ueber Alton, Farnham, Dorcking, Westerham, Sevenoacks, Maidstone, Sittingburne und Canterbury, von da wir nach Margate marschierten.
Margate ist eine feine huebsche Stadt, die besonders wegen ihrer Seebäder beruehmt ist, und wohin jährlich aus allen Teilen von England viele Menschen hinkommen, um das Seebad zu gebrauchen, dieser viel Umgang mit Fremden, macht daher die Einwohner sehr gesellschaftlich und gastfrei, daher viele Offiziere von uns, die der englischen Sprache nicht mächtig waren, vielen Umgang mit den ersten der Stadt und den Ladys hatten, welches an anderen Orten Englands nicht der Fall ist, indem man daselbst sich gleichsam scheut, und daher ein freundschaftlicher Umgang in den Familien schwer zu erhalten ist, sondern das Militär unter sich selbst nur allein Umgang pflegen kann.
Die Stadt Ramsgate etwa nur 1 Stunde von Margate gelegen, ist ebenfalls fuer Fremde, die das Seebad gebrauchen wollen, bekannt, und hat einen ziemlich guten Hafen, welcher durch die Kunst, mit ungeheuren Kosten gemacht ist, Margate dagegen hat fast keinen Hafen, sondern die Schiffe sind daselbst nur in etwas, durch einen in die See gemachten Damm, in Form eines Halbzirkels, gegen die Stuerme gesichert.
Die Zeit meines Aufenthaltes zu Margate habe ich mit Vergnuegen zugebracht, ich hatte ein gutes Lodging, und obschon ich keinen Umgang mit den Einwohnern der Stadt hatte, so brachte ich die Abende daselbst, in Gesellschaft von Drewes und seiner Frau, incl. von Capt. Cordemann und seiner Frauen Gesellschaft, sehr angenehm zu. Auch besuchte mich mein Bruder Wilhelm, welcher mit dem 7. Battl. zu Ramsgate lag, fast alle Woche, und ich tat ein gleiches zu ihm nach Ramsgate hin; dazu kam dass dazumal die Verbindung mit dem festen Lande und England nicht so ganz gestöret war, wodurch ich dann die Freude hatte, fast alle 14 Tage einen Brief von meiner lieben Frau zu erhalten, und ich dagegen eben so oft dahin zu ihr schrieb, unsere Brief gingen meist ueber Husum und Peter Jansen besorgte sie richtig.«

Es klingt so etwas wie Zufriedenheit aus diesen Zeilen: eine gute Unterkunft, nette Gesellschaft, und die Übermittlung von Briefen und Geld scheint auch gut zu laufen. Sicher führten jüngere Offiziere, als Georg von Coulon es war, in England ein anderes, unbeschwerteres Leben. Für den inzwischen 51jährigen Hauptmann, wesentlich älter als viele ihm nach der Rangliste gleichgeordnete Hauptleute, wäre dies wohl etwas zu aufregend gewesen. Er nahm an den üblichen Zerstreuungen der jüngeren Herren Kameraden: Trinken, Kartenspiel und Damengesellschaft nicht oder nur selten Anteil. Er bevorzugte es, die englische Sprache zu erlernen, Bücher zu lesen, in seiner etwas pedantischen Art seiner Frau lange, liebevolle Briefe zu schreiben sowie sein Tagebuch zu führen. Man darf annehmen, daß Alter und rechtschaffene Art ihm zwar Achtung verschafften, ihn aber sonst etwas vereinsamen ließen.

Für die Hannoveraner waren die englischen Gewohnheiten in der Offiziersmesse einigermaßen ungewohnt. Es wurde nachmittags um fünf Uhr gegessen. Für das Verhalten bei Tisch waren »zur Erhaltung von Ordnung und Sittlichkeit« strenge Regeln erlassen worden, die einzuhalten ein jeder sich schriftlich verpflichten mußte. Ein Fähnrich zahlte täglich für das Essen 1 Shilling 6 D, ein Leutnant 1 Shilling 9 D. Entsprechend dem Dienstgrad stiegen die Beträge.

Zum Vorsitzenden der »Meß«, die im alten Hannover nicht üblich war, wurden in regelmäßigen Abständen ein Präsident und ein Vizepräsident gewählt. Während der Mahlzeit durften keine dienstlichen Angelegenheiten besprochen und beim Zutrinken mußte »ex« getrunken werden.

Auf den Schiffen wurde das Mittagessen gemeinsam eingenommen; morgens und abends nahm jeder Kaffee oder Tee für sich allein zu sich. Allgemein erkannten die hannoverschen Offiziere an, daß die »Meß« nicht nur zur Besserung der Sitten beitrug, sondern auch das Zusammengehörigkeitsgefühl und die Kameradschaft festigte.

Vor der Rügen-Expedition 1807: Henriette soll nicht nach England kommen

Aus den Briefen, die aus England kamen, gewann Henriette den Eindruck, ihr Mann fühle sich etwas einsam, er brauche sie. Daher wohl ihre Absicht, zu ihm zu reisen. Sie hatte deswegen ihren Schwager Wilhelm befragt, der ja in der Nähe ihres Mannes mit dem 7. Bataillon zu Ramsgate lag. Doch Wilhelm riet ihr in einem Brief vom 9. Februar 1807 ab:

> ». . . Nun aber meine liebe Schwägerin, muss ich noch ein Wort vernuenftig mit Ihnen reden, nemlich ueber Ihren Wunsch hierher zu kommen, der sich in Ihrem Herzen zwar heimlich versteckt hält, den ich aber aus Ihren letzten Breifen deutlich herausleuchten sehe. Ich traue Ihrem Verstande zuviel zu, als dass ich befuerchten sollte, Sie wuerden es mir uebel nehmen, wenn ich ueber diesen Punkt unverholen meine Meinung äussere und Ihnen offenherzig sage, dass unter den jetzigen Verhältnissen, worin wir hier leben, eine Reise hierher und dazu mit Ihren Kindern, die grösste Thorheit wäre, die Sie je begehen könnten. Wenn wir einen bestimmten Aufentalt auch nur auf ein oder zwei Jahre hätten, und gingen alsdann wieder nach unserem Vaterland zurueck, so wollte ich nichts dazu sagen, wenn Sie sich die Kosten und Unannehmlichkeiten einer Reise hierher aussetzten, um diese Zeit bei Ihrem Manne zuzubringen, aber bei dem unstäten Leben, so wir fuehren, da oftmals eine Stunde vorher Marschorder kömmt und keine Zeit haben unsere wenigen Habseligkeiten einzupacken, ist eine Offisiersfrau hier uebel dran. Es muss sofort mit schweren Kosten eine Mietskutsche genommen werden, um sie fortzuschaffen. Mit dem Bataillon von einem Nachtquartier zum anderen zu reisen, geht nicht, weil solche Kutschen Stationsweise fahren und ueberdem die Kosten einer so langsamen Reise ungeheur seyn wuerden. Als wir von Winchester in 10 Tagen hierher marschierten, reiste die Drewsen so lange nach London u. traf den letzten Marschtag wieder bei ihrem Manne in Margate ein. Denken Sie sich, wie unangenehm alles dieses ist in einem theuren Lande, mit dessen Sitten u. Sprache man nicht bekannt ist. Kömmt man mit dem Bataillon an dem Bestimmungsort an, so sind die Quartiere in den Baracken vorher nicht reguliert fuer die Offiziere, sondern die ältesten wählen sich die Stuben, welche sie bewohnen wollen aus, und so ermuedet man auch vom Marsche ist, so muss man doch erst stundenlang warten, ehe man Quartier erhält. Zu den Baracken muessen immer 2 Subaltern-Offiziers auf eine Stube mit ihrer ganzen fahrenden Habe zusammenwohnen, ist einer davon verheiratet, der sich keinen 3.ten Schlafkameraden gefallen lassen kann u. will, so muss er fuer sein Geld sich ein Quartier in der Stadt miethen, und erhält dann auch nur die Hälfte der Kohlen und Licht. Fuer Miethe und Feuerung kann ein solcher Offizier die Hälfte seiner Gage hingeben. Ein Capitain hat zwar immer eine Stube allein, diese ist aber oftmals so klein, dass er mit Frau und Kinder nicht darin aushalten kann. Noch schlimmer ist es, wenn das Bataillon eingeschifft wird. 12–14 Menschen sind dann in einem Raum eingepackt, worin sie, wenn sie alle beisammen sind, kaum Platz haben, nebeneinander zu stehn, viel weniger zu sitzen. Die Drewsen schlief mit ihrem Manne auf dem Transportschiff, wo ich verschiedene Male gewesen bin, in einer nicht anderhalb Fuss breiten Absperrung, und da es nicht möglich war, nebeneinander, vielweniger immer auf einander zu liegen, so hatten sie die Einrichtung getroffen, sich so zu betten, dass der eine die Fuess da hatte, wo der andere mit dem Kopfe lag. Denken Sie sich nun hierzu das Schwanken des

Schiffes bei hoher See, worauf Uebelkeit und Erbrechen folgt, wo alles ueber und untereinander poltert, die scheelen Gesichter der uebrigen Offiziers, denen durch eine Frau der Platz noch mehr beenget wird, die Unbequemlichkeit des Aus- und Ankleidens fuer ein Frauenzimmer, die Dauer einer solchen Lage auf mehrere Wochen ja Monate und ueberdem hierzu noch Kinder.

In der That, wenn die Papen, wie ich fast glaube, mit ihren Kindern hierher kömmt, so muss sie toll seyn, oder sie wird es hier gewiss. Sollte gar eine Expedition vorfallen, wo es den Anschein hat, dass es beim Ausschiffen gleich zu Thätlichkeiten kömmt, so muessten die Frauen zurueckbleiben, und es wird auf sie gar keine Ruecksicht genommen. Sehen Sie diese Schilderung, liebe Frau Schwiegerin nicht fuer uebertrieben an. Sie ist reine Wahrheit u. ich halte es fuer die Pflicht, Ihnen die Sache so darzustellen, wie sie wuerklich ist, auf dass Sie, wenn andere Frauen zu ihren Männern nachreisen, sich damit trösten können, dass Sie gewiss das beste Theil erwählt haben, zu Hause zu bleiben.

Dass uebrigens George es fuer das grösste Glueck halten wuerde, mit seiner lieben Frau u. Kindern zusammen zu leben, wenn es die Umstände nur einigermassen gestatteten, und dass es selbst meine Zufriedenheit um ein grosses erhöhen wuerde, meine Wääsche, den dicken Carl und die uebrigen Kinder hier zu sehen, davon werden Sie hoffentlich vollkommen ueberzeugt seyn. So lange Sie indess im Lande keine Noth leiden und solange unser Herr Gott und Vater Jansen noch lebt, welcher diesen Brief hoffentlich richtig spedieren wird, so lange ist es gewiss besser fuer Sie, dort zu bleiben . . .«

Dieser dringende Appell an die Schwägerin hatte Erfolg. Henriette blieb in Stade.

Der ruhige Aufenthalt sollte tatsächlich bald ein Ende haben. Die englische Regierung hatte sich entschlossen, ihrem Alliierten König Gustav IV. von Schweden zu helfen. Er versprach sich nach der Schlacht von Preußisch Eylau am 6. Februar 1807 von einem Eingreifen Englands und der Entsendung eines Hilfskorps eine willkommene Unterstützung gegen den französischen Druck.

Im Mai werden die in Irland stationierten Truppen der Legion auf die Schiffe gebracht, Anfang Juni gehen die Legionäre aus Margate in Ramsgate an Bord, doch bis die Schiffe versammelt sind und die Flotte unter Segel gehen kann, verstreicht noch eine ganze Woche.

Georg v. Coulon hat Pech. Sein Transportschiff ist ein »altes, schlecht segelndes und baufälliges Gebäude«. Starker Wind beim Einlaufen ins Kattegat trennt die »Elisabeth« vom Konvoi, dem sie allein hinterdrein segeln muß.

Falls der schwedische König mit einem schnellen Eintreffen des Hilfskorps gerechnet haben sollte, muß er sehr enttäuscht worden sein. Die englischen Verbündeten nähern sich recht langsam:

»**Den 1. Juli,** noch stets im Cattegat, schönes Wetter, aber wenig Wind; ein dänisches Schiff begegnete uns, das uns die Nachricht gab, dass es unserer Flotte 7 Meilen von Helsingör begegnet wäre.

Den 2. Juli. Vortrefflichen Wind und schönes Wetter, wir hatten die Nacht eine gute Strecke gesegelt und begegneten um 11 Uhr eine Kauffahrteiflotte von mehr als 100 Schiffen, von einem dieser Schiffe hörten wir, dass unsere Flotte diesen Morgen vor Helsingör eingetroffen sei.

Um 1 Uhr Mittags sahen wir das Castell Kollight an der äussersten Spitze von Schweden gelegen, und waren wir nun noch 20 Seemeilen vom Sunde. Um 8 Uhr Abends kamen wir im Sunde an und um 10 Uhr warfen wir auf der Reede von Helsingör den Anker; wir fanden hier nur ein paar kleine Cutterbriggs welche auf die hinterbliebenen Schiffe warten, und solche weiter escortieren sollten, die Flotte selbst war schon Tages vorher weiter gesegelt.

Den 4. Juli ging ich nebst mehreren Offizieren nach der Stadt Helsingör hin, fruehstueckten daselbst und besahen die Stadt, welche nur klein ist, die dabei befindliche Citadelle oder Festung Cronenburg ist aber von Wichtigkeit und schien mir sehr feste zu sein; ihre Kanonen haben es aber doch nicht in ihrer Macht, feindliche Schiffe von Passierung des Sundes abzuhalten, indem derselbe zu breit ist, und Nelson mit seiner ganzen Flotte, unbeschädigt den Sund passierte, ohnerachtet von der Festung Cronenburg stark auf ihn geschossen wurde, jedoch ohne ihm Schaden zufuegen zu können. Wenn bei der schwedischen Stadt Helsingburg, so Cronenburg grade gegenueberliegt, eine Festung angelegt wuerde, dann so glaube ich, wuerde es einer Flotte schwer halten, den Sund ohne Schaden passieren zu können. – Nachmittags 4 Uhr wurde das Signal zum absegeln gegeben, und wir hielten uns nahe an der dänischen Kueste, welche sich sehr schön präsentierte.

Den 5. Juli. Diese Nacht waren wir Copenhagen vorbeigesegelt und des Morgens um 6 Uhr befanden wir uns in der Ostsee, dieses Meer hat die Eigenschaft an sich, dass das Wasser nicht so viele Salzteile in sich fasst als die Nordsee und daher, wenn es erforderlich ist, zum Trinken und zur Bereitung der Speisen gebraucht werden kann. In der Ostsee ist auch keine Ebbe und Flut, und die Wellen gehen viel kuerzer wie in anderen Meeren, sie sollen aber bei starken Stuermen desto gefährlicher fuer die Schiffe sein.

Die dänische Kueste, zu unserer rechten Seite, behielten wir noch immer im Gesichte, die schwedische hingegen verloren wir bald, wir hatten vortrefflichen Wind und schönes Wetter, und um 2 Uhr Nachmittags sahen wir schön die Insel Ruegen in der Ferne, konnten aber, weil der Wind contrair wurde, solche heute nicht erreichen.

Den 6. Juli Mittags 12 Uhr warfen wir endlich in einer Bay der Insel Ruegen den Anker, und trafen daselbst unsere ganze Flotte wohlbehalten an; mein Bruder Wilhelm, der schon 3 Tage da gewesen, kam sogleich an Bord und freute sich, dass wir gluecklich angekommen, indem man wegen unseres alten Schiffes schon sehr in Sorgen gewesen war.

Den 7. den 8. und den 9. Juli blieben wir noch auf dem Schiffe, und konnten vom selbigen aus die Stadt Stralsund sehen.

Den 10. Juli Nachmittags 3 Uhr wurde die 1 ste Division auf die Insel Ruegen debarquiert, wir marschierten um 5 Uhr vom Ufer ab, nach unseren angewiesenen Quartieren hin, welche ich nach einem äusserst beschwerlichen Marsch erst des anderen Morgens um 4 Uhr, den

11. Juli erreichte, woselbst meine Compagnie in die Bauernschaft Lipsitz und Ramitz verlegt wurde.

Die Insel Ruegen, obschon an den Seiten viele Sandhuegel und unbebaute Stellen sind, scheint im Inneren sehr fruchtbares Land zu haben, es wohnen darauf viele vermögende Gutsbesitzer, Pächter und Bauern, diese verkaufen ihr Korn, Butter etc. alle nach Stralsund hin. Meine Compagnie hatte sehr gute Quartiere.

Den 12. u. 13. Juli blieben wir in diesen Quartieren, am Abend des letzteren Tages erhielten wir aber Order nach Stralsund zu marschieren, in deren Nähe die französische Armee stand.

Den 14. Juli morgens, marschierten wir nach Stralsund hin, welches wir gegen Abend 5 Uhr erreichten; mit unserem Battl. rueckte zugleich das 6. u. 7. Batl. in der Stadt ein.

Ich bekam mein Quartier, nebst dem Lieut. Holze bei drei Mamsells Namens Klunner auf der Franken-Strasse No. 295.
Kaum waren wir in unserem Quartier, als wir eine Kanonade in der Nähe der Stadt hörten, wir liefen sogleich auf den Wall, und sahen die schwedischen Truppen nach der Stadt sich retirieren, welche von den Franzosen verfolgt wurden, und so nahe an die Stadt kamen, dass man von der Festung ab sie mit Kanonen begruessen musste, worauf sich die Feinde zurueckzogen, und das ganze schwedische Corps in die Stadt einrueckte. Gegen Abend 8 Uhr mussten die 3 Battl. von der Legion noch in die Aussenwerke ruecken, woselbst wir bis um 12 Uhr stehen blieben, und dann wieder ins Quartier kamen.
Den 15. Juli bis zum incl. 7. August blieben wir in Stralsund als Besatzung, während der Zeit die uebrigen von der Legion auf der Insel Ruegen befindlich waren; wir hatten einen harten und sehr ennuyanten Dienst. Da die Franzosen vom 15. Juli an die Stadt ganz umringten, alle Passagen ausser die zur See sperrten, und täglich an den Batterien zur förmlichen Belagerung der Stadt arbeiteten, welches von dem Geschuetz der Festung wenig gehindert werden konnte, so mussten wir täglich eine Stunde vor Tage in die Werke ausruecken, und jederzeit bei den verschiedenen Attacken, so die Feinde auf die Festung machten, unterm Gewehr stehen.
Es war lächerlich, wenn man die Betrachtung anstellte, was der König von Schweden mit seiner Handvoll Volks gegen die Franzosen zu der Zeit allein machen wollte, da fast alle anderen Reiche Frieden mit selbigen geschlossen hatten, und zeigte von wenig Klugheit, allein es schien als wenn der König von Schweden Carl den XII. nachahmen wollte, und bei allem Missgeschick, ohne alle Huelfsquellen, und mit einer Handvoll Volks einem Feinde widerstehen wollte, der ihm in allem ueberlegen war. Dieser König Gustav Adolph war ein noch junger, sehr steifer und ceremonieuser Mann, und ich glaube von nicht sehr starkem Verstande, der verschrobene Begriffe von sich hatte, sich stärker fuehlte als er wirklich war, dem einige Schrauben im Kopfe fehlten, und der sein nachheriges Unglueck, bloss seinem Eigensinn, seinem Stolze und seiner Dummheit zu verdanken hatte. Ich habe die grosse Ehre gehabt, zweimal als Ordonnanz-Capytain bei ihm gewesen zu sein, und habe mich innerlich ueber das ceremonieuse Wesen, den eitlen Prunk etc. dieses lilleputanischen Königs geärgert.
Wir freuten uns daher sehr, als wir am 7. des Abends die Order erhielten, des folgenden Tages nach der Insel Ruegen zu gehen, um zu der Expedition mitzuwirken, welche wegen Eroberung und Wegnahme der dänischen Flotte, auf der Insel Seeland schon lange vom englischen Ministerio entworfen war.
Den 8. August ware endlich der glueckliche Tag, welcher uns aus den Befehlen eines schwachen Fuersten brachte, der ohne Nachgedanken und Vernunft und nur bloss seinen Ehrgeiz Menschen opfern wollte, ohne dadurch den geringsten Nutzen zu stiften. Um 1 Uhr Mittags marschierten wir ab, und mussten doch erst vorher Sr. Majestät vorbeidefilieren, welcher uns ungerne abgehen liess. Wir setzten in Bööten nach der Insel Ruegen ueber, marschierten bis Abends 8 Uhr und blieben die Nacht ueber in Zelten in einem Lager bei Gartz.«

Nach dem Frieden von Tilsit: Die Legion im Kampf um Kopenhagen

Inzwischen war am 7. und 9. Juli zwischen Frankreich und Rußland der Friedensschluß von Tilsit zustande gekommen, der Napoleon gestattete, Truppen für die Sicherung Pommerns freizumachen. Da inzwischen auch das preußische Hilfskorps abgezogen war, war der Plan Englands, zusammen mit den Schweden von Norden aus in Napoleons Flanke vorzustoßen, nicht mehr zu verwirklichen. Im August wurde daher das Unternehmen abgebrochen. Die von Stralsund nach Rügen zurückgenommenen Truppen wurden eingeschifft, Schweden – seinem Schicksal überlassen – mußte mit Frankreich eine Übereinkunft wegen der Räumung der Insel schließen. König Gustav IV. sah sich nun dem Druck ausgesetzt, England den Krieg zu erklären, falls London sich weigern würde, mit Paris Frieden zu schließen. Im Artikel 5 dieses Vertrages war nämlich festgelegt worden, daß die Höfe von Kopenhagen, Stockholm und Lissabon England den Krieg erklären sollten, wenn dieses einen Frieden mit Frankreich ablehne. Wer von den genannten Höfen England nicht den Krieg erkläre, solle daraufhin von Rußland und Frankreich als Feind behandelt werden. England wurde die Rückgabe von Hannover in Aussicht gestellt, wenn es den Schiffen anderer Nationen auf dem Meere volle Gleichberechtigung einräume.

Als der Inhalt des Vertrages in London bekannt wurde, konnte sich die englische Regierung ausrechnen, daß Napoleon keine Rücksicht auf Dänemark nehmen würde, zumal ihm der Landweg dorthin offenstand.

Dänemark wurde daher aufgefordert, seine gesamte Flotte für ein Jahr in englische Verwahrung zu geben. Dabei dachte England an die Gefahr, Dänemark könne den Sund blockieren, englischen Schiffen den Zugang zur Ostsee verwehren und dadurch die Versorgung mit Holz für den Schiffsbau sowie die lebenswichtigen Getreideeinfuhren unterbinden. Abgesehen davon war zu bedenken, daß die dänische Flotte Frankreichs Seestreitkräfte, die in der Seeschlacht von Trafalgar entscheidend geschwächt worden waren, wesentlich stärken würde. Aus diesen Gründen kreuzte Anfang August eine starke englische Kriegsflotte bei Helsingör mit einem Landungskorps auf und gab der Entschlossenheit Englands, jeden Widerstand Dänemarks zu brechen, beredten Ausdruck.

Für die Legion war der nächste Einsatz schon beschlossene Sache. Georg v. Coulon ahnte dies zwar noch nicht, sondern ärgerte sich mit Fällen von Desertionen herum: – aus seiner Kompanie verlor er sechs Mann, die durch Mädchen aus Stralsund dazu verführt wurden, ihre Truppe im Stich zu lassen. Doch am 13. August gingen die Schiffe mit gutem Wind unter Segel, und am Abend des nächsten Tages schon warfen sie vor der Insel Seeland Anker.

Der außerordentliche Gesandte Jackson hatte am 14. August das Ultimatum

Londons zur Übergabe der dänischen Flotte überbracht, doch der dänische Außenminister Graf Bernstdorff, der es entgegennahm, antwortete, der Kronprinz wolle die Flotte lieber verbrennen, als sie um irgendeinen Preis der Erde ausliefern. Bernstdorff schlug auch die angebotene Bedenkzeit von zwölf Stunden aus, so daß von diesem Zeitpunkt an die Phase der Verhandlungen beendet war.

In der Nacht vom 15. zum 16. August begann die Ausschiffung des englischen Landungskorps. Kopenhagen war binnen weniger Tage eingeschlossen. Teile der von Rügen kommenden Truppen gingen in der Kjöge-Bucht und Charlottenlund an Land, wo sie nur relativ leichten Widerstand zu brechen hatten.

»**Den 15. August** Morgens 5 Uhr lichtete die Flotte die Anker, wir segelten bis 9 Uhr, wo wir in der Köger Bay auf der Insel Seeland vor Anker gingen. Hier bekamen wir die Order auf 3 Tage Provision fuer die Mannschaft zu kochen und schien es als wenn wir noch heute eine Landung unternehmen sollten, allein gegen Abend kam Contra Order, die Provision zu verteilen.

Den 16. August, ging ein Teil der Flotte worauf die Cavallerie befindlich war, unter Segel nach Helsingör ab; wir blieben liegen und unser Schiff erhielt auf 4 Wochen neue Provision. Gegen Abend erhielten wir Order uns zum schnellen Debarquieren gefasst zu machen, und ohne Bagage und Tornister zu landen.

Den 17. August noch immer in Bereitschaft zu landen, Starke Hitze.

Den 18. August noch immer starke Hitze; heute morgen hörten wir keine Kanonade von Seiten von Copenhagen her mehr, so wie wir es gestern gehört hatten. Von heute an wurden wir Offiziere, gleich der Mannschaft auf die blosse Schiffs-Provision eingeschränkt. Gegen Mittag hörten wir wieder eine starke Kanonade nach der Gegend von Copenhagen hin. Um 3 Uhr lichteten wir wieder den Anker, die ganze Flotte ging wieder unter Segel, um 6 Uhr waren wir Copenhagen gegen ueber, und bald darauf ging die Flotte vor Anker.

Den 19. August sehr heisses Wetter; diesen Morgen wurde von den leichten Battaillons das Manoeuvre zum debarquieren, mit allen Bööten der Flotte gemacht.

Den 20. August, heute Mittag mussten alle Commandanten der Battaillons zur Conferenz an Bord des Krieges Schiffs, der »Ganges«, von 74 Kanonen sich einfinden, woselbst ihnen Vorschriften in Ausfuehrung der Landung gegeben wurden. Gegen Abend legte die Flotte näher am Lande hin, und wir erhielten Order uns zum debarquieren auf morgen gefasst zu machen.

Den 21. August wurden die beiden leichten Battaillons mit Tagesanbruch zuerst gelandet, und hernach die uebrigen Batts. alles ohne den geringsten Widerstand der Dänen; wir lagerten uns diesen Tag nahe am Ufer hin; Offizieren und Mannschaft hatten keine Bagage noch Tornister bei sich, sondern letztere hatten in ihren Brotbeuteln auf 4 Tage gekochtes Fleisch und auf so viele Tage Schiffs-Zwieback mitgenommen; die Offiziere hatten sich ebenfalls mit einem kleinen Brotbeutel versehen, worin wir jeder etwas zu leben beigesteckt hatten. Auf diese Art betraten wir als Feinde ein Land, worin wir vor ungefähr einem Monat als Freunde aufgenommen waren.

Wenn man diese Handlung von Seiten der Vernunft und Gerechtigkeit betrachtet, so kann und muss man dies Verfahren des englischen Ministerie nicht anders als grausam halten und tadeln; allein von Seiten der Politic betrachtet, welche bei den jetzigen Zeiten alle Gerechtigkeit und Billigkeit hinten ansetzet, konnte England nicht anders handeln, wenn es nicht die Insel Seeland und mit ihr die ganze dänische Flotte in den

Händen ihres Feindes Bounaparte sehen wollte; der dieselbe gewiss zum grossen Nachteil fuer England genutzt haben wuerde.
Diese Nacht musste ich auf Piquet, und stets munter sein, wir besetzten die Anhöhen und dahinter mit den leichten Batts. zugleich, um unseren Landungsplatz gegen einen unvermuteten Ueberfall zu decken, jedoch liess sich kein Feind sehen.
Den 22. August morgens 11 Uhr, nachdem alles von den Schiffen nebst leichter Artillerie gelandet war, marschierte das ganze Corps rechts ab, immer am Ufer hin, die leichten Truppen deckten unsere linke Flanke, und die ganze Flotte begleitete uns rechter Hand, welches ein schönes Schauspiel anzusehen war, die Bauern in den Dörfern waren grösstenteils aus ihren Häusern gefluechtet, hin und wieder fanden wir noch einige Einwohner. Gegen Abend bezogen wir ein Lager etwa eine halbe Meile von Copenhagen, oder wir bivacouierten vielmehr diese Nacht unter freiem Himmel, es war gutes Wetter.
Den 23. August bei Anbruch des Tages traten wir wieder unters Gewehr, marschierten gegen 6 Uhr ab, und kamen rund um Copenhagen herum und bezogen gegen Abend ein Lager nicht weit vom Ufer der See ab, woselbst wir uns Huetten von Stroh machten. Heute Abend und die ganze Nacht hindurch wurde von den englischen Krieges-Schiffen heftig auf dänische Blockschiffe gefeuert, jedoch ohne sonderlichen Effect.
Den 24. August. Diesen Morgen und fernerhin jeden Morgen, mussten wir bei Tagesanbruch unterm Gewehr sein; es sollte vom linken Fluegel aus gegen den Feind etwas unternommen werden, allein es geschah nicht, und um 10 Uhr Morgens rueckten wir wieder ein. Gegen Abend brannte es stark in der Vorstadt von Copenhagen, unsere leichten Truppen hatten alle Vorposten der Dänen bis an die Stadt zurueckgedrängt.
Den 25. August bei Anbruch des Tages wieder unters Gewehr, es regnete die Nacht stark, heute wurde der Anfang mit Errichtung der Batterien gegen Copenhagen gemacht, wozu wir starke Arbeits Commandos geben mussten. Abends 10 Uhr musste ich mit 100 Mann vom Battaillon auf Arbeits-Commando vor Copenhagen hin, wir trafen um 12 Uhr Nachts in der Vorstadt an, welche eine sehr angenehme Lage hat und mit schönen Gebäuden geziert ist, woraus aber alle Menschen geflohen waren. Der dänische Commandant in Copenhagen, General Peymann hatte entweder nicht Zeit genug gehabt, diese Vorstadt zerstören zu lassen oder es auch wohl nicht gerne gewollt, unterdessen kam dies Copenhagen teuer zu stehen, indem wir hinter diesen Gebäuden unsere Batterien anlegten, welches der Feind anfangs nicht gewahr wurde und uns dadurch unsere Arbeit erleichterte. Am Morgen des
26. August wurde der Feind jedoch unsere Arbeit gewahr und fing sogleich ein heftiges Kanonen, Kartätschen und Haubitzenfeuer auf unser Arbeits-Commando zu machen an; es wurden mehrere Leute von uns blessiert, jedoch keiner getötet. Gegen den Nachmittag tat der Feind einen Ausfall aus der Stadt, wurde aber mit Verlust zurueckgetrieben.
Den 31. August des Morgens tat der Feind einen starken Ausfall aus der Stadt am linken Fluegel hin, wurde aber mit Verlust zurueckgetrieben, wobei der General Peymann selbst verwundet wurde. Gegen Abend wurde ich von meinem Piquet durch den Hauptmann Thalmann abgelöst.«

Nach der Vereinigung mit dem aus nördlicher Richtung vorstoßenden Landungskorps wurden die Ausgangsstellungen für den Angriff gegen die Hauptstadt erkämpft. Ihm ging ein Bombardement voraus, nachdem der dänische Kommandant am 1. September die Aufforderung zur Übergabe der Stadt zurückgewiesen hatte.

»Den 2. Septbr. Nachdem diese Nacht alle Batterien gegen die Stadt in vollkomenen Stande gesetzt, auch die schweren Kanonen, Mörser etc. von den Schiffen in selbige gebracht worden waren, schickte der commandierende engl. General Cathcart einen Offizier nach der Stadt hin an den dänischen Commandanten um ihn anzuzeigen, dass im Falle die Stadt nicht uebergeben wuerde, man genötigt sein wuerde, solche zu bombardieren, wozu alles im Stande wäre; dieser Offizier kam aber mit einer abschlägigen Antwort zurueck, und der dänische Commandant glaubte nicht, dass wir schon soweit im Stande sein wuerden.
Des Abends um 7 ½ Uhr fingen unsere sämtlichen Batterien an, die Stadt mit Kanonen und Bomben heftig zu beschiessen, auch näherten sich die englischen Krieges-Schiffe und Kanonen-Bööte der Stadt und fingen die dänischen Blockschiffe und Gun-Bööte gleichfalls zu beschiessen an, die Stadt geriet bald darauf an zwei Orten in Feuer, welches erst gegen Morgen gelöscht wurde.
Den 3. und 4. Septbr. wurde fortgefahren die Stadt mit Bomben zu beschiessen, unter diesen war eine Art von sogenannten Raqueten mit langen Schwänzen, eine neue Erfindung vom engl. Obersten Congrewe, welche ausserordentliche Wirkung tat, indem diese höllische Maschinen sich an alles anhängten und in Flammen setzten, auch nicht bevor sie ausgebrant, zu löschen waren. Das Feuer in der Stadt hörte diese beiden Tage nicht zu brennen auf, und das Elend der Menschen daselbst musste schrecklich sein.
Den 5. Septbr. Heute Abend 5 Uhr kam ich wieder aufs Piquet und erhielt einen Posten an der Chausse nahe vor der Stadt, aus selbiger wurde nur schwach kanoniert und hin und wieder einige Bomben geworfen, dagegen von unserer Seite ausserordentlich stark bombardiert und mit Congrewes Raqueten geschossen wurde, welches die ganze Nacht continuierte. Die Stadt schien ganz in Flammen zu sein, und ich konnte von meinem Posten das Geschrei der ungluecklichen Einwohner deutlich hören. Der schöne grosse Turm auf der St. Frauens Kirche eine der schönsten Kirchen der Welt geriet gegen 9 Uhr Abends in Brand, und stuerzte nach Verlauf von ein paar Stunden, unter den Hurrarufen von unserer Seite, gänzlich ein.
Den 6. Septbr. morgens frueh, wurde ein Parlamentair aus der Stadt nach unserem commandierenden General geschickt, und ein Waffenstillstand sogleich geschlossen, worauf sofort das Feuer von beiden Seiten aufhörte.
Den 7. Septbr. 1807 capitulierte die Stadt Copenhagen und folgendes war die General Order so der Armee heute bekannt gemacht wurde:
»Der commandierende General wuenscht der Armee Glueck zu der Uebergabe von Copenhagen, welche die Ueberlieferung der dänischen Flotte, des Arsenals etc. mit in sich schliesst. Die Grenadiers und Detachements der Armee werden um 4 Uhr Nachmittag die Citadelle besetzen und ein Detachement wird sich um dieselbe Zeit einschiffen, um die Schiffs Werfte in Besitz zu nehmen. Alle Feindseligkeiten hören auf, die Wachen werden wie bisher bei den Batterien gegeben, so wie die Pickets vor die Stadt. Den Einwohnern ist der freie Ein- und Ausgang während des Tages erlaubt. Keiner von den britischen Truppen, Armee oder Navy, ist erlaubt in die Stadt zu gehen, etc.
Auf solche Art erhielten die Engelländer die ganze Seemacht der Dänen, mit Ausnahme von einem Krieges-Schiffes von 64 Kanonen und zwei Fregatten die zufälligerweise bei Glueckstadt oder in der Gegend waren, und da es bloss ihre Absicht gewesen, die Flotte und die Schiffs-Vorräte der Dänen zu haben, so muss man sich ueber die uebrigen Punkte der Capitulation nicht wundern, die von Seiten unserer Armee so wie der Navy höchst seltsam und ich möchte fast sagen, erniedrigend waren, hierunter gehört dass keiner vom Militär in die Stadt Copenhagen gehen sollte, dieser Punkt wurde zwar nachher etwas erlassen und die Offiziere, so die Stadt gerne besehen wollten erhielten deshalb Pässe vom commandierendem General, allein ueber Nacht

durfte doch keiner darin bleiben, und die Unteroffiziere und Mannschaften mussten sich in Civil-Kleidung in die Stadt schleichen um solche zu besehen oder etwas einzukaufen. Da die ganze Armee während der Zeit der Belagerung an kleinen Montierungs-Stuecken ganz abgerissen war, so mussten wir Fuehrer diesen Abgang so viel möglich von Copenhagen aus ersetzen, und die Stadt gewann dadurch vieles Geld, indem ich allein fuer meine Compagnie ueber 300 Th fuer Hemden, Schuhe, Struempfe etc. darin gelassen habe.

Eine zweite sonderbare Bedingung war, dass die Armee in der Zeit von 6 Wochen nach Abschluss der Capitulation die ganze Insel Seeland wieder räumen sollte, diesen Zeitraum glaubte der General Cathcart hinlänglich, um während desselben alle Schiffe und Stoores etc. nach Engelland zu bringen, allein ohnerachtet täglich ueber 1000 Mann auf den Schiffswerften und Arsenal von uns arbeiten, um alle die grossen Vorräte von Holz, Anker, Taue, Segel etc. an die Schiffe zu bringen, so fand es sich doch am Ende dieser Zeit, dass noch vieles, und nicht alles vollendet war, und dass bei unserer Abreise verschiedene Vorräte entweder zurueckgelassen oder verdorben werden mussten.

Auch hat sich das englische Ministerio gewiss sehr grossen Schaden getan, dass sie nicht die ganze Insel besetzt behalten und bis zum Frieden in Besitz genommen hat, durch den Besitz dieser Insel wäre Engelland Meister des Handels von der Nordsee und dem baltischen Meere geblieben, und ihre Flotten und Kauffahrtei Schiffe hätten sichere Häfen und Zufluchtsörter alsdann gehabt. Gewiss hat es dem engl. Ministerio nachher sehr gereut, dass es diesen Schritt nicht getan hat, wovon die Folgen nachher ihr gelehret, wie richtig es fuer England gewesen wäre. Mit einer Besatzung von 15–20 000 Mann und einigen Krieges-Schiffen indem grossen und kleinen Belt, wären die Engelländer gewiss im Stande gewesen, diese Insel zu behaupten, und die Kosten so diese verursacht, hätten grösstenteils von den Einwohnern der Insel herbeigebracht werden können, oder wuerden durch den Vorteil den ihnen der Besitz dieser Insel fuer ihren Handel gewähret hätte, mehr wie dreifach ersetztet worden sein. Der einzige Grund gegen dieses Alles war, dass wenn der Winter so stark eintreten wuerde, dass der Belt zufröre, die feindliche französische und dänische Armee sodann ohngehindert nach Seeland marschieren könne, allein dieser Fall ist kaum möglich und denkbar, nur Carl dem XII. (hier irrt Coulon: es war Carl X., der 1658 über das Eis des Kleinen und Großen Belt nach Fünen und Seeland ging) hat es geglückt, dass er mit seiner Armee den Belt zu Fusse ueber das Eis passieren konnte, und ich glaube, das ist der einzige Fall in der Geschichte von mehreren 100 Jahren, dass ein so starker anhaltender Winter die Passierung des Belts auf solche Art möglich gemacht hat, und der vielleicht in 100 Jahren nicht wieder geschehen wird.«

Capitain von Coulon drückt hier sicher die Meinung vieler Teilnehmer an der »Expedition« gegen Dänemark aus. Zwar hatte England das militärische Ziel erreicht: Kapitulation der Hauptstadt Dänemarks und Besitz der dänischen Flotte. Doch politisch sollte sich das rücksichtslose britische Vorgehen gegen einen Neutralen – Außenminister Graf Bernstorff wollte die Neutralität wahren und im ungünstigsten Fall sich lieber England anschliessen, anstatt Frankreichs Verbündeter werden zu müssen – als Bumerang erweisen. Denn aus Erbitterung gegen das Verhalten der englischen Regierung verband sich nunmehr Dänemark mit Frankreich und blieb Napoleon auch dann noch treu, als in der Völkerschlacht bei Leipzig die Entscheidung gegen ihn gefallen war. Noch im Januar 1814 kämpfte daher ein dänisch-schleswig-holsteinische Armee auf französischer Seite gegen die

Alliierten, nämlich gegen den abtrünnigen französischen Marschall Bernadotte, den späteren Karl XIV. Johann König von Schweden und Norwegen.

Auch auf Hannover wirkte sich der Erfolg Englands in Dänemark aus. Napoleon reagierte nämlich mit einer außerordentlichen Kriegssteuer in Höhe von neun Millionen und 100 000 Livres, die er am 15. Oktober 1807 dem Land auferlegte. Da dieser Betrag bis zum 1. Januar 1808 noch nicht gezahlt worden war, befahl er, zehn Millionen Franken in Form eines »Anlehens« von den wohlhabendsten Eigentümern von Grundstücken, Häusern, Renten usw., die geschätzt werden sollten, herbeizuschaffen. Nur die ärmeren Einwohner sollten von der Kriegssteuer befreit bleiben. Für den Fall, daß die Summe nicht binnen zwei Monaten aufgebracht werde, wurden militärische Maßnahmen angedroht . . .
Doch das war eher ein Problem, das Frau Henriette Sorge bereitete; Georg war noch in Kopenhagen:

> »Mehrere Male bin ich während der Zeit, die wir nach der Capitulation der Stadt Copenhagen auf Seeland verblieben in der Stadt selbst und auf den Schiffswerften gewesen und beides besehen. Die Stadt Copenhagen ist eine schöne Stadt, hat mehrere ansehnliche Strassen und öffentliche Plätze, nur schade, dass durch das Bombardement eine ihrer schönsten Kirchen und 300 Gebäude in die Asche gelegt worden war; die Vorstadt muss besonders vor der Belagerung sehr huebsch und schön gewesen sein, und hat mehrere grosse Gebäude und Fabriken gehabt, welche aber durch die Belagerung grösstenteils ruiniert worden sind; die Gegend um Copenhagen ist sehr angenehm und Friedrichsburg, Charlottenburg etc. gewähren sehr reizende Aussichten. Der Hafen von Copenhagen ist einer der grössesten, schönsten und sichersten in der Welt, und die Schiffswerften und Arsenale vortrefflich im Stande. Durch die Eroberung von Copenhagen fielen den Engelländern mehr als 28 Krieges-Schiffe und mehrere Kleinere in die Hände, dazu rechne man den grossen Vorrat an Holz, Anker, Segeln etc. so in den Arsenalen befindlich war, und wurde es berechnet, dass der Verlust der Dänen mehr wie 6 Millionen Pfund Sterling betragen haben musste, und dass unser Prize Money hierdurch sehr ansehnlich ausfallen wuerde.«

Das »Prize Money« wurde im Jahre 1809 ausbezahlt. Ein Staabs-Offizier erhielt 700 £, ein Captain 93 £, ein Subaltern-Offizier 47 £, ein Sergeant 22 £, und ein Soldat 3 £ 2 Sh. Sterling.

Nach großen Zerstörungen in der Stadt kam es am 7. September zu Unterzeichnung einer Kapitulationsurkunde mit der für England angestrebten Auslieferung der Linienschiffe und Kriegsfahrzeuge aller Art nebst allen Seerüstungsbedürfnissen; desgleichen wurde bestimmt, daß die Seezeughäuser und Schiffsbauplätze, sowie alle darin befindlichen Vorratshäuser und Gebäude »britannischen Kommissaren« auszuliefern seien.
In den Kapitulationsbestimmungen wurde auch vereinbart, daß die englischen Truppen die Insel Seeland verlassen sollten, »sobald die dänischen Schiffe aus dem inneren Hafen fortgeführt sind«. Angenommen wurde ein Zeitraum von bis zu

sechs Wochen vom 7. September an, dem Tag, an dem die Urkunde unterzeichnet wurde.
Die Engländer gönnten den Dänen keine Zeit zur Besinnung. Sie packten zu, um die Beute zu sichern:

> »Die Armee gab vom 8. Septbr. bis den 12. October täglich 1000 Mann und die Navy ueber 500 Mann zur Arbeit nach den Werften, diese brachten die große Menge des schönsten Schiffsbauholzes, Taue, Anker, Segeltuecher etc. an die englischen Schiffe, schlugen beinahe 3 neugebaute Krieges-Schiffe auseinander und brachten solche stueckweise an die englischen Schiffe, und dennoch war am 13. October bei unserer Einschiffung nicht alles von den Werften u. Arsenalen weggebracht, sondern verschiedenes musste entweder zurueckgelassen werden, oder wurde ruiniert, schwerlich wird je die dänische Seemacht zu der Höhe wieder emporsteigen, zu der sie zu der Zeit war, und Jahrhunderte werden erforderlich sein, um sie wieder in einen solchen Stand zu bringen.
> Nachdem wir in die Cantonierungs Quartiere zu Uttersloh bis zum 12. October 1807 gelegen, und während der Zeit durch die Arbeit auf den Werften von Copenhagen durch verschiedene Musterungen und einem Manoeuvre mit einem grossen Teil der Armee unter Order des Generals Cathcart uns amusiert und ennuyiert hatten, marschierten wir am
> **13. October** von Uttersloh ab und nach der Citadelle von Copenhagen hin, woselbst unser Battl. auf 4 Schiffe embarquiert wurde, meine Compagnie und die 5te kam auf den Transport »Fortune« genannt, unser Schiff-Master nannte sich Young, ein sehr erfahrener Seemann, das Schiff zwar klein aber ein guter Segler und in bestem Stande, unser waren 9 Offiziere auf dem Schiffe, die Cajuete sehr klein und wir mussten uns sehr behelfen.
> **Den 14. October** kam unsere Bagage zu uns an Bord, wir legten des Nachmitags aus dem inneren Hafen aus, und gingen auf der Reede vor Anker.
> Heute Morgen sprach ich noch meinen Bruder Wilhelm in der Citadelle, welcher mir erzählte, dass er an Bord des Transports »Eagle Paquet« sich befinde, und dass er die Versicherung erhalten, die vacante Compagnie des verstorbenen Captain Berger beim 1. Battl. wieder zu erhalten, wir trennten uns mit dem Wunsche einer gluecklichen Reise nach England.«

Fünf Tage lang warteten die Schiffe auf günstigen Wind. Zu den über 600 englischen waren aus dänischem Besitz hinzugekommen: 18 Linienschiffe, 15 Fregatten, sechs Briggs und 25 Kanonenboote. Ihr Wert wird zusammen mit erbeuteten Gegenständen auf 35 Millionen Reichsthaler geschätzt. Erst am 21. Oktober wird das Signal zur Heimfahrt gegeben. Sie steht unter einem unglücklichen Stern. Stürme treiben die Flotte auseinander.

Der Tod trennt die Brüder: Wilhelm von Coulon geht mit seinem Schiff »Eagle Paquet« auf der Rückfahrt nach England unter

»Den 21. October. Morgens 7 Uhr ging die ganze Flotte mit einem guenstigen Wind unter Segel und um 11 Uhr waren wir der Festung Cronenburg gegenueber, welche sich ganz stille verhielt, ohngeachtet man geglaubt, der Commandant derselben wuerde auf uns feuern lassen: allein da demselben angedeutet worden war, dass sobald er einen einzigen Canonenschuss auf uns tun wuerde, die ganze Flotte wieder umdrehen und nach Copenhagen zurueckgehen wuerde, so hielte dieses ihn in Respect. Während die Flotte die Stadt Helsingburg passierte, so Cronenburg gegenueber liegt, und wo am ersteren Orte der König von Schweden sich aufhielt, gaben alle Krieges-Schiffe demselben zu Ehren ein Salut, welches prächtig anzusehen war. In ein paar Stunden waren wir schon den Sund passiert und da gegen Abend der Wind noch stärker und favorabler wurde, auch so die ganze Nacht continuierte, so waren wir schon den **22. October** des Morgens um 5 Uhr die Stadt Gotenburg passiert und um 9 Uhr aus dem Kattegat. So wie wir in die Nordsee kamen, wurde der Wind noch stärker und ein Sturm gleich, jedoch war er uns guenstig. In der Nacht wuetete er noch stärker und die mehrsten von uns wurden seekrank.«

Nach drei Tagen berechnet der Kapitän des Schiffes, auf dem sich Coulon mit seiner Kompanie befindet, seine Position mit »ohngefähr 140 Seemeilen von Englands Kuesten entfernt«. Er hat den Befehl, im Hafen von Yarmouth einzulaufen. Mit 7–7 ½ Meilen in einer Stunde kommt das Schiff gut voran, so daß alles hofft, bald das Ziel zu erreichen. Am 28. Oktober ist die englische Küste schon in Sicht, als der Wind umschlägt und immer stärker wird, bis er bei Anbruch der Nacht in einen heftigen Sturm übergeht.

»Den 29. October. fuhr der Wind in einem fort mit Heftigkeit zu wueten, wir mussten hin und her lavieren und hatten die Flotte ganz ausser Gesicht verloren; der Nachmittag kam ein starker Wirbelwind an und riss die beiden grossen Segel mit einmal in Stuecke wodurch vorne das Schiff beinahe unter Wasser kam, und wir von Glueck zu sagen hatten, dass uns dieser Zufall nicht in den Abgrund des Meeres fuehrte; mit vieler Muehe wurden andere Segels wieder angebracht.

Den 30. October unter contrairem Wind und heftigem Sturm hatten wir die ganze vorige Nacht hin und her laviert, es war dem Captain nicht möglich in irgend einen Hafen einlaufen zu können, den ganzen Tag regnete es hindurch und von der ganzen Flotte sahen wir nur hin und wieder ein Schiff; gegen die Nacht wurde der Wind noch stärker, dem ohngeachtet wagte der Capitain sich dem Lande zu nähern und war er auch so gluecklich des Nachts um 3 Uhr bei einem Leuchtturm nicht weit von der kleinen Stadt Orford genannt, den Anker fallen zu lassen.

Den 31. October bei Anbruch des Tages sahen wir zu unserer grossen Freude die englische Kueste dicht vor uns und mehrere Schiffe neben uns liegen. Wir waren jetzt ohngefähr 25 Seemeilen von Yarmouth und 12 Meilen von Harwich entfernt. Der Capitain war noch unentschlossen nach welchem Orte er segeln wollte, da indess die Rehde vor Orford, wo wir vor Anker lagen bei entstehendem neuen Sturm keine Sicherheit fuer das Schiff gewährte, der Wind sich auch gegen Mittag nach Harwich drehte, so entschloss sich der Captain endlich, nach jenem Ort hinzusegeln. Wir lichteten daher um 1 Uhr Mittags den Anker und trafen gegen Abend auf der Rehde von Harwich an. – Am heutigen Tage starb auf unserem Schiffe eine hochschwangere Soldaten-Frau von der 5. Compagnie.

Den 1. Novbr. ging unser Schiff nahe bei Harwich im Hafen vor Anker, wir fanden daselbst das Schiff »Liberty« mit der 2. u. 8. Comp. von unserem Bataillon, imgleichen mehrere Schiffe von unserer Flotte, alle hatten in den Stuermen viel gelitten und verschiedene ihre Masten verloren.

Den 2. Novbr. ging ich ans Land nach Harwich hin und tat mir durch ein gutes Dinner etwas zu gute, zugleich schrieb ich an meine liebe liebe Frau, schickete den Brief nach London an Timaeus hin u. hoffte, dass ihn meine Frau richtig erhalten wird, obschon die Correspondenz von Engelland nach dem festen Lande dadurch um so mehr entfernet ist, weil kein Paket mehr ueber Husum geht. – Diese Nacht war wieder ein heftiger Sturm u. unser Schiff war beinahe im Hafen vom Anker losgerissen, deshalb ein zweiter Anker noch ausgeworfen werden musste.«

Die nächsten Tage herrschte eine kalte, schlechte Witterung, die das Schiff zum Stilliegen zwang. Da der Hafen von Harwich den Schiffen keine ausreichende Sicherheit gegen Stürme bot, entstand an anderen Schiffen zum Teil großer Schaden. Eines mit zwei Kompanien an Bord wurde vom Anker losgerissen und an die Felsen geschleudert. Nur ein Hauptmann und 34 Mann wurden gerettet. Auf See stießen mehrere Schiffe zusammen. Zu den verunglückten gehörte auch die »Eagle Paquet« mit zwei Kompanien des 7. Bataillons und Georgs Bruder Wilhelm an Bord. Sie hatte die Fahrt nach Yarmouth glücklich überstanden und war am 9. November nach Portsmouth abgesegelt. In der Nacht vom 10. auf 11. muß sie in den wütenden Sturm geraten und unweit von Ramsgate untergegangen sein. Einige Zeit danach wurde am dortigen Ufer ein Koffer gefunden, der den Namen des Pastors Färber trug; er hatte sich mit Frau und Kind an Bord befunden. Mehr Glück hatten die Soldaten des 1. Linienbataillons, als ihr Transportschiff mit einem Kriegsschiff zusammenstieß. Mehrere Leute, die sich auf das Kriegsschiff retten wollten, weil sie fürchteten, ihr schwer beschädigter Truppentransporter würde untergehen, ertranken bei ihrem Versuch. Das Transportschiff konnte indes seine Fahrt fortsetzen, geriet jedoch in dem Sturm an die holländische Küste, wo es scheiterte. Sämtliche Mannschaften wurden geborgen und von den Holländern zu Kriegsgefangenen gemacht, wobei sie »sehr gut begegnet worden«.

»Den 15. Novbr. morgens 8 Uhr segelten wir unter einem guenstigem Ostwind nach Portsmouth ab, passierten 10 Uhr die Stadt Dower, und sahen links die französische Kueste ganz deutlich, gegen Mittag wurde der Wind heftiger und in der Nacht erlebten wir einen starken Sturm, es war dieses fuer uns um so gefährlicher, da wir uns im Canal befanden und nicht weit von den englischen Kuesten waren; die Vorsehung beschuetzte uns diese Nacht auch noch besonders, indem wir in der Dunkelheit auf 5 englische Kriegs-Schiffe stiessen, wovon das eine uns dichte passierte und gewiss uebersegelt haben wuerde, hatte nicht die Geschicklichkeit unseres Capitains uns gerettet, dieser lief nach dem Steuerruder hin und wendete unser Schiff seitwärts, wodurch wir unsern unvermeidlichen Untergang entgingen.

Den 16. Novbr. noch immer heftigen Wind mit stetem Regen vermischt; da jedoch dieser Wind uns guenstig war, so segelten wir schnell vorwärts und erreichten Abends 5

Uhr gluecklich die Rehde von Spithead, woselbst wir den Anker warfen; hier trafen wir auch unser 4tes Schiff vom Battaillon, worauf unser Oberst mit der 1. u. 3. Comp. befindlich war, an, so dass nunmehr unser ganzes Battl. gluecklich wieder beieinander war.

Den 17. Novbr. ging ich mit dem Lieut. Rougemont nach Portsmouth ans Land, und nahmen unsere sämtlichen Buecher u. Schriften mit, um die Compagnie Rechnungen wo möglich am Land abzuschliessen; wir mieteten uns beide in ein Quartier ein, in der Stadt trafen wir unseren Oberst mit Familie an, welcher schon an die 8 Tage da gewesen, und der wegen langem Aussenbleiben von unserem Schiff deshalb sehr in Unruhe gewesen war, und sich freute von uns zu hören, dass nunmehr das ganze 8. Battaillon vor Portsmouth sich befände; ich ging hierauf in der Stadt herum und traf mehrere Bekannte und Freunde unter andern Bacmeister, Pape, Delius, Grosskopf etc. hörte aber zu meinem Leidwesen, dass das Schiff »Eagle-Paquet«, worauf mein Bruder Wilhelm befindlich, noch nicht zu Portsmouth angekommen sei, obschon es von Yarmouth am 9. Novbr. bereits abgesegelt wäre; diese Nachricht machte mich fuer meines Bruders Schicksal sehr besorgt und wuensche ich herzlich, dass Wilhelm auf der Reise mit seinem Schiffe kein Unglueck gehabt haben möge, indem dies um so trauriger fuer ihn und fuer mich sein wuerde, da ich von dem Hauptmann Brückmann vernahm, dass Bruder Wilhelm die vacante Compagnie des verstorbenen Major v. Berger wieder erhalten hätte, also beim 7. Battl. geblieben wäre; Bruder Wilhelm wuerde also, wenn er hier gluecklich einträfe, das Ziel seiner Wuensche erfahren.«

Georg hofft vergebens, seinen Bruder wiederzusehen. Die »Eagle Paquet« gehörte zu den im Sturm untergegangenen Schiffen. Vom 2. und 7. Linienbataillon ertranken 25 Offiziere und etwa 500 Soldaten. Mit der »Eagle Paquet« versanken 162 Mann, 4 Tamboure, 6 Sergeanten und 9 Offiziere des 7. Linienbataillons. Einer von ihnen war Wilhelm von Coulon.

Ein Leichtes Bataillon hatte damals zunächst sechs Kompanien, wurde jedoch im Laufe der Zeit auf acht und von 1812 an auf zehn Kompanien vergrößert. Nach der Schlacht bei Waterloo wurde die Zahl der Kompanien wieder reduziert.

Befehligt wurde es vom Kommandierenden Oberst oder General. Kommandeur war ein Oberst oder Oberstleutnant. Zum Offizierskorps gehörten zwei Majore, sechs Capitäne (Hauptleute), sechs Leutenants, sechs Fähnriche (im Offiziersrang), ein Bataillons-Quartiermeister, ein Adjutant, ein Oberwundarzt, ein Assistenz-Wundarzt, ein Stabshornist, ein Sergeantmajor (der auch Offiziersrang haben konnte), ein Quartiermeister-Sergeant, ein Zahlmeister-Sergeant, ein Rüstmeister-Sergeant und pro Kompanie 86 Schützen, einschließlich der Zimmerleute, Hornisten und Pferdwärter. Ein Bataillon mit sechs Kompanien zählte nach dieser Stellenbesetzung 557 Mann.

In einem Brief aus Winchester vom 11. April 1806 hatte Wilhelm seinem Bruder unter anderem von einem Kollaps berichtet, den er unerwartet erlitt, und dabei auch Gedanken über den Tod geäußert. Er schrieb:

»Als wir von Fort-Cumberland in zwei Abtheilungen hieher marschirten, wurde ich mit der ersten Abtheilung vorausgeschickt und mußte für die 2te auf den anderen Tag in Portchester, Farcham und Southwich (?) Quartier machen. Es war scheusliches Wetter und schneyete den ganzen Tag. Ich mußte den ganzen Tag und auch den folgen Morgen immer in tiefen Schnee herum waten, und zog mich dadurch eine Verkältung zu, welche mich diese ganze Zeit hindurch zu Haus gehalten hat. Und hier, lieber George, muß ich Dir einen Vorfall erzählen, der mich neulich betraf, und den Du nicht ohne Theilnahme vernehmen wirdt. Ich war schon 3 Wochen unpäßlich und zu Hause gewesen, als ich endlich glaubte, so weit wieder hergestellt zu seyn, um Dienste Thun zu können. Der Artzt hatte auch nichts dagegen, zumahl das Wetter angenehm und warm war. Ich ließ mich also wieder für gesund eingeben und ging am ersten Ostertage auf die Parade und zum Rapport, genoß auch um Mittags-Zeit etwas Suppe, weil die Meße, welche ich heute zum ersten mal besuchen wolle, erst um 5 Uhr Nachmittags anfängt. Ich ging darauf mit meinem Stuben-Cameraden, dem Lieut. Bothe nach dem hiesigen Münster-Kirchofe, allwo das in Winchester liegende 2te engl. Infanterie-Regiment eine Parade mit Janitscharen-Musik ausführte. Kaum war ich daselbst angekommen, als ich zu wiederholten malen einen starken Schwindel verspührete; ich suchte durch Bewegung mich zu recolligiren, allein es wollte nicht gehen und ich stürzte auf einmal sinnlos zu Boden. Etwa nach einer halben Stunde kam ich wieder ins Leben zurück und befand mich in einem Hause in der dortigen Nachbarschaft, wo ein Officier von uns wohnet, und wohin man mich gebracht hatte. Ich lag auf einem Canapee, man hatte mir die Schärpe, Halsbinde und alles übrige losgemacht und 3 Äerzte standen neben mir. Im Niederfallen war ich mit dem Kopf gegen einen Baum geschlagen, wovon ich die wunde Stelle noch an der Stirn führe. Es daurete ziemlich lange ehe ich mich besinnen konnte, wo ich war, und was mit mir vorgegangen sey. Nachdem ich mich völlig recolligiert hatte, wurde eine Kutsche geholet, welche mich nach der Baracke auf meiner Stube brachte, wo ich jetzt noch bin. Der Artzt sagt, es sei eine starke Ohnmacht gewesen, welcher er der langen Entwöhnung der Luft zuschreibt. Er hat mir stärkende Sachen verordnet, und angerathen, nur bei warmen Wetter ein wenig in der freien Luft zu gehen und so mich allnachgerade an den Genuß derselben zu gewöhnen. Aber soll ich Dir, lieber George, aufrichtig meine Gedanken sagen, ich glaube der Zufall war etwas apoplektisches oder schlagartiges und vermuthe, daß er über kurz oder lang wiederkommen und über meine Natur Meister werden wird. Ich kann Dir zwar meine Gefühle in dem Augenblick, wie ich die Besinnung verlor nicht deutlich beschreiben, doch so viel erinnere ich mich, daß es mir vorkam, als zöge ein heftiger Krampf mir die obere Kinnlade an der rechten Seite bis zum Auge hinauf und daß ich mit der Hand dahin faßte. Dies war auch die Ursache, daß ich, sobald ich etwas zu mir selber gekommen war, einen Spiegel forderte, und sehr froh war, als ich keine Verzerrung der Gesichtsmuskeln wahrnahm. Du kannst indeßen, lieber Bruder, völlig überzeugt seyn, daß ich mich keine unnöthige Grillen oder hypochondrische Ideen in den Kopf setzen werde. Ist es in den Rath der Vorsehung beschloßen, daß ich noch länger leben und wirken soll; so werde ich die Pflichten meines Berufes wie bisher so gut ich kann treulich erfüllen, so wie auch anderseits nicht knechtisch fürs Gegenheil zittere; . . . wenn der Zustand, worin ich mich während der Ohnmacht befand, so frei von Schmerz und cörperlicher Schwäche, wenn dieser Zustand sterben heißt, so fürchte ich den Tod gar nicht . . .«

Als Wilhelm diesen Brief schrieb, befand sich Georg noch in Stade; er erhielt den Bericht seines Bruders dort am 4. Mai, also nach 23 Tagen. Er ahnte wohl nicht, daß Wilhelm, der da so ruhig über den Tod nachdachte, schon bei dem ersten Einsatz der Legion sein Leben verlieren würde.

Am 18. November bestand noch immer keine Gewißheit über das Schicksal der überfälligen Schiffe. Georg arbeitete, wie er im Tagebuch notiert hat, »fleißig an der Compagnie Rechnung, welche in der Zeit, wo wir auf dem Schiffe gewesen, sehr in Unordnung geraten«, und sorgte sich um seinen Bruder, dessen Ankunft bisher noch nicht gemeldet worden war.

> »**Den 19. Novbr.** Heute besah ich die Schiffs-Werften von Portsmouth, wozu man uns Officiers die Erlaubnis erteilt hatte, und bewunderte den Vorrat von allen Schiffs-Baumaterialien, so in den Magazins daselbst vorhanden war, fast fuer alle Krieges-Schiffe der Engelländer, grosse und kleine, lagen Mastbäume, Anker, Segel, Taue, Ruder etc. vorrätig, ein jedes Stueck war numeriert oder der Name des Schiffes darauf befindlich, wozu es gehöret. Hieraus kann man sehen, wie geschwind die Engelländer ihre Kriegsschiffe, so in der Bataille oder durch Sturm gelitten, wieder ausbessern können, da alles Nötige dazu vorrätig liegt und nur aus den Arsenalen an die Schiffe gebracht werden darf. Besonders aber habe ich die Dampfmaschinen bewundert, wodurch so viele Arbeit erleichtert wird, und die ueber 100 grosse u. kleine Sägen, Hobel u. allerlei Drechsler-Werkzeuge in Bewegung und Arbeit bringt, sodass der Arbeitsmann solche nur zu dirigieren nötig hat, die zur Schmelzung des Kupfers dienet, solches zu ganz duennen Platten verarbeitet etc. etc.: Alles dieses zu sehen ist der Muehe wert, und man muss hierin die grosse Geschicklichkeit der Engelländer bewundern.«

Zum Bau eines englischen Kriegsschiffes mit 100 Kanonen brauchte man 1000 große Eichen und 200 000 Pfund Eisen. Für die Segel wurden 6500 französische Ellen Segeltuch verarbeitet. Alles dazugehörige Tauwerk wog – ungeteert – 164 260 und geteert 219 000 Pfund. Müßte ein Mann ein solches Schiff allein bauen, würde er, so hieß es in einer zeitgenössischen Berechnung, »unter Aufwendung aller Kräfte und ohne Unterbrechung« daran mehr als 380 Jahre schaffen. 45 Zimmerleute wurden mit einem Schiff, das 74 Kanonen trug, in einem Jahr fertig. Dazu schrieb ein Beobachter: »Die Engländer übertreiben die Kosten, aber sie bauen geschwind. Die Holländer bauen wohlfeiler, aber eben diese Sparsamkeit ist schuld, daß so viele Schiffe untergehen.« Die Lebensdauer eines gut gebauten Schiffes wurde auf 45 bis 50 Jahre geschätzt, falls ihm kein außerordentlicher Schaden zustieß.

Wie auch in den späteren Kriegen wurde schon damals von Wunderwaffen gesprochen, von denen man wesentlichen Einfluß auf den Ausgang der Kämpfe erwartete. So berichtete der »Schwäbische Merkur« am 23. Februar 1808 über die Erfindung eines dänischen Soldaten der Garde, er habe »eine Maschine verfertiget, welche die Form eines Fisches hat, und durch deren Hülfe man im Stande seyn soll, ein jedes Schiff zu zerstören. Sieben Menschen haben darin Raum, und die zur Leitung und FortBewegung nöthigen Ruder sind unter dem Wasser angebracht. In Gegenwart des KronPrinzen will derselbe eine Probe damit machen. Eine merkwürdige Erfindung, wenn sie das Erwähnte leistet.« – In der Tat, mit einem durch Ruder angetriebenen Unterseeboot hätte man unter den Schiffen des Gegners kräftig aufräumen, aber auch Blockaden von Häfen »unterlaufen« können! Allerdings: von der Erfindung wurde vorerst nichts mehr gehört, auch nicht vom Ausgang des Probelaufs . . .

Der Tod trennt die Brüder: Wilhelm von Coulon geht mit seinem Schiff »Eagle Paquet« unter

Der Bau von solchen »unterseeischen Fahrzeugen« lag gewissermaßen in der Luft und beschäftigte die Phantasie und Erfindungsgabe von Konstrukteuren schon seit 1624, als Cornelius Drebbel ein Unterwasserboot baute, mit dem er die Themse von Westminster bis Greenwich befuhr. Wenige Jahre vor dem dänischen Gardesoldaten, nämlich 1804, hatte Robert Fulton ein Tauchboot entwickelt, mit dem ein Explosionskörper an dem Boden eines feindlichen Schiffes befestigt werden sollte. Aber auch dieses Modell konnte den Anforderungen nicht genügen, die von einer Kriegswaffe verlangt werden mußten. Nicht besser erging es übrigens dem 1850 in Kiel erbauten Taucherboot, mit dem die dänische Flotte angegriffen werden sollte. Bei einem der Versuche versank es im Hafen und wurde erst 1880 gehoben. – Immerhin, die Niederlage gegen die Engländer und der Verlust der Flotte waren Grund genug, nach neuen Wegen zu suchen; und mitunter genügte ja schon die Hoffnung auf neue Waffen, um in Zeiten der Krise neuen Mut zu bekommen . . .

»Bis zum 3. Decbr. 1807 blieb ich in Portsmouth, am 3. Decbr. aber ging ich wieder an unser Schiff zurueck. Während dieser Zeit hörte man nichts von dem Schiffe »EAGLE PAQUET« und es wurde nun fuer gewiss angenommen, dass es des Nachts in offener See, einem Unglueck begegnet sein musste, wodurch es verloren gegangen, ich habe also keine Hoffnung mehr, meinen geliebten Bruder Wilhelm in diesem Leben wiederzusehen. – Den 28. Novbr. schrieb ich an meine Frau, uebergab den Brief an Capt. Brueckmann zur Besorgung, welchem ich auch zugleich 80 £ Sterling fuer meine Frau ablieferte.

Den 9. Decbr. wurde unser Bataillon auf 5 andere Schiffe debarquiert, und ich erhielt mit meiner u. der 5. Comp. das Transport-Schiff »ADELPHI« genannt No. 145. in Besitz. Dieses war ein grosses schönes Gebäude worin eine geräumige Cajuete fuer die Offiziere und auch mehr Raum fuer die Mannschaft war. Das Bataillon wurde folgendermassen verteilt:

1) An Bord der FORTITUDE No. 64. kam die 3. Comp. die Janitscharen u. 16 Mann v. der 1. Comp. An Offizieren: Oberst DU PLAT, Brig.Major DELIUS, Pastor POHSE, Surgeon ZIERMANN, u. 3 Officiere v. d. 3. Compagnie.

2) An Bord der ADELPHI No. 145. kam die ganze 5. Comp. und von meiner 7. Comp. 82 Mann. An Offizieren: Major WISSELL, Paymaster HARRISON und Frau, Ass. Surgeon ZIERMANN u. 4 Officiere v. d. 5. und 2 Officiere von der 7. Compagnie.

3) An Bord der HORNEY No. 284. kam die 4. Comp. 24 Mann v. der 6. Comp. u. 12 Mann v. d. 7. Comp. An Officieren: Oberst Lieut. MUELLER, Adjudant BRAUNS, Ass. Surgeon SANDER, 4 Officiere v. d. 4. Comp. u. 1 Officier v. d. 7. Comp.

4) An Bord der VYDER No. 3. kam die 1. u. 8. Compagnie. An Officieren Major SCHROEDER, Lieut. THALMANN, Staab Surgeon MALZEN, 4 Officiere v. d. 8. u. 2 Officiere v. d. 1. Compagnie.

5) An Bord der ELLAEN No. 15. kam die 2. Comp. u. v. d. 6. Comp. 71 Mann. An Officieren: v. d. 2. Comp. 4 Officiere, v. d. 6. Comp. 2 Officiere, v. d. 1. Comp. 1 Officier u. v. d. 7. Comp. 1 Offc. 1 Ltn. POTEN!

Es war nunmehr bestimmt, dass das 3., 4., 6. u. das 8. Bataillon zu einer Expedition nach dem MEDITERRANEAN hin sollten, weshalb diese Batls. auf grössere Schiffe gelegt wurden.«

Der Tod trennt die Brüder: Wilhelm von Coulon geht mit seinem Schiff »Eagle Paquet« unter

Die englische Regierung war offensichtlich im Begriff, wieder einmal ihre Stärke zur See auszuspielen, die Napoleon so schwer zu schaffen machte. Schon im November 1807 hatte das britische Kabinett verfügt, alle Schiffe der neutralen und befreundeten, auch der mit England verbündeten Mächte müßten sich die Durchsuchung durch englische Kreuzer gefallen lassen, englische Häfen anlaufen und könnten gezwungen werden, Abgaben zu leisten. Daraufhin hatte Napoleon die Kontinentalsperre verhängt und erklärt, es wäre ein unauslöschlicher Schandfleck in den Augen der Nachwelt, »wenn man eine solche Tyrannei als Grundsatz anerkennen oder als Gewohnheit dulden würde«. Das am 17. Dezember in Mailand veröffentlichte Dekret entsprach den englischen Bestimmungen. Die Schiffe aller Nationen, welche es dulden, von einem englischen Schiff durchsucht zu werden oder sich einer Reise nach England unterwerfen oder dort irgendeine Abgabe leisten, sollten als »entnationalisiert« gelten. Mit anderen Worten: Ihre Flagge würde nicht mehr die Ware schützen, die sie an Bord trugen. Sie sollten von französischen Schiffen erbeutet werden können. Die britischen Inseln wurden »zu Wasser und zu Land in Blockadezustand« erklärt. Jedes Schiff, wie auch immer es beladen sei, das aus England, englischen Kolonien oder aus Ländern kam, die von englischen Truppen besetzt sind, oder das in eines dieser Länder gehen will, soll als »gute Prise« gelten.

Entgegen dem Wortlaut der britischen Verfügung vom November 1807 zeigte sich die Regierung in London bald bereit, mit preußischen und Schiffen neutraler Staaten großzügig umzugehen. Sie wurden nicht beschlagnahmt, wenn sie für britische Häfen bestimmt oder von neutralen zu neutralen Häfen unterwegs waren. Schiffe, die man bereits konfisziert hatte, durften entweder in einen neutralen Hafen oder in ihre Heimat zurückkehren.

Den in Portsmouth auf den Schiffen untergebrachten und auf die Abfahrt wartenden Soldaten der Königlich Deutschen Legion war zunächst keine große Rolle im Kampf zwischen der Seemacht England und der Kontinentalmacht Frankreich zugedacht. Der ihnen zugewiesene Einsatz ließ jedoch erkennen, wie weiträumig und umsichtig die englische Überlegenheit zur See eingesetzt wurde. Die Engländer saßen am längeren Hebel, und sie waren sich dessen bewußt.

Die Lage auf der spanischen Halbinsel und im Mittelmeer

Wie Napoleon im Norden versucht hatte, Englands Verbindungslinien zur See zu unterbrechen, sich der dänischen Marine zu bemächtigen und mit ihrer Hilfe eine Landung in Irland oder Großbritannien zu unternehmen (wie es in einer Deklaration des Königs von England im September 1807 hieß), so forderte er nun Portugal auf, England den Krieg zu erklären. Die Häfen sollten für alle britischen Schiffe geschlossen werden, die portugiesische Flotte sich Frankreich zur Verfügung stellen. Der portugiesische Regent, Prinz Johann von Brasilien, tat schließlich unter diesen Umständen das Vernünftigste: er ging außer Landes und ließ sich von der englischen Tajoflotte nach Brasilien begleiten, nachdem ihm das Anrücken einer französischen Armee unter dem Befehl von General Junot gemeldet worden war. Um die Flucht in ein so fernes Land wie Brasilien rankten sich verständlicherweise die abenteuerlichsten Vorstellungen. Abgesehen davon, daß erwähnt wurde, die Regierung habe seit der Besitznahme des Landes im Jahr 1500 keine Kosten gescheut, den Hafen von Rio de Janeiro mit sieben Forts zu schützen, wußte man auch zu berichten, daß es an mehreren Stellen der Küste Goldminen gebe; Diamanten finde man teils in den Flüssen und Bächen, besonders nach starken Regengüssen, teils würden sie von den Negern ausgegraben. 1628 habe man entdeckt, daß es außer kostbaren Edelsteinen auch Diamanten gebe, von denen man 90 Pfund auf einmal nach Lissabon habe schicken können, darunter einen Stein mit 1680 Karat. – Dorthin also begab sich der Prinz und überließ Lissabon und Oporto, Umschlagplätze des britischen Welthandels der britischen Verantwortung.
Über den Erfolg Junots in Portugal berichtet der Schwäbische Merkur vom 1. Januar 1808 mit einer Meldung aus Madrid unter dem Datum vom 8. Dezember 1807:
»Am 26. November 1807 erreichte die französische Armee unter dem Befehl von General Junot Abrantes. Als die Vorhut in die Stadt einrückte, hatte die portugiesische Regierung noch keine Ahnung von der Ankunft der französischen Armee. Die Truppen hatten pro Tag 10 Meilen zurückgelegt – trotz strömenden Regens, durch Bergströme und trotz schlechter Wege.
Als der Kronprinz von Portugal von der Nähe der Franzosen benachrichtigt wurde, faßte er den Entschluß, sich auf seine Linienschiffe zu begeben und sich und seine Schätze in Sicherheit zu bringen. Am 30. November erreichten die französischen Vorhuten Lissabon und am 1. Dezember, am Jahrestag der Empörung des Hauses Braganza gegen die Spanier, an dem die branganzische Flagge an die Stelle der spanischen gesetzt wurde, hißten nun die Franzosen ihre anstelle der branganzischen.«
Sechs Stunden vorher, so hieß es in der damaligen Meldung, wurde ein schreckliches

Napoleon Bonaparte
als junger Artillerieoffizier. 1793 nahm der 24jährige an der Expedition nach Maddalena teil. In der Liste des Bataillons wurde er als Oberstleutnant »Nabulione Buonaparte« erwähnt. Er organisierte die Beschießung der Insel, die allerdings den Angriff der Franzosen abwehrte. Wenige Monate später wandte er sich an den Kriegsminister Bouchotte wegen seiner Beförderung zum Oberstleutnant und bat um Anstellung in der Rheinarmee. Als im September 1773 vor Toulon der Bataillonschef und Befehlshaber der Artillerie, Cousin de Dommartin, verwundet wurde, wurde Napoleon, eher durch Zufall, sein Nachfolger. Seine Leistung fand große Beachtung und Würdigung. Das kam seiner späteren militärischen Karriere zugute. Napoleon wurde damals als klein, mager und äußerlich schwächlich beschrieben. Das Bild des jugendlichen Offiziers verrät dennoch die große Willenskraft, Verwegenheit und Fähigkeit, seine Soldaten zu außerordentlichen Leistungen anzuspornen und mitzureißen.

Kaiser Franz II.
in jungen Jahren. Als Kaiser von Österreich war er Franz I. Der Sohn Kaiser Leopolds II. und der Marie Luise, einer Tochter König Karls III. von Spanien, mußte 1797 mit Napoleon den Frieden von Campo Formio schließen. Immer wieder ergriff er jedoch die Waffen gegen ihn, bis er schließlich durch die Ehe seiner ältesten Tochter Marie Luise mit dem Kaiser der Franzosen dessen Schwiegervater wurde. Nach dem für Napoleon unglücklichen Ausgang des Rußlandfeldzuges schloß er sich der Koalition gegen Frankreich an.

Ludwig XVIII., König von Frankreich,
nahm 1795 nach dem Tode Ludwigs XVII. diesen Titel an, hielt sich aber seit 1796 in Deutschland, Kurland und England auf. 1814 hielt er nach der Abdankung Napoleons seinen Einzug in Paris, floh jedoch nach Gent, als Napoleon sich 1815 der französischen Hauptstadt näherte. Nach der Schlacht bei Waterloo kehrte er zurück und regierte bis zu seinem Tode im Jahr 1824.

General Andoche Junot, Herzog von Abrantes,
trat 1793 als Freiwilliger in das Heer ein. Bonaparte wurde auf ihn bei der Belagerung Toulons aufmerksam und nahm ihn als Adjutanten mit nach Italien und Ägypten. 1807 wurde er Befehlshaber des Korps, das Portugal besetzte. Er wurde 1808 Generalgouverneur von Portugal und erhielt den Titel eines Herzogs von Abrantes. Er mußte vor den im August 1808 gelandeten Engländern zurückweichen und die Kapitulation von Cintra schließen.

Sir Arthur Wellesley
wurde 1812 zum Marquis von Wellington erhoben. Ihm gelang es, die Franzosen aus Spanien zu vertreiben. Nach der Abdankung Napoleons erhielt er im Mai 1814 die Würde eines Herzogs von Wellington. Nach der Landung Napoleons in Frankreich übernahm er den Oberbefehl über die britischen, hannoverschen, holländischen und braunschweigischen Truppen. Am 18. Juni 1815 siegte er mit Blücher über die Franzosen bei Waterloo. Anschließend erhielt er den Oberbefehl über die Besatzungstruppen in Frankreich. Bis zu seinem Tode im Jahr 1852 hatte er verschiedene hohe Regierungsämter inne.

Marie Caroline, Königin beider Sizilien,
Erzherzogin von Österreich, war seit 1768 mit Ferdinand IV. verheiratet. Unter dem Vorwurf, sie habe an einer Verschwörung gegen die Engländer teilgenommen, wurde sie von Lord William Bentinck, dem Kommandierenden General im Mittelmeer, in Übereinstimmung mit der britischen Regierung nach Österreich abgeschoben.

Hauptmann, später Major, Georg von Coulon schickte dieses Bild am 14. Juli 1810 aus Syracuse (Sizilien) seiner Frau und schrieb dazu:
». . . einliegend mein Portrait, welches ich von einem hiesigen Maler habe machen lassen, und das wie man mir sagt mich ziemlich gleichen soll, obschon ein wenig zuviel Röthe im Gesicht angebracht ist, ich hätte dieses Gemälde hier gerne in Glas und Rahmen einfassen lassen, allein erstens ist hier garnicht zu haben.
Du mußt also so vorlieb nehmen, und es daselbst sofort in Glas und Rahmen einfassen lassen, sonsten die Farbe durch die Luft leicht verwittern kann.«

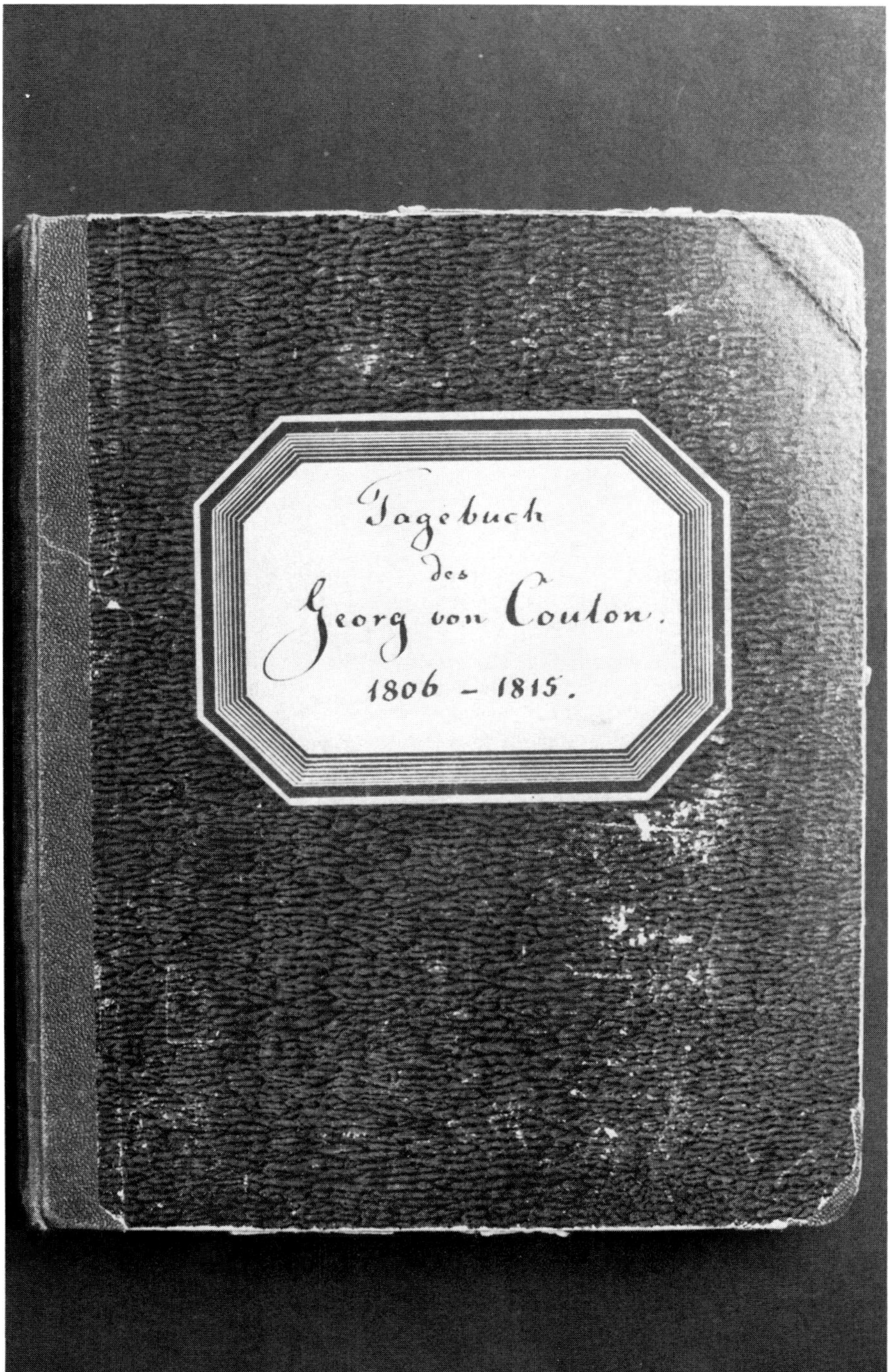
Tagebuch
des
Georg von Couton.
1806 – 1815.

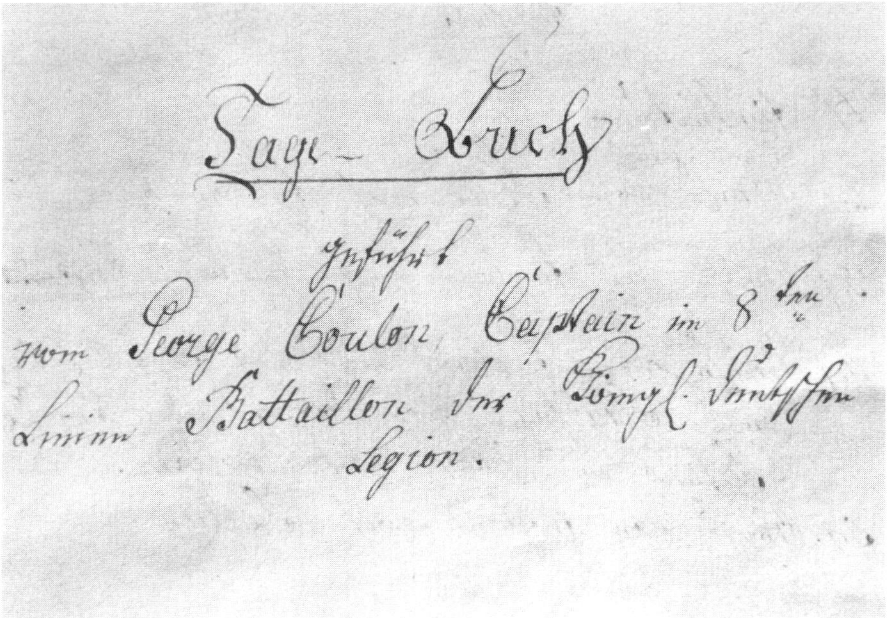
Tage-Buch

geführt
vom George Coulon Capitain im 8ten
Linien Battaillon der Königl. Deutschen
Legion.

Das Tagebuch ersetzte Georg von Coulon offensichtlich das Gespräch mit seiner Frau und half ihm, abgesehen von dem regen Briefwechsel mit ihr, über die Trennung hinweg. Kaum ein Tag verging, ohne daß Erlebnisse, Beobachtungen, Postempfang und -versand sowie genaue Aufzeichnungen über Geldeinnahmen und -ausgaben eingetragen wurden.

▶

Die »Feldpostbriefe« mußten wegen der von Napoleon verhängten Kontinentalsperre oft große Umwege und durch viele Hände von Agenten und Freunden gehen. Den Briefverkehr zwischen England und Stade konnten die Franzosen allerdings nicht so behindern wie den aus Sizilien, Portugal und Spanien.

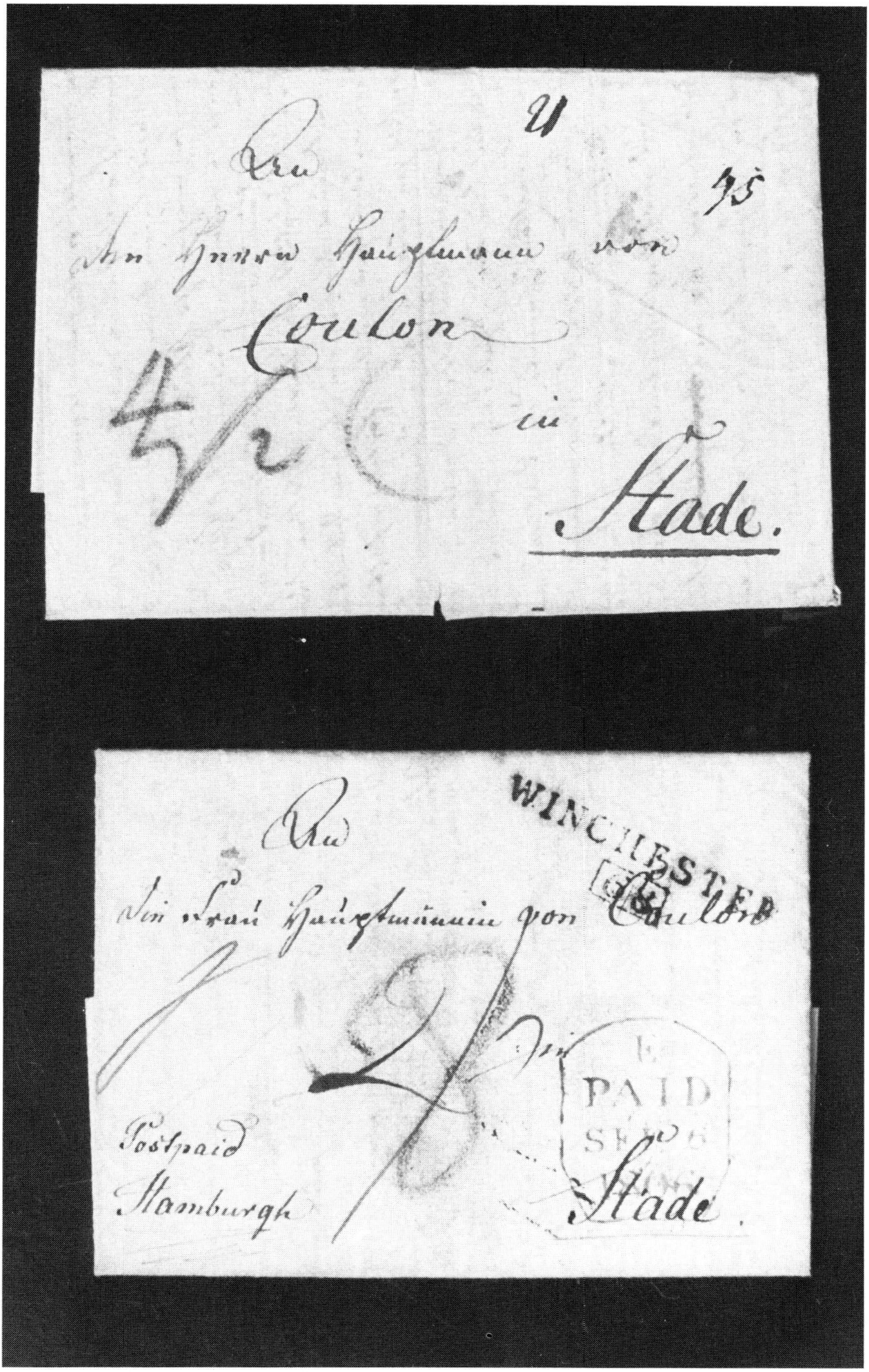
Coulon
Stade.
WINCHESTER
Coulon
PAID
Postpaid
Hamburgh
Stade.

So sah ein Offizier (links) und ein Grenadier eines Linienbataillons der Königlich Deutschen Legion aus. Die Uniformen waren denen der britischen Infanterie angeglichen. Der Waffenrock war rot, Kragen und Ärmelaufschlag blau, die Hose grau, das Lederzeug weiß. Den Tschako schmückte das Regimentszeichen des Hosenbandordens mit der Bataillonsnummer.

Stade um das Jahr 1837.

Erdbeben verspürt, doch »als die französische Fahne aufgesteckt worden war, legte sich der Sturm, und der Himmel heiterte sich auf«.
Die Beute der Franzosen war beträchtlich. Ihnen fielen sechs Fregatten, zwölf Briggs, vier Kriegsschiffe sowie Baumaterial in die Hände, das auf den Werften gestapelt war. Alles bewegliche und unbewegliche englische Eigentum wurde beschlagnahmt. Zu den erbeuteten Schiffen gehörten die »Vasco de Gama« und »Maria Primura« mit je 64 Kanonen sowie »St. Sebastian« und »Prinzessin von Beira« mit je 64 Kanonen; auf Werft lag ein 74-Kanonenschiff.

Als die Franzosen unter General Junot durch die Gebirge von Beira in Portugal einzurücken im Begriff waren, schrieb der spanische Gouverneur von Badajos an den Marquis d'Alorno, portugiesischer Befehlshaber zu Elvas und in der Provinz Alentejo, die französischen und spanischen Truppen seien im Begriff, durch seine Provinz zu ziehen. Er forderte ihn auf zu erklären, ob er willens sei, sie zu empfangen: ob als Freund oder als Feind? – Der Marquis antwortete lakonisch: »Als Freund bin ich nicht imstande, sie zu ernähren, als Feind bin ich nicht imstande, sie zu schlagen. Ich habe die Ehre zu sein . . .«
Auch wenn Junots Erfolg Englands Vormachtstellung im Mittelmeer nicht beeinträchtigen konnte, so war es doch eine große militärische Leistung und eine bemerkenswert kühne Operation, mit der nicht nur reiche Beute gemacht, sondern auch der Regent des Landes vertrieben wurde. Ein französischer Offizier, der unter Junot diente, schilderte das Unternehmen in einem Schreiben vom 13. Dezember 1807 folgendermaßen:
»Man hatte das Eindringen einer Armee in Portugal von der Seite von Salamanca her stets für unmöglich gehalten, besonders im Winter. Fünfzehn Stunden lang in Spanien und wenigstens 20 in Portugall bietet das Land nicht die mindesten HülfsMittel zur Unterstützung einer Armee dar. Die Wege sind schmale FußStege, und die Natur hat alle Arten von Hindernissen angehäuft, die den Marsch der Truppen, vorzüglicher aber der Artillerie, aufhalten können. Und gerade zu Anfang des Winters werden die BergPässe am allerunwegsamsten; der häufige Regen macht aus jedem Bache einen reissenden Strom. Auf diese Betrachtungen gründete der Lissabonner Hof seine Sicherheit; er glaubte sich von dieser Seite unangreifbar, und erwartete unsere Truppen von der anderen Seite des Tajo, wodurch er mehr Zeit zu seinen Vertheidigungs- oder Abreise Anstalten gewonnen hätte. Statt dessen drang die Französische Armee über die unzugänglichsten Gebirge in gerader Linie vor, und man erfuhr zu Lissabon ihre Ankunft nicht eher, als bis General Junots AvantGarde zu Abrantes, etwas über 20 Stunden von der HauptStadt, angekommen war. Nun dachte der Hof, ob er gleich alle Macht des Königreichs um sich her versammelt hatte, an Nichts als an die Flucht; er floh in Unordnung, und überlud alle Fahrzeuge, die er erreichen konnte, mit Kostbarkeiten und unnüzen Personen. Diese Fahrzeuge waren nicht gut seefähig und schlecht verproviantiert. Mittlerweile rükten wir in Lissabon ein; alle Portugiesen waren

erschrocken, ihre moralische Kraft gelähmt, und wenn die Mehrheit der Nation nur staunte, so kamen uns in der Stille die Wünsche des rechtlichen und aufgeklärten Theils entgegen. Freilich haben wir keine Schlacht, kein Gefecht, keine Belagerung, dem Griffel der Geschichte zu überliefern; aber wer da weiß, was 20 Märsche ohn RastTag zu bedeuten haben, wer die Schwierigkeiten, die Mühseligkeiten, zu würdigen versteht, die wir bei täglicher Überkletterung von 30 BergRücken, bei täglichem Durchwaten von 30 BergStrömen, unter einem Herabströmen von RegenGüssen, von deren Heftigkeit man in den Nord- oder MittelEuropäischen Klimaten gar keinen Begriff hat, überwinden mußten; wer da weiß, was es heißt, wenn eine Armee alle möglichen Bequemlichkeiten entbehren, mehrere Tage blos von Castanien leben, ohne Zelte die kalten Nächte im Regen zu bringen muß, kurz, wer aufmerksam beobachtet und unpartheiisch richtet, der wird die Expedition nach Portugall neben die ehrenvollsten stellen, welche den Ruhm der Französischen Armeen unsterblich gemacht haben.«

Junot wurde denn auch von Kaiser Napoleon zum Generalgouverneur von Portugal ernannt. Er setzte sogleich eine neue Regierung ein, in der drei Mitglieder der alten Regierung aufgenommen wurden. In einem Tagesbefehl ordnete er an, »daß neue Straßen angelegt, und Kanäle gegraben werden, um die Kommunikation zu erleichtern, und den Ackerbau und die NationalIndustrie in Flor zu bringen . . .«

Junot zögerte auch nicht lange, die portugiesischen Streitkräfte einzugliedern. Die portugiesischen 24 Regimenter Infanterie und sechs Regimenter Kavallerie, zusammen etwa 10 000 Mann, wurden in eine portugiesische Legion im Dienste Frankreichs umgewandelt. Die französische Besatzungsmacht griff im übrigen rasch durch, indem »die Straßen dieser Stadt . . . endlich von dem Schwarm gesunder und starker Bettler, welche eine übelverstandene Wohlthätigkeit unterhielt und vervielfältigte, gesäubert werden, um so mehr, da viele derselben für die öffentliche Ruhe gefährlich sind. Sie sollen nun in ArbeitsHäusern vereinigt, und zur Arbeit angehalten werden. Die unermeßlichen Reichthümer der Klöster werden ohne Zweifel eine Bestimmung erhalten, welche den Grundsätzen der Politik mehr angemessen ist.«

Abgesehen davon wurden die portugiesischen Soldaten neu eingekleidet und jedem zwei Paar Schuhe ausgegeben. Außer seiner Ration erhielt er nunmehr täglich eine »Bouteille Wein«.

Ebensowenig ließ ein Dekret Napoleons auf sich warten, das dem Königreich Portugal eine Kriegssteuer von 100 Millionen Franc oder 40 Millionen Crusaden auferlegte, die von allen Domänen und Gütern der Partikularen erhoben wurden. Abgesehen davon wurde angeordnet, alle Güter der Königin, des Prinzregenten und der appanagierten Prinzen unter Sequester zu legen. Gleiches sollte mit dem Besitz aller jener geschehen, die mit dem Prinzen das Land verlassen hatten, es sei denn, sie würden vor Mitte Februar 1808 nach Portugal zurückkehren. Bis zu diesem kaiserlichen Dekret, das am 23. Dezember 1807 im königlichen Palast zu Mailand erlassen wurde, hatte Junot schon sechs Millionen Crusaden von Handelsleuten, Bankiers und sonstigen Kapitalisten eingetrieben. Den Kirchen des Königreiches gestattete er zwar, diejenigen goldenen und silbernen Gegenstände, »die zur Ehrbarkeit des Gottesdienstes nöthig sind«, zu behalten, alle anderen aber mußten sie abliefern.

Wo die Franzosen Einfluß hatten, wurde Junots Erfolg in der Öffentlichkeit – und natürlich auch in der Presse – gebührend gefeiert. So berichtet der Stuttgarter »Schwäbische Merkur« in seiner Ausgabe vom 5. Februar 1808:
»Dem Königreich Portugal steht nun durch Napoleon den Großen eine gänzliche WiderGeburt bevor. Dieses herrliche, aber ganz vernachläßigte Land ist einer unermeßlichen Verbesserung fähig, die bisher durch die Faulheit der Einwohner, die vielen Feiertage, und durch die Gleichgültigkeit der Regierung, gehindert wurde. Die Ausfuhren aus Portugall betrugen ein Jahr ins andere gerechnet: 60000 Fässer Wein, im Wert von 10 Mill. Crusaden, eine Million Pfund feiner SchafWolle, 80 SchiffsLadungen Pomeranzen und Zitronen, 15 Ladungen Feigen, Mandeln und Rosinen, 100000 Scheffel See-Salz und 700 Fässer Oel, wovon 500 allein nach Brasilien giengen. Dagegen führte England ein: Alle Gattungen von schaaf- und baumwollenen Zeugen, Zinn, Steinkohlen, alle Sorten von Kleidungs-Stücken und HausGeräthen, 80000 Zentner Butter, gesalzen Fleisch etc. Die Franzosen führten ein: Tücher, Leinwand, Nägel, Flinten, Leder, Uhren, GalanterieArbeiten etc. Holland: Polnisches Getreide und Butter. Deutschland: Getreide, Leinwand, Zize, Nürnberger Waren etc. Dänemark: RindVieh. Norwegen: BauHolz. Schweden: Eisen, Stahl, Kupfer etc. Rußland: Getreide, Hanf, Flachs, SegelTücher, Taue, Seife, Theer und PelzWerk etc.
Man sieht hieraus, daß Portugall seine rohen Produkte, als SchaafWolle, noch nicht verarbeitet, daß es gar keine KunstProdukte liefert, und daß die großen Schätze, die es seit 300 Jahren aus Brasilien zog, kaum hinreichten, die Bedürfnisse, die der Ausländer lieferte, zu bezahlen. Da die Brasilianischen Schätze nicht mehr ankommen, so wird der Portugiese, welcher von der Natur gar nicht stiefmütterlich behandelt ist, sich entschliessen müssen, zu arbeiten, oder Hunger zu leiden und in Lumpen einher zu gehen. Denn um auswärtige Kunst- und Naturprodukte zu kaufen, dazu fehlt es ihm künftig an Geld.«
Heute würde man von psychologischer Kampfführung, von Desinformation oder ganz schlicht von Propaganda sprechen; damals nannte man die manipulierte Art der Berichterstattung zwar nicht so, aber mit behaglicher Häme wurde dennoch die erschwerte Situation geschildert, in der sich die Briten zu Beginn des Jahres 1808 ihrer Blockadepolitik wegen befänden:
»Vom Jahr 1798 bis 1803 wurde für 720 Mill. Fr. aus dem Ausland (Korn) eingeführt. Bei weitem der größte Theil des Getreides war vom Baltischen und schwarzen Meere, auch wohl aus den benachbarten Gegenden durch Schleich-Handel herbeigeschafft. Gegenwärtig steht der Preis des Korns sehr hoch; es muß aber jetzt, wo alle diese Quellen versiegt sind, nothwendig noch höher steigen.

Auch Ale und Porter, dieses nothwendige NahrungsMittel des gemeinen Mannes in England, hat oft schon seine Epoche gehabt, wo es durch das Ausland seine nöthigen Ingredienzien erhalten mußte. So war man noch im Jahre 1799 und 1800 genöthigt, wegen HopfenMangel sich ansehnliche Quantitäten aus Braunschweig kommen zu lassen. Das hieße dem feisten John Bull ans Herz greifen, wenn hier ein Mangel oder nur eine Vertheuerung entstehen sollte. Er wird ohnehin mächtig bei den neblichten Monden den Kopf schütteln, wenn ihm der geliebte Franz-Brandwein und der Holländische Genever sparsam zugemessen wird . . .
So unberechenbar die Folgen der Entbehrungen im Allgemeinen seyn müssen, so unendlich sind sie auch für den handelnden Theil, von dessen Wohlstand allein die Möglichkeit abhängt, die Finanzen und den Staat selbst zu erhalten. Man werfe nur einen Blick auf die Manufakturen und Fabriken, deren Anzahl man auf 750 angibt. Die SeidenFabriken werden in Stocken gerathen; denn die als Organs inbereitete Seide konnte nur Italien liefern; den TuchFabriken droht ein gleiches Loos, da die Spanische und Sächsische Wolle zur Zubereitung der feinen Kasimire unentbehrlich ist. Die LeinwandFabriken werden allmählich eingehen. Aller Flachs, den England hervorbringt, rührt von ausländischem Saamen her, den Holland und die OstSeeKüsten zuführen, da der Englische nur zum Oelschlagen für tauglich befunden zu seyn scheint. – Welche neue Quelle wird den StahlFabriken abgegraben, wenn das Nordische Eisen fehlen wird; denn bis jetzt war es völlig unmöglich, aus Englischem Stahl Eisen zu gewinnen, und doch ernährt (so in einem Reisebericht von Nemnicht) die StahlArbeit allein 3 bis 400 000 Menschen, und noch im Jahre 1805 wurden 250 000 Tonnen Stahl verfertigt.
Aber selbst auch der SchiffBau, auf dem ein so wesentlicher Theil der Größe des Handels und der Marine beruht, muß bald in Verfall kommen. Nicht allein der HolzMangel selbst, der durch die Sperre des Nordens erwirkt wird, ist in Anschlag zu bringen, sondern auch der Mangel an schon bearbeitetem Holz, nemlich an Dielen. Diese wurden bis jetzt aus dem Baltischen Meere geliefert, weil der ausserordentliche ArbeitsLohn sie zu kostspielig macht.«

Als Georg von Coulon am 19. November 1807 die Schiffswerften von Portsmouth besichtigte, wozu man den Offizieren der Legion die Erlaubnis erteilt hatte, bot sich ihm freilich ein anderes Bild, als der »Schwäbische Merkur« seinen Lesern ausmalte. Man sieht: schon damals stimmte nicht alles, was in einer Zeitung stand. Denn Coulon

»... bewunderte den Vorrat von allen Schiffs-Baumaterialien, so in den Magazinen daselbst vorhanden war, fast für alle Kriegs-Schiffe der Engländer, große und kleine, lagen Mastbäume, Anker, Segel, Taue, Ruder etc. vorrätig, ein jedes Stück war numeriert oder der Name des Schiffes darauf befindlich, wozu es gehörtet. Hieraus kann man sehen, wie geschwind die Engländer ihre Kriegsschiffe, so in der Bataille oder durch Sturm gelitten, wieder ausbessern können, da alles Nötige dazu vorrätig liegt und nur aus den Arsenalen an die Schiffe gebracht werden darf. Besonders aber habe ich die

> Dampfmaschinen bewundert, wodurch so viele Arbeit erleichtert wird, und die über 100 große u. kleine Sägen, Hobel und allerlei Drechsler-Werkzeuge in Bewegung und Arbeit bringt, sodaß der Arbeitsmann solche nur zu dirigieren nötig hat, die zur Schmelzung des Kupfers dienet, solches zu ganz dünnen Platten verarbeitet etc. etc. Alles dieses zu sehen ist der Mühe wert, und man muß hierin die große Geschicklichkeit der Engelländer bewundern.«

Was für die Rolle der Presse unter französischem Einfluß galt, traf natürlich auch für englische Zeitungen zu, die nicht minder eifrig den Standpunkt und die Interessen ihres Souveräns und Landes vertraten. Der »Star«, der in London erschien, erfreute seine Leser mit einer Mitteilung des Lordkanzlers aus dem Parlament, in der begründet wird, warum sich der König gezwungen gesehen habe, »die Flotten Portugals und Dänemarks außer Gewalt einer solchen Konföderation zu bringen, in die Frankreich sie hineinzwingen wollte«.
Der »Star« zitierte den Lordkanzler:
»Se. Maj. der König hat uns aufgegeben, Ihnen zu versichern, daß er erst, nachdem er sich bemüht hatte, eine Übereinkunft mit Dänemark abzuschließen, sich, ganz wider seinen Willen u. blos aus Gefühl seiner Pflicht, gezwungen gesehen, die Kommandanten seiner Flotte zu ermächtigen, Gewalt anzuwenden; und Se. Maj. empfindet das lebhafteste Vergnügen darüber, Ihnen zu dem glücklichen Ausgang dieser verdrießlichen, aber nothwendigen Expedition Glück wünschen zu können.
Se. Majestät hat uns ferner aufgetragen, Sie zu benachrichtigen, daß das gegen Portugal zu beobachtende Benehmen glücklicher Weise von einer gegen Gesinnungen Sr. Majestät angemessenen Art gewesen; daß der Lissaboner Hof so viele Geeinigkeit als Offenheit gezeigt habe, um Sr. Majestät die Forderungen und Entwürfe Frankreichs mitzutheilen: wodurch die Aechtheit der Nachrichten bestätigt worden, die man anderwärtsher erhalten hatte, zu gleicher Zeit als dieser Hof sich unbestreitbare Ansprüche auf das Zutrauen Sr. Majestät erwarb. Frankreich hatte beschlossen, die Portugiesische Flotte als Werkzeug der Rache gegen Großbritannien zu gebrauchen. Diese Flotte ist vor Frankreichs Arm gesichert, und dient jetzt zum Transportiren der Hoffnung und des Glücks der Portugiesischen Monarchie nach Brasilien.«

Wie sehr es der englischen Regierung daran gelegen war, sich das Wohlwollen der Portugiesen zu sichern, läßt die Tatsache erkennen, daß Anfang Februar 1808 die Fregatte »Surveillance« von Portsmouth nach Brasilien auslief, um der brasilianischen Regierung 100000 Pfund Sterling als Leihgabe zu überbringen; außerdem nahm sie zwei Staatskarossen als Geschenk für den »Fürsten von Brasilien« mit.

Als die Franzosen am 2. Dezember die Einnahme von Lissabon zusammen mit dem dritten Jahrestag der Schlacht bei Austerlitz feierten, kreuzte die Englische Eskadra in einer Entfernung von sieben bis acht Stunden mit fünf Linienschiffen und zwei Fregatten vor Lissabon auf. Die unter dem Kommando von Admiral Sidney Smith stehenden Schiffe hatten den Auftrag, den Hafen der portugiesischen Hauptstadt zu blockieren.

In London reagierte man auf den französischen Erfolg im übrigen mit typisch englischer Gelassenheit. In englischen Blättern hieß es damals, aus den Ereignissen in Portugal könnten nur Vorteile erwachsen, da diese Begebenheiten ein grenzenloses Feld für Handelsspekulationen und Gewinne eröffneten.

Während Portugal von den Franzosen besetzt wurde, kapitulierte die bis dahin portugiesische Insel Madeira am 24. Dezember 1807 vor englischen Truppen und einer Eskadra unter Vizeadmiral Samuel Hood.

England war sich nach wie vor seiner Position im Mittelmeer ziemlich sicher. Gibraltar war zu einer Festung ausgebaut worden, Malta noch immer in britischer Hand. Auf Sizilien hatten sich 1806 die von Napoleon aus Neapel verjagten Ferdinand IV. aus dem Hause Bourbon und seine Gattin Maria Karolina – eine Tochter Maria Theresias – unter den Schutz Englands gestellt. Und die britische Flotte war durchaus in der Lage, französische Landungsversuche zu unterbinden.

Bald wurde in Paris (im Februar 1808) nicht mit Drohungen gegen Gibraltar gespart. Aus der Hauptstadt hörte man, daß zur Belagerung von Gibraltar in Cadiz und Algeciras intensive Vorbereitungen im Gange seien. Mehrere Genie- und Artillerieoffiziere seien nach Spanien zur Belagerungsarmee von Gibraltar abkommandiert worden. Die Armeekorps des Marschalls Moncey und von General Dupont seien angeblich für einen Angriff auf die Festung vorgesehen. Außerdem seien zusätzliche Regimenter und Bataillone nach Spanien unterwegs; in diesem Zusammenhang wurden Vermutungen laut, Truppen sollten nach Nordafrika übergesetzt werden, um den Engländern dort Stützpunkte für ihre Schiffe zu nehmen.

Am 2. November 1807 schrieb ein Reisender aus Sizilien, er habe bei günstiger See eine Fahrt über die Meerenge nach dem Fort Scylla in Kalabrien gemacht, die dort nur dreiviertel Stunden breit sei. Dies war damals der einzige Punkt, den die Engländer auf dem italienischen Festland noch besaßen. »Das kleine Fort liegt auf einem von allen Seiten schroffen Felsen, und die Festungswerke desselben, die von den benachbarten Bomben nicht erreicht werden können, sind aus dem harten Felsen gehauen worden. Nach dem Treffen von Maiba hatte sich die französische Besatzung aus Wassermangel den Engländern ergeben müssen, die den Zugang von der Landseite demolierten und auf der Seeseite von der Küste aus eine Treppe zur Festung ausgehauen hatten, die nur von einzelnen Menschen passiert werden konnte.« Über diese Treppe wurden Lebensmittel und Wasser für die 24köpfige Besatzung angeliefert.

Unterhalb des Forts lag Scylla, ein Städtchen, damals von etwa 3000 Kalabresen bewohnt.

Auf Sizilien wurde am ganzen Meeresstrand von Messina bis nach Augusta und Siracusa hinunter an allen Punkten, wo Schiffe oder Boote landen könnten, geschanzt; Batteriestellungen wurden angelegt, um einen etwaigen Angriff der Franzosen abschlagen zu können. Im November 1807 war die Besatzung (Engländer, Deutsche und Schweizer Truppen) etwa 2400 bis 3000 Mann stark. Der Prinz von Hessen-Philippsthal soll nach seiner Landung in Kalabrien ein Truppenkorps von 5000–6000 Sizilianern gesammelt haben.

König Ferdinand von Sizilien lebte mit seiner Familie in Palermo. Sein Hof wurde mit einer ansehnlichen Summe unterstützt, und Sizilien war ein wichtiger Stützpunkt, von dem aus die von Frankreich besetzten Küstenstreifen Italiens bedroht werden konnten. Voraussetzung dafür war freilich, auf Sizilien stark genug zu sein, um französische Unternehmen abwehren und eigene Aktionen unternehmen zu können.

Hierzu wurden nun im Verband eines Landungskorps vier Linienbataillone der Legion nach Sizilien in Marsch gesetzt, darunter das 8. Linienbataillon, in dem v. Coulon Dienst tat. Die Flotte verließ am 20. Dezember 1807 Portsmouth. Niemand wußte allerdings, daß die Reise in das Mittelmeer gehen würde.

Die Fahrt von England nach Sizilien 1807/1808

Bis zum 19. Dezember 1807 lag das 8. Bataillon zu Schiff auf der Reede von Spithead vor Anker. Georg v. Coulon hatte sich inzwischen an das 7. Bataillon gewandt und sich um den Nachlaß seines Bruders gekümmert.
Sein Schiff gehörte zu einer Flotte von über 100 Einheiten. An Bord befanden sich mehrere englische Regimenter. Das Expeditionskorps zählte zusammen mit der Legion 3000 Soldaten. Ein Kriegsschiff mit 64 Kanonen und elf kleinere Kriegsschiffe, Fregatten, Schoner und Briggs begleiteten sie.
Vier Tage vor Heiligabend wurden die Anker gelichtet. Als am 22. Dezember die Biskaya erreicht wurde, rätselte man noch immer, wohin es wohl gehen würde. Es wurde davon geredet, die Legion solle Ceuta einnehmen.
Der Kapitän des Schiffes, auf dem sich Coulon befand, hatte Befehl, sich mit anderen zunächst in Falmouth, dann beim Kap Finisterre zu sammeln, falls Sturm den Flottenverband trennen würde. Ein noch versiegelter Befehl, der erst nach Erreichen einer bestimmten Position geöffnet werden durfte, gab noch einen zusätzlichen Versammlungsort an. Man vermutete, es sei die Reede von Lissabon.
Das anfänglich schöne Wetter hielt nur bis zum Christabend an. Wieder wurde die Flotte vom Sturm auseinandergetrieben. Die Biskaya zeigte den bis zur Erschöpfung arbeitenden Matrosen und den Soldaten, daß sie zu Recht gefürchtet wurde.

»**Den 31. Decbr.** stuermte es ueber alle Maassen fuerchterlich, Taue und Segel wurden entzwei gerissen und mit jedem Augenblick schien das Schiff im Abgrund gehen zu wollen, es war dabei ganz dunkel und die ganze Atmosphäre schien wie mit einem roten Nebel ueberdeckt zu sein; um 5 Uhr Abends kam ein starker Blitz und Donnerschlag und von dem Augenblick hörte der Sturm auf, jedoch wueteten die Wellen mit grosser Heftigkeit fort. Eine grosse Welle schlug in unser Cajuetenfenster herein, riss solches ganz weg und warf ueber 2 Fuss hohes Wasser in die Cajuete hinein, so dass alles was in der Cajuete unten stand nass ward und schwamm. Die Nacht blieb es noch stille, allein den 1. und
den 2. Jannuar 1808 stuermte es mit gleicher Heftigkeit in eins fort, bislang hatte sich die Flotte noch so ziemlich zusammengehalten, allein in der vorigen Nacht waren wir fast ganz getrennt und am Morgen sahen wir nur 2 Schiffe neben uns, gegen 11 Uhr machte das Agenten-Schiff das Signal, dass wir umdrehen und in irgend einen Hafen von Engelland einzulaufen suchen sollten; dies geschah denn auch sogleich von unserem Schiffs-Captain, und der Sturm trieb uns, obschon mit wenig Segels an die 9–10 Seemeilen in einer Stunde fort. In der Nacht vom 28. Decbr. v. J. waren wir am weitesten in der BISCAYISCHEN See gekommen, und ohngefähr noch 200 Seemeilen vom CAP FINISTERRA entfernt gewesen, seit dem Tage aber durch die heftigen contrairen Stuerme gänzlich wieder zurueckgetrieben worden.
Den 3. Jannuar segelten wir mit einem starken guenstigen Winde stets der engl. Kueste zu; gegen Mittag erblickten wir ein kleines Fahrzeug, welches uns zu verfolgen schien u. das unser Schiffs-Captain fuer einen feindlichen Kaper hielt, es wurde deshalb alles zur

Verteidigung auf unserem Schiff in Bereitschaft gesetzt, die 6 Schiffskanonen geladen und unsere sämtliche Mannschaft auf dem Verdeck ebenfalls mit scharf geladenen Gewehren placiert, um den Feind zu empfangen; allein bei Annäherung dieses Schiffes fanden wir, dass es ein engl. Scooner war, wovon uns der Officier durch ein Sprachrohr zurief und unseren Master frug was fuer ein Schiff wir wären u. wohin wir gedächten ? Unser Master erwiederte diese Fragen und der Navy-Officier sagte ihm, dass wir noch ungefähr 50 Seemeilen von FALMOUTH entfernt wären; unser Captain wusste dies nicht, da er wegen des schlechten Wetters keine Höhe hatte nehmen können.
Den 5. Januar des Morgens um 8 Uhr erblickten wir zu unser aller Freude Land und die Engl. Kueste, ein Pilotenboot kam eine Stunde nachher zu uns, der Pilote davon brachte uns um 10 Uhr gluecklich im Hafen zu FALMOUTH ein, hier fanden wir mehrere Schiffe von unserer Flotte und 2 Schiffe von unserm Battl. liegend, es fehlten noch 2 Schiffe von unserem Battl., nämlich die Hornby No. 287 und die Eller No. 15. Dies letztere lief einige Tage nachher ebenfalls im Hafen zu FALMOUTH ein, das erstere aber hatte mit mehreren andern Schiffen von der Flotte seine Reise nach Gibraltar fortgesetzt, wie wir nachher erfuhren.«

Man bekommt einen Eindruck davon, wie abhängig damals das Gelingen von Operationen zur See vom Wetter war. Der erste Versuch, ein Expeditionsheer nach Sizilien zu bringen, war gescheitert. Erst nach über zwei Wochen war der größere Teil der Flotte im Hafen von Falmouth und weitere 14 Tage damit beschäftigt, die Schäden an Masten, Segeln und Tauen auszubessern.
Nach fast zwei Monaten wurden zum zweiten Mal Segel mit dem Ziel Biscaya, Atlantik, Mittelmeer gesetzt.

»**Den 22. Febr.** war der Wind gut u. stark, diesen Mittag hatten wir schon 140 Seemeilen zurueckgelegt, wir segelten 7 Meilen in einer Stunde.
Den 23. Febr. vortrefflichen Wind; wir segelten 8 Meilen in einer Stunde, u. waren schon heute Abend um 5 Uhr die gefährliche BISCAYISCHE See passiert, und kamen ins ATLANTISCHE Meer.
Den 24. Febr. noch immer guten Wind; dieser wurde gegen Mittag stärker, so dass er am Nachmittage zum Sturm ward, und bis Mitternacht dauerte, wo er sich legte, wäre der Wind gegen uns gewesen, so wuerde er uns weit zurueckgetrieben haben, da er uns aber guenstig war, so segelten wir in der Stunde mehr als 9 Seemeilen vorwärts. Ein Transport-Schiff mit engl. Truppen machte Not Signale und feuerte mehrere Kanonen ab, wegen der hohen See konnte ihm aber keine Huelfe gegeben werden.
Den 25. Febr., in der vorigen Nacht legte sich der Sturm und heute morgen war der Wind still und gut, auch schönes Wetter, die Flotte musste sich einige Stunden vor Wind legen, damit die zurueckgebliebenen Schiffe näher heran kommen konnten. Des Commodore sein Schiff näherte sich dem Transport, so gestern Notschuesse gegeben, u. wir hörten nachher, dass dieses Schiff einen starken Leck bekommen, die Mannschaft auf andere Schiffe verteilt worden, und gegen Abend gesunken sei. In der Nacht zum **26. Februar** hatten wir wieder bei hellem Wetter Sturm, gegen morgen legte er sich; beim Aufstehen erblickten wir die portugiesische Kueste linker Hand, in der Ferne, gegen Abend kamen wir der Kueste ganz nahe, und sahen ein Schloss und eine kleine Stadt am Ufer liegen, auch mehrere kleine Windmuehlen im Lande. Gegen 7 Uhr Abends passierten wir die engl. Flotte, ungefähr 10–12 Krieges-Schiffe stark, die unter Commando des Admirals COTTON im Atlantischen Meere stationiert ist, die Nacht passierten wir LISSABON.
Den 27. Febr. segelten wir mit einem sehr guenstigen Winde vorwärts und passierten

den 28. Febr. Morgens 7 Uhr das CAP St. VINCENT, da wir uns jetzt der Strasse näherten, so hatten wir bei dem noch immer anhaltenden Ostwinde nur ¼ guenstigen Wind u. segelten daher nur 3 Meilen in einer Stunde; heute waren wir noch 170 Seemeilen von GIBRALTAR entfernt. Gegen Abend wurde der Wind ganz contrair, so dass wir lavieren mussten. In der Nacht liefen wir zweimal grosse Gefahr auf andere Schiffe zu stossen, durch die Geschicklichkeit unseres Captains wurde die Gefahr noch gluecklich abgewandt, und wir passierten diese Schiffe ganz nahe vorbei.
Den 2. Mertz schönes Wetter, aber wiedrigen Wind. So wie wir mit der Flotte der portugiesischen Kueste uns näherten, sahen wir an 5–6 Orten einen starken Rauch aufsteigen, welches wahrscheinlich Alarm-Stangen waren, so die Franzosen bei Wahrnehmung unserer Flotte angestochen hatten. Man konnte jetzt von Tage zu Tage spueren, dass wir uns einem wärmeren Clima näherten, indem wir schon das schönste Fruehlingswetter hatten.
Den 5. Mertz, vortreffliches Wetter; seit einigen Tagen hatten wir von Mitternacht bis Morgens ziemlich starken Wind, die uebrige Zeit am Tage gewöhnlich Windstille; mehrere Fischerboote sahen wir, dass sie mit Fische an andere Transportschiffe kamen und solche verkauften, unser Schiff hatte das Glueck nicht. Am Abend kam jedoch ein Boot zu uns, welches Spanier waren u. verkauften uns schöne suesse Orangen 9 St. fuer einen engl. Schilling und ein Lamm fuer einen spanischen Dollar. Heute kamen wir der spanischen Kueste u. zwar der Provinz ANDALUSIEN gegenueber, wir waren ungefähr 50 Seemeilen von CADIX entfernt.«

Noch verband sich mit dem Namen Cadiz die Erinnerung an eine große Zeit. Phönizier, Kolonisten aus Tyrus hatten es erbaut. Sie wußten, wie wichtig seine Lage an der Pforte zweier Meere für ihre Handelszwecke war. Zu allen Zeiten der Weltherrschaft dieses Volkes war es ein Mittelpunkt des Handels für den europäischen Westen. Nachdem die Araber sich des Ortes bemächtigt hatten, unter deren Herrschaft es einen hohen Wohlstand erreichte, nahmen die Spanier es im Jahre 1260 ein.
Doch die große Blüte der Stadt in der ersten Hälfte des 18. Jahrhunderts gehörte inzwischen der Vergangenheit an. Damals hatte der Ort 180000 Einwohner, und der Umsatz übertraf noch den von Venedig in dessen glänzendster Epoche. Jährlich kamen über 2800 Schiffe in den Hafen.
Allerdings konnte Cadiz seine Handelsgröße nicht lange auf dieser Höhe behaupten. Durch die Kolonialpolitik der spanischen Regierung begannen die Amerikaner, sich mehr und mehr aus dem Mutterland zu versorgen, und zwischen ihnen und den Engländern, Holländern und Franzosen entwickelte sich ein ausgedehnter Verkehr.
Der Verfall des überseeischen Handels führte unaufhaltsam zur Verarmung der Stadt. Der Hafen verschlammte, die Kais verfielen, die Magazine, welche einst die Produkte von drei Weltteilen in sich aufnahmen, sanken in Trümmer, die herrliche Bucht, auf der die prunkvolle Seemacht eines einst allmächtigen Reiches schwamm, in der aus einem Wall von Masten die Flaggen aller Nationen flatterten, verödete.
Nach einer Aufstellung, die auf einem spanischen Paketboot gefunden wurde, bestand Spaniens Seemacht Mitte 1808 aus 218 Schiffen; davon waren 42 Linien-

schiffe. Die Flotte verteilte sich auf drei Häfen. In Cadix lagen 12 Linienschiffe, 13 Fregatten, 6 Korvetten, 2 Bombardierschiffe, 16 Briggs, 3 Paketboote, 36 kleine Kriegsschiffe; in Ferrol: 12 Linienschiffe, 8 Fregatten, 13 Korvetten, 8 Bombardierschiffe, 23 Briggs, 1 Paketboot und 13 kleine Kriegsschiffe; in Kartagena: 13 Linienschiffe, 9 Fregatten, 1 Korvette, 4 Schebeken, 5 Bombardierschiffe, 11 Briggs und 15 kleinere Kriegsschiffe.

Unverblümt nennt »Meyer's Universum« von 1833 die Gründe für die Schwierigkeiten der Hafenstadt beim Namen:

». . . die alberne und schlechte Politik der spanischen Regierung, welche für den Handel mit den Kolonien immer härtere und neue Fesseln ersann, und die, in der Absicht, die keimende Kraft derselben durch allgemeine Verarmung niederzuhalten, Einfuhr wie Ausfuhr mit den ungeheuersten Zöllen und Auflagen beschwerte, machte, daß sich die Handelsgröße von Cadix nicht lange auf dieser Höhe behaupten konnte. Die Amerikaner fingen an, sich nicht mehr ausschließlich aus dem Mutterlande zu versorgen; es entspann sich ein ausgedehnter, gesetzwidriger Verkehr zwischen ihnen und den Engländern, Holländern und Franzosen, deren Kolonien in Westindien nun eben so viel Niederlagen und Märkte von Ein- und Ausfuhrwaren für das spanische Amerika abgaben. Solcher Schmuggelhandel wurde, da an eine wirksame Bewachung der spanisch-amerikanischen Küste, ihrer ungeheuern Ausdehung wegen und bei dem immer zunehmenden Verfall der spanischen Seemacht, nicht zu denken war, mit beispielloser Dreistigkeit und in solcher Größe betrieben, daß er in der zweiten Hälfte des achtzehnten Jahrhunderts mehr betrug, als der gesetzliche Verkehr mit dem Mutterlande selbst. Obschon von Jahr zu Jahr das Geschäft von Cadix mit Amerika aus eben erwähnter Ursache und in dem Maße sank, als die Ohnmacht Spaniens in den Kolonien sich steigerte, und ihm die Mittel, seine harten und albernen Diktate wirksam zu machen, abgingen, so war es bis in die neunziger Jahre . . . doch immer noch sehr ansehnlich. Noch 1772 sandte Cadix für 66 Millionen Gulden europäische Waren dorthin und führte dagegen für 90 Millionen (an Gold und Silber allein für 60 Millionen) Erzeugnisse der transatlantischen Provinzen ein. Unter den Exporten aber befanden sich nur für etwa 2 Millionen spanische Waren, meistens Quecksilber; das Uebrige waren Erzeugnisse der Fabriken des übrigen Europa's; schlesische Leinen empfing und versendete es für mehr als 11 Millionen Gulden! Denn Spanien hatte längst aufgehört, selbst zu fabrizieren; der arbeitsfähige Theil des Volkes trieb das DOLCE FAR NIENTE in den zahlreichen Klöstern, oder war nach Amerika ausgewandert, und so blieb am Ende von allen Schätzen Mexiko's dem Mutterlande nichts, als die Provision der Cadixer Zwischenhändler. Die Milliarden, welche Amerika sendete, rollten ihm durch die Finger wie einem Kassierer; sie gingen und kamen; aber eigen waren sie ihm nicht. – Indessen war die Lage von Cadix, so lange dieser Zustand dauerte, obschon weit entfernt an die Herrlichkeit früherer Zeit, als es in Sevilla 10 000 Seidenweberstühle für Amerika beschäftigte, zu erinnern, gegen die der anderen Seestädte des unglücklichen Spaniens immer noch beneidenswerth.«

»**Den 6. Mertz.** In der vorigen Nacht wurde uns der Wind etwas guenstiger und wir segelten in einer Stunde 1½ Meilen, gegen Mittag sehen wir das CAP TRAFALGAR in der Ferne, welches durch die See-Schlacht zwischen der engl. u. französischen-spanischen Flotte beruehmt geworden ist, wobei der Admiral NELSON sein Leben einbuesste.
Den 7. Mertz. Diese Nacht waren wir CADIX passiert u. gegen Morgen dem Cap TRAFALGAR gegenueber, woselbst wir die englische Flotte unter Admiral COLLINGWOOD ungefähr 14 Linienschiffe stark stationiert fanden.
Den 9. Mertz waren wir in der Strasse nahe gegenueber und sahen die spanische u. africanische Kueste, da der Wind aber östlich war, so hinderte er uns zum einlaufen in die Strasse, u. musste die Flotte stets hin und her lavieren. Wegen der spanischen Kanonenboote, die an den Kuesten herum segelten, wurden unsere Kanonen am Bord geladen und die Mannschaft im Fall eines Angriffs vorbereitet.
Den 10. Mertz. Beim Anbruch des Tages liefen wir endlich in der Strasse von GIBRALTAR ein, da wo dieselbe bei der Einfahrt am engsten ist, mag selbige wohl 8 Seemeilen breit sein. Um 7 Uhr passierten wir die Stadt TANGER an der africanischen Kueste und um 8 Uhr die kleine Stadt TARIFFE an der spanischen Kueste, woselbst am Ufer hin verschiedene spanische Kanonen-Boote kreuzten, welche aber immer nahe am Lande blieben, eine engl. Kauffardei-Flotte von mehr denn 40 Segeln lief gleich hinter uns in die Strasse ein. Sowohl die spanische als africanische Kueste ist mit sehr hohen romantisch aussehenden Felsen umgeben, deren Gipfel vom Nebel umhuellt war, GIBRALTAR u. CEUTA nahmen sich unter selbigen vorzueglich aus. Um 8 Uhr sahen wir ersteres in der Ferne u. um 1 Uhr warfen wir gluecklich im Hafen von GIBRALTAR den Anker.
Hier hörten wir, sogleich, dass die fehlenden 28 Schiffe von unserer Flotte, welche mit uns von PORTSMOUTH ausgelaufen u. nachher nicht wieder nach FALMOUTH eingetroffen war, ihren Curs nach GIBRALTAR fortgesetzt u. gluecklich daselbst, lange Zeit vor uns angelandet war. Von unserem Battaillon war der Transport die »Hornby« zwar noch im Hafen, allein da dieses Schiff auf der Reise sehr beschädigt worden, und ausgebessert werden musste, so war die Mannschaft von unserem Battl. auf andere Schiffe verteilt worden, u. hatten diese Schiffe am 20. Febr. ihren Cours nach SICILIEN fortgesetzt.
Den 11. Mertz lagen wir stille und es ging ein Teil unserer Officiers nach GIBRALTAR hin um solches zu besehen. Von der Stadt kamen mehrere Boote an unser Schiff, welche uns suesse Orangen, Feigen, Rosinen u. Mandeln, Brot und Tobak zu einem noch sehr billigen Preise verkauften. Heute schrieb ich an meine liebe Frau, u. denke morgen den Brief durch unsern Oberst Lieut. MUELLER seinem Bruder, der in GIBRALTAR wohnt, zu besorgen, welcher uns versprochen hat, einige Briefe ueber Land u. zwar ueber CADIX zu befördern.
Den 12. Mertz. In der heutigen General Order wurde nunmehro bestimmt, dass die sämtlichen Truppen von der Legion nach SICILIEN gehen sollten, mit Einschluss der fremden Battaillons, so noch in GIBRALTAR waren; dagegen kommen die engl. Regts., so mit uns gekommen, in GIBRALTAR zur Garnison, der General SPENCER bleibt zu GIBRALTAR u. der General FARLANE geht mit uns nach SICILIEN.
Unsere erste eigentliche Bestimmung, dass wir CEUTA erobern sollten, dieser Plan ist aber hierselbst nicht mehr fuer tunlich gefunden, indem die Spanier Gelegenheit gehabt, mehrere Truppen dahin zu schicken, und es also jetzt unmöglich war, diese Stadt durch einen Coup de main zu nehmen.«

Man muß sich erinnern, daß zu diesem Zeitpunkt Spanien noch mit Frankreich verbündet war. König Karl IV. hatte auf Drängen von Manuel Godoy – übrigens der Geliebte von Königin Maria Luisa – mit Frankreich 1795 den Friedensvertrag von Basel geschlossen; seitdem trug Godoy den Beinamen »Friedensfürst«.
Da Portugal nicht daran dachte, dem spanischen Beispiel zu folgen, erhielt General Junot von Napoleon den Auftrag, das Land zu besetzen und dadurch auf der iberischen Halbinsel für klare Verhältnisse zu sorgen. Erst nach den blutigen Unruhen vom Mai 1808 in Spaniens Hauptstadt Madrid, die den Guerillakrieg auslösten, begann England, Spanien mit Geld und Waffen zu unterstützen. Anfang Juni 1808 kamen zwei Mitglieder der spanischen Regierung an Bord eines geliehenen Piratenschiffes nach England und ersuchten offiziell um Hilfe. Außenminister George Canning zögerte keinen Augenblick. Am 4. Juli wurde der Kriegszustand mit Spanien für beendet erklärt und die Expedition nach Portugal vorbereitet.

»Da nach der Order vom 12. Mertz Briefe nach England mit dem Königl. Paket-Boot abgeschickt werden können, so schrieb ich noch heute Abend an meine liebe Frau, welchen ich unter der Addresse von TIMAEUS absandte.
Heute Morgen ging ich mit dem Lieut. v. MAHRENHOLTZ ans Land um GIBRALTAR zu besuchen; wir stiegen bei der sogenannten alten Mole ans Land, begingen sodann auf der Strasse links am Strande herunter, wohin eine Allee von Pappelbäumen nach der Stadt zu fuehrt, linker Hand am Strande fuehrt eine stete Reihe von Batterien, die sehr stark mit Kanonen und Mörser besetzt sind, bis nach der Stadt zu; rechter Hand des Weges liegen mehrere Häuser und schöne kleine Gartens, welche sich einzeln bis nach der Mitte des Felsens hinauf erstrecken; in den Gartens sahen wir die Erbsen schon bluehen, mehrere Feigen, Zitronen und Orangen Bäume, zum Teil noch ohne Blätter, zum Teil in Bluete und zum Teil schon mit Fruechten behangen. Die Stadt selbst liegt am Strande hin, und besteht aus einer langen u. verschiedenen kleinen Nebenstrassen, zwischen selbigen sahen wir mehrere gute Häuser und Kaufmanns-Läden; fast von allen Nationen findet man hier Menschen, es sind hier Engelländer, Spanier, Portugiesen, Italiener, Mohren, Tuerken, Deutsche, Armenier und vorzueglich eine Menge von africanischen Juden. Ein Deutscher Namens WEBER hat hier eine schöne Apoteke. Nachdem wir die Stadt besehen, gingen wir wieder den Strand hinunter nach der neuen Mole zu und besahen daselbst die Befestigung, welche sich von der alten Mole bis nach der Landpforte erstrecket, ganz von massiv gehauenen Steinen aufgefuehrt, sehr fest und proper u. stark mit Kanonen, Mörsern etc. besetzt ist, auch sind schöne Casematten darunter angebracht; auf jeder Batterie fanden wir eiserne Ofens mit Rosten versehen um Kugeln darauf gluehend zu machen, und alles war in solcher Bereitschaft um jeden Augenblick den Feind empfangen zu können. – Von dem Sued-Tore bis nach der Landpforte ist die Befestigung am stärksten, ausserhalb der Landpforte, fuehrt ein schmaler Weg, der von den Wänden bestrichen werden, u. zum Teil unter Wasser gesetzt werden kann, nach der spanischen Grenze zu, woselbst ungefähr ¼ engl. Meile weit, die äusserste Wache der Garnison ist. Bei der Landpforte rechter Hand ist der Felsen ausserordentlich steil und hoch und läuft in dem Maasse bis nach dem mittelländischen Meere zu, so dass es fuer Menschen unmöglich ist, solchen erklimmen zu können, demohngeachtet sind mehrere Batterien mit Kanonen und Mörsern besetzt und mit Casematten versehen, in diesem Teile des Felsens zu unserem Erstaunen angebracht, u. die Natur hat dabei gesorget, diese Seite des Felsens gegen alle feindlichen Anfälle unueberwindlich zu machen, indem die Felsen vom Fusse bis

zur grössten Höhe fast senkrecht hinauf geht. Auf der Spitze dieses Felsens nach Spanien hin, woselbst man das Mittelländische Meer und die Strasse, so wie auch was in Spanien an der Grenze vorgehet, genau sehen und bemerken kann, ist eine Signal Batterie und ein Telegraf angebracht, ersterer gibt beim Auf- u. Untergang der Sonne einen Kanonenschuss, und letzterer macht sogleich Signale wenn Flotten oder Schiffe sich im mittelländischen Meere oder der Strasse zeigen und correspondiert stets mit dem im Hafen liegenden Krieges-Schiffe.
Bei der Landpforte siehet man die spanischen Festungswerke St. BARBARA und PHILIPS, welche gerade der Landpforte gegenueber liegen, und ohngefähr eine gute ¼ deutsche Meile davon entfernt sind. Diese spanischen Werke sind demoliert u. von den Engelländern grösstenteils in die Luft gesprengt worden. Die Stadt ALGESIRAS so wie auch St. ROCH liegen der Landpforte mehr links.
Nachdem wir auf dieser Seite alles besehen und ganz nach dem mittelländischen Meere hingegangen waren, kehrten wir wieder nach der Stadt zurueck u. nahmen im Wirtshause, der Schwan genannt, ein gutes Fruehstueck ein. Nach einer Stunde Erholung, gingen wir wieder durch die Stadt nach der alten Mole zu, um den Felsen an der suedlichen Seite zu besehen; eine schöne Baraque und mehrere Häuser mit kleinen Gartens finden wir daselbst angelegt, worunter sich besonders das Haus und der Garten des zeitigen Admirals auszeichnete, in dessen Garten ein Bousquet von Orangen, Zitronen und Pommeranzen-Bäumen befindlich ist. Das nahe dabei befindliche grosse Hospital ist sehr bequem fuer mehrere 100 Kranke eingerichtet. Am Strande hin, bis nach der Strasse zu ist alles mit Batterien besetzt und mit Kanonen gespickt, jedoch nicht in dem Maasse wie an dem nördlichen Teil des Felsens, indem der Felsen am Ufer hin schon höher hinaufgehet und eine so starke Befestigung nicht notwendig macht, wir gingen hinauf der Höhe zu, wohin eine ordentliche Strasse, die mit Wagens befahren werden kann hinauf fuehret; wir passierten ein Tor, welches durch den Felsen gehauen war, und kamen von dort nach einem sehr ebenen und geräumigen Platz, woselbst täglich die Garnison Parade aufgefuehret wird, die täglich ueber 800 Mann beträgt. Von dort etwas höher hinauf, kamen wir nach einer Baraque, worin ein Regiment Schotten bequartieret lagen, diese Baraque liegt auf der mittleren Höhe des Felsens u. bis hierher kann mit Wagen kommen. Von hier aus bis zu der suedlichen Spitze des Felsens zu, fuehren verschiedene durch Kunst gemachte kleine Wege, worauf 3–4 Menschen zugleich gehen können, die aber voller kleiner Steine liegen, welche der Regen von den Felsen herabspuelet.
Zwischen den Felsen wachsen verschiedene Kräuter und Blumen, auch sahen wir verschiedene Heerden von Kuehen, Ziegen und Schafen hierselbst grasen. Von dort kamen wir an ein Wachthaus in dessen Nähe das grosse Pulver-Magazin liegt, welches bei einer Belagerung ganz fuer Bomben und Kugeln gesichert ist, indem solche nicht soweit heraufreichen können; von hier bis nach der äussersten suedlichen Spitze stiegen wir dann hinauf, und konnten von da aus ebenfalls das mittelländische Meer und besonders genau die Strasse sehen; auch hier ist – so wie an der nördlichen Spitze – ein Telegraf angebracht.
Von der alten Mole bis zur suedlichen Spitze hatten wir ohngefähr eine Stunde zugebracht und da wir durch das Steigen in der Hitze sehr ermuedet waren, so ruheten wir hier etwas aus, und erquickten uns mit einigen Apfelsinen, die wir in der Stadt gekauft hatten. Nachgehends stiegen wir den Felsen wieder herunter, gingen nach der alten Mole zu und kamen gegen 5 Uhr Abends wieder an unser Schiff. Die Bay oder der Hafen von GIBRALTAR ist keiner von der sichersten, indem bei Stuermen mehrere Wirbelwinde entstehen, die von den Felsen herruehren und die den Schiffen äusserst gefährlich sind; einige Zeit vor unserer Ankunft waren durch einen

Sturm zwei Schiffe vom Anker losgerissen und am Felsen gescheitert, wovon die Spitzen der Mastbäume noch aus dem Wasser hervorragten.
Den 13. Mertz erhielten wir vom MUERONSCHEN Regiment, welches bislang in GIBRALTAR gelegen, u. mit uns nach SICILIEN gehen soll, den Captain MERCKEL und Fähndrich PERRET nebst 28 Mann und 1 Frau an unser Schiff; der Captain war ein Deutscher und aus Schwaben gebuertig, der Fähndrich ein Schweizer u. von NEU-SCHATELLE her; die Mannschaft bestand aus spanischen, französischen und italienischen Deserteure; der Sergt. allein war nur ein Deutscher. Wir wurden hierdurch in unserer Cajuete so sehr beengt, dass wir noch 2 Hängematten in der Mitte der Cajuete anbringen mussten, damit alle Officiers Schlafstellen erhielten.«

Das Wetter war günstig, doch die Flotte noch nicht vollständig. So fehlte noch immer ein Transportschiff, auf dem sich der Major Lasperg mit 2 Kompanien vom 6. Bataillon befanden, obwohl es mit den anderen Falmouth verlassen hatte. Es war ein altes Schiff und ein schlechter Segler. Es trifft erst am 17. März ein.
Auch ein Hospitalschiff war noch nicht einsatzfähig. So dauerte es noch bis zum 21. März, ehe die Flotte, die aus 43 Schiffen bestand, bei günstigem Westwind die Reise antreten konnte.

Den 25. Mertz war der Wind gut u. stark, es wurde 6–6 1/2 Meilen in der Stunde gesegelt, diesen Morgen hatten wir schon etwa die Hälfte des Weges von GIBRALTAR nach SICILIEN gemacht, und etwa noch 450 Seemeilen bis nach jener Insel hin, abzutun. Gegen Abend wurde der Wind noch stärker u. dauerte bis Mitternacht fort, wo er sich legt, wir hatten während dieser Zeit 7–8 Meilen die Stunde zurueckgelegt.
Den 26. Mertz. In der verflossenen Nacht waren wir eine gute Strecke Weges vorwärts gekommen, passierten diesen Morgen die Insel GALITA an der africanischen Kueste, welche aus 3 Felsen besteht u. bewohnbar ist. Es war gutes Wetter u. wir hatten den ganzen Tag die africanische Kueste im Gesicht; die Insel SARDINIEN passierten wir heute ebenfalls jedoch in solcher Entfernung, dass wir sie nicht sehen konnten.
Den 27. Mertz diesen Morgen waren wir dem Cap BONN an der africanischen Kueste gegenueber u. hatten die beiden gefährlichen Felsen NEW SKIRZY u. SKICK glueck-lich passieret, welche nur 5–7 Fuss unter Wasser sich befinden u. woran schon viele Schiffe gescheitert sind, ein dritter Felsen, gleichfalls unter Wasser, passierten wir gegen Abend ebenfalls glucklich, und um 5 Uhr Abends erblickten wir die Insel PENTELLA-RIA, die dem König von SICILIEN gehöret, eine ansehnliche Stadt, gleiches Namens, sahen wir am Ufer liegen, wie auch mehrere Weinberge.
Den 29. Mertz war uns der Wind contrair nach MESSINA hin, wovon wir noch ungefähr 140 Seemeilen entfernt waren. Die Aussicht nach der Insel war schön, und das Gruene darauf konnte man von weitem sehen. Wir lavierten, des wiedrigen Windes wegen immer ab und zu. Heute assen wir an Bord, von dem geschlachteten Schwein eine schöne Rotwurst mit Erbsen, der Corporal KAHRS hatte uns solche prepariert, und schmeckte uns allen – ausser Captain HARRISON und Frau – ganz vortrefflich.
Heute wurde eine Soldatenfrau von der 5. Compagnie, von einem dicken fetten Knaben gluecklich entbunden.
Den 31. Mertz, heute Morgen waren wir der beruehmten Stadt SYRACUSA gegenueber und die Stadt, so wie die Kueste hatte von Ferne ein schönes malerisches Aussehen, es war schönes warmes Wetter, aber ganz windstille. Gegen Mittag erhob sich ein starker Wind, mit dem wir gut vorwärts segelten, um 5 Uhr Abends erblickten wir zuerst den Berg AETNA, der ueber die Wolken hervorragte und aus dessen Spitze zu Zeiten einige dicke Rauchsäulen emporstiegen, dies war ein fuerchterlich schöner Anblick fuer uns. –

Da wir gegen Abend der Strasse die zwischen SICILIEN und CALABRIEN liegt sehr nahe gekommen waren, so mussten diese Nacht alle Schiffe beilegen: unser Schiff war gegen Abend, aus Versehen oder mit Willen unseres Schiffs-Captains, von dem Commodore mit der Flotte weit abgekommen, und wir hatten uns mehr dem Lande genähert, wir konnten dadurch den anderen Morgen als
den 1. Aprill das Signal des Commodore zum Segeln nicht hören, unser Captain segelte daher bei Anbruch des Tages weiter fort, ein starker Nebel ueberfiel uns bald darauf, so dass wir kaum eine Schiffslänge vor uns sehen konnten, und wie uns gegen 8 Uhr Morgens der Nebel verliess, befanden wir uns in der Strasse u. zum Schrecken des Captains nur ¼ Seemeile von der sicilianischen Kueste entfernt. Es wurden in dieser Gefahr, sogleich von den am Ufer wohnenden sicilianischen Seeleuten 4 Boote uns zu Huelfe geschickt, welche unser Schiff mit Huelfe unseres eigenen Bootes, nach langer Arbeit etwas vom Ufer abbrachten, es erhob sich ein kleiner Landwind, der uns dazu mit behuelflich war, allein dieser dauerte nicht lange und da wir wegen unseres Bootes etwas beilegen mussten, und bald darauf der Wind wieder contrair wurde, so trieb unser Schiff abermals dem Lande zu, wir mussten abermals umlegen und bei dieser Umlegung geschah von den Matrosen einige Unordnung mit den Tau-Werken, wodurch das Schiff nicht schnell genug gedrehet werden konnte, und während der Zeit schnell nach dem Lande geworfen wurde. In dieser kritischen Periode des Schiffs rang der Captain seine Hände und schrie laut aus: Jesus Christ, my ship is loost. – Ach Jesus Christus mein Schiff ist verloren. –
Am Ende kam das Schiff doch herum u. aus der gefährlichen Lage, und ging etwas vom Lande ab, allein dies dauerte nicht lange als der Wind und die heftig gehenden Wellen es wiederum der Kueste zu, und zwar nach einem noch gefährlicherem Orte, nämlich nach einem grossen Felsen hintrieb. Ohngeachtet aller Bemuehungen der Schiffs-Mannschaft, konnte das Schiff von dieser gefährlichen Richtung nicht abgebracht werden, keine menschliche Huelfe war dazu vermögend, vielmehr näherten wir uns immer mehr dem Felsen u. die Gefahr nahm mit jedem Augenblick zu. Eine Kanone wurde als Notsignal vom Schiffe abgefeuert, allein es kam kein Boot vom Lande uns zu Huelfe, wir sahen zu dieser Zeit unsere Flotte in einer höheren Direktion uns vorbeisegeln, allein ohnerachtet der vom Captain gegebenen Notsignale, kam uns keiner zur Huelfe.
Es war nun 1 Uhr Mittags und wir trieben immer mehr dem Felsen zu, von dem wir noch ungefähr eine Kabelstau-Länge entfernt waren, der senkrecht von der See hinauf stieg und auf dessen Spitze ein Nonnenkloster befindlich lag, wir sahen jetzt alle Augenblicke unserem Untergang entgegen, die Frau vom Paymaster fiel in Ohnmacht, und wir uebrigen sahen unserm Schicksal gelassen entgegen; kaum waren wir noch ½ Kabelstau-Länge vom Felsen entfernt, als die göttliche Vorsehung es wunderbar fuegte, dass der Wind mit einmal sich änderte und schnell vom Lande herkam, dieser Umstand – wofuer wir der Gottheit nie genug danken können – rettete uns von unserm nahen Untergange, wir trieben nun gluecklich vom Felsen ab, die Matrosen bekamen nun wieder neuen Mut u. fingen an, nun wieder zu arbeiten, wodurch wir vom Lande ab u. der hohen See zukamen.
Nach Verlauf einer Stunde änderte sich zwar der Wind wieder, allein wir waren schon so weit in See, daß der Schiffs-Captain und die Matrosen das Schiff mehr in ihrer Macht hatten und es besser wie vorher regieren konnten, und also keine so grosse Gefahr mehr dabei war, jedoch hatten wir eine sehr uebele Nacht, wir mussten des wiedrigen Windes wegen stets lavieren, und da wir in der Strasse zwischen SICILIEN und CALABRIEN waren, uns sehr in Acht nehmen, so wenig als möglich den beiden Kuesten zu nahe zu kommen.
Den 2. Aprill waren wir noch ohngefähr 4 Meilen von MESSINA entfernt, konnten

aber des wiedrigen Windes wegen fast gar nicht vorwärts kommen, gegen 10 Uhr Morgens kam ein Piloten-Boot an unser Schiff, welches von MESSINA aus uns zugeschickt worden. Die Kueste von SICILIEN presentierte sich sehr angenehm vor unseren Augen, wir sahen Pommeranzen, Zitronen u. Feigen-Bäume, auch Weingartens in Menge. Auf den Gebirgen sahen wir noch Schnee liegen, u. unten in den Tälern war alles gruen. – Wir lavierten bis 5 Uhr Nachmittags, da uns der Wind und Corrent guenstig wurde, mit deren Huelfe wir endlich Abends 11 Uhr im Hafen von MESSINA ankamen und zu aller Freude gluecklich den Anker warfen.

Den 3. Aprill des Morgens gingen wir ganz nahe mit dem Schiffe am Ufer hin, gegen Mittag kam unser Pastor POHSE an Bord, und hielt eine sehr gute und unserer Lage sehr angemessene Predigt, nach derselben wurde der Knabe, wovon eine Soldaten Frau kuerzlich entbunden worden, öffentlich getauft, wobei unser Schiffs Captain Gevatter stand. Nach diesem Actus gingen einige Officiere von uns nach MESSINA, ich blieb fuer heute noch an Bord.

Den 4. Aprill ging ich mit mehreren anderen Officieren vom Schiffe ab, um die Stadt MESSINA zu besehen, das erste was uns auffiel war der Schmutz auf allen Gassen, indem fast ein Jeder seine Notdurft an den Strassen verrichtet, ein Zeichen der hiesigen schlechten Polizei, und ein wahrer Contrast gegen England, wo alles proper und rein ist. Zweitens die Menge der Mönche und Pfaffen, die uns allenthalben begegnete, u. die man in MESSINA allein zu 4 000 angibt. Drittens die Menge von Bettlern und schlecht gekleideten Menschen, die einen jeden Augenblick auf den Strassen anhielten. Viertens die gelben hässlichen Gesichter von Frauenzimmers, die wir allenthalben sahen, doch sollen unter der vornehmeren u. mittleren Classe mehrere huebsche sein, die wir jetzt nicht sahen, im Ganzen ist aber ein grosser Unterschied zwischen dem 2ten Geschlecht allhier und in Engelland, jedoch sollen sie arbeitsamer sein.

Die Stadt MESSINA selbst sieht von weitem schöner aus als sie in der Nähe ist, die Häuser sind all massiv aus Steinen gebaut, haben schöne Säulen u. die mehrsten flache Dächer, allein das Innere derselben ist schmutzig u. nach unserer Art nicht bequem eingerichtet, jedoch mag dieses dem hiesigen Clima wohl angenehmer sein.

Die Strassen sind – einige ausgenommen – sehr enge, und viele nicht mal gepflastert, die Kirchen und Klöster sind eine grosse Menge, wovon die Cathedral oder St. Marien Kirche eine der besten ist, u. woselbst wir den Altar, der ganz von Marmor gebaut, bewundert haben. Mit Schrecken sahen wir an mehreren Orten in der Stadt und besonders am Hafen hin, die Ruinen von Häusern, so durch das letztere Erdbeben zerstöret, und noch nicht wieder aufgebaut waren.

Der Hafen ist einer der beguenstigsten u. sichersten in der Welt gewesen, nach dem letzten Erdbeben hat seine Tiefe der Maassen zugenommen, dass die Schiffe wegen der grossen Tiefe nicht allentalben den Anker werfen können, sondern genötigt sind, nahe am Ufer zu gehen und sich daselbst mit Tauen zu befestigen, er ist in der Form eines halben Mondes und kann ueber 1 000 Schiffe fassen.

Da wir während unserer Anwesenheit in der Stadt die Nachricht erhielten, dass wir den anderen Tag debarquieren sollten, so mietete ich zur Fortschaffung meiner Sachen, die jedoch nur aus 2 Koffers, einem Mantelsack, Bettsack und Cantine bestunden, drei Maultiere, wofuer ich bis MILAZZO hin drei Dollars bezahlen musste.

Den 5. Aprill 7 Uhr wurde unser Battl. debarquieret, und wir marschierten um 8 Uhr aus der Stadt, die Mannschaft war auf 1 Tag mit Provision vom Schiffe versehen, indem unterwegens nichts zu haben ist, und die Officiere mussten sich, so gut sie konnten, mit etwas Lebensmittel versorgen. Ungefähr eine halbe Stunde weit von der Stadt, war der Weg ziemlich und so breit, dass man darauf fahren konnte, allein weiter fort, wurde er schmäler u. ging bergan. 2–3 Stunden mussten wir stets bergauf steigen, die Wege kruemmten sich u. selbige waren nicht mehr fahrbar, sondern bloss von Menschen und

Maultieren zu besteigen; sehr oft passierten wir Abgruende uns nahe zur Seite, wofuer einem schauderte, wenn man herunter blickte, und wer herunter geschleudert worden, wäre unaufhaltsam verloren gewesen; auf der Spitze dieser Gebirge sah man die Menschen unten im Tale kaum eine Elle hoch und die Schiffe im Hafen von MESSINA schienen wie kleine Boote.
Das Land auf und zum diesem Gebirge ist gewiss eines der schönsten und besten, demohnerachtet fanden wir nur hier und da einige kleine Huetten, bei denen Weinberge, Pommeranzen, Zitronen und Feigen Bäume waren. Gewiss könnten diese Gebirge von unten bis zur Spitze bebaut sein, indem das Land keiner Duengung, sondern bloss einer Umhäufelung bedarf, allein entweder ist die Nation zu träge oder welches wohl mehr wahrscheinlicher ist, die Regierung ist zu schlecht und befördert die Cultur des Bodens nicht, und die vielen Priester u. Mönche machen das Land zugleich mit arm; meiner Meinung nach wuerde es ein Glueck fuer die Einwohner sein, wenn die Franzosen es hätten, u. die jetzige Regierung so wie alle Pfaffen und Mönche zum Teufel jagten.
So muehsam das Heraufsteigen der Gebirge fuer unsere Leute gewesen war, so wurde das Herabsteigen von selbigen doch noch beschwerlicher, indem die Wege, vielleicht zu der Römer-Zeit mit Steinen gut gepflastert gewesen, allein die Nachkommenschaft solche nicht wieder reparieret hatte, daher fanden wir zum Teil nur einzelne Steine mehr, zum Teil ganze Haufen derselben auf einem Klumpen liegen und zwischen denselben tiefe Löcher, so dass wir zu mehreren Malen von den Maultieren herunter steigen mussten u. zu Fusse von einem Stein auf den anderen zu springen genötigt waren.
Gegen 5 Uhr Abends kamen wir endlich an ein altes wuestes Kloster oder Kastell, in welches das Battaillon einquartiert wurde, und worin weder Tische, Stuehle noch sonstens etwas Hausgeräte sich befand, sondern die Leute auf dem Boden schlafen mussten. Die Officiere wurden nahe dabei alle in 2 Häusern bequartieret, wo wir zwar Einwohner aber nicht die geringste Bequemlichkeit vorfanden, und unser Abendessen bestand bloss aus einigen gekochten Eiern, welche wir noch mit vieler Muehe erhielten. Unterwegens beim Heraufsteigen der Gebirge, wie das Battaillon etwas ruhte, passierte uns die Majorin ULMENSTEIN und die Madame NEUMANN, ehemalige ENCKEN BRANDIS vorbei, diese wurden von 3 Maultieren mit Glocken behangen in einer Art von Portchaise getragen, welches närrisch aussah, im Grunde aber sehr bequem war; ich hatte nur Zeit, die ehemalige BRANDIS im vorbei passieren zu gruessen, und fand sie sehr verändert und ältlich geworden, ein gleiches mag sie auch wohl an mich bemerkt haben, diese beiden Damen wollten ihren Männern nach, welche beim 4. Battaillon standen, und das schon Tages vorhero aus MESSINA marschiert war.

Den 6. Aprill setzten wir frueh morgens weiter unseren Marsch nach MILAZZO, den Ort unserer Bestimmung fort. (**NB**. Anjetzo ist ein schöner breiter gepflasterter Weg von MESSINA nach MILAZZO hin, durch die Engelländer gemacht worden, so dass man darauf bequem reiten und fahren kann; ein Beweis, was die Kunst und Fleiss nicht bewirken kann.)
Wir hatten auf diesem Wege zwar keine Gebirge zu uebersteigen, sondern gingen stets am Ufer des Meeres hin, dennoch war dieser Marsch sehr beschwerlich und machte uns viele Leute marode, indem wir stets durch Sand, welcher mit vielen kleinen Steinen vermischt war, gehen mussten, auch mussten wir durch mehrere Wasser-Fluesse passieren, bei welchen einige so tief waren, dass die Mannschaft bis an den Guertel im Wasser kam; gegen 4 Uhr Nachmittags trafen wir in MILAZZO ein, welches eine nicht grosse Stadt ist, sehr schmutzige kleine Strassen hat, und deren Häuser nicht zum besten sind;

die nahe dabei liegende Citadelle ist aber sehr stark befestigt, so wie auch ebenfalls die Stadt mit einem Wall und trockenen Graben umgeben ist, auf den Batterien fehlet es aber bloss an Kanonen zur Verteidigung der Stadt.
Wir marschierten durch einen Teil der Stadt, erhielten unsere Quartiere ausser derselben in einem Huettenlager nahe bei dem Meere; diese Huetten waren bloss aus einigem leichten Holzwerk gemacht, die Wände bestanden aus durchflochtenen Binsen, und die Dächer waren mit Ziegeln bedeckt, diese Huetten hielten nur den Regen in etwas ab, fuer Kälte und Hitze gaben sie keinen Schutz. Da jeder Captain die Officier Hutte nehmen musste, so hinter seiner Compagnie lag, so traf mir das Malheur, dass ich die schlechteste von allen erhielt, auf meine Kosten liess ich sie aber in etwas wohnbareren Stande setzen, und mit einem Zelt inwendig umgeben. Verschiedene Captains traf der Zufall, dass sie recht gute Huetten bekamen, woran die vorigen Bewohner derselben, die engl. Officiers, tuechtig was angewandt, um sie gut in Stande zu setzen; meine Huette musste wahrscheinlich ein karger Officier bewohnt haben, denn diese war nicht verbessert worden; die Mannschaft lag in Huetten, jede zu 20 Mann eingerichtet; wir hatten von diesem Hüttenlager eine schöne Aussicht nach dem Berg ÄTNA, dessen obere Spitze mit Schnee u. Eis bedeckt war; gerade vor uns lag in der See die Insel STROMBOLI, die ebenfalls einen feuerspeienden Berg hat.
In einer grossen Huette hatten wir unsere Messe und ein von MILAZZO angenommener französischer Koch, gab uns ein ziemlich gutes Essen; verschiedene Sorten von suessen u. anderen Weinen sind in der Stadt zu sehr mässigen Preisen zu haben, und unsere Leute bekamen jeden Tag eine halbe Bouteille Wein, ein jeder, geliefert.
Während der Zeit, da wir in diesem Hutten Lager uns befanden, haben wir was rechts exerciert und manoeuvriert, fast täglich bei Anbruch des Tages wurde ausgerueckt, und ein paar Stunden exerciert, nachher gegen Abend abermals wieder ein paar Stunden; wir erhielten hier die englische Exercice, und mussten auf englisch commandieren lernen; das Battaillon wurde hier sehr discipliniert.
Im Jahre 1809 sind näher nach der Stadt zu schöne neue Baraquen von den Engelländern errichtet worden, die sehr bequem sind, und die alten Huetten sind niedergerissen.

Den 15. Aprill war es stiller Freitag u. ich sahe in der Stadt u. in den Kirchen verschiedene Processionen, welche nichts wichtiges enthielten und nur von dem Aberglauben und Dummheit des Volkes zeigten; in der kleinen Stadt MILAZZO und der Citadelle sind mehr als 40 Kirchen, Kapellen u. Klöster, die das Land aufzehren und die Buerger u. Bauern arm machen. Ohnerachtet es stiller Freitag war, sahe ich doch alle Handwerker arbeiten, und die so noch etwas hatten, ihre Bouteille Wein in der Schenke strinken . . .
Vorige Woche träumte mir so ganz natuerlich, dass ich in STADE war; die kleine Louise begegnete mir im Hause zuerst und ich kuesste sie herzlich, Amalie kam hierauf, diese war sehr gewachsen, schien sehr ernsthaft zu sein, und der gab ich auch einen tuechtigen Schmatz; hierauf kam mir meine liebe Frau ganz wohlgemut entgegen, welche ich ebenfalls recht herzlich kuesste. Vor Freude hierueber wachte ich aber leider auf. O ewige Vorsehung, schenke mir noch einmal das suesse Vergnuegen, meine liebe Familie wieder zu sehen und mit ihnen noch einige Jahre vergnuegt zu durchleben! Ja! ich hoffe, sie tut es gewiss, sie schenkt mir diese grosse Freude, und lässt uns gesund noch einmal wieder zusammentreffen.

Herr des Lebens, willst Du mich erhalten,
O! so gieb mir Eins – Gesundheit mir!
Dankend will ich Dir die Hände falten,
Aber bitten weiter nichts von Dir.

Kuehn durch Klippen, Strudel, Ungeheuer
Lenk ich, allgenuegsam mir, als dann
Auf des Lebens Ozean im Steuer,
Selbst sein Gott, ist ein gesunder Mann.

Amalie von Coulon

Briefe nach Hause machen oft große Umwege

Der Traum, in Stade gewesen zu sein und Louise, Amalie und Frau Henriette wiedergesehen zu haben, legt es nahe, den Blick nach Stade zu richten, wo die Familie seit der Abreise ihres Ernährers am 18. Juli 1806 sich allein zurechtfinden mußte und die Verantwortung für die heranwachsenden Kinder bei der Mutter lag. Wie Henriette v. Coulon mit den vielen Sorgen fertig wurde, verdient Bewunderung. An Tapferkeit stand sie ihrem Mann nicht nach. Ihre Energie und ihr Mut sprechen für eine große innere Stärke. Vielleicht war dies das Ergebnis ihrer Erziehung und Jugend, in der sie ohne Vater aufwuchs und mit ihrer Mutter viel Leid teilen und ertragen mußte. Denn der Vater, Johan Erich Klemmen, Rittmeister im Kur-Hannoverschen Regiment No. 3 zu Stade, starb schon 1767, drei Wochen bevor Henriette als jüngstes Kind geboren wurde. Von ihren fünf Brüdern starben drei dicht aufeinander »im zarten Knabenalter« – wie es in der Familienchronik der Klemmens heißt – an den Blattern; auch die beiden anderen Söhne wurden den Eltern frühzeitig entrissen. So wuchs Henriette ohne Geschwister auf, sorgsam umhegt von ihrer Mutter, bis sie im Alter von 24 Jahren Georg von Coulon begegnete, den sie dann am 20. November 1791 heiratete.

Sie muß eine kluge Frau gewesen sein; ihre Briefe lassen auf eine gute Schulbildung schließen. Ein weicher Mensch hätte wohl vor den Schwierigkeiten kapituliert, mit denen sie von 1806 bis 1815 als »Strohwitwe« fertig werden mußte. Manchmal hat man den Eindruck, als sei sie aus härterem Holz geschnitzt als ihr Mann.

Entweder als Bräutigam oder als junger Ehemann hat Georg in einem Gedicht seine Verehrung für Henriette ausgedrückt. Es ersetzt zwar kein Portrait, wie es von ihm selber vorhanden ist, gibt aber einen Eindruck zumindest von der Liebe wieder, die er für seine Frau empfand. Es läßt – im Zusammenhang mit dem reizenden Scherenschnitt von der Tochter Amalie – auch die Annahme zu, daß Henriette eine schöne Frau gewesen ist:

»An den, von dem ich Henriette gemahlt wuenschte

1.

Will deine Kunst mit Lorbeern pralen
Mit der Unsterblichkeit,
So Mann musst du mein Jettchen malen,
Mahl die Vollkommenheit.

2.
Schaf mir ihr Bild mit Meisterhänden
Wie die Natur sie schuf,
Sie in Vortreflichkeit zu enden
Sey deiner Kunst Beruf.

3.
Trif ja die Klugheit, trif die Jugend
die ihr im Auge stralt,
Und reicht die Kunst an ihre Tugend
So sey auch die gemahlt.

4.
Die Unschuld thron auf ihren Wangen
Natur in ihren Blick,
Ein jeder Tag zeig unbefangen
Der Schoepfung Meisterstueck.

5.
Dann dank ich dir fuer deine Gabe
Die keine Zeit bezahlt,
Doch wie ich sie im Herzen habe,
wird Sie nie – nie gemahlt.«

Es ist ein schöner Beweis der Treue und Verbundenheit, daß trotz der Jahre der Trennung keine Entfremdung zwischen Mann und Frau entstand. Henriette konnte immer wieder, ungeachtet mancher Depressionen ihres Mannes, den Glauben an ein glückliches Wiedersehen festigen. Selten liest man in ihren Briefen Klagen, die ihm das Herz schwer gemacht hätten; selten klagt sie darüber, daß sie gezwungen war, Geld zu leihen, wenn Geldsendungen allzu unregelmäßig eintrafen. Erkrankte sie, dann verschwieg sie es; darüber wurde Georg meistens von anderer Seite unterrichtet.

Zwar war der Briefverkehr zwischen den Ehegatten rege, doch litt er unter den Zeitumständen. Briefe waren ungefähr vier bis sechs Monate unterwegs, nicht selten länger. Je nach Kriegslage wechselten Postwege und Deckadressen, mit denen Lücken in der von Napoleon verhängten Kontinentalsperre ausgenutzt wurden. In Holland ließ eine milde Zensur oft Privatbriefe passieren. Auch Helgoland war ein beliebter Umschlagplatz für Post. Mitunter mußte diese aber Umwege über Gotenburg, St. Petersburg, Saloniki, ja sogar über nordafrikanische Häfen machen.

Ein Kapitel für sich waren Geldsendungen. Überweisungen aus Sizilien, dann in den darauffolgenden Jahren aus Portugal, Spanien, England und Frankreich gin-

gen zum Teil abenteuerliche Wege. Daß sie trotzdem Stade erreichten, obwohl sie oft sehr lange unterwegs waren, spricht für die Ehrlichkeit, den Zusammenhalt und die Solidarität der Beteiligten.
Miteinander befreundete Familien halfen sich bei Ausbleiben von Geldsendungen gegenseitig aus, wenn einer der Freunde in Not geriet. Freilich hatten die meisten von ihnen oft selbst kein Geld.
Es war ein Kaufmann Schultze in Stade, der Henriette immer freundschaftlich Geld lieh. Das war in den Jahren von 1806 bis 1815 wiederholt der Fall.
Kompliziert wurden Überweisungen, wenn gleichzeitig Schulden zwischen den Kameraden beglichen werden mußten oder mehrere Offiziere sich zusammentaten, um einen größeren Wechsel kaufen zu können. Abgesehen davon mußten sie auch Soldaten behilflich sein, die ihren Familien Geld zukommen lassen wollten. Georg v. Coulon bildete sich so im Laufe der Zeit zu einem routinierten Bankmann aus, dem das Umrechnen der verschiedenen Valuten keine Schwierigkeiten machte. Auch Henriette war eine gute Rechnerin. Es kam ab und an vor, daß eine der vielen dazwischen geschalteten Personen zunächst einmal mit dem Geld spekulierte und in Raten zahlen wollte. In solchen Fällen konnte Henriette recht energisch werden und sich im übrigen auf die Hilfe ihrer alten Freunde in Stade verlassen, die beim Eintreiben des Geldes behilflich waren. Besonders befreundet mit Georg war Capitain Brueckmann, dem Coulon nebst einem Brief 80 Pfund Sterling mitgab, als er nach Stade beurlaubt wurde.
Ein anderer Helfer war Capitain Timaeus; er übermittelte im Dezember 1807 eine Schachtel, die neben einem Brief auch ein Porträt enthielt, das Coulon in Portsmouth hatte aufnehmen lassen. Timaeus befand sich in England und besorgte von dort Post auf dem jeweils günstigsten Weg weiter. Wie heute noch manchmal im Briefverkehr üblich, wurden die Sendungen von den Absendern numeriert, damit festgestellt werden konnte, welcher Brief inzwischen angekommen und welcher möglicherweise verloren gegangen war.

> Am 11. August 1809 hatte Georg von Coulon »die Freude, einmal acht Briefe benebst ein schönes Gedicht von meinem guten (Sohn) Fritz, incl. ein Brief von der lieben (Tochter) Amalie; ein Paket war dabei, worin ein Paar Handschuhe von Amalie gestricket, so für den leider verunglückten Bruder Wilhelm bestimmt war, im gleichen für mich einen schönen Tobaksbeutel ebenfalls von Amalie verfertigt, und von der guten (Tochter) Louise erhielt ich einen Geldbeutel, der mir sehr willkommen war, und die kleine (Tochter) Caroline sandte mir ein Strumpfband, zum Zeichen, das sie auch schon etwas arbeiten konnte. Einen Kalender vom Jahr 1808 schickte mir meine beste Jette, – alles dieses hat mir ungemein viele Freude gemacht, und diese Geschenke sind mir um so wertvoller, da sie von den Händen meiner geliebten Frau und lieben Kinder kommen. Die Briefe habe ich mehrmals durchgelesen und mit Vergnügen das gute und brave Verhalten meiner besten Henriette in diesen traurigen Zeitumständen, so wie den Fleiss meiner lieben Kinder, daraus bemerkt; der Himmel erhalte sie alle und auch mich noch ferner gesund, und vereinige uns bald miteinander.«

Diese acht Briefe, die am 11. August 1809 ankamen, waren am 17. August 1807,

25. September 1807, 3. November 1807, 29. November 1807, 3. Dezember 1807, 27. Februar 1808, 10. September 1808 und 18. Oktober 1808 abgesandt worden. Sie waren über Leutnant Bacmeister gelaufen, der sie einem nach Sizilien abkommandierten Offizier mitgegeben hatte. Feldpost von damals!
Der schon einmal erwähnte Hauptmann Timaeus beförderte zwar Briefe, mit Geldsendungen schien er jedoch nichts zu tun haben zu wollen. Als von Coulon ihm eine Vollmacht übersandte, um für ihn »Preisgeld«, Prisengeld, zu erheben, ließ er sich darauf nicht ein, sondern empfahl einen gewissen M. Goltermann als Agenten, dessen sich die Coulons in Zukunft denn auch öfter bedienten. Timaeus jedenfalls meldete am 12. Februar, er würde 20 Pfund Sterling, die für Fritz von Coulon bestimmt waren, Herrn Goltermann abliefern und auch das Guthaben des auf See ertrunkenen Wilhelm von Coulon, »sobald es Goltermann abforderte«. Dieser Goltermann erwies sich offensichtlich als sehr geschickt und zuverlässig. Jedenfalls ließ ihm Coulon später (am 24. März 1811) einen Wechsel über 109 Pfund Sterling für seine Frau zukommen; falls er diesen aber Henriette nicht zustellen könne, solle er die von Timaeus an ihn bezahlten 20 Pfund (die für Fritz bestimmt waren) zulegen und für das ganze eine »Exchequise Bill« auf den Namen von Georg von Coulon einkaufen und ihm darüber einen Schein schicken.
Immer wieder beherrscht der fürsorgliche Gedanke an die Familie das Denken Coulons. Sicher begleiteten am 6. April 1811 den Capitain Schaumann, der sich um seine Pensionierung aus Gesundheits- und Altersgründen bemühte, nicht nur für den Fall der Heimkehr »nach dem Lande« Grüße an die Familie sowie zwölf Stück Guineas und ein Ducat, sondern auch der geheime Wunsch, doch recht bald selbst den Dienst quittieren und zur Familie zurückkehren zu können.
Unter den politischen Veränderungen auf dem Kontinent litt auch die Kommunikation. Goltermann meldete am 6. August 1811 mit einem Schreiben vom 27. Mai 1811, das ein Fähnrich nach Sizilien mitbrachte, er habe zwar von Timaeus alles in allem 136 Pfund Sterling, 16 Shilling und 1 Pence, könne aber diesen Betrag zur Zeit nicht weiterleiten, da »es jetzt aber sehr schwer hielt, Brief nach dem Lande zu kriegen«. Am 19. August gelang es dann doch: der Kriegsagent Cohen aus Hannover übermittelte das Geld an Henriette nach Stade.
Auch die zwölf Guineen und der Ducat wurden von dem mittlerweile pensionierten Capitain Schaumann getreulich überbracht. Obendrein funktionierte ein Geldweg über einen gewissen Hans Ruperty in Petersburg, der die Post an seinen Bruder Justus nach England weiterleitete, von wo aus sie dann den sich gerade anbietenden Weg »nach dem Lande« weiterging.

Auf Sizilien 1808 – Hitze, Erdbeben und Tage, »wovon man sagt, sie gefallen einem nicht«

Wir sind dem Kalender etwas vorausgeeilt, um die Eigenart des Post- und Geldverkehrs zu schildern. Tatsächlich schreibt Georg von Coulon noch in sein Tagebuch April 1808 und notiert, daß er am 17. April, am ersten Ostertag, auf die Hauptwache von Milazzo ziehen mußte, da diese von nun an ein Capitain besetzen müsse. Er fährt dann fort:

> »**Den 1. May** war zu MILAZZO eine grosse Procession, dem heiligen Augustin, dem Schutz-Patron von MILAZZO, zu Ehren; des Morgens wurde mit allen Glocken geläutet, und viele Kanonenschläge und Raqueten abgefeuert; des Abends wurde der heilige Augustin in Procession in die Stadt herum getragen, wobei die englischen Janitscharen musicierten. Der Aberglaube des Volkes ist noch entsetzlich gross, die Mönche u. Pfaffen halten es in der tiefsten Unwissenheit, diese Pest des Landes ist verheerender als alle Erdbeben und die feuerspeiende Berge, in Jahrhunderten nur bewirken können, sie verzehren das Fett des Landes, mästen sich, und machen die Einwohner arm u. träge zu aller Arbeit. Wie gluecklich könnte dies Land sein, wenn es eine bessere Regierung hätte. Der Schmutz u. die Unreinlichkeit auf den Gassen und selbst in den Häusern, uebersteigt allen Glauben; Polizei muss hier gar nicht sein, sonstens könnte es unmöglich so aussehen; an Sonn- Fest- und Werkeltagen sitzen in den Strassen, besonders in den kleineren, die Menschen vor ihren Tueren und kämmen und lausen sich öffentlich. Die Läuse, Flöhe u. Wanzen scheinen hier unvertilgbar zu sein, dies kommt aber von der grossen Unreinlichkeit her; die SICILIANER sowohl männlich- als weiblichen Geschlechts, lassen ihre Haupthaare von Jugend auf bis zum höchsten Alter, stets wachsen, ohne sie je abzuschneiden, dies vermehrt das Ungeziefer von Läusen etc. statt dessen, wenn sie die Haare, wie bei uns, kurz hielten, sie diese Last vermindern wuerden; allein der SICILIANER hält ein langes Haar fuer eine Haupt-Schönheit, wenn es auch mit 1000 Läusen besetzt ist.
>
> Des Abends 8 Uhr, wie ich wieder nach meiner Huette kam, sah ich eine viel schönere Procession als die des heiligen Augustin; dies war der Berg AETNA der Feuer auswarf, das in der Ferne sich ausserordentlich schön ausnahm. Bei diesem Schauspiel der Natur konnte sich der Mann von nur etwas Vernunft u. Bildung, dem Schöpfer und Urheber dieser grossen Naturbegebenheit besser danken, und sich mehr an dessen Allmacht erinnern, als an 1000 verächtlichen Processionen und Narrheiten des heiligen Augustins.
>
> Aus meiner Huette kann ich den Berg AETNA, obschon er an die 20 deutsche Meilen von Milazzo entfernt sein soll, bei hellem Wetter sehr deutlich sehen, zuweilen bei dunklem Wetter, ist seine Spitze, die ueber die Wolken hervorragt, nur allein sehbar, die ganze Spitze ist noch mit Schnee bedeckt. Der Berg STROMBOLI, welcher ohngefähr 10 Seemeilen von hier mitten in der See liegt, raucht ebenfalls stets, doch habe ich ihn noch nie brennen gesehen.
>
> **Den 24. May** kam ein Paket-Boot von England zu MESSINA an, leider waren aber noch keine Briefe an die Legion mitgekommen. Ich schrieb jedoch heute an meine Frau, in drei gleichlautenden Briefen, wovon ich einen an TIMAEUS nach England direkte sandte, den zweiten gab ich unserem Oberst Lt. MUELLER, der nach dem Lande geht mit, und den dritten schickte ich an Freund THALMANN zur Besorgung.

Der Himmel gebe, dass einer von diesen Briefen meiner Frau zu Händen kommen, und sie dadurch von meinen Schiff-Fahrten Nachricht erhalten mag.
Den 4. Juny. Heute war unsers guten Königs Geburtstag, derselbe wurde durch ein Dinner gefeiert, welches wir Officiere in dem Clubb-Hause zu MILAZZO dem Magistrat und SICILIANISCHEN Officieren zum Besten gaben, gegen Abend rueckte das Battaillon zugleich mit dem 58. Regt. zugleich aus, und gaben ein dreimaliges Freuden-Feuer, zur Feier dieses Tages.
Den 5. Juny war der erste Pfingsttag, ich ging nach der Messe fuer mich allein spazieren, fast ganz nach der Stadt St. LUCIA hin, wohin der Weg auf beiden Seiten mit Weingärtens recht schön hinfuehrt. Ich hing so ganz meinen Gedanken nach, welche nur allein nach meiner besten Frau und lieben Kindern gerichtet waren. Ach was selbige wohl machen, ob sie noch wohl alle am Leben und gesund und munter sein mögen? Der Himmel erfuelle meine herzlichen Wuensche fuer ihre Erhaltung und gebe, dass sie sämtlich gesund sein mögen und erhalte sie noch ferner dabei, damit ich das grosse Glueck noch einst wieder erleben möge, mit ihnen noch einige vergnuegte Jahre zubringen zu können, ich hoffe, dass die guetige allwaltende Vorsehung, meine heutigen getanen heisse Wuensche und Gebete auch gewiss nich unerfuellt lassen wird. Heute Abend habe ich noch bis tief in die Nacht hinein sämtliche von meiner Frau empfangene Briefe durchgelesen und mich dabei im Geiste, als gegenwärtig bei Ihr, versetzet. Gewiss wird sie heute ebenfalls recht viel an mich gedacht haben, der gute Gott walte ueber sie und die Kinder und erhalte sie alle mir gesund.
Den 5. August fing in MILAZZO das Fest der heiligen Stephanie dem Schutz-Heiligen von SICILIEN an, es ist dies durch ganz SICILIEN mehr ein Volksfest als Religions-fest. Des Abends war die ganze Stadt erleuchtet, um 6 Uhr Nachmittags ging ein Pferde-Rennen durch die Hauptstrassen der Stadt an. Zwei Pferde ohne Reiter, welche mit allerhand Bänder gezieret, und Blasen mit Erbsen auf den Ruecken gebunden hatten, um sie deto stärker zum Laufen zu encouragieren, wurden auf ein Signal-Schuss losgelassen und rannten in der Mitte den Strassen von einem Ende der Stadt bis zur andern hin, wobei das auf den Strassen versammelte viele Volks ein grosses Geschrei machte, um die Pferde noch mehr zum Laufen anzustrengen, der Eigentuemer des Pferdes, welcher in den 3 Tagen am schnellsten gelaufen, und das Ziel zuerst erreicht hat, erhält ein Douceur von 40 Dollars.
Den 7. August war das Pferderennen zum letzten Male, heute war Sonntag und zugleich der grösste Festtag für den Heiligen Stephanie, aus allen umliegenden Gegenden kamen die Landleute zur Stadt, und waren nach ihrer Art aufs beste geputzt, sie tanzten und sangen den ganzen Tag bis zum Abend hin, und was zu bewundern ist, nicht einen einzigen besoffenen Bauer habe ich bemerkt. Auf dem Marktplatz war ein grosses Geruest errichtet und an selbiges das Feuerwerk angebracht, welches gegen 10 Uhr Abends in Gegenwart einer grossen Menge Volks abgebrannt wurde, die Officiere von unserem Battl. waren von dem Capitano del Justizia dazu eingeladen worden, ich ging also mit dahin und muss gestehen, dass ich ein schöneres Feuerwerk dieser Art nie gesehen habe. Vorher war in allen Kirchen Gottes Dienst, welche auf das schönste, dem Heiligen zu Ehren, erleuchtet und aus gezieret waren; nach Erledigung desselben trug man den Heiligen im Bilde mit einer grossen Procession herum und zuletzt wurde ihm zu Ehren das Feuerwerk abgebrannt.
Man sagte mir, dass dieses Fest der Stadt MILAZZO ueber 800 Dollars kostete, es wuerde gewiss viel besser angewandt worden sein, wenn man dieses Geld zur Unterstuetzung und Bekleidung der vielen Armen und notleidenden Menschen verbraucht hätte, allein diese ueberlässt man dem Schicksale, und keine Regierung oder Polizei bekuemmert sich um solche.
Den 12. August fing dieses Jahr die stärkste Hitze hier an, welche bis zum 12. Septbr.

dauerte. Das Thermometer stand zu mehreren Malen auf 153 Grad, dabei war des Abends und ganze Nächte oftmals der fatale Sirocco – Wind, der die Luft bis zum Sticken heiss machte, so dass man vor Hitze, am Tage nicht ausgehen, und des Nachts nicht schlafen konnte, man war stets in Schweiss gebadet, diese enorme Hitze griff uns Ausländer besonders stark an und ermattete uns durchgehends.

Den 16. Septbr. musste unser Battaillon das Huettenlager verlassen, und wurde auf der Citadella von MILAZZO bequartieret, woselbst ich nebst 10 Officiers eine recht gute Stube im Dominicaner Kloster erhielt. Schon einige Tage vor unserem Abzug, wurde ich in dem Huettenlager krank, bekam ein Nervenfieber mit starker Diaroe und verfiel zusehends, mehrere andere Officiers hatten mit mir gleiches Schicksal. Wie ich auf der Citadelle kam, wurde ich die ersten Tage noch elender, so dass ich stets das Bette hueten musste, allein nach einigen Tagen siegte meine gute Natur, ich nahm fast wenig oder gar keine Medicin und gegen den 29. Septbr. fand ich mich beinahe ganz wieder besser, ausser dass noch eine grosse Schwäche in den Knien und Beinen nachblieb, welches sich aber auch, jedoch langsam, nachliess. – Dieses sind die Tage, wovon man sagt, sie gefallen einem nicht.

Den 28. Septbr. erhielt das Batt. die Order nach der Stadt AUGUSTA in Garnison zu gehen, weshalb das Battl. in 2 Divisions zu Lande nach MESSINA marschierte und daselbst am 1. u. 2. October auf 3 Schiffe embarquiert wurde. Da ich und mehrere andere Officiere Krankheits- und Schwachheits halber den Marsch nach MESSINA nicht mit machen konnten, so schifften wir uns zu MILAZZO am 30. Septbr. auf dem Schiffe mit ein, das die Bagage des Battaillons transportieren musste, unsere waren 10 Officiers, wir gingen noch denselbigen Tag unter Segel, hatten des Nachts einen starken Wind und passierten **den 1. October** des Morgens frueh gluecklich die gefährliche Passage oder Meerenge zwischen SICILIEN und CALABRIEN und warfen den Nachmittag 4 Uhr im Hafen von MESSINA den Anker.

Den 4. October wurden wir debarquieret und erhielt ich mein Quartier im Dominicaner Kloster, woselbst ich eine ziemlich gute Stube bekam. – Während der paar Tage Seereise hatte sich meine Gesundheit ziemlich gebessert, mir fing das Essen an zu schmecken, jedoch behielt ich noch eine solche Schwäche in den Lenden und Beinen, dass ich nicht vermögend war, eine geraume Weite zu gehen, ohne mich aus zuruhen. Da unsere Messe noch nicht eingerichtet war, so machte ich mit dem Lieut. HODENBERG, der ebenfalls krank lag, eine Menage zusammen u. unsere Bedienten kochten uns vortreffliche Suppe u. machten uns einen guten Braten.

Zur völligen Wiederherstellung meiner Gesundheit, die durch die grosse Anstrengung im Dienst und der grossen Hitze, welche wir im MILAZZOER Hüttenlager ausgestanden, sehr geschwächt worden war, nahm ich mir vor, vorerst noch nicht zum Dienst wieder zu melden, sondern erst eine gänzliche, völlige Wiederherstellung meiner Gesundheit abzuwarten.

Die Stadt Augusta ist auf einer Landzunge gebaut und wird durch eine starke Citadelle und mehrere Forts beschuetzt; mit unserem Battl. waren auch noch 4 Compagnien vom 10. englischen Regiment zur Besatzung derselben. Die Stadt ist ganz regular gebaut u. die Straßen alle schnurgrade angelegt, jedoch nur hin und wieder gepflastert. Die mehrsten Häuser sind nur klein und ein Stockwerk hoch aufgefuehrt, jedoch schon mehrere darunter waren 2 Stockwerks. Es herrscht hier viel mehr Reinlichkeit und Ordnung unter den Einwohnern und sticht mehr von der Schmutzigkeit und Unordnung in Milazzo ab . . . Sehr gutes Rind- und Hammelfleisch ist hier zu haben, so wie auch Eier und der Wein ist eben so gut und wohlfeil als in Milazzo. Es ist hier nur ein starker Dienst indem so viele Wachen und Posten besetzt werden muessen.

Den 16. October kaufte ich mir einen Esel, der mir mit Sattel und Zeug 31 Dollars kostete, ich ritt täglich darauf spazieren und diese Motion bekam mich so gut, dass meine Gesundheit und Kräfte vollkommen wiederhergestellt wurden und ich den 22. October 1808 mich wieder als gesund zum Dienst meldete.«

Wie auch in späteren Kriegen kam es für die Soldaten immer darauf an, wo sie eingesetzt wurden. Hatten sie Glück, dann fanden sie sich an einem Kriegsschauplatz, wo man »eine ruhige Kugel schieben konnte«. Hatten sie Pech, so kamen sie von einem Gefecht ins andere. Die als Besatzungstruppe nach Sizilien kommandierten Verbände hatten Glück. Am 1. Januar 1809 erhielt v. Coulon das Kommando im Fort Gratzia. Hier unterstehen ihm außer einem Leutnant sechs Unteroffiziere und 44 Mann. Das Kommando gefällt ihm gar nicht. Im Tagebuch macht er seinem Ärger Luft:

»Das Fort Gratzia ist mit dem Fort St. Victoria durch eine Landzunge vereinigt, es sind diese beiden Werke mit Kanonen, Munition und Provision hinlänglich versehen, allein um diese bedienen zu können, muessten statt 40 Mann deren wenigstens 400 Mann Besatzung sein, ich sehe auch nicht ein, was diese beiden Forts der Stadt AUGUSTA im Falle einer Belagerung fuer Vorteile gewähren könne, u. halte sie meiner Meinung nach fuer ueberfluessig und fuer ganz unbedeutend. Diese beiden Forts liegen uebrigens mitten im Wasser etwa eine ¼ Stunde oder Meile von AUGUSTA ab; ein Boot ist jederzeit am Fort um vom Lande die nötige frische Provision etc. abzuholen; ich hatte mit WESTERNHAGEN eine Menage zusammen, und mein Bedienter kochte uns besser Essen als wir in der Messe hatten. Bei Tage ging einem die Zeit noch wohl hin, allein die Abende waren langweilig und wurden mehrst von mir mit Lesen und Schreiben zugebracht. Es kam mir auf diesem Fort vor, als wenn ich ein Monat Staats-Gefangener wäre.

Den 18. Jan. wurde der Königin Geburtstag mit dem Salut von 21 Kanonenschuessen und dreimaligem Freudenfeuer der Infanterie zu AUGUSTA gefeiert; auch ich machte mit meinem Commando ebenfalls ein 3 maliges Freuden-Feuer auf dem Fort; den Abend war von unseren u. den engl. Officiers ein Ball veranstaltet, wozu ueber 100 Personen aus der Stadt gebeten worden; ein Officier vom Fort bekam die Erlaubnis nach diesem Ball gehen zu können, wozu ich gerne dem Lt. WESTERNHAGEN die Erlaubnis gab, indem ich bei meinem Vorsatz bleiben werde, entweder garnicht wieder, oder doch nicht ehender als mit meiner Frau zu tanzen.

Den 1. Febr. wurde ich vom Fort abgelöst u. bezog mein altes Quartier im Dominicaner Convent wieder.

Den 5. Febr. ging ich abends 9 Uhr nach der Öffentlichen Masquerade in AUGUSTA hin, bloss als Zuschauer und ohne Masque; es war sehr voll von vielen teils närrischen teils guten Masquen, und wurde stets getanzt, ich dachte sehr oft daran, wann wirst du das Glueck haben mit deiner Frau zu tanzen! Um ½12 Uhr ging ich nach Hause.

Den 10. Febr. wurde aus der Hauptkirche zu AUGUSTA von einem der dortigen Altäre die gereichte Hostie, welche in einer silbernen Dose aufbewahret war, nebst mehreren Silberzangen, gestohlen. – Sobald dies bekannt wurde, lief das Volk zusammen, es wurde mit allen Glocken Sturm geläutet und dem Sergeant SCHULTZE, den man in dieser Kirche bemerkt hatte, wurde von dem Volke bis in seines Capt. Quartier verfolget, wo man ihn visitierte, aber nichts bei ihm fand. Da das Volk u. besonders die Pfaffen wegen ihres gestohlenen Gottes wie rasend toll waren, u. man einen Aufstand befuerchtete, so liess der General das Battl. auf der Citadelle zusammenkommen, und alle Unter-Officiers zusammentreten, welche von den Pfaffen der Kirche nachgesehen wurden; ein alter Mann wies auf den Sergt. SCHULTZE dass er in die Kirche gewesen, dass er nach dem Altar gegangen und dort etwas zu sich genommen hätte. Dieser wurde hierauf arretiert und genau visitiert, allein man fand nichts bei ihm. Das Volk fuhr indessen fort, einen mächtigen Auflauf, auf den Strassen zu machen, alles schrie und heulte, schlug sich vor die Brust, und der Bischof des Ortes predigte ihnen auf öffentlicher Strasse vor, dass wenn sie nicht machten, dass sie ihren Gott wiederbekämen, so hätten sie nichts anderes als lauter Unglueck zu erwarten; die Garnison musste deshalb unter Gewaehr bleiben, und die Nacht ueber waren 2 Canonen und ein Piket von 80 Mann gegen allen Fall in Bereitschaft; der Pöbel verlief sich indessen gegen 10 Uhr Abends. Den folgenden Tag suchten die Pfaffen und vieles Volk ihren verlorenen Gott, am Seegestade und allentalben in der Stadt; mehrere Menschen gingen nach des Capt. CORDEMANNS Quartier, wohin der Sergt. SCHULTZE Tages vorher, wie er in die Kirche gewesen, gegangen war, durchsuchten alles, und fanden am Ende ueber die Haustuere die silbernne Dose, worin die heilige Hostie gewesen, zum Unglueck aber die geweihte Hostie nicht mehr darin, welches dann wieder ein abscheuliches Lärmen und Heulen unter den Pfaffen und dem Volke gab, da ihnen mehr an der Hostie als an die silberne Dose gelegen war.

Der Sergt. SCHULTZE zwar nunmehr fast ueberfuehrt, dass er den Diebstahl begangen, und am Ende bekannte er es auch, und sagte, dass er die geweihte Hostie weggeworfen hätte; dies aber wurde von dem General verhehlet, und den Pfaffen u. Volk bekannt gemacht, dass SCHULTZE sein Verbrechen eingestanden, und dass er bekannt, er habe die geweihte Hostie als ein guter Katolik aufgegessen; sobald dies die Pfaffen u. das Volk erfuhren, wurden sie ruhig.

Ein Court Martial wurde hierauf niedergesetzet, welches den Sergeanten SCHULTZE als Soldat degradierte und zugleich zu 700 Lashes Strafe verurteilte, dieses Urteil wurde den 20. Febr. auch öffentlich vollzogen, in Beisein der ganzen Garnison und einer Menge Menschen; wie die Execution etwas angegangen war, kommen in Procession die Pfaffen von der Kirche, aus welcher die Hostie gestohlen, zum Kreise herein und baten den General fuer den Arrestanten um Gnade, weil sie der Meinung waren, dass da er die gestohlene Hostie aufgegessen, er nunmehr selbst als ein Heiliger anzusehen wäre; allein der General refusierte ihre Bitte und der Arrestant musste seine Strafe völlig aushalten und es wurde ihm nichts davon geschenkt. Dieser Sergeant ist uebrigens von einer guten Familie aus MINDEN, sein Unglueck hatte er hauptsächlich dem Umgang mit einer liederlichen Soldatenfrau zu danken, die ihm alles abnahm, und welcher er stets in schöner Kleidung etc. unterhalten musste, dies brachte ihn zu der schlechten Auffuehrung, und er stahl die letzte Zeit alles, was er nur habhaft werden konnte, man fand in seinem Koffer zwei goldene Tuchnadeln, wovon eine der Hauptmännin CORDEMANN zugehörte, einen grossen goldenen Ring, ein grosses Stueck eingeschmolzenes Silber; ein silbernes Kreuz, und eine Mutter Maria von gediegenem Silber an 2 Pfund schwer, lauter, Gott weiss wo, gestohlenen Sachen, man sieht hieraus, was der Umgang mit einer liederlichen Weibes-Person fuer böse Folgen haben, und wozu einen jungen Menschen verfuehren kann.

Den 27. Mertz veränderte ich mein Quartier und erhielt eine recht gute Wohnung in der Stadt. – An diesen und mehreren folgenden Tagen bemerkten wir zu AUGUSTA einen starken Ausbruch des AETNA, eine grosse Feuersäule stieg aus dem Krater empor, mit Asche und Staub vermischt, welche, da der Wind nach MESSINA hin war, bis in diese Stadt fiel und daselbst alle Strassen bedeckte.

Den 6. May mussten 4 Comp. von unserem Battl. nach der Stadt SYRACUSA zur Garnison marschieren, und daselbst das 6. Battl. ablösen, welches zu einer Expedition eingeschifft wurde. Ich kam mit meiner Comp. gleichfalls dahin und wir erhielten ziemlich gute Quartiere. – Die Stadt SYRACUSA ist eine starke Festung auf einer Erdzunge ganz von massiven Steinen aufgefuehrt, die Stadt ist grösser wie AUGUSTA, hat mehrere schöne Häuser und Kirchen, nur sind die Strassen ausser zwei alle sehr eng und schmal. – Nicht weit von der jetzigen Stadt, sind noch die Ruinen von dem beruehmten alten SYRACUSA zu sehen, das teils durch Erdbeben grösstenteils aber durch die Kriege in alten Zeiten, verschuettet und zerstöret worden ist. Sobald ich nur Zeit habe, werde ich diese Ueberbleibsel des Altertums in Augenschein nehmen.

Den 14. Juny ging ich frueh Morgens aus um die Merkwuerdigkeiten und Ruinen von dem alten SYRACUSA zu besehen. Zuerst ging ich nach dem Kloster St. Lucia, woselbst mich ein junger Franciscaner herum fuehrte; es ist dies ein sehr gutes Gebäude, enthält noch verschiedene Antiquen und einige Catacomben, wie auch ein Bildnis, schön in Marmor gehauen, von der heiligen Lucie.

Von diesem Kloster ging mein Fuehrer mit mir nach dem Kloster St. Johann, das nicht weit davon liegt, schon ziemlich verfallen ist, und nicht mehr von Geistlichen bewohnt wird; unter diesem Kloster fangen die unterirdischen Gräber oder Catacomben an, worin die Alten ihre Verstorbenen verwahrten, die tief unter der Erde weg bis nach CATANIA hingegangen sein sollen, grösstenteils von den Römern erbauet sind und eine erstaunliche Arbeit, Kosten u. Muehe müssen verursacht haben. Mein Fuehrer liess vor dem Eingang 2 Fackeln anstecken, solche wurden von 2 Knaben getragen, die vor uns aufgingen, wir stiegen zuerst einge 40 Tritte herunter in die Erde, und gingen sodann tief unter die Erde in mehreren verschiedenen Gängen fort, wo zu beiden Seiten Nischen angebracht waren, worin die Alten ehemals ihre Toten aufbewahrten, und worin ich noch in einigen Knochen, Hirnschädel etc. fand, die wie mein Fuehrer zu erkennen gab, noch Ueberreste der Alten waren, die vor mehreren Jahrhunderten in diesen Gräbern hingesetzt sein sollten, welches mir aber nicht wahrscheinlich ist. Alle Gänge waren gewölbt u. in den Felsen mit unsäglicher Muehe eingehauen worden, diese Gänge teilen sich in mehrere Arme, wovon einige schon verschuettet sind, wir gingen eine ganze Strecke darin fort, da aber die Fackeln endlich nur sehr duenne an zubrennen fingen und die eingeschlossene dumpfige Luft der Gesundheit schädlich sein soll, so kehrten wir zuletzt wieder um, und gingen aus diesem unterirdischen Gebäude wieder zu Gottes freier Luft.

Von diesen Catacomben fuehrte mich mein Führer nach dem Capuciner Convent hin, welches einige 100 Schritte davon liegt und wobei der sogenannte unterirdische Garten befindlich ist. Dieser ist merkwuerdig zu sehen, und wahrscheinlich durch ein Erdbeben entstanden, wodurch ein Teil der Erde tief versenkt, mehrere Felsen aber stehen geblieben sind. Wir mussten erst tief hinunter gehen, wohin ein ziemlich guter Weg fuehret, sodann durch mehrere gewölbte Felsen steigen, zwischen welchen sich kleine ebene flache Stuecke Land befanden, die zum Bewundern mit Bäumen als Zitronen, Apfelsinen, Pommeranzen, Feigen etc. bepflanzt sind, auch kleine schöne Weingartens trifft man daselbst an, und alles zeigte ein Gedeihen vom Wachstum bis zum Ueberfluss.

Nachdem wir dieses alles besehen und durchgegangen waren, ging mein Fuehrer mit mir ¼ Stunde von da weiter und zeigte mir ein kleines Haus, welches ehemals der berühmte Mathematiquer ARCHIMEDES bewohnt haben soll, welches ich dahin gestellt lasse; von da kamen wir an die berühmte Grotte oder das sogenannte Ohr des DYONISIUS, dies ist ganz im Felsen gehauen und hat die Form eines Ohres; es ist wegen seines merkwuerdigen Echos beruehmt; wenn man vorne beim Eingange ganz leise etwas spricht, so schallt es deutlich hinten in der Höhle wieder zurueck, und wenn man am Eingang ein Stueck Papier zerreisst, so kann man dies hinten und oben in der Höhle ganz deutlich erschallen hören; ein Pistolenschuss macht einen ausserordentlichen starken Effeckt, man sagt, der Tyrann DYONISIUS diese Höhle habe dazu bauen lassen, um oben unbemerkt zu hören, was die Gefangenen so unten in der Höhle eingesperrt waren, mit einander sprachen, welches, wenn es auch gleich leise geschah, er doch deutlich verstehen konnte.

Von dieser Höhle gingen wir weiter und besahen noch mehrere Grotten, Erdfälle etc. die teils durch das Erdbeben entstanden, teils aber noch Ueberbleibsel aus dem grauesten Altertum waren. So sahen wir unter anderem eine Höhle, die wie eine senkrecht verschuettete Kirche aussah, und von zwei Pfeilern, die noch ziemlich unversehrt waren, gehalten wurde; im Grunde dieser ehemaligen Kirche wuchs jetzt Gras, Blumen und verschiedene Feigen-Bäume. Von da kamen wir zu dem kleinen und nachher zu dem grossen Amphiteater, welche zu den Römerzeiten erbauet wurden, wovon aber nur ohngefähr die Halbheit mehr zu sehen ist. Beide sind massiv von grossen Steinen aufgefuehret, haben Stuehle und Sitze, und nach hinten zu verschiedene Grotten; man sagt, dass das grosse Amphiteater mehr denn 20000 Menschen habe fassen können, und dies scheint mir, nach den Ueberbleibseln, auch nicht unwahr zu sein; auf diese beiden öffentlichen Theaters fuehrten die Alten Stiergefechte, Comödien und sonstige Lust-Gefechte auf, das Volk versammelte sich hier bei feierlichen Gelegenheiten, auch wurde hier Gericht gehalten.
Nach ungefähr 4 Stunden Besichtigung von allem Merkwuerdigem brachte mich mein Fuehrer nach seinem Kloster zurück, woselbst ich ihn entliess und fuer seine Bemuehung einen Dollar zum Present gab, worueber er sehr vergnuegt schien.
Das alte SYRACUSA muss eine Stadt von ungeheurer Grösse gewesen sein, nach den Ruinen zu schliessen, die man noch von ihr sieht. Das jetzige SYRACUSE ist nur die ehemalige Citadelle von ihr gewesen, und von den Ruinen der alten Stadt aufgefuehret, so wie man auch sagt, dass die beiden Städte AUGUSTA und CATANIA von selbigen erbaut worden sind.
Den 19. Juny erhielt ich einen Brief von meiner besten Frau, dies war Nr. 56 vom 14. Febr. 1809. Ich habe solchen **den 24. Juny** wieder beantwortet. und in diesem Brief eine Vorschrift ihr zugesandt, wie sich eine Witwe zu verhalten und was fuer Certificate erforderlich sind, um solche an die War-Office einzusenden, wenn ihr Mann mit dem Tode abgegangen u. sie zur englischen Witwen-Pension gelangen will.
Den 7. Decbr. erhielt ich ein Schreiben von TIMAEUS, worin mir derselbe im Namen des Herzogs meldete, dass der Nachlass meines verunglueckten Bruders Wilhelm mit 8 £ 16 Sh. 1 P. Sterling an die Legion Office abgeliefert sei, und dass ich diese Gelder gegen gehörige Legitimation als Erbe in Empfang nehmen könne; zugleich zeigte derselbe mir aber an, dass den Erben eines verstorbenen Officiers keine Entschädigung fuer verlorene Equipage vom englischen Gouvernment bezahlt wuerde.«

Fast könnten die Schilderungen den Eindruck vermitteln, es herrsche kein Krieg. Ganz untätig abwartend verhielten sich die englischen Truppen allerdings nicht. Hin und wieder beunruhigten sie die Italiener und Franzosen durch überraschende Landungen, durch Kommandounternehmen. Ende Juni eroberte eine von Sizilien ausgehende Expedition die Insel Ischia und Procita, und bei Neapel erbeuteten sie zehn Kanonenboote. Ein Rotationsverfahren sorgte zusätzlich dafür, daß es den Einheiten nicht zu langweilig wurde. Als beispielsweise das Bataillon von dem Unternehmen zurückkehrte, durfte es in Siracusa an Land gehen und Quartier beziehen. Dafür wurde Coulons Bataillon nach Augusta verschifft, wo es bis Ende November blieb, bevor es wieder nach Siracusa verlegt wurde.

Den 20. Decbr. des Morgens 4 Uhr wurden wir zu SYRACUSA durch einen starken Stoss eines Erdbebens aus dem Schlafe geweckt; vor diesem Stoss ging ein Geräusch, gleich eines unterirdischen Donners voran, und der Stoss selbst war so heftig, dass mein Bett hin u. her flog, und ich mich mit Muehe im Bette halten konnte; mein Bedienter wurde aus dem Bett geworfen, Gläser und Töpfe fielen in mehreren Häusern herunter, die Tueren sprangen teils aus ihren Angeln und mehrere Häuser bekamen Risse, zum Glueck fiel keins nieder, noch kam ein Mensch zu Schaden. Der Himmel war dabei ganz rötlich und truebe und der wehende Sirocco Wind machte die Luft ganz warm. Die Einwohner liefen sogleich schreiend aus ihren Häusern heraus und statt im freien Raum zu bleiben, wie wir taten, liefen sie in die Kirche hinein und baten die heilige Lucia um Huelfe; zum Glueck erfolgte kein zweiter Stoss sonstens viele in den Kirchen ihr Grab gefunden haben wuerden. Dieses grosse Ereignis der Natur ist fuerchterlich und in dem Augenblick des Erdstosses waren wir alle wie schwindelich, einige mussten sich sogar erbrechen. Denselben Tag des Nachmittags hatten wir ein starkes Gewitter u. es war sehr warm, welches ausserordentlich mit dem Berg AETNA contrastierte, der fast ganz mit Schnee bedeckt war.

An diesem Tage erhielten wir hier mehrere Briefe vom Lande, die aber sehr alt waren; ich erhielt den Brief No. 45 vom 4. Aprill 1808, also 1½ Jahr alt; sämtliche Briefe waren ueber Holland gekommen, dort von dem französischen Gesandten eröffnet, weil aber nichts verdächtiges darin enthalten, von selbigen weiter nach England befördert worden.

Den 24. Decbr. war Weihnachts Abend, ich brachte ihn fuer mich allein zu, und dachte nach, dass dieses der 4. Weihnachts Abend sei, seitdem ich von meiner Familie getrennt bin; möchte dieses doch der letzte in der herben Trennungszeit sein, u. wie wuerde ich mich freuen die nächsten Weihnachten in Wiedervereinigung mit meiner teuersten Frau und lieben Kindern zubringen zu können! Allein dazu ist leider noch keine Hoffnung, und wer weiss, wann dies noch erfolgen wird, demohnerachtet verliere ich nicht den Mut, sondern erhalte mich fest in dem Glauben, dass die ewige Vorsehung, die von meiner Jugend an mich so wunderbarlich geleitet und gestuetzet, auch diesen noch einzigen Wunsch meines Herzens erfuellen wird. Möge der Himmel nur geben, dass meine liebe Frau u. Kinder gesund sind, und dass sie einen vergnuegten Weihnachten haben, gewiss werden sie alle viel an mich denken, dies bin ich ueberzeugt.

Den 30. Januar 1810 duellierten sich der Fähndrich BARTLING und WILDING jun. zusammen, sie hatten zu Secundanten den Lieut. WESTERNHAGEN und Fähndrich BACHELLE mitgenommen, nachdem die ersten Schuesse gefehlet, erlaubten die Secundanten dass sie beide sich bis auf 8 Schritte näherten, und auf den zweiten Schuss den WILDING hatte, traf er BARTLING im Herz und derselbe fiel augenblicklich tot zur Erde. Der Streit war ueber eine Frauensperson hergekommen, womit Tages vorher auf einem Ball ein jeder von ihnen hatte tanzen wollen.

WILDING hielt sich erst heimlich einige Tage zu SYRACUSA auf, hernach meldete er sich wie Arrestant; der Gebliebene, obschon ein Windbeutel von Natur, wurde von allen seinen Cameraden herzlich bedauert, dagegen WILDING wegen seiner Nasweisigkeit bei den mehrsten nicht beliebt war.

Den 10. Februar veränderte ich mein Quartier u. bekam ein schönes Logis im Carmeliter Convent, woselbst ich 2 Stuben fuer mich erhielt, in diesem Kloster logieren ebenfalls der Lieut. OEHME und ROUGEMONT und da beide gesetzte und ordentliche Männer sind, so halten wir freundschaftlichen Umgang zusammen.

Den 16. Februar empfanden wir hier in SYRACUSA und in ganz SICILIEN ein starkes Erdbeben, Abends nach 10 Uhr; den ganzen Tag war es sehr nebelig gewesen und der Sirocco Wind, obschon kalt, wehte stark. Dies Erdbeben dauerte ueber eine Minute, es war zwar nicht so ein starker Stoss wie das letzte Mal, aber es rollete länger und machte das ganze Kloster schwankend und erregte bei jedem Menschen eine ganz sonderbare Empfindung; gleich nach dem Erdbeben bemerkte man am Himmel ein Feuer, gleich einem starken Blitze. Ich sass mit OEHME und ROUGEMONT auf meiner Stube und spielten in Karten, als die Erschuetterung geschah, unsere Stuehle schwimelten hin u. her, und wir wurden dadurch natuerlich in unserem Spiel gestört, und liefen gleich zum Kloster hinaus ins Freie, woselbst wir die Menschen aus ihren Häusern laufend und laut schreiend herauskommen sahen; wir kehrten jedoch bald darauf nach meiner Stube zurueck und vollendeten das Spiel. Da ich die Inspection hatte, so musste ich nach 11 Uhr die Ronde gehen und fand auf dem grossen Marktplatze mehrere Menschen versammelt, und die Noblesse in ihren Kutschen sitzend, daselbst, man vermutete eine nachfolgende Erschuetterung, allein sie erfolgte zum Glueck nicht.

Sonderbar ist es, dass ein englisches Schiffer uns nachher erzählte, dass wie er in der Nacht des Erdbebens von MALTA auf der See gewesen, das Schiff mit einmal einen Stoss erhalten, wodurch er geglaubt, es wäre auf einen Felsen gestossen, er habe sogleich das Senklot geworfen, um die Tiefe zu untersuchen, wo er aber mehr als 10 Fäden Tiefe angetroffen. Da dieser Vorfall auf der See, und dem Erdbeben allhier zu gleicher Zeit geschehen, so ist es nicht anders, als dass das letztere die Ursache davon auch auf dem Meere gewesen ist, so wie man auch nachher hörte, dass dieses Erdbeben sich bis nach MALTA hin erstreckt hatte.«

Bis sich ein Kriegsgericht mit dem Duell zwischen Fähnrich Bartling und Wilding jun. befaßte, vergingen an die sechs Wochen. Neben dem Überlebenden Wilding jun. wurden die beiden Sekundanten vernommen, um den Hergang des Duells zu klären. Da die Sekundanten nur für Wilding, nicht aber für Bartling aussagten, endete das Verfahren nach englischem Recht mit einem Freispruch. Das Gericht riet ihm jedoch, sich zu einem anderen Bataillon versetzen zu lassen, »da er die Liebe seiner Kameraden verloren«, was der Freigesprochene umgehend tat.

Abgesehen von solchen aufregenden Zwischenfällen verlief die Zeit relativ ruhig. Der Sold für die 13 000 Soldaten traf pünktlich von der englischen Regierung in Form spanischer Piaster ein. Zwar war die Insel vom übrigen Europa abgeschnitten – von England und Sardinien abgesehen –, doch es gab fast alles zu kaufen. Einheimische Produkte gab es genug: Wein, Öl, Früchte, Seide, und aus England wurden zu niedrigen Preisen Kolonialwaren aller Art eingeführt; es herrschte lediglich Mangel an deutscher Leinwand und Leder, doch das bekümmerte die Soldaten wenig, solange kein Mangel an Wein bestand. Da sie im allgemeinen nicht gewohnt waren zu sparen, wurde auf Sizilien fleißig Geld ausgegeben. Immer wieder wurden die dienstfreien Stunden zu Ausflügen im Inland genutzt:

»Den 7. Mertz machte ich in Gesellschaft vom Oberst Lieutn. LASPERG, Lieut. OEHME, ROUGEMONT und THALMANN und Surgeon ZIERMANN eine Wasserfahrt nach dem Fluss ANOPUS hin, woselbst die Papierstaude wächst, worauf die Alten geschrieben und ihre Buecher aus gemacht haben. Wir fuhren Morgens 10. Uhr in einem Boot von SYRACUSA ab und kamen gegen 11 Uhr beim Ausfluss des ANOPUS an, der daselbst ungefähr so breit als die alte SCHWINGE bei STADE ist, wir fuhren diesen Fluss ohngefähr 2 Stunden bis zu seiner Quelle hinauf; anfangs ist der Fluss rein und vom Kraute befreiet, weiter hinauf aber an vielen Stellen, mit so vielem Schilf und Unkraut bewachsen, dass man fast kein Wasser sieht und es fast scheint als wenn man uebers Land fähret. Dieser Fluss hat stets schönes suesses Wasser, ist voller Fische, war bei den Alten sehr beruehmt und ist aus der Geschichte bekannt. Bei seinem Ursprung oder Quelle, welche sehr tief ist, stiegen wir aus, lagerten uns unter einem Oliven Baum und verzehrten unser mitgebrachtes Essen und tranken in freier

Luft mit grossem Vergnuegen. Die Gegend dort herum ist ebenfalls sehr angenehm, in welcher wir spazieren gingen; um 3 Uhr Nachmittags stiegen wir wieder ins Boot, fuhren den Fluss herunter, und nahmen unterwegens mehrere Papierstauden mit, die häufig am Ufer wachsen und trafen Abends 5 Uhr wieder in SYRACUSA ein, ganz vergnuegt ueber diese gemachte Tour.«

Truppenverschiebungen und Ansammlungen auf der Seite der Franzosen im Juni beendeten den ruhigen Dienst. Es war nicht verborgen geblieben, daß an der Küste von Kalabrien Anstalten für einen Angriff gegen Sizilien getroffen wurden. Zwischen Scilla und Reggio wurden über 30 000 Soldaten gemeldet. Einige hundert kleine Fahrzeuge und Kanonenboote, die hier im Laufe der Zeit zusammengezogen worden waren, ließen vermuten, daß bald ein Landungsversuch der Franzosen bevorstand.

Der britische General Stuart hatte stärkere französische Aktivitäten eigentlich schon früher erwartet, nachdem Napoleon im Mai 1808 seinen Bruder Joseph zum Regenten von Spanien und seinen Schwager Joachim Murat, der mit Napoleons lebenslustiger Schwester Caroline verheiratet war, zu dessen Nachfolger in Neapel gemacht hatte. Murats Ruf als kriegerischer Mann sorgte dafür, daß der Wachdienst der englischen Truppen allmählich verschärft wurde. Angesichts der Truppenkonzentrationen auf der anderen Seite traf General Stuart Abwehrmaßnahmen:

»Mehrere Regtr. mussten deshalb nach MESSINA hin, und von CATANIA aus bis nach MILAZZO hin wurden die Kuesten besetzt, und mehrere Batterien angelegt, auch mehrere grosse und kleine Krieges-Schiffe nebst Kanonen-Bööte an den Kuesten von SICILIEN placiert, und alle Truppen mussten jederzeit des Morgens eine Stunde vor Tage unterm Gewehr sein. Es fielen mehrere Vorfälle und Gefechte zwischen MESSINA und der CALABRISCHEN Kueste mit den engl. und feindlichen Schiffen vor, in welchen die letzteren gewöhnlich den Kuerzeren zogen. Da unser Battaillon in einer Festung liegt, so haben wir zwar keine Märsche etc. zu machen, mussten aber doch jeden Morgen unter Waffen sein, und im Falle es dem Feind gluecken sollte, eine Landung zu vollfuehren, so können wir uns auf eine Belagerung gefasst machen.

Den 22. July ging der Oberst. Lt. ALTEN von TRAPANIA ab nach England hin, von da er nach dem Lande zu gehen gedenket. Diesem habe ich den Brief No. 89 an meine Frau zugeschickt, wie auch eine Schachtel, worin mein Portrait befindlich ist, welches ich durch einen hiesigen Maler fuer 13 Dollars habe machen lassen; ich hoffe ALTEN wird gluecklich ueberkommen und das ihm mitgegebene richtig besorgen.

Den 8. August war hier in SYRACUSA die Hitze so stark, dass das Fahrenheitsche Termometer im Schatten hängend, auf 84 Grad stand. Seit einem halben Jahr hat der AETNA noch nicht weder geraucht noch eine Flamme von sich sehen lassen, welches ganz gegen seine Gewohnheit ist, und die Einwohner fuerchten deshalb fuer ein nahes Erdbeben. In diesem Monate starben hier viele Menschen, so wohl von den Einwohnern als auch von unseren Leuten; mehrere Officiers von uns wurden auch sehr krank, erholten sich aber alle wieder. Der liebe Gott erhielt meine Gesundheit bis lang, wofuer ich nicht genug dankbar sein kann, und ich hoffe zu dessen Guete, dass er mich noch ferner beschuetzen und zum Besten meiner Familie gesund erhalten werde.

Die Monate August und September sind die gefährlichsten und tötlichsten hier in SICILIEN; die Einwohner begraben hier alle ihre Toten ohne Särge; einige Stunden nach ihrem Tode, trägt man sie auf einer Bahre, in ihren gewöhnlichen Kleidern

angezogen, nach der Kirche hin, man bindet ihnen sodann Hände und Fuesse zusammen und wirft sie in die Totengewölbe der Kirche hinunter und bekuemmert sich nicht, ob sie auf den Köpfen oder Fuessen zu stehen kommen; unsere verstorbenen Leute haben wir aber alle in Särge, wie bei uns geschiehet, beerdigen lassen, worueber sich die hiesigen Einwohner sehr wundern.
In den Gewölben der Kirchen sind gewöhnlich zwei Abteilungen fuer den Adel oder Vornehmeren und Buerger und Bauern, gemacht, um ihre Toten dahin zu bringen; jede dieser Abteilung ist wieder in drei besondere Teile geteilet, in einen derselben kommen die verstorbenen Männer, in den andern die Frauens, und in den dritten die verstorbenen Kinder; jedoch werden die Vornehmeren sowohl als die Geringeren, wie gesagt, ohne Särge begraben; bei dem Hinbringen der Leichen kleiner Kinder habe ich sehr ofte gesehen, dass solche mit einer Violine begleitet, worauf lustige Stuecke gespielt werden, nach ihrem Begräbnis-Ort hin getragen worden sind.«

Nach einem Seegefecht, bei dem zwischen Schiffen der Engländer und des Gegners keine Entscheidung fiel, war es den Franzosen zwar am 16. August 1810 gelungen, an die 3 000 Mann zwischen San Stefano und Galati zu landen und mit ihnen einen Brückenkopf zu bilden, Murat sah sich angesichts der Gegenangriffe wegen der Gefahr, von den Schiffen abgeschnitten zu werden, allerdings gezwungen, das Zeichen zum Rückzug zu geben. Er verlor an die 1 000 Mann. Doch er gab noch nicht auf:

»Den 18. Septbr. unternahmen die Feinde eine Landung mit 3 000 Mann, sie setzten davon etwa 1 100 Mann zwischen dem PHARO und MESSINA ans Land, diese wurden aber sofort von unseren Truppen entdeckt, die Alarm-Signale wurden gegeben, und unsere ganze Linie kam unter Waffen, wie das die Feinde, so nicht gelandet waren bemerkten, gingen sie sofort auf ihre Schiffe nach CALABRIEN wieder zurueck, die vom Feinde gelandete Mannschaft, wurde sofort von unseren Truppen umringt, und ergaben sich nach einem kurzen Gefecht, sogleich zu Gefangenen und wurden des andern Tages nach MALTA abgesandt. Die Einwohner gaben bei dieser Gelegenheit zu erkennen wie gut sie gegen uns gesinnt waren, sie griffen sämtlich sogleich zu den Waffen, kamen unseren Truppen zu Huelfe, besetzten sogleich alle Pässe, die ins Land fuehrten, machten mehrere Feinde nieder und brachten verschiedene als Gefangene ein. – Dieser Coup hätte von dem Feind nicht ausgefuehrt werden können, wenn die englischen Krieges-Schiffe gehörig allerort, und auf den ihnen angewiesenen Punkten gewesen wären, und wuerde sodann gewiss kein einziges Schiff vom Feinde die calabrische Kueste wieder erreicht haben, dieser Vorfall, hoffe ich, wird aber die Navy in der Folge vorsichtiger machen.
Den 29. Septbr. gaben die Feinde die Eroberung von SICILIEN auf und der grösste Teil ihrer Truppen zog nach NEAPEL wieder ab, nur ohngefähr 3 bis 4 000 Mann wurden in CALABRIEN zurueckgelassen. Alle an den Kuesten gemachten Batterien liessen sie zerstören und nahmen ihre Stores und Magazine mit sich, die Schiffe liessen sie am Ufer weg nach NEAPEL etc. hinbringen, mehrere derselben wurden aber von den Engelländern genommen, alles ist hierueber in SICILIEN in Freude und die Truppen, welche solange den Feind erwartet, können nun wieder in Ruhe zu ihren Standquartieren zurueck gehen.«

Vier Jahre und drei Monate war das Ehepaar v. Coulon nun schon voneinander getrennt. An Heimaturlaub war noch nicht zu denken und an ein Ende des Krieges sowieso nicht. Es wurden also weiter Briefe geschrieben, jeder numeriert, damit der Partner kontrollieren konnte, ob alle angekommen waren, und bald war der 100. erreicht. Freude über gute Nachrichten aus der Heimat wechselte bei Georg mit Unruhe und Bangen, wenn die Post zu lange auf sich warten ließ. Und Henriette machte sich Sorgen, wenn sie von ihrem Mann oder von seinen Kameraden, die ihr Grüße überbrachten, erfuhr, daß wieder einmal Auseinandersetzungen mit dem Gegner drohten.

Keine Gelegenheit wurde versäumt, Geld nach Hause zu senden, oft als Wechsel, die bei Vorlage eingelöst werden mußten; Grüße wurden mit auf den Weg gegeben, auch wenn damit zu rechnen war, daß sie lange unterwegs sein würden, wie mit dem Baron v. Horst, einem Sohn des ehemaligen preußischen Ministers. Der Baron kam aus Spanien nach Augusta auf Sizilien und wollte über Albanien (!) nach Preußen. Er versprach, von dort aus Frau Henriette mitzuteilen, daß er ihren Mann am 28. Juni 1811 gesund angetroffen und bei guter Gesundheit verlassen habe. Wann ist die Nachricht wohl in Stade eingetroffen?

Nicht alle Offiziere wurden mit der Trennung von ihrer Ehefrau fertig wie der gute Georg, der seinem Tagebuch den Entschluß anvertraute, mit keiner anderen Frau tanzen zu wollen, solange er von seiner Henriette getrennt sei. Der Hauptmann Göben zum Beispiel scheiterte an dem Alleinsein:

> **Den 14. August** traf unser General von SYRACUSA zu AUGUSTA ein, hielt eine Unterredung mit dem Stabsofficier des Battl.; das Resultat davon war, dass Capt. GOEBEN seine Dimission nach England einsenden wuerde. Hierdurch werde ich unvermutet ältester Capt. beim Battl. u. bekam einen Captain weniger zum Major vor mir.
>
> Captain GOEBEN hat sein Schicksal sich selbst zu verdanken und verdiente eine grosse Strafe nach den engl. Gesetzen. Die Vorsehung hatte ihm durch eine gute Frau, mit welcher er drei Kinder gezeuget, ein Vermögen von 30–40 000 R Th. zugebracht, welche er aber durch seine schlechte Wirtschaft verzehret, und wie er vom Lande wegging, hinterliess er seine Frau u. Kinder in Schulden, ohne sich nachher ihrer anzunehmen, oder etwas zu ueberschicken; so wie er in E. ankam trieb er seine Wirtschaft fort, hatte Umgang mit liederlichen Weibsbildern, und zog sich dadurch mehr wie einmal venerische Krankheit zu; dabei war er ein wahrer Sybarit, konnte nie's genug leckeres Essen u. Trinken erhalten, hatte ein schlechtes Herz und suchte hinterm Ruecken jeden rechtlichen Mann zu blamieren, kam dabei in Schulden, sodass ihm die Comp. Gelder abgenommen werden mussten, es verging fast kein Monat, dass er nicht krank war, wo sodann die uebrigen Capts. seinen Dienst uebernehmen mussten. Er stand nahe zum Major u. hatte nur noch 2 Capts. vor sich, dies Glueck hat er nun mutwillig verscherzt und sich dadurch, so wie seine arme unschuldige Familie ungluecklich gemacht; die letzte Handlung, so er beging u. die alle seine Schandtaten die Krone aufsetzte, war auffallend, nicht genug mit liederlichen Weibspersonen Umgang zu halten, ging er zuletzt soweit einen unerlaubten Umgang mit jungen Mannes-Leuten zu treiben. Ein junger huebscher Soldat von seiner Comp. Namens WITTRAM hatte er sich unter anderen zum Ziele seines Lasters erkoren, dieser, am Ende solches ueberdruessig, dersertierte von AUGUSTA, wurde aber zu MESSINA wieder ertappet, dort examiniert, und hatte in seinem Verhör ausgesagt, dass er bloss deshalb desertiert sei, damit er dem Capt. GOEBEN aus dem Wege kommen und nicht nötig hätte, seine schändlichen Gelüste weiter zu befriedigen, dies hatte er noch durch einige Briefe, die

GOEBEN an ihn geschrieben, bewiesen. Diese Aussagen und die Briefe wurden nun vom commandierenden General an unseren General nach SYRACUSA gesandt, derselbe lässt den Verbrecher vor sich fordern, und liest ihm die Briefe vor, der Lasterhafte zittert, wird blass und weiss nichts zu seiner Entschuldigung zu sagen, man rät ihm, nur sofort seine Dimission einzugeben, sonsten er nach den englischen Gesetzen fuer dieses Laster mit dem Galgen bestraft werden wuerde, dies wird dann sofort von ihm befolget u. sein Abgang ist den 15. Aug. schon nach E. abgegangen. GOEBEN ging bald darauf nach MALTA ab, woselbst er, wie man sagte, einen Shop oder kleine Handlung angefangen haben soll. Nach E. oder dem Lande zu gehen, wagte er nicht, auch fehlte es ihm an Mut, sich eine Kugel durch den Kopf zu jagen, welches am besten fuer ihn gewesen sein wuerde.
So werden also stets schändliche Handlungen am Ende bestraft, wie ruhig und gelassen kann dagegen derjenige seinem Schicksal entgegen gehen, da er bewusst ist, dass keine niederträchtige, keine entehrende Handlung ihn druecken, dass er die Pflichten seines Standes jederzeit erfuellt und gegen seine Familie, auch abwesend, sich als Mann und rechtschaffender Vater betragen hat, wie gluecklich, wie vielmals gluecklicher ist er gegen einen solchen Elenden.
Den 8. Septbr. war ich Capt. of the day, nachdem ich meine Ronde gegangen, u. allen Dienst gehörig verrichtet hatte, bekam ich mit einmal des Morgens gegen 4 Uhr ein heftiges Seitenstechen an der rechten Seite, welches so zunahm, dass ich gegen 7 Uhr Morgens nichts anders glaubte, als dass ich sterben musste; gegen 7¾ Uhr kam endlich der Surgeon ZIERMANN, derselbe liess mich mit heissen Ölen reiben, und warme Servietten an die Seite wo die Leber liegt, legen, hierdurch bekam ich etwas Linderung, nachher erhielt ich Medicin und Salbe zum einreiben, welches mein Uebelbefinden besserte, so dass ich gegen Abend keine Schmerzen mehr hatte, doch behielt ich noch stets etwas schweres an der rechten Seite, und ich fuerchte fast, dass meine Leber in keinem guten Zustande sein muss.
Den 14. Septbr. und ueber einen Monat nachher erblickten wir zu AUGUSTA und in ganz SICILIEN einen grossen Cometen mit einem langen Schweif am Himmel, er ging des Abends im Suedwesten auf, wandte sich hierauf nach Westen hin, wo ihn der AETNA unseren Augen verbarg und kam des anderen Morgens gegen 3–4 Uhr wieder in Nord Osten zum Vorschein; man konnte diesen Cometen mit blossen Augen deutlich sehen, und er ist auch in fast ganz Europa bemerkt worden.«

Wie bei der Justiz, so mahlen auch beim Militär die Mühlen mitunter langsam. Fast vier Jahre waren seit dem Untergang der »Eagle Paquet« bei der Rückfahrt von Dänemark nach England vergangen und noch immer war die Berechnung der Prisengelder, die dem ertrunkenen Wilhelm v. Coulon zustanden, nicht abgeschlossen worden. Zwar hatte Georg längst nachweisen können, daß er zur Entgegennahme des Geldes berechtigt sei, doch der Bescheid über die Höhe des Betrages stand noch aus.

Am 2. Oktober 1811 traf endlich die Nachricht von dem zuverlässigen Goltermann ein, er habe vom Chelsea Hospital den seinem Bruder zustehenden Betrag erhalten und wie folgt abgerechnet:

»... und zwar mit	£ 46. 8. 3.
wofuer fuer Letters of Administration in Doctor Commons verausgabet worden	£ 5. 0. 8.
bleiben	£ 41. 7. 8.

Dazu die Nachlassgelder beim 7. Battl. fuer meinen seel. Bruder von Major TIMAEUS	£ 8. 16. 1.
u. von selbige, den an TIMAEUS gesandten Wechsel, wegen meines Sohnes Fritz, zurueck bezahlt erhalten mit.	£ 20. – –

hat also H. GOLTERMANN den 1. Octbr. 1811 fuer mich baar in Händen behalten:

£ 70. 3. 8.

N B. Davon gehören meinem noch lebenden Bruder Fritz £ 25.

Den 5. Octbr. 1811 erhielt ich Order mit meiner Compagnie nach CATANIA zu gehen, marschierte also von AUGUSTA dahin ab, u. traf daselbst am 8. Octbr. Abend 6 Uhr nach einem sehr fatiganten Marsch zu Catania ein, woselbst die Comp. in 2 Klöster Neben Gebäuden verlegt wurde, und fuer mich selbst erhielt ich ein schönes Quartier im Benedictiner Convent.
Dieses Convent ist vielleicht eins der schönsten in der Welt, von ganz massiven Quader-Steinen aufgefuehret, die Treppen sind von weissem Marmor, und die Zellen der Mönche sowie alles uebrige wird sehr reinlich gehalten; die Mönche, ohngefähr 40 an der Zahl, sind alle von den ersten und reichsten Familien in SICILIEN, jeder hat seinen Bedienten, und mehrere Kutschen u. Maultiere sind zu ihrer Bequemlichkeit beim Kloster, auch sind beträchtliche Weingartens und Ländereien zu diesem Kloster. – Die Orgel in der Kirche ist merkwuerdig, indem solche so eingerichtet ist, dass sie alle blasenden Instrumente spielt, und eine vollkommene Janitscharen Musik machen kann.
Von meinem Fenster sehe ich in 4 schöne Blumen und Obst Gartens, die alle auf Lava errichtet sind und jetzt mit den schönsten Bäumen u. Blumen prangen. Der Fuss des AETNA geht dicht unter meinem Fenster an und scheint in der Nähe nicht der Koloss zu sein, der es doch wirklich ist. Der Mont ROSSY oder der rote Berg, der ohngefähr in der Mitte der Höhe des Berges AETNA liegt, kann ich aus meinem Fenster deutlich sehen; aus diesem kleinen Berg geschah Anno 1693 der fuerchterliche Ausbruch des AETNA, der damals CATANIA grösstenteils zerstörte u. dadurch ueber 60 000 Menschen verloren, der Feuer-Strom ging dichte am Benedictiner Kloster vorbei, und die es umgebende dicke Mauer, schuetzte solches gegen die Zerstörung. Seit dieser Zeit ist CATANIA noch schöner wie vorher aus seiner Asche aufgestiegen und die jetzigen schönen regulären Strassen u. grossen Gebäude 3–4 Stockwerke hoch, machen CATANIA zu einer der schönsten Städte in SICILIEN. Zu bewundern ist es, wie ein Volk an einem so gefährlichen Orte als die Nähe des AETNA ist, eine solche schöne Stadt wieder errichten konnte, indem jeder Ausbruch des AETNA ihr ein gleiches Verderben wie Anno 1693 droht. Diese Stadt hatte vormals einen sehr schönen Hafen, derselbe ist aber in dem Ausbruch von 1693 ganz zugeschlämmt, indem die Lava an 3–4 Meilen italienisch in die See gegangen ist, nur kleine Fahrzeuge können sich dem Ufer nähern, u. bei Stuermen sind sie nicht gesichert.
Den 11. Octbr. besah ich das Museum im Benedictiner Convent, welches sehr reinlich gehalten wird, und in allen Fächern der Natur-Wissenschaft Merkwuerdigkeiten vorzeigen kann, doch ist das Museum des Prinzen v. BISCARO noch viel reichhaltiger u. merkwuerdiger zu sehen, nur Schade, dass solches jetzt nicht mehr so gut unterhalten wird, wie ehemals.
Der Garten des Prinzens v. BISCARO ist auch sehr sehenswuerdig, so wie eine Seiden Fabrique, die ein Kaufmann hier angelegt hat, und worin an die 300 Menschen arbei-

ten. – Unter den vielen schönen Kirchen, zeichnet sich die Catedral oder die Kirche der heiligen Agathe vorzueglich aus.
Den 21. Octbr. Kam der Erzherzog FRANZ, Königliche Hoheit auf seiner Tour durch diese Insel, zu CATANIA an, und wurde von meiner Compagnie mit allen militärischen Honneurs empfangen; denselben Abend hatte ich die Ehre, bei Sr. Hoheit in Gesellschaft von 11 Personen zu speisen.
Den 27. Octbr. erlebte ich eines der grössten Natur-Begebenheiten, nach 5 Uhr Abends nämlich wurde man unter dem grossen Krater des AETNA ein helles Licht gewahr, und ungefähr eine ¼ Stunde nachher eröffneten sich auf einmal 7–8 Vulkane, welche den Berg herunter in einer Reihe zu brennen anfingen und ein heftiges Feuer auswarfen; die beiden obersten Kraters warfen das Feuer gleich lauter Raketen, die uebrigen aber spieen ganze Massen von Feuer aus, es war dies ein schrecklich schönes Schauspiel anzusehen, und so wie es dunkler wurde u. die Nacht heran kam, konnte man es noch deutlicher sehen, von meinem Fenster betrachtete ich diese merkwuerdige Natur-Begebenheit besonders gut.
Wie die Vulkane sich öffneten und einige Stunden nachher waren die hiesigen Einwohner nicht wohl dabei zu Mute u. dachten an das Jahr 1693 zurueck, weshalb sie sich kreuzigten, segneten, und ihre Schutzheiligen um Huelfe riefen. Sobald sie aber wahrnahmen, dass der Lava-Strom seine Richtung nicht nach CATANIA nahm, freuten sie sich des Schauspiels und sagten mir, dass es gut sei, dass der Berg brenne, indem dadurch ein grosses Erdbeben verhindert wuerde.
Auf der grossen Hauptstrasse, die grade nach dem AETNA fuehret, waren mehr wie 20000 Menschen versammelt, teils zu Wagen u. teils zu Fusse, um diese Eruption mit anzusehen, und diese sah am unteren Ende der Strasse aus, als wenn durch Kunst eine grosse Illumination oder Feuerwerk am oberen Ende der Strasse gegeben wuerde, und diese Täuschung blieb dieselbe, wenn man am oberen Ende der Strasse kam. Beim ersten Ausbruch der Eruption hörte man vorher kein unterirdisches Getöse des Berges, welches sonst stets der Fall gewesen sein soll, nachdem aber der Vulcan einige Stunden gebrannt, hörte man von Zeit zu Zeit die ganze Nacht hindurch ein Getöse gleich einem entfernten Donner, und nach jedem Getöse stieg die Glut des Auswurfes stärker, da der AETNA in langer Zeit weder Rauch noch Feuer von sich gegeben, so glaubt man, dass diese Eruption lange währen wird.
Den 28. Octbr. Am Morgen konnte man bei Tage keine Flammen mehr sehen, sondern nur einen starken Rauch, gegen Abend aber sah man alle 4 Vulkane brennen, jedoch nicht ganz so stark wie gestern. Man erhielt zu CATANIA heute Abend die Nachricht, dass der Feuer-Strom seine Richtung nach ZAFRANE genommen und ohngefähr noch 4 Meilen von diesem Orte entfernt sei, da auf diesem Wege es keine angebauten Örter gibt, so hatte der Feuer-Strom wenig Schaden bis jetzt getan. – – Diese Nacht hörte man ein stets Donnern und Bruellen im Innern des AETNAS, ein Zeichen, dass eine grosse Gärung in ihm sein muss. – Den nächsten Tag waren die Vulcane noch immer in Bewegung, jedoch rueckte der Lava-Strom nur langsam fort. Von verschiedenen Freunden, die heute eine Tour nach dem AETNA gemacht, hörten wir, dass der Lava-Strom nur langsam nach ZAFRANE hin avanciere, er sei ohngefähr 14–15 Fuss hoch, sie waren dichte am Feuer-Strom gewesen, hatten mit ihren Stöcken darin gestossen, und sagten mir, dass so wie die Masse des Feuers oben sich mehrete, die vorderste Lava in Stuecken gleich Eisschollen herunter gefallen wären und gleich schwarz wuerden, jedoch blieben sie noch lange Zeit so heiss, dass man Kaffee darauf kochen könne.
Den 31. Octbr., sowie den 1. 2. u. 3 Novbr. war nur noch 1 Vulcan in Bewegung, das Gebruelle in dem Innern des AETNA aber continuierte. An diesen Tagen kam der Wind vom Berge her, und brachte ueber ganz CATANIA u. der umliegenden Gegend

einen Staub-Regen von Asche her, so dass, wenn man auf die Strassen ging, die Augen immer von dem Staube weh taten, der darin fiel, alle Fenstern musste man zumachen, damit die Asche nicht in die Zimmer fiel.
Vom 4. incl. 10. Novbr. brannte der eine Vulcan noch immer, wie wohl schwach fort, das unterirdische Getöse im Berge wurde dagegen stärker wie vorher und war besonders in der Nacht vom 8. auf den 9. Novbr. so heftig, dass es beinahe einem Erdbeben glich, die Tuere sprangen zu Zeiten davon auf, und das ganze Benedictiner Kloster zitterte. Vom 10. Novbr. an aber fing der Berg an ruhig zu werden.
Den 21. Decbr. erhielt ich noch ein Schreiben von Freund RUPERTI vom 20. Septbr. d. J. worin er mir anzeigte, dass alle Gelder und Brife an meine Frau uebersandt wären; dass er meinen Brief v. 20. July erhalten u. dass er die Einlage an meine Frau mitnehmen und selbst besorgen werde, indem er diesen Winter ueber STOCKHOLM u. FINNLAND eine Tour nach PETERBURG u. RIGA machen, u. zukuenftiges Jahr ueber DRESDEN u. BERLIN nach HAMBURG zu reisen gedächte. Seinem Bruder Justus habe er aufgetragen alle meine etwaigen Commissions zu besorgen, und möchte ich nur meine Brief unter selbige Addresse absenden, er habe solchen von allem instruieret. –
Ich bedaure die Abreise dieses so wuerdigen Landesmann u. Freundes, der sich so edel, unintressiert und so tätig meiner u. meiner Frau angenommen, alle Commissionen sofort besorgt, und mir dadurch so manchen Brief von meiner Frau verschafft hat, fuer das alles können wir ihm nicht genug dankbar sein, und ich werde seine mir dadurch bewiesene Freundschaft nie vergessen; möge der Himmel ihn Gesundheit u. Leben schenken, und machen, dass er alle seine Geschäfte aufs baldigste und gluecklichste vollende, und bald nach England zurueckkomme, dieses wuensche ich ihm herzlich.
Noch erhielt ich einen Brief von GOLTERMANN vom 30. Septbr. worin derselbe alles das wiederholte, was er mir in seinem Brief vom 19. Aug. schon gemeldet hatte. Gleichfalls erhielt ich ein Schreiben vom Major GERBER vom 24. August aus Lissabon, worin mir derselbe seine gehabten Fatas auf der Reise u. seine glueckliche Ankunft daselbst anzeigte.«

In der Tat war begonnen worden, Verstärkungen von Sizilien nach Portugal zu bringen, da man sich in Sizilien sicher fühlte, in Portugal für die Rückeroberung des Landes jedoch noch nicht stark genug war. Da es aber wegen selbständiger Handlungen der sizilianischen Regierung zu Spannungen mit London gekommen war, mußten einige Verbände zurückbleiben. Zu diesen gehörte das Bataillon, in dem Coulon Dienst tat.
Inzwischen hatte es im Oberkommando auf britischer Seite einige Änderungen gegeben. So hatte Sir John Stuart das Kommando als Kommandierender General im Mittelmeer (außer Gibraltar und Malta) niedergelegt. Sein Nachfolger war Lord William Bentinck, dem der Ruf vorausging, ein sehr energischer und schroffer Mann zu sein. Bentinck glaubte, einer Verschwörung des sizilianischen Hofes auf die Spur gekommen zu sein. Unter anderem habe man die Zitadelle von Messina, Forts und das britische Geschwader den Franzosen in die Hände spielen wollen. Nach Rücksprache mit seiner Regierung in London zwang er Königin Karoline, ihren Hof zu verlassen und sich in einen abgelegenen Teil der Insel zu begeben. Bentinck glaubte Beweise dafür zu haben, daß Angehörige ihres Hofstaates in die Verschwörung verwickelt gewesen waren. Schließlich wurde sie mit

Waffengewalt nach Österreich abgeschoben, nachdem ihr vorgeworfen worden war, Unruhe angezettelt und Sizilianer mit Waffen versorgt zu haben.

»**Den 13. Jann. 1812** kam ein Krieges Schiff von PALERMO im Hafen zu MILAZZO an, welches die Nachricht mitbrachte, dass der König u. die Königin die von dem Lord WILLIAM vorgelegten Bedingungen eingegangen und unterzeichnet hätten, da nunmehr die ganze Anzahl von Truppen nicht mehr nach PALERMO zu gehen nötig hatte, so bekam unser Battl. so wie auch noch mehrere engl. Rgtr. die Order, wieder zu debarquieren, welches auch noch heute geschah. Das 3. u. 6. Battl., so wie andere engl. Truppen ohngefähr 6000 Mann an der Zahl, segelten einige Tage darauf nach PALERMO ab, und auf den sie ueberbrachten Transport Schiffen kamen nachher mehrere SICILIANISCHE Regtr. von PALERMO zurueck und wurden teils in MILAZZO u. teils in der umliegenden Gegend verlegt. Hierdurch wurde Sir WILLIAM Meister von der Hauptstadt, die sicilianischen Truppen wurden auf der ganzen Insel verteilt, von den Engelländern verpflegt, der König legte seine Regierung nieder an seinen Sohn, und ein Parliament versammelte sich bald darauf, um die sicilische Verfassung nach der engl. umzuformen.
Den 5. February starb zu MILAZZO Abends 11 Uhr unser guter Oberst Lieutenant v. LASPERG an der Auszehrung. Ohngefähr 3 Stunden vor seinem Tode machte er in Gegenwart von Capt. CORDEMANN, BRINCKMANN, HARRISON u. mir, sein Testament, u. verordnete Capt. CORDEMANN und mir zu Executoren seines letzten Willens.
Den 11. Febr. musste unser Battl. von MILAZZO nach MESSINA marschieren, woselbst wir Abends um 5 Uhr ankamen.
Den 6. Mertz langte eine Mail von England an, brachte aber keine Briefe vom Lande mit, die Nachricht von der Eroberung der Stadt CIUDAD RODRIGO in Spanien, welche die Engländer durch Sturm eingenommen u. wobei sie ueber 70 Officiers und 1700 Soldaten zu Gefangenen gemacht, auch 173 Stueck Canonen erobert hatten, erhielten wir zuerst mit dieser Mail, weshalb auch noch heute ein ROYAL Salut von allen Kanonen in der Citadelle u. von den Schiffen gegeben wurde.
Den 9. Mertz schrieb ich an GOLTERMANN u. uebersandte selbigem einen Wechsel von £ 246. Von diesem Wechsel gehören Capt. CORDEMANN 146 £, ego 50 £ u. Surgeon ZIERMANN 50 £. Der Cours war 42 Fr. per 1 £ Sterling, folglich hatte ich zu meinem Teil 50 Dollars 10 Faré Profit. Ich schrieb an GOLTERMANN dass er diese £ 50 sofort an meine Frau schicken möchte.«

Die Gedanken drehen sich Tag für Tag um diese zwei Dinge: Geldsendungen und Briefe, und wenn sie nach Hause geschickt werden, ob sie ankommen und wann. Das muß man verstehen, wenn ein Brief – er trägt die Nummer 107 – einem Schiffer aus Messina zur Übermittlung an den englischen Konsul nach Saloniki mitgegeben wird, von wo er über Brood nach Belgrad und von dort über Wien nach Stade reisen soll.
Beeindruckend sind die vielen Beispiele für die Hilfsbereitschaft unter den Offizieren, sich bei der Beförderung der Post zu helfen. Als der Leutnant Bacmeister von England nach Malta kommandiert wurde, hatte er, als sei es selbstverständlich, einen Brief für Coulon bei sich. Was machte es damals schon aus, daß er zehn Monate unterwegs gewesen war!
Unterbrochen wurde die Dienstroutine durch Desertionen und Ausschreitungen

von Soldaten. Es kam zu einem Kriegsgerichtsverfahren, an denen v. Coulon als Richter teilnahm.

Vom Regiment Meuron waren ein Korporal und ein Soldat fahnenflüchtig geworden. Das Urteil: »Desertions halber erschießen.« Vom Kalabrischen Freikorps waren gleich acht Mann desertiert. Sie wurden festgenommen, nachdem sie einen Straßenraub begangen und dabei einen Mord verübt hatten. Zwei von ihnen wurden erschossen, zwei gehangen und zwei ihrer Jugend wegen begnadigt. Standortwechsel waren unter den gegebenen Umständen sicher nicht die schlechteste Methode, für Abwechslung zu sorgen und die Truppe zu beschäftigen. Georg v. Coulon jedenfalls wußte es zu schätzen, daß sein Bataillon im Februar 1813 die Order erhielt, nach Palermo zu gehen. »Geh zu den Soldaten und Du siehst etwas von der Welt!«

»Den 3. Mertz 1813 debarquierten wir und erhielten unser Logis im NORICIATE Convent, woselbst auch das 7. Battl. und DILLON's Regiment zu liegen kam. PALERMO ist eine sehr grosse volkreiche Stadt, man schätzt die Zahl der Einwohner auf 20000. Sie ist meiner Meinung nach nicht so schön wie MESSINA, aber viel grösser; ausser 2 regulairen Strassen, die sich einander durchschneiden, sind die uebrigen Gassen schmal und sehr schmutzig, zu PALERMO gibt es aber mehrere schöne grosse Gebäude als in MESSINA, und die Gegend in PALERMO ist viel schöner noch als zu MESSINA, es ist ein wahrer Garten, weshalb auch das Gemuese aller Art zu PALERMO am besten u. mehrsten zu haben ist, die vielen verschiedenen Wege, so von PALERMO aus ins Land fuehren, sind vortrefflich und werden gut unterhalten; die Flora ist ein schöner öffentlicher Garten an der MARINO belegen, worin schöne Alleen und Spaziergänge sind, und wohin des Nachmittags mehrere 1000 von Menschen in Carossen hinfahren u. darin spazieren gehen, mehrere schöne Springbrunnen und Cascaden sind in diesem Garten angebracht. Des Nachmittags von 4 Uhr an bis es dunkel wird, fähret, reitet oder gehet eine Masse von Menschen an der MARINE spazieren um die frische Seeluft zu geniessen; die Menge der Carossen und Mietsdroschken in PALERMO ist ausserordentlich gross, und ein jeder der nur etwas Vermögen hat, hält sich eine Carosse.

Die FAVORITE, ein Landsitz des Königs ohngefähr 6 italienische Meilen von PALERMO ist sehenswuerdig, ausserdem liegen in jeder Direction von der Stadt prächtige Landsitze, und Gärtens, so den Herzögen, Prinzen, Marquisen etc. von PALERMO gehören.

Das schöne Geschlecht ist zu PALERMO nicht so huebsch und sind deren meiner Meinung nach, nicht so viele als in MESSINA, dagegen gibt es zu PALERMO weniger Strassenbettlers wie zu MESSINA; der Hafen zu PALERMO ist von keiner Bedeutung, wenige Schiffe können nur darin liegen, die Reede aber ist gross genug, soll aber bei starkem Stuermen nicht sicher sein.

Den 23. Mertz erhielt unser Battl. des Abends die Order uns auf Morgen zum Abmarsch in Bereitschaft zu halten, die Officiere durften von ihrer Bagage nur ein paar Decken u. einen Mantelsack mitnehmen. Das 3. Battl. u. das 73. Regt. Engelländer ein Detachement von 42 Mann leichter Dragoner, und 4 leichte Feldstuecke, die von Maultieren getragen wurden, waren mit zur Expedition bestimmt, der General HINUEBER sollte es commandieren.

Die ganze Expedition zielte dahin ab, die Königin v. Sizilien aus dem Lande zu schaffen, die durch ihre Ränke bislang verhindert hatte, dass der König die Acte noch nicht unterschrieben, wodurch er seinen Sohn die Regierung abgetreten, und dass er die Gesetze nicht sanctionieren wollte, die das Parlament entworfen hatte; der König wurde zu dem Ende in seiner Favorite mit Truppen und Wachen umgeben, und um die Königin zur Vernunft zu treiben, war unsere Expedition bestimmt. Man sagte hier, dass die Königin sich im Lande einen grossen Anhang zu verschaffen gewusst habe, und dass sie schon ueber 8000 bewaffnete Bauern zu ihrer Disposition hätte.

Den 24. Mertz Mittags 12 Uhr marschierten wir von PALERMO ab, hatten zwar gute Chaussé, da aber der Weg stets bergan ging und es sehr warm war, so trafen wir erst gegen 7 Uhr Abends in der kleinen Stadt PIANO DI GRECI ein, woselbst das 75. Regt. u. die Cavallerie in der Stadt, das 3. und unser Battl. im Lager vor selbigem zu liegen kamen; wir brachten daselbst eine kalte, schlechte Nacht zu, und hatten wenig zu essen. Bis

den 28. Mertz hatten wir noch stets eine Art von Scaussee gehabt, auf diesem Marsch verlor sich aber derselbe, und da es die verflossene Nacht stets geregnet hatte, so waren die Wege abscheulich, und kamen wir ganz ermuedet Nachmittags 4 Uhr in der kleinen Stadt GONTESSA an, dieser Ort so wie auch PIANO DI GRECE sind griechische Colonien, stammen aus ALBANIEN her, sind der griechischen Religion zugetan und sprechen ein Melange von griechischer und sicilianischer Sprache.

Hier so wenig als auf unserem Wege dahin, fanden wir nicht die geringste Spur von bewaffneten Bauern, sondern alles ruhig; die Königin war zwar vor einiger Zeit da gewesen u. hatte gesucht das Volk zu ihrem Vorteil unter die Waffen zu bringen, aber vergeblich. –

Die Gegend von CARLIONE bis hierher und weiter nach der See zu, ist eine der fruchtbarsten von Sicilien, allenthalben angebaut und mit Heerden von Ochsen, Kuehen, Ziegen u. Schafen bedeckt.

Den 29. Mertz marschierten wir nach St. MARGARITA, der Weg dahin war ziemlich gut, auch kurz, so dass wir um 1 Uhr schon, Mittags in Quartier kamen. Die Officiere von unserem Battl. kamen sämtlich in den Palast des Prinzen DI CUTO zu liegen, worinnen schöne Zimmer, Stuehle, Tische etc. waren. Dem Prinzen DI CUTO gehöret fast ganz MARGARITA zu, auch hat derselbe noch mehrere Landsitze 2 bis 3 Meilen davon belegen, es muss dies daher ein reicher Herr sein. – Hier fanden wir ebenfalls keinen einzigen bewaffneten Bauern, alles war stille u. ruhig, die Königin hatte auch zwar hier die Einwohner gegen die Engelländer aufbringen wollen, allein diese fanden keine Ursache dazu u. betrugen sich ruhig. Die Königin hält sich zu CASTELLO VETERERO ohngefähr 24 italienische Meilen von hier auf, der engl. General MAC FARLANE ist bei ihr und wir werden bald hören, ob sie die Bedingungen eingehen will, die man ihr vorgelegt hat.

Den 2. Aprill erhielten wir die Nachricht, dass die Königin sich zu allen Bedingungen bequemet habe, diese waren, dass sie auf einer sicilianischen Fregatte eingeschifft, und unter Begleitung eines engl. Krieges Schiffes, nach SARDINIEN oder nach CONSTANTINOPEL gebracht werden sollte, dass sie sich aber geweigert nicht ehedem von Sicilien abzugehen, als bis man ihr das nötige Geld zur Reise vorstreckte, dieserwegen ist ein Courier nach PALERMO an Sir WILLIAM BENTINCK abgesandt, um dessen weitere Verfuegung hierueber zu vernehmen.

Am heutigen Tage ging der Capt. v. WALTHAUSEN des Morgens 8 Uhr von St. MARGARITA weg, um einige alte Ruinen, die ohngefähr 6 italienische Meilen entfernt waren, zu besehen, derselbe hatte nur bis auf den Abend Urlaub vom Battl. genommen und wie nun derselbe des Abends nicht wieder zurueck kam, auch den anderen Tag gegen Mittag noch nicht wieder da war, so entstand Unruhe seinetwegen u. verschiedene Officiers wurden ausgeschickt, um ihn zu suchen, fanden ihn aber nicht.

Den 4. Aprill wurde ein Commando von 4 Officiers und 20 Mann ausgeschickt den

vermissten Capt. WALTHAUSEN aufzusuchen, dieses kam gegen Mittag zurueck und brachte den ungluecklichen WALTHAUSEN mit sich, den man an einem Abhange des Felsens ermordet gefunden hatte; man fand 3 Wunden an ihm zwei in der Brust und 1 im Unterleibe, auch hatte man ihm sein Geld, Uhr, Epauletts etc. ja sogar seine Schuhe entwandt, der Unglueckliche wurde noch desselben Abends militärisch beerdigt, u. die Officiere des Battl. haben auf seinem Grabe ein Monument auf ihre Kosten setzen lassen. – Nachher wurde einer, der bei der Mordtat, und einer der zuerst den Anschlag dazu gemacht, arretiert; nach deren Aussage erhellet, dass der seel. WALTHAUSEN in der Nähe von MEMPHYCI bei einer Muehle angekommen, eine Frauensperson, so Mehl nach der Muehle gebracht sei daselbst erschrocken angekommen u. habe erzählt, ein engl. Soldat sei in der Nähe der Muehle u. sie glaube, er habe nichts Gutes im Sinne; die Bauern, so 6 an der Zahl, sich in der Muehle befinden, gehen nun ans Fenster und sehen WALTHAUSEN allein spazieren gehen und dass er etwas in seine Schreibtafel schreibt, sogleich machte einer davon den Antrag an die anderen, dass man solchen ermorden muesse, und da er alleine wäre, so wuerde nichts darnach kommen. Ein Campier oder Feldhueter u. noch 2 andere Bauern gehen also von der Muehle weg u. folgen dem WALTHAUSEN langsam nach, der Feldhueter hat ein scharf geladenes Gewehr bei sich gehabt, so wie WALTHAUSEN nun in einem Hohlweg ankommt, stuerzen alle drei auf ihn zu, WALTHAUSEN zieht den Degen, sie fragen ihn, was er daselbst alleine machte, u. fordern von ihm, dass er den Degen wieder beistechen sollte, dieses tut der Unglueckliche und nachdem er dieses getan, gehet der Campier ihm nahe mit seinem Gewehr auf den Leib, und schiesst ihm in den Unterleib hinein, sodass er sogleich umstuerzt.
Die Mörders glauben ihn tot u. tragen ihn in eine Höhle hinein, liessen ihn daselbst liegen, gehen wieder aus der Höhle heraus auf eine Anhöhe u. beratschlagen sich, was sie zur Pluenderung seiner Sachen u. Wegschaffung seines Körpers, ohne dass sie verraten werden, anfangen sollen. Während dieser Zeit hat sich der ungluecklich WALTHAUSEN etwas erholt u. die Mörders sehen mit Erstaunen ihn mit einmal wieder aus der Höhle herauskommen, indem er mit beiden Händen seine Wunde im Leibe zuhält. Sowie WALTHAUSEN aus der Höhle kommt, und seine Mörders nicht weit davon sieht, kehrt er sogleich in die Höhle wieder zurueck und legt sich auf die Erde nieder; der Campier gehet hierauf nach der Höhle hin, ladet sein Gewehr nochmals mit 2 Kugeln und schiesst solche dem ungluecklichen WALTHAUSEN in die Brust, so dass er sofort tot ist. Hierauf nehmen die Mörders ihm sein Geld, Uhr etc. ab, teilen solches unter sich, und am Abend nehmen sie den Körper aus der Höhle heraus und stuerzen ihn von einer Anhöhe herunter, woselbst ihn das Commando gefunden hatte.
Auf solche eine schreckliche Art kam WALTHAUSEN um sein Leben, in der Bluete seiner Jahre; es war sehr unweise von ihm, dass er vor sich alleine so weit spazieren ging, besonders in einem Lande, wo man eine Abneigung gegen die Engländer hatte, u. wo jeder Bauer sogleich ein Mörder wird, wenn er sieht, dass er etwas dabei gewinnen kann. Ob die Mörder gehörig bestraft werden, ist noch ungewiss, besonders da der Campier als der eigentliche Mörder gefluechtet ist und man solchen wegen der schlechten Polizei wohl schwerlich wieder ertappen wird. WALTHAUSEN hinterlässt eine Frau und ein Kind, welche zu EINBECK sich aufhalten.«

Bentinck ließ Murat an der neapolitanischen Küste nun keine Ruhe mehr. Von Mitte 1812 an kam es immer wieder zu Kommandounternehmungen gegen das Festland. Murat war zu diesem Zeitpunkt allerdings nicht mehr in Italien. Seine Frau Caroline führte die Regentschaft, während er als Führer der gesamten Reiterei Napoleons im Juni 1812 nach Rußland gezogen war.
Die Niederlage Napoleons in Rußland veranlaßte Murat, nach seiner Rückkehr

nach Neapel rechtzeitig mit Österreich Verhandlungen zu beginnen, um im Falle noch schlimmerer Entwicklungen seinen Thron zu sichern. Anfang Januar 1814 kam es sogar zu einem Vertrag, mit dem er sich verpflichtete, Österreich 30 000 Mann zu stellen. Im Februar schloß er einen Waffenstillstand mit England. Aber zu diesem Zeitpunkt hatte Kapitän Georg v. Coulon Sizilien schon verlassen, denn am 3. Juli 1813 erhielt er eine Passage nach Gibraltar, von wo er dann zu seinem neuen Truppenteil auf der spanischen Halbinsel weiterreisen wollte.

Was inzwischen auf der spanischen Halbinsel geschehen war

1795 war Spanien aus der Koalition gegen Frankreich ausgeschieden und völlig unter französischen Einfluß geraten. Da es sich gegen England stellte, büßte es seine Flotte, den größten Teil seiner Kolonien und seine Handelsbeziehungen ein. Als Napoleon 1806 gegen Preußen zog, erwog man daher in Spanien, sich mit England zu verständigen, gegen das man die Niederlagen bei Finisterre im Juli und bei Trafalgar am 20. Oktober 1805 erhalten hatte. Allerdings erfüllten sich die in diesem Zusammenhang auf Preußen gesetzten Hoffnungen nicht.
Ein Manifest vom Oktober 1806 deutete die Möglichkeit kriegerischer Verwicklungen an. Napoleon blieb das Doppelspiel des spanischen Hofes nicht verborgen, wo der Bourbone Karl IV. König war, die Regierung jedoch in den Händen seiner Gattin Maria Luise von Parma und ihres Geliebten Godoy lag, den man »Friedensfürst« nannte. Diesen Beinamen erhielt Manuel de Godoy Alvarez de Faria Rios Sanchez Zarzosa, Herzog von Alcudia, wegen seines Anteils am Basler Frieden vom 22. Juli 1795.
In der Hoffnung, König von Südportugal werden zu können, verband er sich 1807 abermals mit Frankreich, diesmal zum Krieg gegen Portugal. Napoleon nutzte die von Portugal ausgehende mögliche Gefahr aus, seine Armeen zum Schutze der spanischen Halbinsel nach Spanien zu entsenden und zugleich Spanien vertraglich zur Verstärkung seiner Truppen zu verpflichten.
Das Haus Braganza sollte abgesetzt, Portugal aufgeteilt werden. Godoy wurde zugesagt, daß er Herrscher des Königreiches Algarbien werde. Durch die Anwesenheit französischer Truppen in Spanien hatte Napoleon natürlich Spanien an der Kandare, falls Godoy die ihm zugedachte Rolle nicht spielen würde.
1807 war mit Spanien im Vertrag zu Fontainebleau die Aufteilung Portugals festgelegt worden. Dabei hatte Spanien sich bereit erklären müssen, Junots Truppen zu verstärken.
Im Winter 1807/08 zog Marschall Murat mit drei Korps nach Spanien, so daß im Frühjahr 1808 an die 100 000 Franzosen den Nordteil des Landes fest in der Hand hatten.
Napoleon sah damit die Voraussetzungen gegeben, sich persönlich »mit den Angelegenheiten dieses Staates zu befassen«. Er ließ Junot wissen, daß er etwaige Ambitionen Spaniens auf Teilung Portugals nicht billige. Nun begann ein aufregendes Intrigenspiel, wie es sich kein Dramatiker theatralischer hätte ausdenken können.
Im Laufe des Monats März des Jahres 1808 wurde die Stimmung in Madrid so gespannt, daß der in Paris erscheinende »Moniteur« in einem Bericht schrieb, der Thron des spanischen Gebieters werde erschüttert. Schuld daran sei der »Frie-

densfürst«, der sich durch sein schönes Spiel auf der Guitarre der Gunst der Königin erfreue und der den Prinzen von Asturien, den Kronprinzen, aus der Welt schaffen wolle. Andere dagegen behaupteten, der Prinz von Asturien wolle mit Hilfe seiner Anhänger seinen Vater entthronen, wozu ihn seine Frau angetrieben habe.

Mitte März verbreitete sich das Gerücht, der König solle sich aus Aranjuez, wo er sich aufhielt, nach Sevilla zurückziehen. Dies sei so vom Großen Rat, der im Königlichen Palast zusammengetreten sei, entschieden worden; die Königin und ihr Favorit, Godoy, seien zur Abreise bereit, der Kronprinz und sein Bruder hingegen wollten noch bleiben.

Auf jeden Fall wurde wenige Tage später bekannt, daß die aus Spaniern bestehenden Garden nach Aranjuez aufgebrochen seien, die zwei Regimenter Schweizer jedoch, die bei der Bevölkerung nicht beliebt waren, Madrid nicht verlassen hätten.

Auf diese Nachricht hin lief das Volk an der Ausfallstraße nach Aranjuez zusammen und rief den Soldaten zu, ob sie ihr Vaterland verlassen und die Flucht eines Fürsten decken wollten, »der seine Unterthanen aufopfert, und in unsre Kolonien Unruhen verpflanzen will? Haben wir so wenig Gemeingeist als die Einwohner von Lissabon?« Mehrere Minister, die nicht für die Abreise von König Karl IV. von Aranjuez nach Sevilla gestimmt hatten, sandten Rundschreiben in die benachbarten Ortschaften und sprachen von einer Bedrohung des Vaterlandes. Am 18. März kamen Bauern haufenweise nach Aranjuez. Sie sahen hier, wie bereits Pferde auf den Straßen bereitgestellt und wie Möbel und Güter des Hofes in allen Gebäuden verpackt und verladen wurden.

Das Haus des Friedensfürsten wurde von seinen eigenen Garden geschützt, die eine andere Parole hatten als die Königliche Schloßwache.

Um vier Uhr morgens rotteten sich Gruppen vor dem Palast Godoys zusammen, wurden aber zurückgetrieben. Darauf fielen die Gardes du Corps über die Schutztruppe des Fürsten her. Das Volk sprengte die Tore und drang in die Räume des Palastes ein. Hier stellte sich die Fürstin, Prinzessin Caroline aus einer Nebenlinie des königlichen Hauses, den Eindringlingen, die ihr mit Achtung begegneten und sie in den Palast des Königs geleiteten. Ihr Mann, der Friedensfürst, verschwand allerdings, während man seinen Bruder Don Diego Godoy arretierte; das tat übrigens seine eigene Garde.

Von Madrid aus traf eilends der französische Botschafter um fünf Uhr bei dem König und der Königin in Aranjuez ein, und unter seinem Einfluß wurde am 18. März dort und in Madrid eine Proklamation des Königs bekanntgegeben, worin dem Friedensfürsten die Entlassung von allen Ämtern und zugleich mitgeteilt wurde, der König habe persönlich das Oberkommando über seine Armeen übernommen.

Daraufhin geriet die Bevölkerung vollends außer Rand und Band. Die Fenster des Palastes, in dem der Friedensfürst gelebt hatte, wurden eingeworfen, die Häuser

mehrerer Minister demoliert. Wenige Tage darauf wurde in Madrid bekannt, man habe den Friedensfürsten auf dem obersten Boden seines Hauses gefangengenommen, wo er sich 36 Stunden lang versteckt gehalten hatte.
In Briefen aus Madrid wird geschildert, wie er nach seiner Gefangennahme einen Gardisten um ein Glas Wasser bat und wie sogleich eine Gruppe von Einwohnern in den Raum einzudringen versuchte, in dem man ihn festgesetzt hatte.
»Die Königin bat inständig den Prinzen aus Asturien, dem FriedensFürsten das Leben zu retten. Der Prinz redete zu den Meuterern und entriß den FriedensFürsten ihrer Wuth. Ich sah von meinem Fenster den GroßAdmiral, am Auge verwundet, und mit Blut bedeckt, zwischen 2 Gardisten gehen, die ihn am Rockkragen hielten; er fand Sicherheit in der Kaserne der Leibgarde. Der Prinz von Asturien war genöthigt, um ihn zu retten, zu versprechen, daß er ihm wolle den Prozeß machen lassen . . .« Soweit der Brief eines Augenzeugen von den Vorgängen am 20. März 1808.
Angesichts der Unruhen entschloß sich der König zum Rücktritt. Am Abend des 21. März ließ er folgendes Dekret ergehen:
»Da meine beständigen Schwächlichkeiten (infirmites habituelles) mir nicht erlauben, die schwere Last der Regierung meines Königreichs länger zu tragen; und da ich, um meine Gesundheit herzustellen, nöthig habe, in einem gemäßigteren Clima das Privatleben zu genießen, so habe ich, nach der reifsten Überlegung, mich entschlossen, meine Krone zu Gunst meines Erben, meines geliebten Sohnes, des Prinzen von Asturien, niederzulegen. Dem zu Folge ist mein Königlicher Wille, daß er als König und geborner Herr aller meiner Königreiche und Souverainetäten anerkannt, und daß ihm als solchem Gehorsam geleistet werde . . . Aranjuez, den 19. März 1808. Ich der König, -Unterschrieben: an Don Pedro Cevallos.«

Der neue König versäumte keine Zeit, den vom Volke ungeliebten Friedensfürsten sofort zu bestrafen. Er ließ durch den Königlichen Rat bekanntgeben, »daß Se. Majestät den Entschluß gefaßt haben, sogleich alle Güter, Effekten, Forderungen und Rechte des Don Emanuel Godoy überall, wo sie sich finden mögen, zu konfiszirен . . .«
Die französischen Truppen hatten sich währenddessen im Hintergrund gehalten. Das Gros lag mehr als 50 Stunden von der Hauptstadt entfernt. Zwar deutete die auffällige Kuriertätigkeit an, daß etwas im Gange war, doch erst am 24. März, nachdem der Thronwechsel vollzogen war, rückte der Großherzog von Berg (Murat) an der Spitze seiner Armee in der spanischen Hauptstadt ein. Freude habe auf den Gesichtern der Bewohner geherrscht und man habe »die schöne Haltung der Truppen nach einem so langen Marsch und die Schönheit der Kürassier-Regimenter« mit großer Aufmerksamkeit zur Kenntnis genommen. – Die berittenen Einheiten und eine Division Infanterie wurden in der Stadt einquartiert. Andere Divisionen bezogen Zeltquartier auf den Anhöhen am Rande der Stadt. In Madrid sorgten Patrouillen für Ruhe, an deren Spitze je ein Spanier und

Nach dem Ende der Kämpfe in Spanien malte Francisco de Goya 1814 das Gemälde »Kampf mit den Mamelucken am 2. Mai 1808 in Madrid«. Die Mamelucken waren nach der Räumung Ägyptens mit nach Frankreich gekommen, wo sie den Stamm zu einer Eskadron abgaben. Diese wurde der Kaiser-Garde einverleibt. Ihre orientalische Tracht war in das Belieben ihres Kommandanten gestellt.

»Die Erschießung der Aufständischen am 3. Mai in Madrid« ist wohl eines der bekanntesten Gemälde Goyas. Es entstand nach 1814 und erinnert an das rücksichtslose Vorgehen der Franzosen gegen die Einwohner der Stadt. Wer mit der Waffe in der Hand angetroffen wurde, wurde sofort erschossen. Mehrere Tausend Spanier fanden den Tod.

Zu den aufwühlendsten Zeitdokumenten gehören die Radierungen, mit denen Goya die Schrecken des Krieges und die Brutalität wiedergibt, mit der die Franzosen gegen die spanischen Freiheitskämpfer, die Guerillos, vorgingen. »Warum?« heißt die Radierung, auf der dargestellt wird, wie französische Soldaten einen Zivilisten an einem Baum aufhängen.

Der von der spanischen Bevölkerung entfachte Guerillakrieg machte den Franzosen schwer zu schaffen. Entsprechend hart war ihre Reaktion. Wo immer sie Aufständische antrafen oder den Verdacht hatten, es mit Guerillos zu tun zu haben, wurden sie – schuldig oder unschuldig – füsiliert.

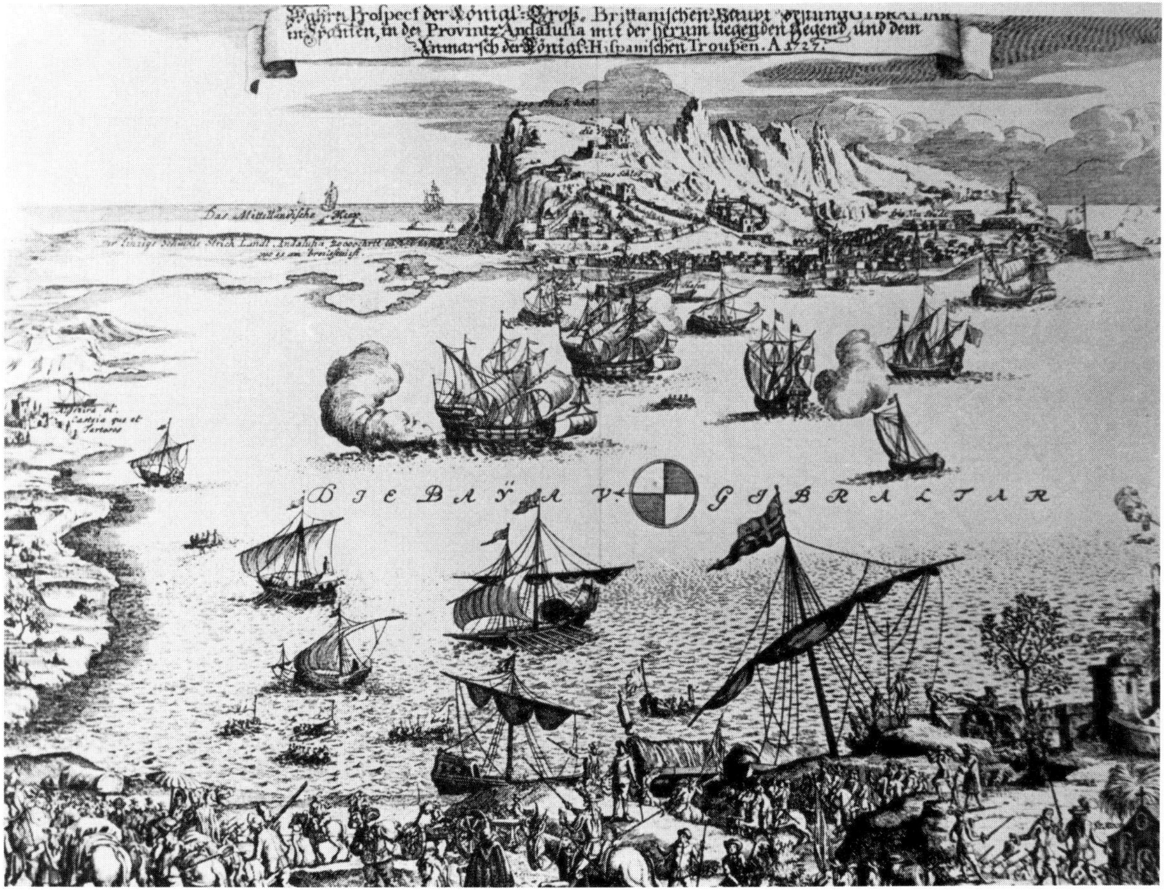

»Wahrer Prospect der Königl'= Groß. Brittanischen Haupt Festung GIBRALTAR in Spanien, in der Provinz Andalusien mit der herum liegenden Gegend, und dem Anmarsch der Königl'= Hispanischen Troupen. A 1727.«

Das englische Linienschiff »Hyperion« versenkt in der Girondemündung eine französische Fregatte, deren Wrack Blockadebrecher des Gegners behindern soll.

In der Schlacht bei Trafalgar, im Oktober 1805, in deren Verlauf Englands Seeheld, Admiral Nelson, tödlich verwundet wurde, mußte die schwerbeschädigte »Victory« in den Hafen von Gibraltar geschleppt werden. In der Seeschlacht wurde die spanisch-französische Hauptflotte vernichtet und die Seeherrschaft Englands sichergestellt.

Das französische Flaggschiff »L'Orient«, ein Dreidecker mit 120 Kanonen, wurde in der Seeschlacht bei Aboukir am 1. August 1798 von dem englischen 74-Kanonen-Schiff »Bellerophon« angegriffen und zum Wrack geschossen. Als die Flammen die Pulverkammer erreichten, explodierte das Schiff.

Napoleon landet bei Valetta auf Malta, das am 12. Juni 1798 von den Franzosen in Besitz genommen wurde. Die Insel war für den Ägyptenfeldzug wichtig, da sie einen gut geeigneten Stützpunkt für die französische Flotte und große Beute bot.

Franzose standen, »um allen Zwistigkeiten und Mißverständnissen, die aus der Verschiedenheit der beiden Sprachen entstehen könnten, vorzubeugen«, wie es in einer Verlautbarung hieß.
Abgesehen davon wurde den Schankwirten und Branntweinhändlern »verboten, nach 8 Uhr Abends starke Liqueure zu verkaufen, so wie auch, sie anderswo als in ihren LadenStuben abzugeben; und es wird ihnen auch hiermit befohlen, ihre Buden um die besagte Stunde zu schließen. Allen Aufsehern von Werkstätten, Fabriken u. anderen Anstalten wird aufgegeben, ihre Arbeiter und Lehrlinge ganz genau unter den Augen zu haben und zu beschäftigen, und, wenn einige derselben sich von ihrer Arbeit entfernen sollten, der Polizei die Anzeige davon zu machen. Die Familien Väter werden hiermit angewiesen, nicht zu dulden, daß ihre Kinder oder ihre Domestiken sich unter die Aufwiegler und ihre aufrührerischen Versammlungen mischen, sie durch gutes Beispiel, guten Rath und selbst durch Furcht vor Bestrafung in den Schranken zu halten.«
Es gärte also in Madrid – und nicht nur dort. Zu den Gerüchten, die zusätzlich für Unruhe sorgten, gehörte die Nachricht, zwischen Frankreich und Spanien sei eine Länderabtretung arrangiert worden, wonach Spanien Portugal mit seinen 3 266 000 Einwohnern erhalten solle, außer Lissabon, das zunächst in französischen Händen bleibe. Dafür sei vorgesehen, daß Spanien an Frankreich Arragonien mit 624 000, Navarra mit 190 000, Katalonien mit 1 200 000 und Biscaya mit 135 000 Einwohnern an Frankreich abtrete.
Um das Vorgehen gegen den Friedensfürsten zu begründen, der in einer Burg, drei Stunden von Madrid entfernt, von Soldaten der Königlichen Garde gefangengehalten wurde, wurde das Gerücht verbreitet, er sei »neuerlich in steter Unterhaltung mit dem Englischen Gouverneur in Gibraltar gewesen, er habe den Engländern die Festung Ceuta übergeben und selbst mit seinen baaren Schätzen sich nach England flüchten wollen ...«
Für Teile der Bevölkerung war das Wasser auf die Mühlen des Triumphgefühls, das durch das klägliche Ende des Friedensfürsten und den Rücktritt des Königs entstanden war. Aus den französischen Berichten über das Verhalten der Bevölkerung spricht zwischen den Zeilen allerdings die Absicht, das Eingreifen der französischen Streitkräfte und – später – Napoleons als notwendig und gerechtfertigt darzustellen. Das Volk zu Madrid habe sich in den Wahn gesteigert, »daß alles vor seinen Launen und seinen entzügelten Leidenschaften sich beugen müsse. Täglich wurden Beleidigungen gegen Franzosen verübt. Oft wurden die Schuldigen exemplarisch bestraft. Aber immer setzten die Franzosen Kaltblütigkeit und die Ruhe der Stärke jenem Aufbrausen der Menschen entgegen. Freilich unterstützte der gute Geist der Masse der rechtlichen Bewohner von Madrid diese Stimmung der Franzosen.«
Weiter heißt es in einem Lagebericht vom 2. Mai um 7 Uhr abends: »Seit zwei Tagen waren die Auflaufe zahlreicher; sie schienen auf einen Zweck hingerichtet. Es giengen Bulletins von Hand zu Hand; Proklamationen durchliefen das Land.

Kaltblütige Beobachter, Franzosen und Spanier, sahen eine Krise herannahen, und sahen sie mit Vergnügen. Ohne eine scharfe Lektion war es unmöglich, diese verirrte Menge auf vernünftige Begriffe zurückzubringen.«
»Die Königin von Hetrurien (Tochter des Königs Karl IV.) und der Infant Don Francisco (jüngster, 14 Jahre alter Sohn Karls IV.), über die Beleidigungen entrüstet, denen sie täglich ausgesetzt waren, suchten um die Erlaubniß an, und erhielten sie, sich nach Bayonne zu begeben. – Als ein Adjudant des Großherzogs auf dem Palastplatz ankam, um der Königin zu versichern, daß ihr keine Kränkungen widerfahren würden, wurde er von einem Volkshaufen umgeben. Er verteidigte sich, wäre jedoch umgekommen, hätten ihn nicht zehn Grenadiere der Garde mit gefällten Bajonetten gerettet.«
»Im Nu war die große Straße Alcala, das Sonnentor und der Majorplatz voller Menschen. Der Großherzog gab Alarm und 1 Bataillon der Garde, das mit zwei Kanonen auf Piket (Wache) beim Großherzog war, stellte sich auf dem Palastplatz in Schlachtordnung auf und begann, aus zwei Gliedern zu feuern. Alle Zusammenrottungen wurden augenblicklich zerstreut und die größte Bestürzung folgte auf den wüthendsten Übermuth.«
General Grouchy hatte Befehl erhalten, von der Alcala Straße anzurücken und die Zusammenrottungen von über 20 000 Menschen hier und auf den umliegenden Plätzen aufzulösen. Dreißig Kartätschenschüsse (aus Kanonen) und einige Kavallerieangriffe »reinigten« alle Straßen. Aus Fenstern wurde auf die Soldaten geschossen. Die Brigadegenerale Guillot und Daubrai ließen daraufhin die Türen von Häusern einschlagen, und wer mit der Waffe in der Hand oder beim Schießen erwischt wurde, wurde auf der Stelle niedergemacht. Unterdessen zogen die Aufrührer ins Zeughaus ein, um sich der 28 Kanonen und der zehntausend dort gelagerten Flinten zu bemächtigen. Aber General Lefranc, der mit seiner Brigade im Kloster San Bernardino einquartiert war, griff mit einem Regiment im Sturmschritt ein und ließ alle Eindringlinge im Arsenal niedermetzeln.
Als andere Demonstranten sahen, wie resolut die Franzosen eingriffen, versuchten sie, die Stadt zu verlassen, doch Kavallerie erwartete sie bereits an den verschiedenen Ausgängen der Stadt. Alle mit der Waffe in der Hand Ergriffenen wurden erschossen.
Als die außerhalb der Stadt liegenden Truppen die Kanonenschüsse hörten, wurde überall Alarm gegeben und im Eilschritt nach Madrid marschiert. Bei der Ankunft der Verstärkungen hatte die französische Garnison von Madrid, die aus zwei Füsilierbataillonen der Garde, einem Piket Chasseurs der Garde und 500 bis 600 Mann Kavallerie bestand, insgesamt etwa 3000 Mann, die Ruhe wieder hergestellt. Dabei verloren sie 25 Tote und 45 bis 50 Verwundete. Die Verluste der spanischen »Aufrührer« wurden (von französischer Seite) auf mehrere Tausend geschätzt.
Die Verhältnisse hatten also eine so dramatische Zuspitzung erreicht, daß nunmehr das Eingreifen Napoleon Bonapartes dramaturgisch gewissermaßen zwin-

gend erschien. Napoleon forderte die spanische Königsfamilie zu einem Treffen nach Bayonne auf, und alle Hauptpersonen am spanischen Drama fanden sich dort ein.
»Als der Kaiser hier (in Bayonne) die Nachricht von den Begebenheiten in Madrid erhielt, begab er sich augenblicklich zu König Karl, der von der Kaiserin zurückgekommen war, bei der er das Frühstück eingenommen hatte. ›Ach!‹ – rief der alte König aus, als er diese Begebenheiten vernahm –, ›ich sah dieses Unglück vorher.‹ Die strafbaren Menschen, die, zur Befriedigung ihrer Leidenschaften, das Volk in Bewegung gesetzt hatten, glaubten es im Zaum halten zu können, und nun werden sie von dem Abgrunde, den sie geöffnet haben, verschlungen.«
Obgleich er am 21. März zugunsten seines Sohnes auf die Krone verzichtet hatte, faßte Karl IV. nun den Entschluß, den Großherzog von Berg zum Generallieutenant des Königreiches zu ernennen. Er schickte die entsprechenden Patente an den Rat von Kastilien und den Kriegsrat. Gleichzeitig berief er seinen zweiten Bruder, Don Antonio, zurück, der als Vorgesetzter bei der Regierungsstelle in Madrid geblieben war, da er weder Festigkeit noch genug Erfahrung besaß, die unter diesen Umständen erforderlich war.
Seinem Sohn, dem Prinzen von Asturien, der eigentlich die Geschäfte hätte leiten müssen, legte er einen Bericht des Großherzogs von Berg vor, in dem dieser die Vorfälle schilderte und sagte (so jedenfalls konnte man es in einer Zeitung lesen; wer wohl von dieser dabei gewesen war?): »Da sehen Sie! Dies haben zum Theil die Eingebungen der strafbaren Menschen bewirkt, die Ihnen anrieten, der Meinung der Menge zu schmeicheln, und die dem Throne und der rechtmäßigen Staatsgewalt gebührende heilige Ehrfurcht zu vergessen. Es ist mit den VolksBewegungen wie mit den FeuersBrünsten. Man facht sie leicht an; aber es bedarf einer anderen Erfahrung und eines anderen Arms, als des Ihrigen, um sie zu dämpfen.«
Mit anderen Worten: Karl IV. widerrief die Thronentsagung.

Man darf die Äußerungen, die dem alten König in den Mund gelegt wurden, ohne Zögern als eine Napoleon sehr willkommene Verlautbarung bezeichnen, gab sie ihm doch Gelegenheit, sich den Prinzen von Asturien »vorzunehmen« und als »deus ex machina« ordnend einzugreifen, damit alles sein Ende finden sollte, wie er, Napoleon Bonaparte, es sich von Anfang an gewünscht hatte.
»Mein Bruder!«, schrieb er dem Prinzen von Asturien, »Ich habe den Brief Eurer Königl. Hoheit erhalten. Sie müssen in den Papieren, die Sie von dem König, Ihrem Vater, erhalten haben, den Beweis gefunden haben, wie vielen Antheil ich stets an dem nahm, was Sie betraf. Sie werden mir erlauben, bei den gegenwärtigen Umständen, offen und bieder mit Ihnen zu sprechen. Ich hoffte, wenn ich nach Madrid käme, meinen erlauchten Freund zu einigen in seinen Staaten nothwendigen Verbesserungen zu vermögen, und der öffentlichen Meinung einige Beruhigung zu geben. Die Verabschiedung des FriedensFürsten schien mir zu seinem (des

Königs) und zu seiner Unthertanen Glück nothwendig. Die Nordischen Angelegenheiten verzögerten meine Reise. Mittlerweile ereigneten sich die Vorfälle von Aranjuez.
Ich bin nicht Richter über das, was sich zugetragen hat, und über das Betragen des FriedensFürsten. Aber, was ich gewiß weiß, ist diß, daß es für die Könige gefährlich ist, die Völker daran zu gewöhnen, daß sie Blut vergießen – und sich selbst Gerechtigkeit verschaffen.
Ich bitte Gott, daß Ew. Königliche Hoheit nicht selbst eines Tags die Erfahrung hievon machen. Spaniens Vortheilen ist es nicht gemäß, mit einem Prinzen, der sich mit einer Prinzessin von Königlichem Geblüt vermählt und das Königreich so lange regiert hat, schlimm zu verfahren. Er hat keine Freunde mehr: auch Ew. K. H. werden keine haben, wenn Sie je unglücklich seyn sollten. Die Völker rächen sich gern für die Ehrerbietungen, die sie uns erweisen. Wie könnte man überdiß dem FriedensFürsten den Prozeß machen, ohne ihn der Königin und dem König, Ihrem Vater, zu machen? Dieser Prozeß wird den Haß und die parteisüchtigen Leidenschaften nähren: der Ausgang desselben wird für Ihre Krone verderblich sein. Sie haben auf diese kein Recht, als das, das von Ihrer Mutter auf Sie übergegangen ist. Wenn der Prozeß sie entehrt, so vernichten Sie dadurch Ihre Rechte. Verschließen Sie schwachen und treulosen Räten Ihr Ohr! Sie haben das Recht nicht, den FriedensFürsten zu richten. Seine Verbrechen, wenn man ihm dergleichen vorwirft, verlieren sich in den Rechten des Throns. Ich habe oft den Wunsch zu Tag gegeben, daß der FriedensFürst von den Geschäften entfernt werden möchte; die Freundschaft des Königs Karl hat mich oft bewogen zu schweigen und die Augen von den Schwachheiten seiner Anhänglichkeit abzuwenden. Armselige Menschen die wir sind! Schwachheit und Irrthum, diß ist unser SinnBild. Aber das läßt sich ausgleichen: der FriedensFürst soll aus Spanien verbannt werden, und ich biete ihm einen ZufluchtsOrt in Frankreich an.
Was die Abdankung König Karl IV. betrifft, so hat sie in einem Augenblick Statt gehabt, wo meine Armeen Spanien bedekten: und ich würde in den Augen Europas und der NachWelt nur so viele Truppen dahin geschikt zu haben scheinen, um meinen BundesGenossen und meinen Freund vom Thron zu stürzen. Als benachbartem Souverän ist es mir erlaubt, ehe ich diese Abdankung anerkenne, das Nähere davon kennen zu wollen. Ich sage es Ew. Königl. Hoheit, den Spaniern der ganzen Welt: Wenn die Abdankung des Königes Karl aus lauterer Bewegung geschehen und die Meuterei zu Aranjuez dazu gezwungen worden ist, so mache ich keine Schwierigkeit, sie zuzulassen, und ich erkenne Ew. Königl. Hoheit als König von Spanien an. Ich wünsche daher mit Ihnen über diesen Gegenstand zu sprechen . . .
Ew. Königl. Hoheit dürfen den Wendungen und Bewegungen des Volkes nicht trauen. Man wird einige Mordthaten an meinen vereinzelten Soldaten begehen können; aber Spaniens Untergang wird darauf erfolgen . . .«

Nachdem Frankreichs Kaiser dem Prinzen von Asturien »offen und bieder« zu verstehen gegeben hatte, wer in Spanien das Sagen hatte, las nun auch noch am 2. Mai König Karl IV. seinem Sohn die Leviten:

»Als England an Frankreich den Krieg erklärte, hatte ich das Glück, neutral zu bleiben, und meinen Völkern die Wohlthaten des Friedens zu erhalten. In der Folgezeit nahm England 4 meiner Fregatten weg, und führte Krieg gegen mich, ohne mir noch solchen erklärt zu haben. Ich mußte Gewalt mit Gewalt abtreiben: und alles KriegsUngemach kam nun über meine Unterthanen.
Spanien, von Küsten umgeben, das einen großen Theil seiner Glückseligkeit seinen jenseits des Meeres gelegenen Provinzen verdankt, litt vom Krieg mehr als ein anderer Staat. Das Stillstehen des Handels, und die mit diesem Zustand der Dinge verbundenen Drangsale fielen meinen Unterthanen empfindlich zur Last. Ich hatte den Trost, wenigstens von der Landseite gesichert zu sein, und über die Unversehrtheit meiner Provinzen keine Unruhe zu regen, welche ich, der einzige unter allen Königen von Europa, ganz beisammen, mitten unter den Stürmen dieser Zeit, erhalten habe. Dieser Ruhe würde ich, ohne die Rathgebungen, die Sie vom geraden Weg entfernt haben, noch genießen. Sie haben sich allzuleicht in den Haß, den Ihre erste Gemahlin gegen Frankreich hegte, hinein verflechten lassen; und haben Sie auch an dem ungerechten Unwillen derselben gegen meine Minister, gegen Ihre Mutter, und gegen mich selbst Antheil genommen.
Man ging so weit, meine Minister bei dem Kaiser der Franzosen zu verleumden. Und dieser, – da er zu sehen glaubte, daß Spanien seiner Allianz entgehen möchte, und daß der Geist der Unruhe in meiner Familie herrsche, – überzog unter verschiedenen Vorwänden meine Staaten mit seinen Truppen. So lange sie auf dem rechten Ufer des Ebro blieben, und zu Erhaltung der Verbindung mit Portugall bestimmt zu seyn schienen, durfte ich hoffen, daß der Kaiser zu den Empfindungen von Achtung und Freundschaft, welche er mir immer bewiesen hatte, zurückkehren würde. Als ich aber erfuhr, daß seine Truppen auf meine Hauptstadt heranziehen, sah ich die Notwendigkeit ein, meine Armee um mich her zu versammeln, um mich meinem erhabenen Alliierten in der Stellung, welche dem König von Spanien geziemt, zu zeigen.
Ich würde seine Zweifel aufgeklärt, und daneben mein Interesse besorgt haben. Ich befahl meinen Truppen, Portugall und Madrid zu verlassen, und ich zog sie von verschiedenen Punkten der Monarchie zusammen, nicht um meine Unterthanen zu verlassen, sondern um den Ruhm des Thrones mit Würde zu behaupten. Meine lange Erfahrung machte es mir übrigens begreiflich, daß der Kaiser der Franzosen Wünsche hegen konnte, die seinem Interesse und der Politik des ungeheueren Systems des festen Landes angemessen waren, die aber das Interesse meines Hauses verletzten konnten.
Wie war nun aber Ihr Betragen. Sie setzten meinen ganzen Palast in Aufruhr. Sie empörten meine Gardes du Korps gegen mich. Ihr Vater selbst wurde Ihr Gefan-

gener. Mein erster Minister, den ich in meine Familie erhoben und adoptiert hatte, wurde blutend von Gefängnis zu Gefängnis geschleppt. Sie haben meine weißen Haare beschimpft: Sie haben solche einer Krone beraubt, die von meinen Vätern mit Ruhm getragen wurde, und die ich unbefleckt erhalten habe. Sie haben sich der Willkür des Volkes von Madrid, das Ihre Parteigänger in Bewegung gesetzt haben, und der fremden Truppen, die im nämlichen Augenblick dort ihren Einzug hielten, preisgegeben.
Die Verschwörung des Eskurial wurde vollbracht, und die Handlungen meiner Staatsverwaltung wurden der öffentlichten Verachtung hingestellt. Alt und von Schwächlichkeiten danieder gedrückt, habe ich das neue Unglück nicht ertragen können. Ich habe mich an den Kaiser der Franzosen gewendet, nicht mehr als ein König an der Spitze seiner Truppen und vom Glanze des Throns umgeben, sondern als ein unglücklicher und verlassener König. Ich habe mitten unter seinen Lagern Schutz und Zuflucht gefunden. Ich verdanke ihm das Leben, das Leben der Königin, und das meines Premierministers. Ich bin Ihnen auf dem nemlichen Wege nach Bayonne gefolgt. Sie haben unsere Angelegenheiten dahin gebracht, daß hinführo Alles von der Vermittlung und dem Schutze dieses großen Fürsten abhängt. Wollte man zu VolksBewegungen seine Zuflucht nehmen und die Fahne der Faktionen aufstecken, so hieße dies so viel, als Spanien ruinieren, und Sie, mein Königreich, meine Unterthanen, und meine Familie, in die schrecklichsten UnglücksAuftritte stürzen zu wollen.
Mein Herz hat sich dem Kaiser ganz geöffnet; er kennt alle Schmach, die ich ausgestanden habe . . . Er hat mir erklärt, daß er Sie niemalen als König anerkennen werde, und daß der Feind seines Vaters dem Auslande kein Zutrauen einflößen könne. Überdies hat er mir Briefe gezeigt, die Ihren Haß gegen Frankreich beweisen.« »Ich habe für das Glück meiner Unterthanen regiert; ich will ihnen keinen Bürgerkrieg, keinen Aufruhr, keine VolksVersammlungen und Revolutionen vermachen. Alles muß **für** das Volk, und nicht durch dasselbe geschehen. Diese Maxime vergessen, heißt sich aller Verbrechen, die aus dieser Vergessenheit entstehen, schuldig machen.«
Gegeben zu Bayonne, im Kaiserlichen Palast, das Gouvernement genannt, den 2. Mai 1808, – Unterzeichnet: Karl.

Nun hatte der Prinz von Asturien es gleich zweimal schriftlich, daß er nicht als König anerkannt wurde: einmal vom Kaiser der Franzosen und das andere Mal von seinem Vater.
Wollte er trotzdem auf Krone und Titel bestehen? Wollte er den Aufstand gegen Napoleon wagen, zum Anführer einer revolutionären Bewegung werden?
Vier Tage später informierte er den Infanten Don Antonio in Madrid (dem sein Vater bescheinigt hatte, er besitze nicht genug Festigkeit und Erfahrung, um die Regierungsstelle zu leiten!) über den Inhalt eines Schreibens, das er seinem »vielgeliebten Vater« übersandt habe: »Mein verehrungswürdiger Vater und

Herr! Um Ew. Majestät einen Beweis meiner Liebe, meines Gehorsams und meiner Unterwerfung zu geben, und den Wunsch zu erfüllen, den Sie mir verschiedenemale zu erkennen gegeben haben, entsage ich meiner Krone zu Gunsten Ew. Maj. mit dem Wunsche, daß Sie lange Jahre dieselbe genießen mögen. Ich empfehle Ew. Maj. die Personen, die mir seit dem 19. Merz gedient haben. Ich vertraue den Zusicherungen, welche Sie mir in dieser Hinsicht gegeben haben. Ich bitte Gott, Ew. Majestät lange und glückliche Tage zu schenken. Ich lege mich Ew. Maj. zu Füssen, als der unterthänigste Ihrer Söhne, Ferdinand, Bayonne, den 6. Mai 1808.«

Seinen Anhängern und den Mitgliedern seiner Regierung dankte Ferdinand »für den mir geleisteten Beistand«. »Ich empfehle ihnen, sich mit Herz und That an den König Karl und an den Kaiser Napoleon anzuschließen, dessen Macht und Freundschaft mehr als alles andere vermögend sind, die ersten Güter der Spanier, ihre Unabhängigkeit und Gebietsintegrität zu sichern. Ich empfehle ihnen, nicht in die Fallstricke unserer ewigen Feinde zu gehen, einig unter sich wie mit unseren Alliierten zu leben, des Bluts zu schonen und das Unglück zu vermeiden, das aus den jetzigen Umständen entspringen müßte, wenn man sich von dem Geiste des Schwindels und der Zwietracht beherrschen ließe. Bayonne, den 6. Mai 1808. – Unterz. Ferdinand.«

Man liest zwischen den Zeilen, wer ihm dabei die Feder geführt hat . . .

Aber die Fallstricke für das spanische Königshaus waren schon längst gelegt, und Napoleon dachte nicht daran, auf der iberischen Halbinsel unkontrollierte oder unkontrollierbare Zustände einreißen zu lassen. Wenige Wochen nach den Erklärungen Ferdinands teilte er in einem Anruf an die spanische Nation der Öffentlichkeit mit:

». . . Eure Fürsten haben mir ihre Rechte auf die Spanische Krone abgetreten. Ich will nicht in euren Provinzen regieren, aber ich will mir ewige Ansprüche auf die Liebe und die Erkenntlichkeit Eurer Nachkommenschaft erwerben . . . Ich werde meine Rechte abgeben, und eine ruhmvolle Krone auf das Haupt eines anderen Ich setzen, indem ich eine Konstitution zusichere, welche die wohltätige Macht des Souveräns mit der Freiheit und den Privilegien der Spanischen Nation vereinbart. Ich will, daß mein Andenken von einem letzten Nachkommen gesegnet werde, und daß sie sagen: er war der Wiederhersteller unseres Vaterlandes. Gegeben in Unserem kaiserlichen und Königlichen Pallast zu Bayonne, den 25. Mai 1808.«

Im Beisein einer Junta spanischer und amerikanischer Abgeordneter wurde Napoleons Bruder Joseph, König von Neapel und Sizilien, durch ein Dekret vom 6. Juni zum König von Spanien und Indien ernannt. Er ließ die Junta auf die von ihm entworfene neue Verfassung vereidigen und hielt am 20. Juli seinen Einzug in Madrid. Karl IV. ließ sich in Compiègne nieder, sein Sohn Ferdinand wurde nach Valencay gebracht.

Die Hoffnung Napoleons, durch die Beseitigung der königlichen Familie weitere Aufstände verhindern zu können, wie sie im Mai des Jahres aufgeflammt waren, erfüllte sich nicht. In den Provinzen kam es zu neuen Unruhen. Zuerst in Asturien, dann auch in anderen. Dort bildeten sich Provinzialjunten. Guerillas bewaffneten sich und erklärten jeden, der als Anhänger Frankreichs galt, die »Josefinos« oder »Afrancesados«, zu Feinden Spaniens. Noch wußten die Franzosen mit dem Widerstand fertig zu werden, aber die Glut war entzündet, aus der Ende des Jahres 1808 der Guerillakrieg entstand, zu dem die Zentraljunta das spanische Volk aufrief.

Der Widerstandsgeist gegen die französischen Eindringlinge erhielt neue Nahrung, als es spanischen Verbänden unter der Führung von General Castaños bei Bailén, im südlichen Spanien, gelang, ein französisches Heer zur Kapitulation zu zwingen. Der französische General Dupont hatte sich bei diesem Kampf nicht gerade ausgezeichnet. Unter dem Eindruck der Niederlage verließ König Joseph, Napoleons Bruder, der zwei Wochen vor der Kapitulation bei Bailén in Madrid stolz eingezogen war, die Hauptstadt.
Die spanischen Widerstandskämpfer jubelten! Über 18 000 Soldaten des Feindes mußten die Waffen niederlegen. Viele von ihnen wurden massakriert. Rache für die französischen Ausschreitungen in Madrid Anfang Mai!
Zwar war der Sieg der regulären spanischen Armee zu verdanken, in deren Reihen viele Schweizer Söldner dienten, doch bald entstand das Gerücht, es seien vor allem bewaffnete Bauern gewesen, die den Ausschlag zum Sieg gegeben hätten. Das gab den Freiheitskämpfern (aus spanischer Sicht) oder Partisanen (so die Franzosen) großen Auftrieb.
Während des Guerillakrieges kamen 1808 auf einen spanischen Guerillero etwa fünf französische Soldaten. Nach modernen Gesichtspunkten waren das relativ viele spanische Guerilleros, denn bei den »modernen Kleinkriegen« standen in Malaya Anfang der fünfziger Jahre des 20. Jahrhunderts nie mehr als 5000 kommunistische Partisanen nahezu 250 000 Soldaten und Polizisten gegenüber; Ende der fünfziger Jahre kämpften jeweils höchstens 30 000 algerische Aufständische gegen nahezu 500 000 französische Soldaten.
Sevilla weigerte sich, die zu Bayonne geschlossenen Verträge anzuerkennen und erklärte im Namen König Ferdinand VII., der nach Frankreich gebracht worden war, den Krieg gegen Napoleon und Frankreich selbst, »solange dieses dem Szepter desselben gehorchen wird«.
Die Aufstände gaben der englischen Regierung Gelegenheit, in Portugal und Spanien eine zweite Front offen zu halten, an der starke französische Truppen gebunden wurden.
Wohl um zu zeigen, daß dennoch in London Pessimismus herrsche, berichtete der »Schwäbische Merkur« mit einiger Genüßlichkeit über Parlamentsverhandlungen, die Mitte März 1808 stattgefunden hatten. Im Unterhaus habe der reiche Bierbrauer H. Whitbread den Ministern bittere Vorwürfe gemacht, weil sie die Vermittlungsbereitschaft Rußlands und Österreichs nicht akzeptiert hätten. Er

habe den »brotlosen« Zustand in den Fabrikstädten, die Niedergeschlagenheit des Handelsstandes geschildert und zuletzt die Minister beschworen, »daß sie die erste beste Gelegenheit ergreifen sollten, mit Frankreich Frieden zu machen, das durch diesen Krieg mit jedem Tag furchtbarer und größer werde, und welches zu besiegen England keine Hoffnung habe. Bei der Fortsetzung des Krieges sei selbst zu erwarten, daß der Französische Kaiser mit Hilfe von Rußland und Persien unsere ostindischen Besitzungen erobere«. Außenminister George Canning ließ sich freilich von der Kritik wenig beeindrucken. Er erklärte, solange man nicht gewiß wisse, »daß die Franzosen nach einer billigen Grundlage traktieren wollten«, sei es unklug, Friedensangebote zu machen.
Die portugiesischen Häfen wurden zunächst von der englischen Flotte wirksam blockiert. Sie begnügtens sich allerdings nicht damit, lediglich vor der portugiesischen Küste zu kreuzen. Hier wie auch an der spanischen Küste wurden immer wieder kleinere Landungen unternommen; Agenten wurden an Land gesetzt, die unter anderem zum Widerstand gegen die französische Besatzungsmacht aufriefen und Soldaten zum Eintritt in das englische Heer gegen Frankreich warben. Offensichtlich mit Erfolg, denn im April 1808 mußte der französische Oberbefehlshaber jede Art von Verkehr mit England bei Strafe verbieten, nachdem bekannt geworden war, daß englische Werber portugiesische Bürger und Soldaten für den Militärdienst gegen Frankreich geworben hatten. In dem Erlaß hieß es:

»1) Aller Verkehr zwischen dem Königreich Portugall und jedem zu den Englischen Geschwadern gehörigen Fahrzeug ist ausdrücklich verboten. Die Kommandanten der Forts oder Batterien sollen demnach auf jedes Schiff, das sich unter irgend einem Vorwande, selbst mit Stillstands Flagge, an den Küsten zeigt, feuern lassen.
2) Jeder Offizier, der irgend ein Schiff auflanden läßt, wird degradiert und vor ein Kriegsgericht gezogen.
3) Wer sich aus irgend einem Grunde an Bord des Englischen Geschwaders begeben hat, wird vor eine KriegsKommission geführt, um zur Einkerkerung oder zum Tod verurteilt zu werden.
4) Alle, welche die Portugiesischen Soldaten zur Desertation einladen, werden als Werber mit dem Tode bestraft.
5) Die Güter derer, die Portugall verlassen haben, um sich an Bord des Englischen Geschwaders zu begeben, werden konfisziert, wenn diese Personen nicht vor dem 20. April zurückgekehrt sein werden.«

Im Zusammenhang damit befahl der Generalintendant der Polizei, »eine genaue Liste aller angesessenen Personen, die seit der Flucht der vorigen Regierung verschwunden sind, zu verfertigen, und die Güter derer, die ohne Paß oder Erlaubniß sich entfernt haben, in Beschlag zu nehmen«.
London unterhielt mit den maßgebenden Kräften Portugals enge Verbindungen. Im Juni 1808 konnten die Franzosen aus Oporto vertrieben werden. General Sir

Arthur Wellesley trat mit zusammen 14 000 Soldaten von der Mondego-Bucht aus den Vormarsch gegen Lissabon an und schlug Junot bei Vimiero. Junot verdankte es dem Zaudern des englischen Generals Burrard (der rangälter als Wellesley war), daß er nicht verfolgt wurde, sondern über einen Abzug verhandeln konnte. Obwohl inzwischen General Moores Truppen in der Maceira-Bucht gelandet waren und die Überlegenheit der Engländer zugenommen hatte, wurde die französische Armee mit allen Waffen und allem Gerät auf englischen Schiffen Mitte September nach Häfen zwischen Rochefort und l'Orient gebracht!
Für die beiden britischen Generale Burrard und Dalrymple endete diese Affäre damit, daß sie kein Kommando im Feld mehr erhielten. Wellesley und Moore hingegen übernahmen es nun, Portugal und Spanien von Süden her aufzurollen und dabei mit den über die bisher errungenen Erfolge begeisterten Spanier einen Operationsplan auszuarbeiten.
Das war nicht einfach. Denn jede Junta verfolgte eigene Ziele. Sie gaben den spanischen Generalen keine Vollmachten. Die Zusammenarbeit zwischen diesen war daher mangelhaft. Den Franzosen gelang es also immer wieder, die spanischen Armeen einzeln anzugreifen und zu schlagen.
Die Engländer unter General Moore hielten sich angesichts der Rückschläge der spanischen Truppen zurück. General Moore sah keine Veranlassung, seine Soldaten für die spanische Unfähigkeit aufzuopfern. Er ging davon aus, den Spaniern helfen, nicht aber allein gegen die Franzosen kämpfen zu sollen, wenn die Spanier versagten oder aber keine Anstrengungen erkennen ließen.
In Deutschland und Italien wurden zum Teil stark zugunsten Frankreichs gefärbte Berichte über den Verlauf der Kämpfe in Spanien veröffentlicht. Napoleon hatte zum Beispiel schon vor seinem Eingreifen in den Kampf bei Benavente seinen Bruder Joseph angewiesen, die Vernichtung der Engländer und der Armee des spanischen Generals la Romana bekanntzugeben und öffentlich feiern zu lassen. Sein Plan mißlang jedoch, die Truppen der Generale Moore und Hope abzuschneiden, die gegen das französische Korps Soult einen entscheidenden Schlag führen wollten. Trotz eigenem Einsatz im Gefecht bei Benavente wurde nicht nur der französische General Lafebvre gefangengenommen, auch Napoleons Gardechasseurs erlitten schwere Verluste. Aber auch General Moore mußte während des Marsches seiner Hauptarmee nach Corunna hohe Verluste einstecken. Der Rückzug artete in eine zügellose Flucht aus. Im Kampf um die Einschiffung seiner Armee bei Corunna fiel der General.
Wenngleich die meisten Hannoveraner »königstreu« waren, kämpften doch auch einige unter französischer Fahne. Bei dem Vormarsch auf Valladolid im Dezember 1808 zum Beispiel stießen die Kavalleristen der Vorhut Moores auf französische Beitreibungskommandos, unter denen sich ein Zug hannoverscher Jäger befand. Zum Korps des französischen Armeeführers Soult gehörte das Regiment »Chasseurs hannovriens« in der Brigade Franceschi. Valladolid war zu dieser Zeit von Franceschi mit 200 französischen und 400 hannoverschen Jägern besetzt. Bei

anschließenden Gefechten trafen die unter englischer und franzöischer Fahne kämpfenden Hannoveraner aufeinander; die französische hannoversche Legion hatte zehn Tote und 13 Verwundete.
Noch verlustreicher ging es bei Fuentes de Oro Anfang Mai 1811 zu. Da die auf französischer Seite eingesetzte hannoversche Infanterie rote Waffenröcke trug, wurde sie von einer französischen Batterie mit Kartätschen beschossen. Man hatte sie für Engländer gehalten. Dieser Irrtum kostete über 100 Tote und noch mehr Verwundete unter den hannoverschen Legionären.
Mit der Rückkehr nach England im Januar 1809 ging der Feldzug unter Moore mit einem Mißerfolg zu Ende. Napoleon war es allerdings nicht gelungen, Moores Streitkräfte völlig zu vernichten. Napoleon ließ den Abzug der Engländer als großen Sieg feiern. Aber die Engländer hatten es geschafft, den Franzosen schwere Verluste beizubringen und es war ihnen gelungen, die Reste der Armee – 26 000 Mann mit Geschützen und Fahnen – einzuschiffen und nach England zurückzubringen.
Napoleon glaubte nach dem Abzug der Truppen Moores, in Spanien bald wieder Ruhe und Ordnung herstellen zu können. Er verfügte über vier Armeen: Die Nordarmee unter Ney in Galizien und Asturien; die Ostarmee unter St. Cyr, die sich nach dem Fall Saragossas in Catalonien einrichtete; die Südarmee unter Victor, die in zahlreiche Gefechte mit spanischen Milizverbänden verwickelt wurde und mit der Westarmee von Soult Verbindung halten sollte. Soult hatte Mitte Februar 1809 den Vormarsch gegen Lissabon begonnen und zunächst in der Hafenstadt Oporto eine Operationsbasis ausgebaut, von wo aus er dann weiter vorzurücken gedachte.
Am 22. April 1809 übernahm General Sir Arthur Wellesley in Lissabon den Oberbefehl, nachdem er sich in einem Gutachten für eine Verteidigung Portugals ausgesprochen und gefordert hatte, eine britische Armee mit 30 000 Mann zu entsenden, die portugiesischen Streitkräfte durch englische Offiziere zu organisieren und unter britischen Oberbefehl zu stellen.
Wellesleys Ansehen in England war mächtig gestiegen, nachdem die Konvention von Cintra untersucht worden war, wo General Sir Hew Dalrymple Junots Vorschläge angenommen und die 24 000 Mann starke französische Armee mit Waffen, Bagage und der in Lissabon gemachten Beute auf englischen Schiffen nach Frankreich transportiert hatte. Auch die Besatzungen der im Tajo liegenden russischen Flotte waren mitgenommen und nach Rußland entlassen worden. Ihre Schiffe wurden allerdings in englische Häfen gebracht; sie sollten sechs Monate nach einem Friedensschluß zwischen England und Rußland den Russen zurückgegeben werden. – Wellesley hatte an der Konvention Kritik geübt. Man hielt ihn jetzt für den einzigen General, der nach dem Fehlschlag von 1808/09 unter Moore geeignet sei, den Franzosen erfolgreich entgegenzutreten.
Ihm gelang es tatsächlich, Portugal innerhalb von 28 Tagen zu befreien.
Zunächst wandte er sich gegen die französische Südarmee, die er zu schlagen

hoffte, bevor die von König Joseph aus Madrid in Marsch gesetzten Verstärkungen dort eintreffen würden.
Napoleon beantwortete diese Absicht, indem er Soult den Oberbefehl über die Armee im Norden übertrug und diesem nicht nur das eigene Korps, sondern auch die von Ney und Mortier unterstellte, damit sie – zusammenarbeitend und koordiniert – gegen Wellesley vorgehen und die englischen Truppen vernichten sollten; Wellesley fehlte eine wirksame Hilfe durch die spanischen Truppen. Dennoch errang er bei Talavera Ende Juli 1809 einen Sieg über die erfahrenen Marschälle der französischen Armee Soult und Victor. Er hatte zugleich die Schwächen der Armee des spanischen Königs und seines Stabschefs Jourdan aufgezeigt. Die Erfolge brachten ihm die Ernennung zum Pair von England und den Titel eines Herzogs von Wellington.
Soult sah nun aber eine Chance, dem englischen Heer den Rückzug nach Portugal abzuschneiden. Dank der Zurückhaltung König Josephs, direkt auf Lissabon vorzugehen, gelang es Wellington indes, Kämpfen auszuweichen und insbesondere zum Schutz von Lissabon durch Schanzarbeiten mit Hilfe von mehreren tausend portugiesischen Arbeitern starke Verteidigungsanlagen auszubauen.
Er zögerte nicht, Andalusien mit Sevilla den Franzosen preiszugeben und den Schwerpunkt auf die Behauptung Portugals zu legen. König Joseph von Spanien feierte seinen Einzug in Sevilla als großen Erfolg. Soult schloß anschließend Cadiz ein, ohne jedoch den Seeverkehr unterbinden zu können, so daß die Spanier sich dort zweieinhalb Jahre lang gegen alle Angriffe erfolgreich zur Wehr setzen konnten.
Die Hafenstadt war lebenswichtig für die Versorgung des Landes und den Nachschub. Für England, das auf die Beherrschung der Häfen angewiesen und an Stützpunkten interessiert war, gab es vielleicht sogar noch weiterreichende Pläne. Mißtrauische Spanier dachten dabei an Gibraltar, dessen Eroberung durch die Engländer sie noch nicht verschmerzt hatten.
General Victor, der die Belagerung leitete, hoffte, Cadiz zur Kapitulation bewegen zu können, indem er ihr »Pardon für alles Vergangene« anbot. Die Verteidiger dachten allerdings nicht daran, darauf einzugehen. Als Antwort auf die von einem Parlamentär überbrachte Unterwerfungsforderung erhielten die Franzosen von den englischen und spanischen Schiffen heftiges Feuer auf die sich dem Strand nähernden Kolonnen. Wenig später versuchte es Marschall Soult mit einem Angebot an den Herzog von Albuquerque, der die Insel von Leon verteidigte; sie war durch einen künstlichen, drei englische Meilen langen und 60 Fuß über dem Ozean erhabenen Steindamm mit dem Festland verbunden. Hier wurde nicht mit Geschützfeuer geantwortet, sondern mit einem Brief. Er wird auszugsweise wiedergegeben, weil er typisch für den Umgangston jener Zeit – zwischen Heerführern – ist.
Der Herzog erwiderte: »Mein Herr Herzog! Der Einklang der Gesinnungen, welche ganz Spanien zur Vertheidigung gegen eine ungerechte Herrschaft und zur

Rache eines an seinem verehrten und rechtsmäßigen Monarchen, Ferdinand dem Siebenten, begangenen Thronraubs beseelt hat, ist ein sprechender Beweis für die Gerechtigkeit der Sache, die ich zu vertheidigen übernommen. Sie dürfen sich daher leicht überzeugen, daß die Spanische Nation zur kräftigsten Gegenwehr fest entschlossen ist, trotz der Unglücksfälle, die von Ursachen herrührten, so nicht mehr vorhanden, von ihrer wenigen Erfahrung und davon, daß sie mit England noch in keinem so innigen Verbande stand als jetzt ... In Betreff Ihrer Theilnahme an dem Schicksal der Bewohner von Cadiz und dieser Insel rathe ich Ihnen, Ihre Absichten darauf fahren zu lassen, weil sie doch nur zwecklos Ihre Truppen aufopfern würden ... Auch fühle ich mich verpflichtet, Ihnen zu bemerken, daß die erhabene Britische Nation eben ›keineswegs die ihr von Ihnen angeschuldigte Absicht hegt, sich die Feste Cadiz als eines Eigenthums zu bemächtigen‹
Unter den gegenwärtigen Umständen endlich kann ich mich mit Ihnen in keine Unterredung einlassen, so lange nämlich noch fremde Truppen Spanien besetzt halten, Ferdinand dem Siebenten seine Krone noch nicht zurückgegeben ist, und ich mich nicht in der Lage befinde, Ihr gütiges Anerbieten mit Vergnügen anzunehmen.«

Man darf sich nicht durch die höflichen Formulierungen täuschen lassen. Im Falle einer Kapitulation konnten die Offiziere ziemlich sicher sein, respektiert zu werden. Den Mannschaften erging es hingegen oft schlecht. Und auch die würdige Verteidigung des englischen Bundesgenossen gegen die Unterstellung, er wolle Cadiz nur für sich, ist wohl eher die Antwort eines Diplomaten, die nicht unbedingt mit der eigenen Überzeugung übereinzustimmen braucht. General Castanõs, der Sieger von Bailén, soll sich da ganz anders geäußert haben, als der Herzog von Albuquerque. Ihm wird der Ausspruch nachgesagt: »Ich habe lieber die Franzosen als Feinde in Cadiz, anstatt die Engländer als Freunde!«

Sehr wahrscheinlich dachten viele Spanier so wie er, die noch nicht vergessen hatten, wie hart kaum dreißig Jahre vorher mit England um Gibraltar gekämpft wurde. Damals rannten Franzosen und Spanier gemeinsam gegen den Eindringling an, der sich 1704 hier eingenistet und Gibraltar Zug um Zug zu einer uneinnehmbaren Festung ausgebaut hatte. Allen Angriffen trotzte der damalige englische General Elliot, bis die englische Flotte unter Admiral Howe zu Hilfe kam und die Angreifer zum Abzug zwang. 7000 Mann Besatzung in Gibraltar hatten sich gegen eine Flotte von 47 Linienschiffen und zehn schwimmenden Batterien sowie gegen ein Landheer von 40000 Mann mit 200 schweren Geschützen behauptet! Das mußte einen nationalbewußten Spanier schmerzen!

Cadiz band zwar an die 10000 Engländer und das Zwei- bis Dreifache an Spaniern, doch immerhin auch ein Drittel der Soultschen Armee. Diesem blieben von seinen insgesamt 60000 Mann dadurch nur etwa 20000 für die Verwendung im freien Feld übrig, da ein weiteres Drittel für den Schutz wichtiger Städte und die Sicherung des Hinterlandes eingesetzt werden mußte.

Eine besondere Rolle spielte Ciudad Rodigro, das vom Korps Ney am 10. Juli

1810 zur Kapitulation gezwungen wurde. Dadurch war nun der Weg frei für einen Einfall nach Portugal, Napoleon erteilte Marschall Masséna den Auftrag, nördlich des Tajo gegen Lissabon vorzurücken, die Engländer anzugreifen und ins Meer zu treiben. Wellington, an Zahl unterlegen, vermied den Kampf, bis Masséna Ende September bei Busaco die Auseinandersetzung suchte und Wellington unter großen französischen Verlusten zwang, sich auf Lissabon zurückzuziehen.

Nördlich der portugiesischen Hauptstadt boten die rechtzeitig ausgebauten Linien von Torres Vedras einen festen Halt zwischen Tajo und dem Atlantik. 45 Kilometer nördlich der Stadt gab es in der vordersten Linie 70 Sperrwerke, in der zweiten Linie 69. Da Wellington auf seinem Rückzug alle Lebensmittel mitnehmen oder aber unbrauchbar machen ließ, sah sich Masséna vor unüberwindlichen Nachschubproblemen. Diese wurden noch vergrößert durch die Tätigkeit spanischer Korps in seinem Rücken und durch Überfälle der Bevölkerung – Guerillakrieg – auf französische Ordonanzoffiziere, Melder und kleine Gruppen. Masséna war klug genug, unter diesen Umständen auf einen aussichtslosen Angriff zu verzichten. Da er auch wegen mangelhafter Verbindung mit Soult von diesem keine Unterstützung erfuhr, entschloß er sich Anfang März 1811, seine Truppen zurückzunehmen. In anschließenden Kämpfen um Almeida bei Fuentes de Onoro blieb ihm abermals ein Erfolg gegen die Briten versagt. Er fiel daher bei Napoleon in Ungnade, wurde abgelöst und verließ mit 800 000 Piastern, die er in seine Tasche gewirtschaftet, und seiner Geliebten, die ihn während des Feldzuges begleitet hatte, den Kriegsschauplatz. An seiner Stelle übernahm der Herzog von Ragusa, Marmont, das Oberkommando. Wellington hatte Frankreichs Griff nach Portugal zurückgewiesen.

Nicht viel besser als Masséna erging es Soult bei dem Versuch, sich der Hafenstadt Cadiz zu bemächtigen, in der die oberste Junta Spaniens ihren Sitz hatte.

Auch der Entsatz von Badajoz gelang ihm nicht. In der Schlacht bei Albuera am 16. Mai 1811 erlitten zwar beide Seiten außerordentlich hohe Verluste, doch waren die der Franzosen höher und so schwerwiegend, daß Badajoz nicht entsetzt werden konnte. Soult mußte seinen Vorstoß, den zweiten gegen diese Stadt, aufgeben.

Über die grauenhaften Vorfälle bei dem Kampf der spanischen Freiheitskämpfer gegen die Franzosen, über Ausschreitungen nach der Eroberung einer Festung oder verteidigten Stadt gibt es verständlicher Weise entgegengesetzte Meinungen, je nachdem welcher Seite die Sympathien gegolten haben oder gelten.

Die Frage nach Recht oder Unrecht stellte sich schon damals mancher Teilnehmer des Krieges. So der Großherzoglich-Badische Hauptmann Rigel, der aufgrund eigener Erfahrungen darüber nachgedacht hat:

»Wer trägt die Schuld der entsetzlichen Gräuel, welche nach dem Sturz Tarragona's über die unglückliche Stadt und ihre Besatzung kamen – ihr muthiger Vertheidiger, oder ihr energischer Eroberer? . . . Die Fragen . . . lassen sich nur dann

befriedigend und unparteiisch beantworten, wenn zuvor gewisse allgemeine Vorfragen ihre Erledigung gefunden haben. Solche Vorfragen sind ›Giebt es ein Recht des Krieges, worin besteht es? Läßt sich hier etwas *absolut* als Norm annehmen, oder können Rücksichten *modificirend* eintreten?‹ Nichts scheint der Natur der Sache nach unsicherer zu seyn, als ein sogenanntes Kriegsrecht. Worauf soll es sich gründen, wer soll ihm Sanction geben, wer dessen Nichtrealisirung erzwingen, oder dessen Verletzung ahnden? . . . Nur nach *moralischen* und *humanen* Grundsätzen allein können wie beim Völkerrecht überhaupt, so beim Kriege insbesondere die Verhältnisse betrachtet und gewürdigt werden . . .«
Rigel vergleicht die entgegengesetzten Positionen des Angreifers, General Suchet, und des Verteidigers, General Contreras. Seien nicht die Spanier angegriffen worden, also berechtigt, sich zu verteidigen? Dürfe man dem General Contreras nicht nur dann einen Vorwurf machen, wenn sein Widerstand zwecklos und frevelhaft gewesen wäre? Und warum stelle man diese Frage nur bei Belagerungen, nicht aber im Hinblick auf den Widerstand während einer Schlacht?
Suchet habe sein Vorgehen nach der Eroberung der Stadt damit begründet, Eroberung mit Sturm berechtige zu Mord und Brand. Wenn Suchet dies als Entschuldigung für die Ausschreitungen seiner Soldaten anführe, »so ist der Artikel des prätendirten Kriegsrechts mehr nur dictirt von einer den Menschen entehrenden Grausamkeit und durch eine lang genährte, unglückselige Gewohnheit aus der Zeit der Rohheit auf die Gegenwart vererbt, als gegründet auf Vernunft und Humanität, den letzten Quellen allen Rechts . . . Tarragonas Schicksal schändet den Französischen Ruhm, wie das von Gerona und Zaragoza.«
Der Gerechtigkeit halber muß erwähnt werden, daß nicht nur die Franzosen sich solcher unmenschlichen Ausschreitungen schuldig machten. Die Engländer standen ihnen mitunter in nichts nach. Auch Wellington kümmerte sich beim Kampf um Badajoz im Jahr 1812 nicht um den Kriegsbrauch, einer Festung die Kapitulation anzubieten, wenn es dem Belagerer gelungen war, drei zugängliche Breschen in die Befestigungsanlagen zu schlagen. Ein Jahr zuvor hatte er diesen Brauch noch respektiert und nach Vollendung der Bresche dem General Philippon in San Christopal die Kapitulation angeboten: ». . . ich habe die Ehre, Sie zu benachrichtigen, daß die Bresche von San Christopal zugänglich ist und meine Truppen zu deren Erstürmung bereit stehen. Im Fall Sie mir das Fort übergeben, können Sie viel Blutfließen verhindern.« Worauf Philippon antwortete: »Mon General, montez-y«, was Wellington tun ließ, allerdings vergeblich; er wurde abgewiesen.
Jetzt standen sich Wellington und sein damals erfolgreich gebliebener Widersacher erneut gegenüber, und wieder war es den Engländern gelungen, drei Breschen zu öffnen. Doch entgegen dem Brauch richtete Wellington kein Schreiben an seinen Gegner, um Blutvergießen zu vermeiden. Er ließ Badajoz stürmen.
Als der gefangengenommene Philippon sich über das Ausbleiben eines Übergabeangebots beschwerte, weil er unter den obwaltenden Umständen diesmal darauf eingegangen wäre, gab ihm ein Adjutant Wellingtons zur Antwort, sein Feldherr

habe die Kapitulation nicht gefordert, weil er sich nicht die gleiche unverschämte Antwort wie vor einem Jahr holen wollte.
Gewiß konnte sich Philippon nicht über eine unziemliche Behandlung beklagen. Er durfte mit allem, was er hatte und in voller Uniform abziehen. Seine Offiziere und Soldaten hingegen wurden rücksichtslos ausgeplündert und mißhandelt.
In dem Bericht heißt es weiter:
»Gleich schonungslos und des Siegers unwürdig verfuhr der Britische rohe Soldatentroß gegen die eigenen Bundesgenossen, die armen unglücklichen Einwohner. Noch stand der größte Theil der Besatzung auf den Wällen und an den Breschen, als schon die an verschiedenen Puncten theilweise eingedrungenen Englischen Truppen, statt eine Reserve zu bilden, sich den fürchterlichsten Mißhandlungen und Plünderungen der Bürger ergaben, wovon unter Anderm folgende Scene den Geist und die Zucht des Britischen gemeinen Soldaten bezeichnen mag. Viele derselben waren in die Cathedralkirche eingedrungen, wo sie, von dem hier aufbewahrten Branntweinvorrath über alle Maße berauscht, die Gewölbe erbrachen, in der Meinung, versteckte Schätze zu finden. Da sie indeß darin nichts antrafen, als einen großen Theil der Spanischen Frauen nebst deren Kinder, so erlaubten sie sich an den Erstern die schmählichste Lustbegier zu stillen, ja sogar die Unglücklichen, so der Schande widerstrebten, noch schmählicher zu morden, deren Schamtheile mit dem Bayonett durchbohrend.«

Im Verlaufe der Kämpfe des Jahres 1811 war immer deutlicher geworden, daß vor dem Hintergrund der spanischen »Partisanentätigkeit« in den Provinzen der Besitz befestigter Städte eine zunehmend wichtigere Rolle spielte.
Solange die französischen Korps getrennt operierten, boten sich dem beweglichen Wellington immer wieder Gelegenheiten zu eigenen Vorstößen. Wie gefährlich dagegen eine Vereinigung der französischen Korps gewesen wäre, deutete sich Mitte des Jahres 1811 an, als die Korps Marmont und Soult sich vereinigten. Gegen die 60 000 Franzosen wäre Wellington mit seinen eigenen insgesamt 40 000 Mann eindeutig unterlegen gewesen.
Ihm gelang es jedoch, die Blockade von Ciudad Rodrigo – wenn auch mit Lücken – im wesentlichen aufrechtzuerhalten und sich durch Beschaffung von Belagerungsmaterial auf den Angriff gegen die Festung im folgenden Jahr 1812 vorzubereiten.
Wellington nutzte die von Napoleon angeordnete Truppenverschiebungen auf der Halbinsel zu einem Angriff gegen die Festung, bevor Marmont mit seiner »Armee von Portugal« Gelegenheit hatte, den Belagerten zu Hilfe zu eilen. Am 19. Januar 1812 war Ciudad Rodigro in seinem Besitz.
Fast gleichzeitig hatte Wellington die Belagerung von Badajoz vorbereitet. Am 6. April wurde diese Stadt im Sturm genommen, wobei deutsche Soldaten – Angehörige des hessischen Regiments Erbprinz – auf seiten der Franzosen den Angreifern gegenüberstanden. Viele der gefangenen Hessen traten später in englischen Dienst ein.

Durch die Eroberung von Badajoz mußte Marschall Marmont seinen Vormarsch nach Portugal aufgeben. Wellington konnte sich nun, nachdem er die Festungen Almeida, Ciudad Rodigro und Badajoz in seinen Besitz gebracht hatte, gegen den Gegner im Norden, Süden oder in der Mitte wenden.
Mit der siegreichen Schlacht bei Salamanca am 22. Juli 1812 wurde ein Wendepunkt des Krieges in Spanien erreicht. Napoleon erfuhr von der Niederlage erst am 2. September bei Borodino. Er war so ungehalten über Marschall Marmont, daß er eine strenge Untersuchung über den Verlauf der Schlacht anordnete.
Wellington entschied sich jedoch nicht für einen Vorstoß auf Bayonne, um dadurch den Hauptverbindungsweg der Franzosen nach Spanien abzuschneiden, sondern gegen Madrid, das am 12. August von der Nachhut König Josephs geräumt wurde. Am gleichen Tag zog Wellington in Kastiliens Hauptstadt ein.
Da sich inzwischen die Korps von Soult, König Joseph und Suchet in Murcia vereinigt hatten, entschloß sich der Herzog von Wellington, unter ausreichendem Schutz für Madrid, Burgos anzugreifen, das als Festung und Hauptnachschubplatz für die Französischen Operationen im Norden des Landes eine entscheidende Bedeutung hatte. Anfang September begann der Aufbruch in Richtung Valladolid. Am 19. September wurde die Festung Burgos eingeschlossen. Trotz hohem Einsatz und hohen Verlusten gelang es jedoch nicht, sie zu erstürmen: Wellington mußte sogar vor den ihm an Zahl überlegenen feindlichen Truppen, die sich von Valencia her Madrid näherten, wieder auf Valladolid zurückgehen, da Soult die Möglichkeit hatte, ihm den Rückzug nach Portugal abzuschneiden. Dem kam Wellington durch den Rückzug zuvor, der natürlich bedeutete, daß auch Madrid wieder aufgegeben wurde. Dies geschah am 31. Oktober.
Das Jahr 1812 endete also damit, daß trotz glänzender Erfolge der Engländer und ihrer Verbündeten fast ganz Spanien wieder in den Händen der Franzosen war. König Joseph, der die Hauptstadt hatte räumen müssen, konnte dorthin zurückkehren. Allerdings war an der Ostküste Spaniens bereits ein englisch-sizilianisches Expeditionskorps gelandet, das zusammen mit spanischen Korps Marschall Suchet keine Ruhe ließ.

In der Heimat wächst die Unzufriedenheit

Vorläufig blieb Frau Henriette mit ihren Kindern noch in Stade, voller Sorge um ihren Mann, aber auch voller Unruhe wegen der Vorgänge in ihrer näheren Umgebung.
Nachrichten aus Hannover besagten, dort sei am 21. Januar 1808 per Eilboten der Befehl aus Paris eingetroffen, daß die Festung Hameln und das Fort George unverzüglich zu schleifen seien. Mehrere Tausend Bauern wurden zur Demolierung der Festungswerke aufgeboten. In einer Meldung von damals hieß es: »Dem Hannöverschen Lande ist dieser feste Platz von keinem wesentlichen Nutzen gewesen, und die Rasirung desselben erspart dem Lande beträchtliche Summen.« Jede Dorfschaft mußte eine gewisse Zahl Bauern jeweils für acht Tage für die Arbeiten stellen. Man hörte, daß das Geschütz der Festung nach Wesel transportiert werden und das Material – Bäume, Holz, Eisen, Steine, die Linden- und Ulmenbäume – auf den Wällen meistbietend versteigert werden sollte.
Im Februar 1808 rückte ein Regiment französischer Chasseurs à Cheval in Hamburg ein, wo es auf den Hamburger Berg und in die Vorstädte gelegt wurde. Das Regiment zählte etwa 600 Mann und kam aus dem Mecklenburgischen. Der Sold für die Soldaten mußte von den Hansestädten aufgebracht werden. Für Hamburg machte dies monatlich etwa 300 000 Franc aus. Einen Tag zuvor wurden Hameln und das Fort George demoliert.
Zu dieser Zeit verbreitete sich das Gerücht, Dänemark erhalte denjenigen Teil der hannoverschen Lande, der am rechten Ufer der Elbe liegt: das 1803 okkupierte Herzogtum Lauenburg. Aus Bremen wurde bekannt, daß dort für die französischen Truppen 42 000 Rationen Zwieback gebacken werden mußten. Ende des Monats wurde Wesel förmlich mit Frankreich vereinigt. General Laurent und der Unterpräfekt von Keverberg legitimierten sich im Rathaus als Kaiserlich Königliche Kommissarien zur Besitznahme der Stadt Wesel und ihrer Gebiete und der Provinzialrat von Sonsfeld als »Kommissarius« zur Übergabe der Stadt Wesel und eines Umkreises von 3000 Metern.
Zusätzlich wurde die Unzufriedenheit mit den Umständen durch die Kälte »angeheizt«, die Ende Februar, Anfang März herrschte. Die Einwohner von Hamburg und Umgebung litten darunter besonders, da keine Steinkohlen eingeführt werden konnten. Abgesehen davon herrschte ohnehin keine Liebe zwischen der hannoverschen Bevölkerung und den französischen Besatzern. Dies geht aus einer Bekanntmachung der Gouvernements-Kommission in Hannover vom 1. März 1808 hervor:
»Da zur Anzeige gekommen ist, daß bei vorgefallenen Streitigkeiten hiesiger LandesEinwohner mit Französischen MilitärPersonen jene die SturmGlocke

angezogen haben, hierdurch aber sowohl die öffentliche Ruhe gestört wird, als den Gemeinden, wo dergleichen Irregularitäten ferner vorfallen würden, höchst gefährliche Folgen drohen, so wird das Anziehen der SturmGlocke in solchen Fällen hiermit nachdrücklich und bei scharfer Ahndung untersagt, auch den Obrigkeiten aufgegeben, Gegenwärtiges zur allgemeinen Kenntniß zu bringen, und auf dessen genaue Befolgung zu achten, so wie überhaupt dahin zu sehen ist, daß den Streitigkeiten der Unterthanen mit dem Französischen Militär möglichst vorgebeugt werde.«

In Stade ließ es sich aber wohl einigermaßen aushalten, zumal die befreundeten Familien sich gegenseitig aushalfen. Daß Henriette mit ihren drei Töchtern aber im April 1813 aus Stade vor den Franzosen über die Elbe ins neutrale Ausland flüchten würde, ahnte man damals noch nicht.

Georg von Coulon war zu dieser Zeit noch auf Sizilien. Seine Beförderung zum Major und die Versetzung nach Portugal waren jedoch schon unterwegs und sollten ihn nun auch in Kürze auf die Reise nach der spanischen Halbinsel schikken.

Georg von Coulon wird zum Major befördert und erhält Marschbefehl nach Portugal

Die schönen Tage von Sizilien, derer sich Georg von Coulon als Mitglied der Besatzungstruppe erfreuen konnte, gingen für ihn im Mai 1813 zu Ende. Er erfuhr in St. Margarita durch einen Kameraden, den Kapitän Kuckuck, daß er zum Major beim 1. Linien Bataillon ernannt worden sei. Kurz darauf las er auch in den Zeitungen von seiner Beförderung, die ab 17. Februar 1813 galt und ihm vom 9. März 1813 an eine höhere Gage sicherte.
Das war natürlich für ihn eine besonders erfreuliche Mitteilung. Mit der Beförderung zum Major war jedoch die Versetzung zum 1. Linienbataillon verbunden, und dies befand sich zu dieser Zeit in Portugal. Coulon mußte sich also auf den Weg dorthin machen, was er auch ziemlich umgehend tat. Aber aus der Reise von Sizilien nach Portugal wurde ein langwieriges Unternehmen. Das Bataillon wartete lange auf seinen neuen Major. Zwar begab er sich am 6. Juni 1813 an Bord eines Transportschiffes, doch vergingen über dreieinhalb Monate, bis er schließlich Lissabon erreichte. Damit war er aber noch nicht bei seiner Einheit.

»**Den 24. May** bekam ich vom Paymaster General meine Gage vom 9. Mertz incl. den 24, Juny d. J. als Major ausbezahlt, hiervon musste ich aber meine Gage als Capt. vom 9. Mertz incl. 24. May an Paymaster Harrison wiedererstatten. Ich behielt nur noch ongefähr 230 Dollars, spanisch. Zu diesem Gelde habe ich noch 500 Dollar, womit ich meine weite Reise u. meine Equipirung als Major stehen muss, u. der Himmel mag wissen, ob ich damit zureichen werde.
Den 25. May meldete ich mir beim Deputy Quart. Mast. General Major Robert hierselbst, wegen meiner freien Passage nach Lissabon hin, derselbe gab mir aber nicht die angenehme Vertröstung, bald dahin mich verschiffen zu können, indem wegen der leidigen Pest, die zu Malta ausgebrochen, die Communication dahin gänzlich gesperrt wäre, u. dies der einzige Ort sei, wo ich Gelegenheit hätte, mit einem Convoy nach Gibraltar oder Lissabon zu kommen, von Palermo gingen wohl zu Zeiten, Schiffe nach Mahon oder Alicante ab, dies wuerde aber eine Detour fuer mich sein u. zudem fände auch vorjetzo keine Gelegenheit dazu statt, sobald eine käme wollte er mir wissen lassen, er riet mir so lange hier zu bleiben bis General Hinueber hier wieder käme, der doch auch nach Lissabon muesste, vielleicht erhielte derselbe ein Krieges-Schiff zu seiner Reise, und mit diesem fände ich wohl Gelegenheit mit zu kommen. – Dies waren nun lauter leere Vertröstungen, u. ich fuerchte, dass ich noch lange hier verweilen muss, bevor ich meine Reise antreten kann, und wodurch vielleicht die beste Jahreszeit ueber verloren gehen wird, doch ich muss Geduld haben.
Den 6. Juny begab ich mich an Bord des Transports »Dorothea No. 234« commandiert vom Master Mackentosh. Auf diesem Schiff bafand sich eine Compagnie vom 2. Rgt. Italien Leavy bestehend aus 1 Capt., 2 Offc., 2 Cadets und 142 Mann. Der Captain nannte sich Frank von Campi ein Tyroler von Geburt, der gebrochen Deutsch sprach, der eine Offc. hiess Duardi und war ein Piemonteser, der andere

nannte sich Donati, er war ein Sizilianer. Beide sprachen französisch aber kein Deutsch, die Mannschaft bestand aus französischen und italienischen Deserteurs, und es herrschte wenig Disciplin unter selbigen.
Noch denselben Tag des Nachmittags ging die Flotille aus 8 Schiffen bestehend, unter Begleitung eines armierten Schiffes von 16 Kanonen, unter Seegel.
Den 22. Juny befanden wir uns Morgens nahe dem Hafen von Mahon, der Commodore gab aber ein Signal, dass keines der Schiffe im Hafen gehen sollte, so kreuzeten wir von Morgens frueh bis Nachmittags 3 Uhr vor dem Hafen herum, um diese Zeit liess ich mir ans Schiff des Commodore bringen, und frug selbigen, ob es wohl ratsam fuer mich sein wuerde ans Land zu gehen, derselbe wiederholte mir, dass dieses nicht angehn könnte, indem der Gouvernör aus Furcht vor die Pest, so zu Malta herrschte, und von deren Nähe wir kamen keinem Menschen erlauben wolle, ans Land zu kommen, man habe es ihm selbst refusiert, und er habe sich deshalb entschlossen, sofort weiter nach Alicante mit der Flottille zu segeln, er riet mir mit dahin zu gehen, besonders da ich zu Alicante viel ehender Gelegenheit haben wuerde nach Gibraltar oder Lissabon zu kommen, als von Mahon aus. Es blieb mir also kein andrer Weg uebrig, als mit nach Alicante zu gehen, der Commodore machte hinzu auch bald darauf das Signal und um 5 Uhr segelten wir wieder von Mahon ab, und passierten schon um 7 Uhr die Insel Majorca, der Wind war östlich, u. es ging schnell vorwärts.
Den 25. Juny Morgens frueh sahen wir die spanischen Gebirge und bald darauf Alicante, woselbst wir um 12 Uhr Mittags den Anker warfen. Alicante hat keinen eigentlichen Hafen, sondern nur eine Rehde, die jedoch noch ziemlich gesichert sein soll. Die Stadt ist nur klein, die Strassen enge, die Häuser aber gut gebaut, sie ist befestiget mit einer Mauer umgeben und mehrer Aussenwerke, so wie 2 starke Forts, machen diese Stadt fuer ein Coup de Main gesichert, eine lange Belagerung glaube ich, kann sie aber nicht aushalten. – Wir fanden bei unserer Ankunft ueber 100 Transport Schiffe in der Bay vor Anker liegen, welche die ganze dortig stationierte Armee an Bord hatte; diese war den Tag vor unserer Ankunft von einer ungluecklich ausgefallenen Expedition gegen TARRAGONIA, zurueckgekommen und wurden heute Nachmittag noch grösstenteils debarqiert, sie kamen 2–3 Stunden rund um ALICANTE herum ins Quartier. Der Plan die starke Festung TARRAGONIA durch einen Coup de Main zu nehmen, war wohl leichter entworfen als auszufuehren und missglueckte mit dem Verlust von 3–400 Tote u. Blessierte an unserer Seite, Hinterlassung von 16 St. Kanonen und mehrere Munition, und 4 Transportschiffe mit Truppen gerieten bei der geschwinden Retraite auf dem Strande und sind verloren, die Mannschaft ist aber noch gluecklich von den Krieges-Schiffen gerettet worden. Der General MURRAY commandierte das Ganze, Lord BENTINCK kam erst den Tag nach Aufhebung der Belagerung von Sicilien an. Nach der Aussage verschiedener Officiers die mit der Expedition gewesen, soll die französische Garnison in TARRAGONIA nur ohngefähr aus 1600 Mann Invaliden bestanden haben, man hatte schon von unserer Seite eine Bresche in der Festung gemacht, und war Willens solche des anderen Tages zu bestuermen, wie des Abends mit einmal das Geruecht entsteht, dass der französische General SUCHET mit einer Armee von 30 000 Man der Stadt zu Huelfe eile, und schon in ihrer Nähe wäre, worauf der General MURRAY schnell die Belagerung aufheben und die Truppen wieder embarquieren lässt, man glaubt dass wenn der General MURRAY nicht so schnell retiriert, sondern des anderen Tages den Sturm unternommen hätte, so wuerde er gewiss Meister von der Stadt geworden sein, wie weit u. ob dieses nun gegruendet ist, vermag ich nicht zu entscheiden.
Den 26. Juny des Morgens wurde die Mannschaft auf unsere Schiffe debarquiert, ich fuer meine Person ging mit meiner Bagage gleich nachher auch ans Land, und liess die Bagage am Ufer so lange stehen, bis ich ein Quartier erhalten hätte. Ich meldete mir

zuerst bei der Div. Gen. Office, ging sodann zur Quart. Master General Office, um ein Quartier zu erhalten, allein diese hatten soviel andere Geschäfte abzumachen, dass sie mir fuer heute kein Quartier geben konnten oder wollten, ich musste also suchen selbst eins zu bekommen, und da der Fähndrich MINNINGRODE vom I. Regt. Italien Leavy mir dazu behuelflich war, so erhielt oder nahm ich vielmehr, ohne Anweisung, eine noch recht gute Stube u. Kammer im Carmeliter-Convent, woselbst noch verschiedene andere Officiers. so krank oder blessiert waren, logierten und war ich herzlich froh, nun unter Dach zu kommen und nicht wie es mehreren anderen Officiers ergangen, in elenden Wirtshäusern einige Tage u. Nächte zu bringen zu muessen.

Den 27. Juny Ging ich zum Adj. General und hielt um Passage nach Gibraltar oder Lissabon an, von selbigen bekam ich eine Order an den Quart. Master General und von diesem wieder eine Direction an den I. Kapt. der Navy, dass derselbe mir eine freie Passage nach Gibraltar oder Lisbon ausmachen möchte. Mit dieser Anweisung liess ich mich an Bord der »Bristol«, ein Kriegesschiff von 74 Kanonen bringen, woselbst ich dem Capt. meine erhaltene Order uebergab, derselbe war sehr höflich gegen mir, sagte aber, dass vorjetzo gleich keine Gelegenheit fuer mir wäre, die erste aber so vorfiele sollte ich haben, vielleicht ging er mit seinem Schiffe zuerst nach Gibraltar hin, und in dem Fall erbat er sich freundschaftlich mir mitzunehmen, auf jeden Fall sagte er mir, wuerde er der Quart. Gen. Office Nachricht geben, wenn eine Gelegenheit fuer mich vorfiele, weiter kann ich nun hierin nichts tun, obschon ich herzlich wuensche bald in Lisbon zu sein.

Hier in ALICANTE ist alles sehr teuer, der vielen Menschen halber, so in und ausserhalb der Stadt sind, ein Huhn kostet 1 Dollar, ein Ei 4 P, 1 Pf. Fleisch 2 Shilling etc. etc. Dem ohngeachtet lebe ich hier wohlfeiler als auf dem Schiffe, ich erhalte nebst mein Bedienter gute Provision aus 2 Pf. Brod, 2 Pinte Wein u. 2 Pf. Fleisch täglich bestehend, gleichfalls hinlängliches Holz zur Feuerung, u. mein KOHL macht mir täglich eine gute Suppe, und Gemuese ist das Einzige was ich zukaufen muss, welches nebst den Fischen zwar teuer jedoch hinlänglich zu haben ist. Den Unterschied zwischen der spanischen u. sicilianischen Nation ist immer gleich auffallend sobald man in ALICANTE kommt; es herrscht hier schon mehr Reinlichkeit, sowohl auf den Strassen als in den Häusern, man findet hier nicht soviele Bettlers u. halbnackende Menschen; das zweite Geschlecht ist nicht so vermummt angezogen, lässt sich freier sehen, ist huebscher gewachsen, von feinerem weisserem Tin, ihr Anzug gleicht mehr der Engelländer u. Franzosen ihre, die mehrsten sind von schlanker grosser Bildung, haben schwarze grosse Augen u. schwarzes Haar, und scheinen dem Militair nicht ganz abgeneigt zu sein. Ihre Sprache ist pathetischer und ihre Gesticulations beim Sprechen nicht so viele als die der Sicilianer; ueberhaupt soll wie ich höre der Spanier nicht so heftig wie der Sicilianer in seinen Leidenschaften sein und von Meuchelmord hört man hier wenig.

Den 29. Juny ging ich ohngefähr bis auf eine Stunde weit von der Stadt ins Land spazieren und bemerkte mit Vergnuegen mehrere geräumige fahrbare Wege nach verschiedenen Directions hin, welche man in Sicilien wenige findet, auch sah ich dass das Erdreich schon mit mehrerem Fleiss bebauet u. beackert wird. Die Ernte war schon geschehen u. die Felder zum Empfang einer neuen Frucht wieder umgepflueget, damit das Unkraut besser vergehn könne, ein Umstand der in Sicilien gänzlich vernachlässigt wird.

Ich sah verschiedene schöne Felder mit Klever angebaut, mein Weg fuehrte mich zu einem Pächter oder Bauernhaus hin, woselbst ich durch 2 Mules den Waitzen ausdreschen oder austreten sah, ein kleiner Junge fuehrte die Maultiere; indem ich zusah kam der Pächter oder Eigentuemer des Hauses auf mir zugegangen, gruesste mir freundlich, und wir machten eine Unterredung zusammen so gut wie wir uns beiderseits zu

verstehen geben konnten. Dieser Mann war sehr reinlich angezogen, er zeigte mir den ganzen Umfang seines ihm zugehörigen Landes, welches er sorgfältig mit allerhand Sorten von Bäumen bepflanzt hatte, sagte mir dass die Ernte d. J. ziemlich ergiebig ausgefallen, dass er aber vielen Schaden von den Soldaten erlitten; auf meine Frage ob dies engl. oder franz. Soldaten gewesen? sagte er keine von beiden, es wären ihre eignen spanische Soldaten und Volontairs die am schlimmsten mit den Landleuten handelten. Er fuehrte mich hierauf auf einer Anhöhe hin, um seine viele Weingärtens zu uebersehen, die alle mit den besten Weintrauben bepflanzt waren, und ihn ein Grosses einbringen mussten, nahm mich hierauf nach seiner Wohnung wo alles sehr reinlich war und wo ich seine Frau und Tochter vorfand, die ganz buergerlich und gut gekleidet waren, beide hatten einen Fächer in der Hand. Die Gewohnheit Fächer im Hause u. auf der Strasse zu tragen muss in Spanien allgemein sein, mehrere Bauernkarren begegneten mir unterwegens, worin die Weiber u. Kinder jeder seinen Fächer hatte, um sich abzukuehlen. Der Eigentuemer bat mir, Brod und Wein zu essen u. zu trinken an, welches ich refusierte, und brachte mir hierauf nach seinem Obst u. Fruchtgarten hinterm Hause, welcher voller Orangen, Pommeranzen, Pfirsichen, Apricosen, Äpfel u. Birnbäumen stand und liess durch einen seiner Knechte mir einen grossen Taschentuch voller Apricosen und Pfirsiche abpfluecken und wie ich dem Knecht ein kleines Trinkgeld dafuer geben wollte, weigerte sich der Knecht, solches zu nehmen, und der Eigentuemer wollte es auch nicht zugeben, dass der Knecht etwas nähme; grade ein Gegenstueck zu dem Betragen der Sicilianer, welche nie zuviel Trinkgeld kriegen können u. wo die Herren um ein Trinkgeld fuer ihre Bediente nachsuchen.
Ich hörte von diesem Manne auch zugleich, dass seit der Zeit wo die Franzosen die Invasion in Spanien gemacht, von dem spanischen Gouvernement die Verordnung gegeben, dass sämtliche Landleute ihr Korn, Wein etc. fuer einen bestimmten Preis der Regierung ueberlassen mussten und dass er deshalb sein Korn, Wein, Fruechte, Fourage etc. an die Magazine in ALICANTE abliefern, und bloss dasjenige behalten durfte, was zur Unterhaltung seines Haushaltes notwendig erforderlich wäre, ausserdem muss er noch 1 Serg. u. 10 Mann vom spanischen Militair täglich speisen, welche stets auf seinem Hofe sind, u. die zugleich darnach achten muessen, dass er alle seine Ernte nach ALICANTE gehörig abliefert, dieser gute Mann konnte sehr gut fortkommen, wenn nicht der Krieg ihm soviel entzöge.«

Am 30. Juni läuteten in der Stadt alle Glocken. Die Spanier hatten die Nachricht erhalten, daß »die grosse Armee unter Marquis Wellington einen vortrefflichen Sieg ueber die Franzosen erfochten haben sollte, wobei die Feinde über 60 Kanonen etc. etc. verloren; da der Lord Benting noch keine officielle Nachricht deshalb erhalten, so ist von unserer Seite dieses Sieges wegen keine Freuden Bezeugungen gemacht, man zweifelt aber nicht an der Wahrheit u. erwartet mit Sehnsucht die officielle Nachricht davon.«
Hätte man gewußt, daß in der Schlacht von Vitoria der entscheidende Sieg errungen worden war, durch den die Franzosen praktisch aus Spanien vertrieben wurden, dann hätte vermutlich der Freudensalut sogar das Läuten der Glocken von Alicante übertönt.
In dieser Schlacht hatte Wellington sein großes taktisches Können gegen den zögernden, ängstlichen König Joseph ausspielen können. Während der Franzose den Angriff von Westen erwartete, wo der Zadorra-Fluß die Verteidigung begün-

stigte, ließ der Brite das Zentrum seines Gegners von den Flanken angreifen. Als dann der Stoß von Westen gegen den bereits verunsicherten Gegner folgte, gab es für Wellingtons Truppen kein Halten mehr. Sie jagten die Franzosen vor sich her, die in panischer Angst flohen. Die meisten entkamen. Nur 756 Tote wurden gezählt, 7200 wurden verwundet oder vermißt. Über 3000 Fahrzeuge, der Troß der Armee und Joseph's, blieb zurück, für die siegestrunkenen Soldaten Wellingtons eine ungeheuer große Versuchung und für Wellington die Ursache dafür, daß dieser große Sieg nicht ausgenutzt wurde!
Während die Soldaten ihre Taschen mit erbeutetem Geld und Schmuck füllten, mit dem silbernen Nachttopf des geflohenen Königs Scherze trieben, derweil sie sich mit den Marketenderinnen abgaben, die ihre französischen Kunden verloren hatten, und kräftig dem Wein zugesprochen wurde, den es in großen Mengen gab, zogen sich die besiegten 60 000 Franzosen in nördlicher Richtung zurück, der Landesgrenze zu. Sie waren besiegt, aber nicht vernichtet worden. Wellington machte seinem Ärger über die vergebene Chance in einem Bericht Luft. In ihm lobt er, es sei bis zum Beginn der Schlacht alles hervorragend gelaufen; doch dann sei, wie üblich, Ordnung und Disziplin vollkommen zusammengebrochen. Wenn nicht alle Dienstgrade künftig gezwungen würden, ihre Pflicht zu tun, sei mit keiner Besserung zu rechnen.
Man kann Wellington verstehen: Zeitweise waren mehr Soldaten seiner Armee volltrunken und plündernd »fahnenflüchtig«, da nicht bei ihrer Einheit, als während der Kämpfe ausgefallen waren. Das waren 5148 Tote und Verwundete von insgesamt 70 000 Mann.
Anfang Juli erhielten Coulon und einige Offiziere eine Passage nach Gibraltar. Nach drei Tagen erreichten sie ihr Ziel. Zehn Tage blieben sie auf dem Schiff in Quarantäne. Dann durften sie an Land gehen:

> **»Den 16. July** war unsere Quarantaine zu Ende und wir erhielten die Erlaubnis nach GIBRALTAR gehen zu können. Ich ging denselben Tag, jedoch ohne meine Bagage dahin ab, meldete mir beim dortigen Gouvernör General CAMPEL, ein alter wuerdiger Mann, den wir in seiner Cottage auf dem Europe Point antrafen; er sagte mir, dass ich nur nach dem Town Major gehen, der mir ein Quartier anweisen und zugleich fuer meine weitere Passage nach LISSABON Sorge tragen wuerde, auch bat er mir des anderen Tages bei ihm zu speisen. Vom General ging ich zu dem Town Major der mir versprach nächsten Tag ein Quartier zu geben, falls ich am Lande noch bleiben sollte, da er aber vernommen, dass vielleicht am nächsten Tage eine Convoy nach Lisbon abgehen wuerde, so riet er mir diese Gelegenheit nicht zu versäumen, da ich sonsten vielleicht noch lange nach einer Passage dahin warten muesste, er schrieb deshalb sofort an den Agenten des Transports, und ich ging nach dessen Hause hin, da ich solchen aber daselbst nicht vorfand, so uebergab ich das Requisitionsschreiben an den Clerc des Agenten und kehrte am Abend an Bord des Schiffes wieder zurueck.
> **Den 17. July,** als ich eben im Begriff war mit meiner Bagage nach GIBRALTAR zu gehen, sandte mir der Agent einen Brief zu, worin eine Order fuer meine Passage nach LISSABON auf dem Transport ›Henry No. I35‹, commandiert von dem Master BLACK fuer mich, meinen Bedienten und 2 Soldaten vorhanden war. – Dieses Schiff

war bereits unter Segel um mit dem auslaufenden Convoy nach Lisbon zu gehen, ich liess mir also an Bord dieses Schiffes bringen und hatte Muehe, es zu erreichen; die ganze nach Lisbon u. England gehende Flotte bestand aus etwa 27 Schiffen.
Es war von dem Agenten zu Gibraltar JAMES NICOLSON höchst unerlaubt, dass er mir meine Passage auf einem solchen Schiff gab, dass wie ich nächsdem von dem Master hörte von Alexandria gekommen, daselbst Korn fuer Rechnung des Engl. Gouvernements geladen u. zwar zu einer Zeit wo die Pest daselbst stark gewuetet hatte, und war von da nach Malta gegangen, von wo es vor einiger Zeit in Gibraltar angelanget war, dieses Schiff musste also natuerlich allenthalben, wo es ankam, strenge Quarantaine aushalten, wodurch meine Ankunft zur Armee sehr verzögert werden musste. Es war also sehr unrecht von dem Agenten gehandelt, mich auf ein solches Schiff zu bringen, da er doch wusste, dass ich Order hatte, sobald als möglich mein Regt. zu joinen.
Da ich mit keinen Lebensmitteln versehen war, so musste ich bei dem Master des Schiffes zu Tische gehen u. hatte fast alle Tage Salzfleisch und Schiffs Zwieback zum besten, nur hin u. wieder wurde mal ein Huhn gegeben.«

Die Fahrt ging gut voran; bald war die Mündung des Tajo erreicht, den das Schiff ein Stück aufwärts bis zum Kastell von Belem fuhr, in dessen Nähe geankert wurde. Aber nichts durfte ausgeladen werden. Ein portugiesisches Quarantäne-Boot setzte auf die Schiffe, die Getreide aus Alexandria geladen hatten, je zwei Posten ab; sie hatten darauf zu achten, daß niemand an Land ging. Auch keine Briefe durften abgeschickt werden. Am Tage kam regelmäßig ein Regierungsboot in die Nähe der Schiffe, um sich nach dem Gesundheitszustand an Bord zu erkundigen. Näherte sich ein Fischerboot, wurde vom Fort ein Warnschuß abgefeuert. Auch des Nachts wurde die Sperre nicht gelockert.
Georg v. Coulon hatte trotz allem Verständnis für die Vorsichtsmaßnahmen der portugiesischen Regierung, soweit sie ihm notwendig erschienen, die Verbreitung der Pest zu verhindern. Ihm war bekannt, daß sie vor nicht allzu langer Zeit in Malta gewütet und täglich 70 bis 80 Menschenleben gefordert hatte. Aber einiges, so meinte er, artete gegen »die Unschuldigen, so in Quarantäne waren, in Grausamkeit aus«:

»Zu PALERMO, MESSINA, und GIBRALTAR erlaubte man dennoch, dass Briefe ans Land und zwar in Quarantaine sind, niedergelegt werden konnten, die sodann in Essig getaucht, nachgehends stark geräuchert und also unschädlich gemacht, an ihre Adresse befördert wurden; auch kamen dieser Orten täglich ein Quarantaine Boot an die Schiffe, das jedem Schiffe die verlangten nötigen Lebensmittel im Boote des Schiffs niederlegte, allein dies war nicht der Fall mit uns zu LISBON, kein einziger Brief durfte empfangen noch abgesandt werden:
Um den 3. oder 4. Tag kam zuweilen ein Wachtboot vom Lande, das uns frug was wir an frische Lebensmittel etwa haben wollten, das sodann beorderte wurde aber dem Schiffe erst am 5. oder 6. Tage gebracht, und zum Teil so schlecht, dass man es kaum geniessen konnte; sogar versagte man uns die erste Zeit frisches Wasser, und da die mehrsten der Schiffe nur weniges und noch dazu altes stinkendes Wasser an Bord hatten, so litten wir bei der grossen Hitze vielen Durst. Den Master auf unserem Schiff bewog dieses dass er eine Canone abfeuerte und Not-Signale aufsteckte, welches auch noch 2 andere Schiffe taten, dieses hatte dann die Wirkung dass Boote von den Schiffen ans Land gesandt werden konnten um frisches Wasser zu holen, die jedoch von einer portugiesischen

Wache am Lande genau bewacht wurden, dass kein Matrose sich irgend einem Einwohner näherte. Ich werde Zeit meines Lebens den traurigen Aufenthalt nicht vergessen, so ich während unserer 62 tägigen Quarantaine Zeit an Bord des Schiffes verlebt habe, indem ich nur mit dem Master des Schiffs alleine etwas Unterhaltung pflegen, sonstens aber keine Buecher oder Zeitungen zu lesen bekommen konnte, und gleich nach unserer Ankunft im TAJUS durch eins von den Kriegesschiffen und den Forts gegebenes Salut-Feuer von der glorreichen Siegesnachricht erhielten, so der Marquis WELLINGTON ueber die Franzosen erfochten hatte.
Obschon ich zu mehreremalen dann in der Nähe unseres Schiffs kommenden portugiesischen Quarantaine Officiers bekannt gemacht hatte, dass ich englischer Major wäre, und bloss als Passagier von Gibraltar auf diesem Schiffe gekommen sei, und Order habe mein Regt. zu joinen, und dass man deshalb meine Quarantaine mir verkuerzen, oder mir wenigstens erlauben möchte einen Brief an den Gouvernör abzusenden, so halfen doch alle diese Vorstellungen zu nichts, man erwiederte mir, dass alle diese Massregeln auf Order des Gouvernements geschähen, und dass wenn selbst der Prinz Regent an unser Schiff wäre, derselbe keine weitere Erlaubnis erhalten, sondern sich den Gesetzen unterwerfen muesste. Es blieb mir also nichts weiter uebrig, als mit Geduld das Ende der Quarantaine abzuwarten, welches dann endlich am **24. Septbr.** erfolgte, und ging unser Schiff an dem Tage den TAJUS herauf nach LISSABON zu.
Den 25. Septbr. ging ich nach LISSABON, meldete mir beim General PICOT und erhielt ein Quartier in BELEM. Auch schrieb ich an diesem Tage an den Lt. Colonel BODECKER und meldete demselben meine Ankunft zu LISSABON und die Umstände so solche so lange verzögert hatte.
Den 14. October kaufte ich vom Capt. Wackerhagen, 22 light Batt. die braune Stute, so vorher der engl. Oberst Lieut. OFFENEY gehabt, mit Sattel u. Zeug fuer den Preis von 300 Dollars spanisch, ich habe solche nicht baar bezahlt, sondern Capt. WACKERHAGEN eine Handschrift oder Obligation auf diese Summe von 300 Dol. ausgestellt, mit dem Versprechen, solche in Zeit von 1 Jahre, baar wieder zu bezahlen, auch an Zinsen 5% jährlich zu entrichten, diese Handschrift hat Capt. WACKERHAGEN an den Sergeant WILCKENS vom 5. Battl. K.G.L. cedieret, dem ich also jetzt das Capital u. die Zinsen darauf bezahlen muss. – An diesem Tage schrieb ich auf den Brief No. 119 an meine geliebte Frau, worin ich ihr meine glueckliche Ankunft zu Lisbon meldete.
Den 3. October 1813 kaufte ich ein Mule fuer 150 Dollars.
Den 5. October 1813 kaufte ich ein Mule fuer 50 Dollars.
Den 16. October 1813 erhielt ich von Herrn Lt. BILEPS on Account of Colonel BODECKER die Summe von 49 Doll. 23 Cent.«

Ein ganzes Päckchen Briefe kommt an. Einige waren darunter, die wieder über ein Jahr unterwegs waren, doch alle melden, daß es der Familie daheim gut geht. Nun begann der Marsch zum Bataillon. Es galt rund 1300 Kilometer zu bewältigen. Die Jahreszeit verhieß keine reine Freude, schlechtes Wetter stand bevor. Regen und störrische Maultiere drücken auf die Laune. Nicht überall werden zufriedenstellende Quartiere zugewiesen oder gefunden. Dennoch hält Coulon darauf, daß jeden Tag die ihm in Lissabon vorgegebene Strecke zurückgelegt wird. Und so erreicht er am 25. Oktober

»ABRANTES, eine ziemlich grosse und befestigte Stadt, woselbst wir schon um II Uhr eintrafen, wegen Erhaltung eines Quartiers mussten wir aber bis I Uhr warten, nachher wurde Fourage empfangen, welches auch eine gute Zeit – wegnahm, so dass wir vor 3 Uhr nicht zur Ruhe kamen. Hier hatte ich ein Disput mit meinem Bedienten KOHL, er war ein wenig tipsig. Kam mir grob an, u. ich uebereilte mich so sehr dass ich ihm 3 Fäustel gab, er sagte mir hierauf den Dienst auf, bedachte sich aber nachher, da ich ihm wieder schmeichelte u. wir wurden am Ende wieder gute Freunde, ueberhaupt was ich fuer eine Last und manchen Ärger mit die beiden commandierten Leute hatte, lässt sich nicht beschreiben, sie waren faul u. träge u. trotzig, ich musste nur gute Worte und stets etwas zu spendieren geben, sonsten taten sie nichts, mit Gewalt konnte ich sie fuer mich allein nicht zwingen.«

Über Gariaro, Niza und Sardanas führt die Route, täglich im Durchschnitt 5 Leages, das sind rund 22 Kilometer. Von Abrantes an verliert sich die schöne Gegend, die Weinberge und das bebaute Land nehmen ab, Gehölz nimmt zu. In Castello Branca händigt der englische Kommandant einen neuen Marschbefehl aus. Es gibt Proviant für Menschen und Tiere.
Für die Pferde der Offiziere und Maultiere, die das Gepäck trugen, wurden entsprechend dem Rang ihrer Besitzer unterschiedliche Rationen zugeteilt. Bei der Kavallerie erhielt ein Oberst acht, ein Oberstleutnant sieben, ein Major sechs, ein Capitain (Hauptmann) vier, die übrigen Offiziere je drei Rationen. Die Infanterie-Offiziere waren etwas schlechter dran. Der Oberst bekam sieben, ein Oberstleutnant sechs, ein Major fünf, ein Hauptmann drei, Adjutanten zwei und die übrigen Offiziere je eine Ration. 57 Tagesrationen waren im Sommer 1814 10 Shilling und 10 Pence wert.

»**Den 2. Novbr.** morgens frueh ging ich von CASTELLO BRANCO ab und sollte nach der neuen Marsch Route nur bis LOZA 2 Leagues gehen, ich ging aber weiter bis zum 2. Nachtquartier nach PIDROGA welches 4 Leagues von LOZA entfernt war, der Weg war gut und wir erreichten um 4 Uhr unser neues Quartier, PEDRODA ist ein Dorf, welches so wie alle die uebrigen Städte und Dörfer durch die Franzosen erstaunlich gelitten, die Alt und Jung in diesem Dorfe, bei ihrer Retirade ermordet und die Häuser grösstenteils ruiniert hatte, ich bekam ein recht gutes Quartier fuer mich u. gute Stallung fuer die Pferde, mein Logis war zwar räucherig, allein der Patron des Hauses so wie dessen Bruder Tochter, die einen Quart. Master bei der portugiesischen Armee zum Manne hatte, taten mir und meinen Leuten alles nur mögliche Gute, so wie wir es noch nie in keinem Quartier in Portugal gefunden hatten. Da mein grosser Mule etwas in den vorgegangenen Tagen gedrueckt war, und ich selbigen gerne bald wieder gut haben wollte, so mietete ich fuer meine Bagage ein Mule wofuer ich von C. BRANCO bis PEDROGA 3 Dollars bezahlen musste. – Zu CASTEL BRANCO liess ich am 2. Nvbr. den Soldat WEGENER 5. Battl. 60. Regt. zurueck; er gab vor, er wäre krank u. muesste ins Hospital, allein es war nur alles Verstellung bei diesem faulen Kerl, ein wahrer Raisonneur, der mit nichts zufrieden war, und dem das Marschieren nicht gefiel. Ich wollte ich hätte diesen Schlingel nicht mitgenommen, denn nach der Zeit wie er weg war, ging alles mit den Pferden und der Bagage besser zu.«

Manche Ortschaften tragen noch die Spuren des Krieges. Sabugal, eine kleine alte Stadt besteht fast nur aus Ruinen. Die Grenzdörfer wurden beim Einmarsch der Franzosen schwer mitgenommen. Das letzte portugiesische Dorf vor der spanischen Grenze, Aldea Desponte, war beinahe gänzlich zerstört. Was an Bequemlichkeit fehlte, wurde aber durch die Freundlichkeit und Hilfsbereitschaft der dort eingerichteten englischen Stäbe und auch mancher Ortsansässiger wettgemacht. Die erste Begegnung mit Spanien in Ciudad Rodrigo war weniger erfreulich:

»Der Weg dahin war gut u. wir kamen um ½ 4 Uhr daselbst an, mussten aber ueber 3 Stunden warten bevor wir ein Quartier erhielten. Der spanische Gouvernör begegnete mir auf der Strasse, ich ersuchte denselben fuer eine Order zur Erhaltung eines Quartiers, derselbe sagte mir aber, er ginge jetzt zur Revue u. ich musste so lange warten bis er zurueck käme, er blieb 2 Stunden aus und da ich sahe dass es bald Nacht werden wuerde, so ging ich nach dem Stadthaus, wo ich mit Huelfe eines spanischen Soldaten, der ein Deutscher war, endlich ein Billet erhielt, mit dem ich nach dem Alcalde in der Vorstadt gehen musste, der mir dann kurz vor dem Dunkelwerden, ein noch ziemlich gutes Quartier fuer mich, und in einem Wirtshause, wo an die 100 Maultiere standen, einen Stall fuer meine 4 Tiere erhielt. Hier ist alles spanisch, und man spricht und hört nur diese Sprache, diese Stadt ist ziemlich befestigt, unserer Armee belagerte solche im Jahre 1812 und nahm sie durch Sturm ein, wobei viele Menschen umkamen, und die Legion verschiedene brave Officiers verlor, uebrigens ist die Stadt nur klein, hat enge Gassen und die Häuser sehen finster und schwarz aus.«

Die nächsten Tage wurde notgedrungen ausgeruht, weil der englische Verbindungsoffizier davor warnte, zu zweit nach Salamanca zu marschieren. Räuberbanden machten den Weg unsicher. Daher solle er einen Trupp Kavallerie abwarten, dem er sich anschließen könne. Der angekündigte Trupp kam am 12. November an. Der Führer der Reiter, ein Rittmeister kündigte an, am nächsten Morgen 7 Uhr werde abgerückt.

»Den 13. Novbr. Morgens um 7 Uhr war ich mit meiner Bagage zur Abreise bereit, als mir der Capt. von dem Detachement sagen liess, dass er fuer heute nicht gehen könnte, u. dass ich also auch noch einen Tag da bleiben möchte, da ich aber schon so lange seinetwegen stille gelegen, so liess ich ihm antworten, dass ich meinen Marsch alleine antreten wuerde, welches dann auch geschah, meine beiden Männer hatten auf diesem Marsch ihre Mondierung an, und ihre Gewehre waren scharf geladen, ich fuehrte eine geladene Pistole u. meinen Degen bei mir, auf diese Art bewaffnet glaubten wir, mit 12–16 Räuber es aufnehmen zu können, gleich nach unserer Abreise von RODRIGO gesellten sich 6 portugiesische Kaufleute zu uns, die unter unserer Bedeckung mit nach SALAMANCA wollten, der Weg war die erste Zeit etwas steinig, nachher aber gut u. fuehrte uns durch einen Wald, welcher zum Aufenthalt der Räuber vortrefflich war, und wovon unserer Portugiesen jeden Augenblick befuerchteten angegriffen zu werden, allein ob wir es der Furcht fuer unsere rote Mondierung es zu verdanken oder das Geruecht von der Menge der Räuber sich sehr vergrössert hatte, genug, wir sahen keinen einzigen Räuber u. wurden also nicht attaquieret, sondern gelangten um 1 Uhr Mittags zu MARTIN DEL RIO 5 Leagues von RODRIGO entfernt, in unser Quartier. Dieser Ort ist ein kleines Dorf, fast gänzlich ruiniert nur 3 bis 4 Häuser waren noch so ziemlich verschont geblieben, in eins derselben erhielt ich mein Quartier, unsere portugiesische Gesellschaft konnte keine Herberge erhalten und musste nach dem nächsten Dorfe weiter gehen. Unser Wirt sah einem Räuber nicht unähnlich, des Abends beim Zubettgehen riet er uns, ja unsere Gewehre bei der Hand zu haben indem des Nachts die Räuber aus dem Gebirgen kämen, und die Häuser pluenderten, wir nahmen seinen Rat in acht, jedoch wurden auch in der Nacht von keinem Räuber gestöret.

Den 14. Novbr. des Morgens regnete es sehr stark und es schien, als wenn es so damit den ganzen Tag continuieren wollte, weshalb ich auch schon zu bleiben mir entschlossen hatte, als auf einmal der Himmel sich aufklärte, und ich sogleich die Bagage aufpacken liess. Meine Marsch-Route war fuer heute fuer mich nach SAUMUNOS 3 Leagues bestimmt. Mein Wirt versicherte mir indessen, dass es nur 2 Leagues wären und dass von diesem Orte fast kein wohnbares Haus sei, er riet mir, nach BOBEDA 4 Leagues zu gehen, wo ich besser Quartier finden wuerde, obschon ich mich ja fuer die Räuber in Acht zu nehmen hätte, die diese Strasse sehr gefährlich machten. Ich folgte meines Wirtes Rat, hatte guten Weg, gutes Wetter und obschon erst um 9 Uhr von DEL RIO abgegangen waren, so gelangten wir doch schon von Räubern ungestört um 2 Uhr in unser Quartier zu BOBEDA an, woselbst ich in des Priesters Hause ein excellentes und sehr bequemes Quartier und meine Tiere einen guten Stall erhielten, der Pastor war nicht zu Hause, sondern hielt sich in SALAMANCA auf. Während des ganzen Weges waren wir jeder Zeit im Gehölz, die Bäume waren sogenannte echte Eichen, ein gutes Futter fuer die Schweine, aber schlechtes Holz.«

Man sieht, Georg v. Coulon hält seine Augen offen, beobachtet, und was ihm auffällt, hält er in seinem Tagebuch fest. Er freut sich auf Salamanca, auch seiner Pferde wegen; er meint, ihnen werde eine Ruhe von ein paar Tagen in der Stadt guttun. Die Wege werden wieder besser, der Boden, allenthalben rotlehmig, schien fruchtbarer. Schon die Silhouette der Stadt mit ihren vielen Kirchen und Türmen gefällt ihm. Als er die ihm eng erscheinenden Straßen durchreitet, begrüßen einige Einwohner die Ankömmlinge mit dem Ruf »Viva Inglesia«.
Ein englischer Hauptmann vom 77. Regiment ist Ortskommandant. Er lädt ihn ein, einem Stierkampf zuzuschauen:

»Dieses war das erste Mal in meinem Leben, dass ich dies bei den Spaniern so beliebte Gefecht mit ansah, es ist aber wahrhaftig nicht der Muehe wert zu sehen, u. sollte von der Regierung eigentlich nicht geduldet werden, indem mancher Mensch dabei sein Leben verliert. In einem der Quaroceis war ein hölzernes Geruest aufgefuehrt in Form eines Zirkels, auf diesen setzten sich die Zuschauer, welche á Person 1 Shilling dafuer bezahlten, inwendig in dem Zirkel waren wohl 20 u. mehrere sogenannte Fenster, davon jedes mit einem Mantel versehen war, der Stier wurde hierauf in den Zirkel getrieben, u. alles machte sodann einen Lärm mit Schlagen der Stöcken, Geschrei etc. wodurch der Stier wild wurde; die Fechter naheten sich dann dem Stier u. warfen ihm Huete, Mäntel etc. in den Weg, welche das Tier mit den Hörnern empfing. Die Geschicktesten der Fechter gingen ihm mit dem Mantel entgegen, der Stier lief sodann wuetend auf ihnen zu, sie dreheten sich dann kurz um, wenn der Stier ihnen nahe kam, u. liessen sodann ihren Mantel fallen, welche der Stier fuer den Mann selbst hielt, u. solchen zu mehreren Malen mit seinen Hörnern in die Luft schmiss, dieses war der ganze Spass, 2 Stiere wurden nach einander in den Zirkel gelassen, es geschah dabei kein Unglueck, sondern es ging fuer dieses Mal ohne Schaden ab. Wenn das Gefechte geendet werden sollte, wurde mit der Trompete ein Zeichen gegeben, eine andere Tuer wurde sodann geöffnet, u. 2 andere zahme Stiere hereingefuehret, mit welcher der wuetend gemachte Stier sodann ganz ruhig aus dem Zirkel in seinen Stall getrieben wurde.«

Bevor er Salamanca verläßt, erhält er von einem Leutnant Bilep einen Brief, der

das Datum vom 9. November trägt. Darin teilt ihm der Leutnant mit, Napoleon habe am 26. September »seine feste Position bei Dresden verlassen . . . und hoffentlich wird jetzt nun Hamburg u. unser Land von Franzosen befreit sein«.
Die Information hinkte den tatsächlichen Ereignissen etwas nach. Inzwischen hatten die Alliierten in der dreitägigen »Völkerschlacht« von Leipzig (16.–19. Oktober) Napoleon besiegt, und als Leutnant Bilep an Coulon schrieb, war Bonaparte bereits nach Saint-Cloud zurückgekehrt.
In den letzten Novembertagen geht es von Dorf zu Dorf weiter. Coulon ist nicht zu müde, in Palenicia, einer »alten, sehr finsteren Stadt, in einem Tal gelegen«, die Kathedrale zu besichtigen, »ein schönes Gebäude, das eine vortreffliche Orgel hat, auf welcher ein Priester mir verschiedene gute Musik vorspielte«.
Die ersten Tage des Dezember bringen Nachtfrost, und als die Sonne »das Gefrorene erweichte, war es für die Tiere böse zu gehen«.
In Herrera muß deswegen wieder einmal ein Ruhetag eingelegt werden. Der Ortskommandant, ein Engländer namens Tompson, entschädigte für unterwegs gesammelte schlechte Erfahrungen.

»Er war ein artiger freundlicher Mann, gab mir ein gutes dinner, er war vorher bei der Brigade der deutschen Legion stationiert gewesen, hatte aber selbige krankheitshalber aufgeben muessen, er lobte die deutsche Brigade sehr u. besonders Colonel BODEKKER, an den er mir viele Gruesse auftrug; vorige Nacht war ein Fuss hoch tiefer Schnee gefallen, und es fror dabei stark.
Den 5. Decbr. wollte ich meine Reise weiter fortsetzen, und es war alles gepackt, wie mit einmal der grosse Mule unruhig wurde, zu schnauben u. zu stönen anfing, und endlich sogar mit der Bagage umfiel; man sah es dem Tiere an, dass es sehr krank war, und eine starke Colic hatte, ich liess sofort wieder abladen, holte den Schmied des Dorfes und dieser sagte gleichfalls dass das Tier eine starke Colic hatte; er liess es in den Stall fuehren, wo es sich ferner wälzete, u. grausam stönte, sodass ich fuerchtete, es wuerde crepieren, unterdessen nach Verlauf einer Stunde kam es zum Stallen, der gab ihm etwas Medizin, und so erholte es sich bald wieder, ein grosses Glueck fuer mich, denn wenn dieses Tier mir crepiert wäre, ich hätte nicht gewusst was ich machen sollte, da ich kein Geld zur Ausruestung eines anderen vorrätig habe. Dieser Umstand machte, dass ich heute noch in dem fatalen HERRERA bleiben musste, ohngeachtet es schönes Wetter war.
Den 6. Decbr. setzte ich meine Reise nach AGIULA DEL CAMPO 4 Leagues weiter fort, der grosse Mule war wieder besser, der Weg sehr gut u. dabei zwar kaltes aber helles Wetter, u, der Himmel belohnte uns heute fuer das Ungemach, so wir gestern gehabt hatten, um I2 Uhr kamen wir ins Quartier, es war gut und die Leute im Hause freundlich und höflich.«

Die Strapazen nehmen zu. Auf dem Weg von Reynosa nach Cillarello müssen die Tiere »bis unterm Leib durch Morast und Wasser waten, dazu kam, daß bald nach unserem Ausmarsch es stark zu schneien anfing, den Tieren, besonders der große Mule ballete der Schnee so stark unter die Fuesse, dass wir alle fuenf bis sechs Minuten stille halten und die Ballen abschlagen mussten, auf solche Art krueppelten wir langsam fort . . .«
Alles in allem war die Versorgung jedoch gut organisiert, dank kriegserfahrener

Ortskommandanten und »Commissairen«. Mehrere Male wurden dem zur Front ziehenden Major einzelne Soldaten, die nach Verwundungen oder Krankheiten genesen waren und zur Truppe zurückkehrten, zugeteilt.
Einige Tage vor Weihnachten passierte die kleine Kolonne die Stadt Vitoria, in deren Nähe Wellington den Franzosen »aufs Haupt schlug, so daß sie ihre Retirade bis an die französische Grenze machen mussten«.
Eine Begegnung mit Landsleuten aus der hannoverschen Heimat war jedesmal ein besonderes Erlebnis. Man bemühte sich, dem Kameraden den Aufenthalt so angenehm wie möglich zu machen und war natürlich auch daran interessiert, von ihm etwas Neues zu erfahren.
Die Trennung von der Familie, die Ungewißheit, wann man sie wiedersehen werde, der Verlust manches gemeinsamen Bekannten oder Freundes, das alles hatte ein starkes Gefühl der Verbundenheit unter den Hannoveranern entstehen, einen »esprit du corps« sich entwickeln lassen. Er bewährte sich im Kampf, aber auch bei anderen Gelegenheiten. So in Bergora, das am 22. Dezember erreicht wurde:

> »Wir hatten etwas Regen, doch stets Chaussee, um 1 Uhr langten wir daselbst an, u. ich erhielt ein schönes Quartier u. Stallung in einem Hause, woselbst der Aide de Camp HODENBERG beim General BOCK auch logiert war. Das I. schwere Cav. Regt. lag hier im Winterquartier; ich machte Herrn General eine Visite um mich bei ihm zu melden, traf ihn aber nicht zu Hause, etwa eine Stunde nacher liess er mich zum Dinner nötigen, welches mir sehr angenehm war. Herr General BOCK ist ein sehr wuerdiger freundlicher Mann, ich hatte ein gutes Dinner u. einen sehr vergnuegten Abend bei ihm, in Gesellschaft seines Sohnes, eines hoffnungsvollen jungen artigen Manne, der als 2. Aide de Camp bei ihm ist, incl. Capt. HODENBERG u. Lieut. v. d. DECKEN. – Herr General sagte mir, dass er in Kuerze nach Engelland u. von da nach Deutschland gehen wuerde, seine Gueter im Lande wegen, u. erbot sich sehr freundschaftlich gegen mir, dass wenn er mir in irgend etwas dienen könne, er es gerne besorgen wolle, diese Gelegenheit denke ich zu nutzen, sobald ich bei der Armee käme, meiner Frau bei dieser Gelegenheit einen Brief u. wenn es mir möglich ist, auch etwas Geld zu uebermachen.«

Selbst ein General erbot sich, dem »Landsmann Major« gefällig zu sein. Fürsorge für die Untergebenen war schon immer die Grundlage großer Leistungen . . .
Weihnachten 1813 nahte.
Wer den II. Weltkrieg überstanden, eine jahrelange Gefangenschaft mitgemacht und von seiner Familie, seiner Braut, Geliebten, seinen Verwandten und Freunden getrennt war, kann verstehen, wie es den Soldaten der Deutschen Legion ums Herz war, die 1806 ihre Heimat verlassen und seitdem nicht mehr gesehen hatten. Und wie zur Weihnachtszeit die Gedanken nach Hause wanderten . . .

> **Den 24. Decbr.** lag ich der Mannschaft halber stille u. da hier in Villa Reale nur ein engl. Unter-Commissair ist, so wollte ich auf 2 Tage Rations empfangen, es war aber kein Korn noch Spirit im Store, u. ich erhielt bloss schlechtes Fleisch, Bisquit u. Stroh geliefert. Heute Abend war es Christabend, dies ist nun schon der 8. den ich von meiner

Familie entfernt zubringe, möge der Allmächtige doch geben, dass es der Letzte sein, u. ich im nächsten Jahre wieder das grosse Glueck habe, mit meiner Familie vereingt zu werden, allein wie wie vieles ist noch dazwischen, so dieses hindern kann, ich will das Beste hoffen, der Allguetige, der so lange mich väterlich geleitet, kann es auch noch ferner tun, sein Wille geschehe. Heute Abend habe ich besonders viel an meine liebe Familie gedacht, möge sie der Himmel nur alle bei guter Gesundheit u. besonders meine liebe Frau, erhalten haben u. geben, dass sie jetzt in Freiheit sind, alsdann können sie wenigstens einen vergnuegten Weihnachtsabend halten. – Amen.

Den 30. Decbr. setzte ich meine Tour zum Battl. weiter fort, machte 4½ Leagues, passierte St. Jean de Luz, eine kleine Stadt an der See belegen, worin das Hauptquartier von Feldmarschall Wellington war, und traf um Mittag beim 1. Battl. ein, welches seine Quartiere etwa 1½ Leagues von St. Jean de Luz an der Heeresstrasse nach Bajonne zu, in einzeln gelegenen Häusern hatte. Den 1. Offcier vom Battl. wo ich sprach war der Colonel Bodecker, das Battl. selbst war noch auf Piquet, rueckte aber 2 Stunden nachher wieder ein. Von Bodecker wurde ich auf das freundschaftlichste empfangen, es scheint ein ehrlicher biederer Mann zu sein, und er war so gut, mir sogleich ein Quartier anzuweisen, welches zwar nicht zum Besten jedoch der Art nach schon gut war.

Ich hatte nun gottlob meine Reise geendigt, nachdem ich 178 Meilen, zum Teil in schlechtem Wetter und Wegen abgemacht, Menschen und Tiere waren noch wohl und ich freute mich, endlich das Ende meiner langen Reise erreicht zu haben. Besonders angenehm war es mir, dass ich eine sehr freundschaftliche Aufnahme von allen Officieren des Bataillons empfing, es scheinen alle sehr rechtliche Männer zu sein, und es herrscht unter ihnen eine bessere Harmonie und Freundschaft als ich beim 8. Battl. wahrgenommen, ein Jeder tut seinen Dienst und er wird nicht chicaniert.«

Weihnachten 1812: In Deutschland regt sich die Hoffnung auf Befreiung

Rund 1300 Kilometer hatte von Coulon »zum Teil in schlechtem Wetter und Wegen abgemacht«. Über ein halbes Jahr, vom 6. Juni bis zum 30. Dezember 1813, brauchte er, um von Sizilien nach Portugal in die Nähe von St. Jean de Luz zu kommen. Darüber ging das Jahr 1813 seinem Ende zu, das für Coulon zwar beschwerlich, aber nicht besonders gefährlich war. Ganz anders für seine Familie in Stade bei Hamburg, wo Frau Henriette vor schwere Entscheidungen gestellt wurde und wichtige Beschlüsse fassen mußte. Sie tat ihr Bestes, auch für die Verwandten ihres Mannes. Im Brief No. 102 vom 1. März 1813 schreibt sie:

> »Im Vorichen Mohnath habe ich zwey Briefe an dich geschrieben, mögtest du auch nur einen davon erhalten haben, so wuesstest du wie es mir geht, und auch dass deine gute Mutter im October v. J. (31. 10. 1812) gestorben ist. Sie hat nicht vielmehr gelitten sondern ist sanft unter den besten Segenswuenschen fuer uns gestorben, ihren Nachlass habe ich verkauft u. die Vollmacht, die du mir zurueckgelassen hast, hat mich fuer alle Versieglung u.s.w. geschuetzt. Dein Bruder und ich wollen theilen, was noch da ist, ehrlich theilen. Ich werde es mit aller Gewissenhaftigkeit thun, u. es soll mir viel Freude machen, wenn seine Lage dadurch erleichtert wird.«

Am Abend vor Weihnachten 1812 war in Deutschland bekannt geworden, daß die französische Armee in Rußland vernichtet worden sei. Hoffnung regte sich auf Befreiung von der Fremdherrschaft. Im Januar 1813 wurde Friedrich von Coulon, der in Stade am 12. Oktober 1792 geborene Sohn, als Göttinger Student von den Franzosen auf die Aushebungsliste gesetzt. Friedrich oder Fritz, wie er genannt wurde, war Ostern 1811 nach Göttingen an die Universität gegangen. Er hatte, wie sein Vater einmal stolz bemerkte, einen »hellen Kopf«; ihm fiel das Jura-Studium leicht, so daß er Zeit hatte, am Studentenleben lebhaft teilzunehmen, soweit der von der Mutter zur Verfügung gestellte bescheidene Wechsel dies gestattete.

Michaelis 1812 verließ Fritz die Universität Göttingen, da er sich dort wegen der französischen Okkupationsverhältnisse nicht wohlfühlte. Und nun traf ihn der Gestellungsbefehl der Franzosen. – Eine schwierige Lage für Frau Henriette.

In Fragen der Erziehung hatte Georg von Coulon unter den gegebenen Umständen seiner Frau freie Hand geben müssen. Was die Töchter betraf, so war es ohnehin selbstverständlich, daß der Mutter auch unter normalen Verhältnissen das erste Wort zustand. Beim älteren Sohn Fritz war dies anders. Hier hielt Henriette es für ihre Pflicht, bei größeren Entscheidungen erst die Zustimmung ihres Mannes einzuholen. Dies erfolgte zwar meistens nur pro forma, denn bei den schwierigen Kommunikationsmöglichkeiten mußte sie dann doch entscheiden, bevor die Antwort ihres Mannes eintraf. Die Zwangsaushebung ließ ihr jedoch überhaupt keine andere Wahl. In einem Brief vom 12. Mai 1812 schrieb sie dies ihrem Mann, der sich, wie wir uns erinnern, in Sizilien auf dem Absprung nach Portugal befand.

»... Dass ich ich jetzt ruhig lebe versichere ich dir zugleich, das Einzige was mich jetzt noch quält ist dass ich nichts von dir u. deinem Schicksal weiss, da ich seit May vorigen Jahres nichts von dich gehört habe und seit der Zeit manche Veränderungen mit dich vorgegangen sein mag, doch erfuellt die Vorsehung nur meine so heissen Wuensche fuer deine Gesundheit, so ertrage ich gerne alles uebrige Ungemach. – Ich habe einen sehr traurigen vorzueglich ängstlichen Winter verlebt. u. ich danke Gott, dass er ueberstanden u. ich mit mit froherem Muthe dem Sommer entgegen sehen kann. Noch einmal wiederhole ich es dir (schon zu dreyen Mahlen habe ich es dir geschrieben), dass Fritz vor 5 Mohnahten in Gefahr war, einen Stand zu wählen, zu dem er keine Neigung u. warlich auch keine Gesundheit hat. Da er keine körperlichen Gebrechen hatte, so konnte er aller angewandten Muehe ungeachtet nicht frey kommen, und mir blieb kein anderer Weg als, fuer ihn einen Stellvertreter zu kaufen. Wie viel Sorge und Ängste das mir alles gemacht hat, kannst du leicht denken, allein die Theilnahme so vieler guter Menschen, u. ihre so tätige Freundschaft hat mich auch dies ueberstehen helfen. Fritz ist jetzt frey u. kann mit Gottes Hilfe seine Studien ruhig fortsetzen, um dereinst ein brauchbahrer Mensch in der Welt zu werden, u. um das wieder zu verdienen, was er jetzt gekostet hat.
Der Menschen, den ich fuer ihn gekauft erhält 1000 Th. 400 Th hat er beim Abmarsch bereits erhalten, die mir Sch. dazu geliehen hat, das uebrige wird ihm mit 4% Zins verzinst bis zwey Jahre zu Ende sind, alsdann erhält er das uebrige, wenn er gut gedient hat. Es scheint mir ein sehr guter Mensch zu sein, u. ich habe alle Hoffnung, dass er als unser zweiter Sohn sich gut halten wird. Fritz musste dieser halbe Michaelis selbst herunterkommen von Göttingen, um selbst zu losen u. wie ich noch immer hoffte, sich frey zu losen. Allein das Schicksal hat dies nicht gewollt, wir haben, mein bester Georg, auch dieses Opfer fuer ihn noch bringen sollen, u. Gott gebe uns allen nur die Gesundheit, so wird er es auch ueberstehen helfen ...
Siehe mein bester Georg, so stehet es mit Fritz, ich hoffe u. wuensche nichts mehr, als dass du mit dem was ich fuer ihn getan habe zufrieden sein wirst, habe ich gleich das Bewusstsein auch unter diesen Umständen getan zu haben, was ich als Mutter zu thun schuldig war, so wird mich doch dein Beyfall erst ganz völlig beruhigen, mögte ich doch recht bald so gluecklich sein, deine Meinung hierueber, u. ueberalles ob du guter Junge gesund u. zufrieden bist durch einen Brief erfahren ...«.

Dieser Brief traf Georg von Coulon nicht überraschend, denn in seinem Tagebuch ist unter dem 13. Mai vermerkt, er habe zu seiner Freude zwei Briefe erhalten:

»Der eine war von meinem Fritz, in französischer Sprache geschrieben und vom 19. Jan. d. J. datiert, in welchem er mir seine Gegenwart in Stade meldete, u. dass er, der Conscription wegen von Göttingen habe weggehen muessen, dass seine Mutter fuer ihn einen anderen Mann an seine Stelle gekauft wofuer sie 1000 RT. bezahlt u. dass er zu Ostern wieder nach Göttingen zurueckgehen würde. Der zweite Brief war von meiner geliebten Jette selbst, sie schrieb mir darin, ihr u. der Kinder gute Gesundheit, beklagte aber, seit May v. J. keine Nachricht von mir zu haben, meldete mir zugleich den fatalen Umstand, von Fritz, wodurch sie zu grossen Ausgaben veranlasst worden, u. dass sie das Geld von Herrn Schultze geliehen, zeigte mir leider ihren

Geldmangel an, und dass sie am 21. Febr. d. J. wo dieser Brief datiert war noch nicht die Rimessen von Goltermann erhalten hatte, auch meldete sie mir das Absterben meiner guten Mutter, welches am 31. Oct. 1812 erfolgt war.«

Ihm ließ der Brief keine Ruhe, so daß er am 20. Mai 1813 den Brief No. 117 an seine Frau absandte und zugleich bei Goltermann wegen der Rimessen für seine Frau reklamierte. Sicher mußte er sich sehr zusammennehmen, um seiner Mißstimmung wegen der unvorhergesehenen Ausgabe von 1000 Talern nicht zu deutlich Ausdruck zu geben.
Es war ein Glück, daß er gerade zum Major befördert worden war, was viel für ihn bedeutete. Im Brief Nr. 117 vom 20. Mai 1813 aus St. Margarita auf Sizilien beantwortet er Henriettes Zeilen vom 21. Februar 1813:

»Aus dem Brief habe ich mit Freude aller Eurer Gesundheit ersehen, allein mit Missvergnuegen den Umstand wegen des guten Fritze vernommen fuer den mir schon so lange gegrämet hatte, und der dir, meine beste Jette, gewiss manche schlaflose Nacht gekostet haben wird . . Unterdessen sei es Gott gedankt, dass Fritze der Gefahr, obwohl mit grosser Aufopferung entkommen ist, u. ich hoffe, Dass du, wenn die gegenwärtigen Zeitumstände so guth fuer uns bleiben, nicht nötig haben wirst, die uebrigen 600 Taler zu bezahlen. Der Junge kostet uns viel Geld und dir besonders so manche Angst und Aufopferung. Hätte er Lust zum Militär gehabt und wäre zu mir gekommen, so hätte er sein Brod jetzt, allein da er keine Neigung dazu hat, so hast du Recht an ihm gehandelt, ihn nicht dazu zu forcieren. Ich hoffe der Junge wirds erkennen, was fuer grosse Aufopferungen seinetwegen geschehen, wird fleissig in sein Studieren, dankbar gegen seine Eltern u. Schwestern sein u. in der Zeitfolge solches belohnen suchen. Dies sage dem guten Jungen und zugleich dass ich ihn herzlich gruessen lasse. Mir thut es nur herzlich leid, dass der Umstand mit Fritze grade in einer Zeit kommen muss, wo ich dich nicht unterstuetzen kann, und wozu es noch kommt, dass an Goltermann abgesandten Rimessen, von ihm noch nicht bezahlt worden sein . . .«

Über seine Tochter Amalie fügt er hinzu:

»Das Schicksal der armen guten Mädchens dauert mich zu Zeiten. In der gegenwärtigen Periode hat der Mann viele Vorzuege fuer das Weib, liebste Jette. Doch du hast sie was lernen lassen und ihr Schicksal kann nicht böse seyn, – gruesse sie alle herzlich.«

Was bedeuteten damals 1000 Taler? Zum Vergleich: Coulons Pension als Legions-Major betrug später zunächst 600 Taler im Jahr, wurde allerdings dann um 200 Taler erhöht. Als Major der Legion bekam er 19 £/Monat oder 2368 Taler im Jahr (ohne Zulagen). 1813 erhielt in Hannover ein Leutnant nur 30 Taler im Monat und ein Hauptmann 70 Taler. Coulon riet seiner Jette 1807 im Briefe Nr. 27 vom 3. Januar wegen der ewigen Einquartierungen, für 1000 Taler in Gold das Haus in Stade zu verkaufen. Ein Universitätsprofessor erhielt 1815 ein Gehalt von 1000 Talern.
Henriette war eine gute Wirtschafterin und gönnte sich selbst nichts. Verschiedentlich bittet Coulon seine Frau, sie möge beim Haushalten nicht nur an die Kinder, sondern auch an sich selbst denken.
Wie Georg mehrere Male einen Kameraden, den Capitain Backmeister erwähnt,

so schreibt auch Henriette des öfteren über ihr gutes Verhältnis zu dessen Frau »die Backmeister«. Seit Sohn Fritz nach Göttingen gegangen war, wohnte »die Backmeister« im Haus der Henriette; ». . . wir leben recht schwesterlich, ihre Freundschaft ist mir viel wert, auch in Hinsicht der Kinder, die alle so viel von ihr haben . . .«

Am 18. März 1813 zogen in Hamburg die Kosaken Tettenborns ein. Überall in den hannoverschen Gebieten, aus denen sich der französische General St. Cyr zurückgezogen hatte, regte sich die Hoffnung, von der französischen Besatzung endlich befreit zu sein. Am 1. März benutzte Henriette »die erste Freiheit, die uns durch den Abzug der Franzosen und den dadurch erhaltenen offnen Weg zum Schreiben, meinem besten Georg von meinem Leben und Wohl zu benachrichtigen«. Sie gratuliert ihrem Mann zur Beförderung, spricht jedoch gleichzeitig die Besorgnis aus, daß er durch die Versetzung auf den spanisch-französischen Kriegsschauplatz fernerhin größeren Gefahren ausgesetzt sein werde. Weiter sagt sie, daß sie nach der Niederlage der Franzosen in Rußland in einem ständigen Zustand von Freude und Angst lebten.

Mit den Franzosen verließ ein großer Teil der französisch gesinnten Beamten Hamburg und Umgebung. Es kam zu Ausschreitungen gegen »Kollaborateure«, die dageblieben waren. Frau Henriette spricht von »Pöbel«, der diese Leute mißhandelte:

> »Auch hier haben wir eine solche Schreckensnacht gehabt, die mir ewig unvergessen bleiben wird. Den 20. 5. besetzten die Russen hier unsere Stadt und setzten uns unsere alte Regierung wieder ein. Der alte Magistrat, so weit er noch da ist, hat das Stadtcommando wieder uebernommen . . . Die Franzosen sind noch immer in Bremen, und drohen, später wiederzukommen. Gott verhuete es. Ganz eilig hat unsere Regierung auf Verlangen der Russen beschlossen, ein Truppen-Korps zu errichten, die den Namen Bremen-Verdische Legion haben soll. Alle jungen Leute, die sich nicht sofort freywillig dazu stellen, sollen durch das Los dazu angenommen werden. Sie schwören dem König von England als Churfuerst Treue u. sie machen sich verbindlich, so lange zu dienen, bis die Franzosen ueber den Rhein zurueck sind. Als dann soll bei ihrer kuenftigen Anstellung Ruecksicht darauf genommen werden. Alle jungen Leute, die nicht ganz gleichgueltig gegen Vaterlandsliebe sind, strömen hier bey. Sich vor dem Druck der Franzosen frey zu machen ist ein allgemeiner Wunsch, u. Gott wird, wie ich hoffe auch seinen Segen dazu geben. Fritz, der wie du weisst eine bestimmte Abneigung zum Militär hatte, hat sich seit einigen Tagen ebenfalls annehmen lassen und exerziert Morgen und Nachmittag auf dem Wall mit alle den uebrigen, die mit ihm im gleichen Alter sind. . . . Siehe mein bester Georg, so haben sich die Umstände hier plötzlich verändert, Gott gebe zum guten.«

Die Hoffnungen waren verfrüht, der Zweifel berechtigt. Die Franzosen dachten nicht daran, Hamburg aufzugeben. Henriette verließ Stade und teilt dies Mitte März 1813 ihrem Mann aus Altona mit:

»Wie sehr du dich mein bester Georg wundern wirst, von hier einen Brief von mich zu erhalten, kann ich mich denken, wie wirst du aber erst erstaunen, wenn ich dich sage, dass die Uhrsache meines hiesigen Aufenthaltes die Flucht fuer die Franzosen ist. Diese abscheulichen Menschen haben unser gantzes Land wieder überströmt, u. alles ist ihrer abscheulichen Grausamkeiten wegen, die sie allenthalben ausueben, geflohen. Ein grosser Theil der Einwohner ist hierher geflüchtet u. fast alle meine Bekannten. Dies und die schreckliche Furcht, die ich habe noch einmahl unter diesem harten Joch seufzen zu muessen, bewog mich der guten Backmeistern mit meinen Kindern zu folgen. Anfangs gingen wir nach Seytermuehlen . . . Dort währe ich gerne geblieben, theils weil es dort sehr wohlfeil zu leben war u. auch weil ich da öfter Nachricht von unser Vaterstadt erhalten konnte. Die Verhältnisse erlaubten es aber nicht, wir mussten weiter. Seit 14 Tagen bin ich von Haus u. seit 8 Tagen hier, die Backmeister und ich mit den Kindern haben uns hier in einem privaten Hause eine Stube u. Kammer gerichtet, unsere Betten habe ich bey mich, wie auch das Notwendigste von dem was ich brauche. Wir leben so sparsam wie möglich allein es ist doch immer theurer wie zu Hause. Hundert mahl habe ich es schon bereut diesen Schritt getahn zu haben u. ich tröste mich indess damit dass der Mensch in seinem Leben mahl einen dummen Streich machen muss, u. so ist denn dies meiner, von den wenigen. Ich habe dafuer doch auch manchen Vorzug den ich sonst entbehren muesste, hier kann ich noch an dich meinen guten Georg schreiben, auch habe ich meinen Fritz in der Nähe, den ich noch vorgestern gesprochen, u. der mit seiner Lage, wie er mir versichert, sehr zufrieden ist. Er hofft, sein Theil mit dazu beyzutragen, unser unglueckliches Vaterland zu säubern, sein Endzweck, warum er sich einem Stand gegeben, wofuer er sonst die grösste Abneigung hatte. Dies ist freilich sehr edel, u. der Junge ist mir jetzt um so wertvoller, da er bewusst das Gefuehl fuer Pflicht und Vaterland hat, nur ist sein Mut fuer den guten Ausgang derselben seit kurtzem sehr verschwunden u. kann nicht anders als mit Mitleiden an den Jungen denken.
Doch kannst Du mein bester Georg ueberzeugt sein, dass wenn er selbst ein Opfer fuer die gute Sache wuerde, ich das Bewusstsein habe, ihm nicht dazu gerathen zu haben, sondern dass es freier Wille von ihm gewesen. Dies allein kann u. muss mich dabey beruhigen, wenn ich nur erst wuesste, wie du mein bester Georg darueber denkst . . . Die beiden Backmeisters sind entschlossen sobald sie es mit Sicherheit können zu reisen (nach England), aus diesem Ort der Qual heraus in das glueckliche Land der Freyheit zu gehen. Ach! wie beneide ich sie diese gluecklichen Menschen, wie gerne wäre ich mit ihnen dorthin geflohen . . . Allein, ich bin jetzt entschlossen mich mit Geduld dem zu unterwerfen, was mir in unserem ungluecklichen Lande noch aufbewahrt ist. Gott wird mir Muth geben, auch das schlimmste zu ertragen . . . Ich werde, wenn es möglich ist, noch ein mahl nach Hamburg hinein gehn um diesen Brief zu besorgen u. den guten Fritz ein Lebe wohl sagen, und alsdann ruhig in mein eigenes Haus zurueckkehren. Aber man hätte allwissend sein muessen, um sich das alles so zu denken wie es gekommen ist.«

Am 10. Mai besetzte General Montesquieu-Fézensac Cuxhafen. Damit wurde das ganze linke Elbeufer wieder französisch. Da mehrere tausend Mann aus Hamburg abgezogen wurden, gelang es den Franzosen, Hamburg im Mai wieder zurückzugewinnen. Sie hatten am 8./9. mit Angriffen begonnen. Die Dänen räumten das Feld. Die als Ersatz von Schweden in Aussicht gestellten Soldaten kamen zwar, wurden aber am 26. Mai von Bernadotte, dem schwedischen Kronprinzen zurückbeordert, so daß im Verlauf der Kämpfe bis Ende Mai auch Tet-

tenborn seine Stellung nicht mehr halten konnte. Am 31. Mai war Marschall Louis Nicolas Davolit wieder Kommandant von Hamburg.
Der bis zum 16. August 1813 laufende Waffenstillstand wurde dazu genutzt, die Truppen des mit der Führung der Armee an der Elbe beauftragten General Graf Wallmoden-Gimborn zu verstärken und zu gliedern; Graf Wallmoden war der Sohn des Feldmarschalls, der 1803 bei Suhlingen kapituliert und die Konventions-Urkunde unterzeichnet hatte.
Es kam zu Gefechten bei Vellahn und Camin; sie endeten damit, daß Davout sich hinter einer Linie einrichtete, die sich an die Stecknitz, den Ratzeburger See, die Walkenitz und die Trave anlehnte. Im Treffen an der Göhrde am 16. September erlitten beide Seiten große Verluste. Immerhin konnte es Wallmoden als Erfolg verzeichnen, daß Lüneburg wieder deutsch und Hamburg, nach wie vor in französischem Besitz, isoliert wurde. Vor Hamburg aber blieb es – von Einzelaktionen mit begrenztem Ziel abgesehen – vorerst ruhig. Die Truppen Wallmodens blieben im Raum zwischen Lübeck, Boizenburg und Dömitz einquartiert.
Am 4. November zog der Herzog von Cumberland in Hannover ein; der Herzog von Cambridge übernahm als Generalgouverneur die Regierungsgeschäfte.
Inzwischen konnte Henriette von Altona wieder nach Stade zurückkehren. Sie teilte dies im November ihrem Mann mit, wiederholte dies jedoch in einem Brief vom 8. Dezember, in dem sie ausführlich die durch Einquartierungen und Kriegsunruhen bestimmten Umstände, aber auch ihr Glücksgefühl über die wiedergewonnene Freiheit schildert:

»Unter dem 8. vorigen Monats hatte ich trotz der Aufmerksamkeit unserer Unterdruecker Gelegenheit, mit einigen Worten dir mein Wohl zu melden, jetzt ergreife ich zuerst als eine freye Deutsche die Feder um mich gantz unverhohlen einmahl mit dir meinem einzigen, ueber alles geliebten Georg zu unterhalten u. dir meine fortdauernde Liebe, die auch unter den grössten Drangsahlen, die wir erlebt haben nicht aufgehört hat zu versichern. Ja mein guter Georg ich kann und darf in diesem Augenblick dir sagen, was mein Herz mir eingibt, denn wir sind erlöset aus der Sklaverey in der wir seit 10 Jahren geseufzet haben, wir duerfen jetzt frey sagen was wir denken, ohne von jener Rotte von Gendarmen belauscht zu werden, die mir vorzueglich immer so furchtbar waren, durch deren Nähe ich so oft erschreckt bin. Mein bester Georg, ich kann dir nicht das Gefuehl was ich empfinde beschreiben, wieder frey denken und handeln zu duerfen. Zwar ist es noch nicht ganz licht in meiner Seele, Harburg u. Hamburg sind noch von den Barbaren besetzt, doch hoffe ich zu Gott, dass er die Waffen unser guten Alliierten ferner segnen u. auch die Einwohner dieser Städte so wie uns erlösen wird. Doch lass dich erzählen, wie es uns seit einem halben Jahr ergangen ist, seit dem 3. Juni an, an welchem Tage ich von Altona hier zurueckkehrte haben wir immer sehr starke Besatzung gehabt, Bewehrung aller Art ausstehen muessen, während des Waffenstillstandes u. auch noch nahher wurde alles angewandt, unsere Stadt wieder zur Festung zu machen. Alle Garten in der Stadt sind vernichtet, alle Gartenhäuser abgebrannt, Bäume umgehauen, kurz alles verwuestet so, dass man den Ort nicht wieder kennt. Selbst in der Stadt auf dem Pferdemarkt ward eine Citadelle gebaut, um sich da noch zu verteidigen. Vor 14 Tagen erhielten wir Einwohner dann endlich auch den Befehl, uns auf 4 Wochen zu verproviantieren,

das konnte aber keiner mehr, da die Russen schon in der Nähe waren und nichts mehr zur Stadt gebracht wurde. Mehrere Einwohner waren entschlossen zur Stadt hinaus zu gehen und boten es auch mir an, allein ich hatte mir fest vorgenommen, mit meinen Kindern ruhig in unserem Hause zu bleiben und mein Schicksal zu erwarten.
Auf einmahl den 27. vorigen Mon. die Nacht ward Lärm, der Feind, wie die Franzosen sie nannten, sey vor den Thoren, wer war aber froher wie ich als ich diese Nachricht hörte. Mit Tagesanbruch ging das Canonieren von den Russen an u. wurde kräftig von den Franzosen beantwortet. Mehrere Kugeln beschädigten Häuser aber ohne zu zuenden, u. die welche zuendeten, wurde bald das Feuer gelöscht. Dies dauerte bis den Nachmittag 4 Uhr, ohne dass unser Wunsch befreihet zu werden erfuellt wurde. Auf meiner Nachbarschaft waren mehrere Häuser beschädigt u. das meinige war gantz unversehrt geblieben.
Ich betete, dass Gott mich in Schutz nehmen wollte u. das machte mir Muth, ich hatte keine Furcht.
Was mich den Tag vorzueglich betruebte war dass der Präfect hier (der ein wahrer Tyrann immer gewesen ist) die Nacht ehe das Bombardement los ging, 6 Geisseln von unseren Einwohnern nach Hamburg schleppen liess, das verstimmte mich mehr als alles uebrige, da man sich vorstellen musste, dass die Franzosen ihre Wut an diesen Menschen auslassen wuerden. Auch in diesem Augenblick sind sie noch nicht frey.
Den 29. blieb alles ruhig u. wir harrten mit Ungeduld der Stunde unserer Erlösung. Den Nachmittag befahl der Commandant, dass kein Einwohner den Abend, sobald es dunkel geworden sey, aus dem Hause gehen sollte, bei Strafe, sofort erschossen zu werden, und es war den Abend daher auf den Gassen eine Totenstille, die nur hin und wieder durch die Posten, die auf allen Ecken der Strassen ausgestellt waren, unterbrochen wurde. Ich war voller Unruhe, wie das hinaus wollte u. konnte mich daher auch nicht entschliessen zu bette zu gehen.
Um 11 Uhr plötzlich wurde wieder geschossen u. ich zweifelte nicht, dass das Bombardement wieder angehen wuerde, u. weckte deshalb geschwind die Kinder u. meine Hausgenossen. Kaum waren wir beieinander, als die Totenstille, die bis dahin auf den Strassen geherrscht hatte durch ein lautes Hurrah (die Franzosen sind weg u. die Russen in der Stadt schon da) unterbrochen ward, ich konnte nicht meinen Sinnen trauen u. ward wie versteinert, als in dem Augenblick die gantze Stadt illuminiert u. ich die guten Russen mit meinen Augen sahe.
Mein Gefuehl bei dieser unvermuteten Veränderung vermag ich dir, mein bester Georg, nicht zu schildern. Wer konnte sich denken, dass die Gefahr fuer uns so plötzlich u. ohne alles weitere Unglueck fuer uns gehen wuerde.
Aus den Zollthor waren die Franzosen ungefähr 1500 Mann, die die Stadt verteidigen sollten, abgezogen, alle Fuhrschiffer hatten ihre Effeckten die Nacht einladen muessen u. nach Hamburg bringen muessen, wohin das Militär eingeschifft worden. Auf die Fuehrbitte der Einwohner, die wegen unserer weggeschleppten Geisseln besorgt waren, setzten die Russen ihnen nicht nach und blieben alle hier.
Du kannst dir die grosse Anzahl von Truppen denken, wenn ich dir sage, dass ich in meinem kleinen Hause 4 Tage 12 Mann Russen gehabt habe. Nachdem sich selbige hier ausgeruht haben, sind sie auf Harburg gegangen, um das Schloss, worin sich die Franzosen sehr stark verschanzt haben, zu stuermen. Gott gebe, dass auch dieses so gluecklich bald in ihre Hände kömmt wie auch Hamburg.
Bis dahin, dass alles dieses noch in der Franzosen Hände ist, kann ich meine Freude ueber die Befreiung nicht so laut werden lassen, die Not dieser armen Menschen bekuemmert mich herzlich. Unterdess da das ganze Hannöversche u. Westfalen, wie auch ein Teil von Holland frey ist, so muss man doch hoffen, dass diese beiden Plätze sich ebenfalls ergeben.

Unsere alte Regierung ist vorerst provisorisch wieder eingesetzt u. der Herzog von Cumberland ist in Hannover, vor ein paar Tagen ist eine Proclamation vom Prinzregenten im Namen unseres guten Königs hier zu uns gekommen, die unser aller Herzen u. ganz vorzuegliche das meinige tief geruehrt hat. Wie wohltuend ist es doch seinem rechtmässigen Landesherrn einmal wieder bekundlich anzugehören u. seine Wuensche fuer denselben einmal wieder laut werden lassen zu duerfen. Zwar werden von demselben noch grosse Opfer von uns verlangt – allein wie gerne bringt man sie demselben.

Alle jungen Leute von 18–30 Jahre werden jetzt aufgefordert, Soldat zu werden. Ich wollte jetzt, ich hätte noch mehr Jungens, die fuers Vaterland streiten könnten, mit Freude wuerde ich sie dazu hergeben. Täglich habe ich meinen Ärger, dass nicht alle Menschen so denken wie ich u. ihre Söhne, wenn sie es nur könnten, zurueckhalten wollen, doch ist gottlob die Anzahl derjenigen nicht sehr gross. Ein jeder hat den Druck des Tyrannen erfahren und die wohlhabendsten Menschen sind durch die Franzosen Bettler hier geworden.

Ich bin sehr froh, dass unser Fritz schon längst das Gefuehl fuer Pflicht u. Vaterland zu den Waffen greifen gebracht hat u. ich bin ueberhaupt, du mein bester Georg, ueberzeugt, du freust dich gleichfalls jetzt dieses deines Sohnes. Erhält er sich gesund, so ist ihm sein kuenftiges Fortkommen im Civilstande gewiss, u. er, wie wir alle haben das angenehme Bewusstsein, dem Vaterlande mit gedient zu haben.

Gott sey mit dich, wo du auch seyn magst u. erhalte dich mir gesund, das ist mein tägliches Gebet. Ewig u. unveränderlich bin ich deine treue Henriette, d. 18. December 1813.«

Wie schon in einem früheren Brief erwähnt, hatte sich Fritz als Freiwilliger gemeldet und war in die bremisch-verdische Legion eingetreten. Im Oktober 1813 tat er bereits als Leutnant in einem leichten Bataillon dieser Legion Dienst, zu deren Ausbildung und Festigung aus England kriegserfahrene Soldaten der »Kings German Legion« nach Norddeutschland entsandt worden waren.

Als Napoleons Marschall Davout am 22. Oktober erfuhr, daß die Verbündeten bei Leipzig gesiegt hatten, räumte er Ratzeburg und konzentrierte sich auf die Verteidigung Hamburgs, das bei kommenden Verhandlungen als Faustpfand dienen sollte. Am 11. November erhielt er Befehl, sich nach Holland zurückzuziehen, in Hamburg aber eine starke Besatzung zurückzulassen. Da die Verbündeten jedoch das ganze linke Elbufer besetzt hatten, war ihm der Abzug verlegt. Die Dänen waren zwar Frankreichs Verbündete, konnten oder wollten ihm jedoch nicht helfen, da der Kronprinz von Schweden in Anmarsch war. Allerdings hatten die Ziele des Schweden mit dem Befreiungskampf der Verbündeten gegen Napoleon wenig gemeinsam. Ihm ging es in erster Linie darum, unter Ausnutzung der politischen und militärischen Verhältnisse möglichst billig Norwegen zu gewinnen, das den Dänen gehörte. So blieb Davout in Hamburg.

Im Frieden von Kiel vom 14. Januar 1814 trat Dänemark Norwegen an Schweden, Helgoland an England ab. Es erhielt dafür Schwedisch-Pommern, Rügen und die Zusage, Holstein würde bald geräumt werden. Im Juni 1813 tauschte es dann Schwedisch-Pommern gegen Lauenburg an Preußen ein.

Die Blockade Hamburgs fand erst am 31. Mai 1814 ein Ende. Davout

behauptete sich dort, bis er aus Paris die Nachricht von Napoleons Sturz und die Anerkennung der Bourbonen erhielt. Erst dann konnten die Russen in die Stadt einziehen.
Am 1. 1. 1814 kam ganz unerwartet der Sohn Fritz zum Besuch seiner Mutter nach Stade von Itzehoe aus. Mit den Dänen hatte das Corps einige Tage Waffenstillstand geschlossen, daher der Urlaub. Henriette schreibt am 4. Januar 1814:

»Die Herren Leutnants waren recht vergnuegt mal wieder in der Vaterstadt sein zu können, besonders schmeichelte es ihnen sehr, dass ihre Landsleute sie wie ihre Landesverteidiger mit viel Artigkeit begegneten. Am Sonntag als den 2. ward gleich eine Tanzpartie angestellt, wohin ich Fritz und Amalie begleitete und wo die Kinder alle recht vergnuegt waren, auch ich mein bester Georg vergass auf kurze Zeit alles Ungemach was mich noch drueckt, und was meine Freude sehr vermehrte, war dass Fritz mir von Martin (der sein Oberleutnant ist) die Nachricht brachte, dass das 1. u. 5. Bataillon aus Spanien herauskommen wuerde um sich hier in Hannover zu complettieren . . .«

Dies war wieder eine Falschnachricht wie so oft zuvor.

»Noch sind keine von unseren Landsleuten bei uns u. hier liegen noch immer Russen. Mögte Harburg u. Hamburg erlöset sein, das ist unser täglicher Wunsch. Glueckstadt wird seit 4 Tagen täglich bombardiert, was wir deutlich hier hören können. Viele Familien aus diesem Ort sind hierher gefluechtet und aus Hamburg werden die Menschen bey Hunderten täglich herausgetrieben und muessen alles im Stiche lassen. Die Häuser hier sind voll von Fluechtlingen, dir eine Beschreibung von dem Jammer der Menschen zu machen, vermag ich nicht. Wie gluecklich sind wir doch bei allem was wir auch ausgestanden haben fuer die Ungluecklichen gewesen, eine wahre Wohltat von Gott ist es, dass der Winter so gelinde ist, die Menschen muessten somit tot frieren . . . Uebrigens tut es mir sehr leid, mein lieber Junge, dass ich dich durch den im May aus Altona geschriebenen Brief so beunruhigt habe, ich habe oft nachher gewuenscht, dass derselbe verloren gehen möchte, weil ich ihn, wie ich wohl weiss in einer so ungluecklichen Stimmung, darin ich so gewesen, geschrieben hatte . . . Sternfelt hat in den Augen der gut gesinnten Einwohner hier die letzte Zeit sich in ueblen Credit gesetzt, dass er sich zu den Handlungen des Präfekten hier jederzeit gebrauchen liess, und man wohl nicht anders glauben kann, dass er es mit den Franzosen hielt. Hätte ich was zu sagen gehabt, hätte ich ihn den Franzosen nachgeschickt. Ueberall habe ich keinen grösseren Verdruss gehabt, als ueber den Deutschen-Franzosen, daran hier leider noch eine ziemliche Menge geblieben sind. Bevor nicht selbige mit fortgejagt werden, fuerchte ich noch oft fuer die gute Sache.
Wie sehr du dich wundern wirst, wenn du die Kinder einmal wiedersiehst, hierauf freue ich mich im voraus schon recht. Möchte doch der Augenblick dieser Freude nicht ferne mehr sein. Den Weihnachtsabend, wo ich den grössten Teil des Abends allein war, habe ich mich ganz vorzueglich mit diesen angenehmen Gedanken beschäftigt. Gewiss hast du mein bester Georg, diesen Abend auch ebenfalls allein in Gedanken bei uns und hast der Kinder gedacht, wie sie sich ueber ihre erhaltenen Geschenke freuten. Allein wenn ich dich sage, dass dies Jahr kein Weihnachten ausgeteilt wurde, und ich den Kindern und mir selbst diese Freude entzogen habe, wirst du dies nicht missbilligen? Wenn ich dich meine Gruende sage, so bin ich

ueberzeugt, wirst du mir auch hierin beipflichten. Obgleich wir alle Ursache haben uns ueber unsere glueckliche Befreiung zu freuen, so ist dieselbe doch mit vielen und mancherlei Aufopferung verbunden gewesen und ist es wahrlich noch. Daher war es nach Denken auch den Kindern recht gut, dass sie in dieser Zeit etwas entbehren lernten, was ihnen seit jeher Gewohnheit geworden war. Dazu kommt, dass sie grade mit den notwendigsten Sachen versehen sind, u. ich was ueberfluessiges ihnen anzuschaffen in diesem Augenblick, wo soviele unglueckliche Menschen in der Welt leben fuer die grösste Suende halte . . .«

Henriette schreibt im März 1814 von neuen Schwierigkeiten im Postgang durch den plötzlich aufgetretenen Frost.

»Erst erlaubte uns der Feind nicht zu schreiben, und jetzt hindert der böse Winter. Die Paketboote können nicht fahren. Fritz liegt seit 4 Wochen mit vor Hamburg auf Vorposten. Die Franzosen tun oft Ausfälle aus Har- und Hamburg, doch werden sie immer wieder hinein getrieben. Wann diese Städte erlöset und frei werden sollen, mag Gott wissen, nur der Hunger allein kann sie wohl zur Uebergabe bewegen, u. das wird wahrscheinlich noch lange dauern, da soviel tausend Einwohner herausgejagt sind, u. noch täglich herausgejagt werden. So gewinnen sie immer neue Vorräte und haben noch lange was zu leben. Welchen Einfluss die Bedrueckung von Hamburg auf uns hier hat, kannst du dich leicht vorstellen. Viele Truppen liegen hier u. ein Einquartierung derselben geht beständig fort, u. wird bei der anhaltenden Kälte u. wegen allgemeinem Mangel an Feuerung sehr lästig. Auch muessen wir selbige gleichfalls ernähren, doch wird Fleisch und Brot ganz ordentlich fuer die geliefert, es ist daher freilich nicht so kostspielig wie bei den Franzosen, auch ist das Herz viel leichter dabei. Wie ich die ersten Einquartierten mit roten Röcken in mein Haus erhielt, versichere ich dir, war ich ganz unklug vor Freude. Ich weiss nicht, ob ich es dir nicht schon gesagt habe, dass ich seit die Franzosen im Mai aufs neue hier wieder kamen, meine Einquartierung selbst ins Haus genommen, u. die vorderste Stube ganz dazu eingerichtet habe. Steckers behelfen sich seit der Zeit hinten in der Stube, sie schlafen u. wohnen darin. Ich koche selbst fuer die Einquartierung u. Steckers besorgen ihre Aufwartung. Sie sind mir doch weniger kostbar geworden, als wenn ich sie hätte ausmieten sollen. Wie ich mir aber selbst mit den Franzosen haben abbeissen muessen, das kann ich dir nicht sagen, so wenig wie du dich ausdenken wirst, wie dreist ich in diesem Stueck geworden bin. Ich habe recht erfahren, dass Not beten lernt bei den unermesslichen Forderungen, die die Kerls machten, war es nicht möglich gelassen zu bleiben. Sie haben von mich nie mehr erhalten, als was ich schuldig war, ihnen zu geben. Fuehret uns der Himmel einmal wieder zusammen, so kann ich dich auch hierueber manche Anekdote berichten, die mir jetzt in der Rueckerinnerung selbst Spass macht. Gebe nur Gott, dass wir hier die Ungeheuer von Franzosen nie wieder sehen, so wollen wir das Geduldete wohl verschmerzen, mein grösster Wunsch ist es, unter mancherlei anderen die ich habe, dass der Henker Buonaparte nur bald holte. Solange der noch in der Welt lebt, wird keine Ruhe darin werden, so sehr er auch jetzt in die Enge getrieben ist, so wird er doch nicht aufhören, alles aufzubieten, um sich zu halten. Dass sich auch nicht ein Mensch findet, der ihm das Lebenslicht ausblaset, darueber kann ich mich nicht genug wundern – wäre ich nur in seiner Nähe. – Ach, wie herrlich ist es doch dass man jetzt so ohne Furcht, seine Meinung schreiben kann. Vor einem halben sowas zu denken, war eine Totsuende, und musste man fuerchten verraten und totgeschossen zu werden. Wie viel haben wir also doch schon gewonnen. Aus der Hölle, in der wir seit 3 Jahren im wahren Worte gelebt haben, sind wir mit Gottes Huelfe erlöset, wie lange das Fegefeuer, worin wir jetzt sind, dauert, mögen wir mit Geduld erwarten. Hoffentlich kommen wir nun bald in den Himmel, u. ganz in unsere alte Verfassung zurueck, dies ist mein Trost, wenn auch manches nicht so ist, wie wir es wohl haben möchten.«

Fritz ist in Buxtehude in Quartier, nachdem Friede mit Dänemark geschlossen ist. Sein Korps erhält jetzt rote Uniformen an Stelle der gruenen u. gelben. Dazu Henriette: »Sie sind sehr unzufrieden darueben u. wollen die gruenen Roecke nicht missen, besonders da die mehrsten keine Soldaten bleiben werden.«
Fritz bekam die Offiziersschärpe des Vaters. Die von Henriette vor den Franzosen verborgenen Degen des Vaters, die sie trotz angedrohter Todesstrafe nicht abgeliefert hatte, waren leider für Fritz nicht mehr »modellmässig«.

»Es waren Haussuchungen nach Waffen, allein meine wurden nicht gefunden u. ich behielt sie, dahingegen alle Offiziere, die sie in Lauenburg behalten, sie aber aus lauter Angst ebenfalls abgeliefert u. jetzt nicht einmal einen Degen haben, wie ich sie ausgelacht habe mit ihrer Bangigkeit, kannst du denken u. noch freue ich mich, den Herren Franzosen so manche Nase gedreht zu haben. Ich habe Fritz gesagt, dass ich ihm zu seiner neuen Uniform keinen Vorschuss geben könnte, er sollte sich denselben von seinem Major geben lassen u. sich von seiner Gage abziehen lassen.
Ja mein bester Georg, das Land ist völlig verarmt. England scheint nichts ausserordentliches tun zu wollen, u. wird also viel Zeit erfordert werden, bis sich dasselbe von seiner Schuldenlast erholet. Von den Landschaftlichen Zinsen ist noch bis jetzt die Rede nicht, u. doch hatte es keinen Zweifel dass sie in der Folge wieder richtig bezahlt werden. Ich habe an rueckständigen Zinsen nun mehr denn 1800 Taler zu fordern. Ich habe Amalie immer versprochen von dem Geld ihr ein Fortepiano zu kaufen, das sie sich solange wuenscht . . .«

Henriette erzählt dann von den Töchtern und ihrer Ausbildung. Auch da hofft sie die solange entbehrten Zinsen ihrer Papiere anwenden zu können. Sie schreibt:

»Mit dem innigsten Dank erkenne ich die Unterstuetzung, die du mir in allen diesen Jahren, wo nur wenig oder nichts blieb, hast wider fahren lassen, u. wodurch ich einzig u. allein in den Stand gesetzt wurde, den Kindern eine gute Erziehung zu geben. Glaube es mir mein guter Georg, es hat mir manche bittere Stunde gemacht, dass ich dachte, du entzögest es dir dort an deiner Bequemlichkeit, und vorzueglich bitter ist mir noch jetzt das Gefuehl, dass ich dir zumuten musste, an der guten Backmeister die von ihr vorgeschossenen 376 Taler wieder zu bezahlen. Du hast diese Nachricht grade in einer Zeit erhalten, wo du selbst wegen deiner Equipierung hast Geld anleihen muessen. Ich wuensche nur, dass du dich nicht zu sehr damit uebereilest, die Backmeistern ist viel zu gut u. wird dir gewiss nicht uebel nehmen, wenn du ihr noch etwas darauf warten lässt.
Fuer das Haus hat sich kein Käufer gefunden, es fehlt den Leuten auch an Geld, und zugleich an Mut. Vielleicht wird es mit der Zeit besser. Wenn es wahr werden sollte, dass wie man vermutet, Stade zur Festung gemacht wird, bleibe ich mit meinen Kindern ueberall nicht darin wohnen.
Der Nachlass deiner Mutter erbrachte 807 Taler, die ich mit deinem Bruder geteilt habe. Der Himmel hat deine Mutter zur rechten Zeit aus der Welt genommen, hätte sie noch einige Jahre gelebt, u. ihre Beduerfnisse hätten so zugenommen wie in den

> letzten Jahren, hätte ich nicht gewusst, wie man es hätte machen sollen. Sehr oft ist mir der Vers dabei eingefallen: Gott kennt die rechte Zeit und Stunde, er weiss wohl, was uns nuetzlich ist.«

Ende März 1814 hat Henriette endlich die Briefe von Georg erhalten, in denen er nach der strapaziösen Reise durch Portugal u. Spanien seine glückliche Ankunft bei seinem Bataillon meldet. Sie hofft nun auf schnelleren Postgang. Besonders beschäftigt sie ihr Sohn, sein Kriegsdienst und seine Zukunft. Mit großer Vorsicht, aber mit der Energie einer zielbewußten, sorgenden Mutter macht sie ihrem Manne klar, daß der Junge, sobald es geht, weiterstudieren soll und nicht den Offiziersstand nach Beendigung des Krieges erwählen wird. Wir hören, daß die Franzosen täglich hartnäckig versuchen, sich aus Hamburg und Harburg herauszukämpfen. Fritz muß als jetzt ältester Leutnant der Kompagnie bis zu 48 Stunden hintereinander Vorpostendienst tun. Für den Geist der Truppe ist es deprimierend, daß die Franzosen das ganze Corps nicht als reguläres Militär, sondern als Aufrührer ansehen. Das geht aus einem offiziellen Gesuch hervor, das Fritz 1816 an die Königl. Hann. Kammer wegen Zulassung als Amts-Auditor richtete. Es heißt dort: »Mein Dienst (vor Hamburg u. Harburg) war umso gefährlicher, als nach einer Order des grausamen französischen Heerfuehrers die Gefangenen des Bataillons nicht als Kriegsgefangene, sondern wie Rebellen behandelt wurden.«
Henriette hat es immer für selbstverständlich gehalten, daß Fritz nach dem Friedensschluß studieren soll. Sie stößt aber nun auf immer größeren, allerdings mehr passiven Widerstand bei dem Vater. Dieser weiß durch die Rangliste, daß Fritz nur noch wenige Vorderleute bis zum Captain hat und sieht somit in seiner Offizierslaufbahn die sicherste Zukunft. Henriette widerspricht:

> »Wer Soldat auf seine ganze Lebenszeit zu bleiben gedenkt, handelt fuer sich am besten, wenn er dann soglaich nach England geht, damit er weiss, wofuer er dient. Wenn du mein bester Georg hier wärest u. mit der Errichtung dieses hiesigen Militärs bekannt wuerdest, wuesstest du besser die Armut des Landes und jedes einzelnen Individuums u. wärest bestimmt meiner Meinung. Wenn der Friede da ist, weisst du selbst, welch ein untätiger, undankbarer Stand es ist. Wenn man also Fritz, wenn ihn Gott gesund erhält nach dem Frieden Stipendium zum ferneren Studieren gibt, was ich wohl bewirken will, u. den wie es ihm versprochen ist, kräftig bei seiner nächsten Anstellung im Civilstand auf seine jetzigen geleisteten Dienste Ruecksicht nehmen will, so ist es doch besser wenn Fritz in der Folge seines Lebens ein ruhiges Stueck Brot hat. Auch wäre es wahrlich schade, wenn der Junge, der mit Leib und Seele fuer alles was Wissenschaften heisst einen grossen Sinn hat, und dem die Natur mit guten Anlagen versehen hat, der mit dem grössten Fleiss nach dem Zeugnisse aller Professoren in Göttingen seine Zeit dort genuetzt hat, wenn der nicht kuenftig dem Staate dadurch sollte auch nuetzlich werden. Wenn du alles dieses mein bester Georg recht beherzigest so hoffe ich gewiss, dass du mir recht geben wirst und den Plan dass Fritz auf immer im Militär bleiben soll, ebenfalls aufgibst. Willst du u. kannst du in dieser Hinsicht etwas tun, so wäre es nach meiner Einsicht am besten, du wendetest dich fuer Fritz gradezu an den Prinzen von Cambridge u. ersuchst denselben, dass kuenftig

Ruecksicht auf ihn genommen u. er seine Studien zu vollenden unterstuetzt wird. Es heisst hier u. man hofft allgemein, dass der Prinz hierher kommen wird, u. dann habe ich mir ebenfalss vorgenommen demselben Fritz sein Schicksal recht ans Herz zu legen.«

So kämpft Henriette um die Zukunft ihres Sohnes. Und wie immer setzt sie sich durch.

Sohn Fritz beim Landwehrbataillon Bremen-Verden

Mit fast unleserlicher Gelehrtenhandschrift hat Fritz von Coulon zwei kleine Bändchen mit Eintragungen über seine Erlebnisse als Mitglied des Landwehrbataillons Bremen-Verden gefüllt. Es ist viel von romantischen Herzenserlebnissen die Rede, doch immerhin sind auch sämtliche Kriegsoperationen dieses Bataillons darin festgehalten.

Der Gefechtswert dieser merkwürdigen Truppen dürfte sehr gering gewesen sein. Die jüngeren Offiziere hatten nie gedient und ersetzten die fehlende militärische Erfahrung durch Patriotismus. Fritz war erst vier Monate im Felde, als er mit seinen 20 Jahren schon zum Leutnant befördert wurde. Das Bataillon hatte vor allem jenseits der Elbe dauernd hin und her zu marschieren, ohne daß es – zum Glück für die jungen Soldaten – zu größeren Gefechten kam. Die zurückgelegten Märsche hatten den Charakter größerer Bewegungen bei Manövern in Friedenszeiten. Anstrengenden, unangenehmen Biwaks im Freien bei strömendem Regen und Sturm folgten längere Ruhepausen in Dörfern oder auf größeren Gütern. Dort konnte sich die Truppe wieder erholen. Obwohl die Landbevölkerung im Laufe der Zeit an den ständigen Einquartierungen den Spaß verlor, gab es doch besseres Essen und Trinken als in den Zeltbiwaks. Für die Leutnants waren solche Einquartierungen in jedem Fall mit größeren Vergnügungen verbunden als für die Soldaten. Sie wurden auf den Gütern nicht ungern gesehen. Tanzvergnügungen boten Gelegenheiten, mit den Töchtern des Hauses und des Landes »Kontakte zu pflegen«.

Gelegentlich blieb es nicht immer beim unblutigen »Landknechtsleben«. Kleine Vorpostenscharmützel konnten sich in nicht vorgesehener Weise zu Gefechten mit Artilleriebschuß entwickeln. Nach Friedensschluß mit den Dänen erhielt das Bataillon den unangenehmen Auftrag, die französischen Truppen in Hamburg und Harburg bei ihren Ausbruchversuchen zurückzuschlagen. Es half dabei den russischen Truppen.

Am 18. Oktober 1813 beispielsweise erhielt das Bataillon Befehl zum Abmarsch aus Leesen. Fritz schreibt hierzu:

> »Um 7 Uhr hörten wir beim Erwachen eine starke Canonade nach der Gegend von Zarentin hin. Selbst das Tiraillieren konnte man hören. Das Bataillon versammelte sich und bald darauf erhielten wir auch Marschorder nach Könchow (1 Stunde). Äusserst ungern verliess ich dies unser Standquartier zu Leesen, teils weil wir Offiziere hier zusammen in einem Haus lagen u. recht vergnuegt waren, teils weil die Bibliothek des hiesigen Gutsbesitzers mir durch die niedlichen Werke sehr viele angenehme Stunden gewährte. Ein dritter Grund, weswegen ich ungerne von hier schied, war die Trennung von einem zwar neuen, aber doch angenehmen Freunde, dem

Leutnant Scheele, der mir oft und vieles von meinem guten Vater in Sicilien erzählte. Er ist jetzt Verwalter auf diesem Gute, und lebt gluecklich.
Wir marschierten in scheusslichstem Regen und Drecke nach Könchow u. von da ueber Kloddram nach Duessin auf der Poststrasse von Luebthen nach Boitzenburg gelegen. Unser Quartier fuer die Kompagnie erhielten wir beim Krueger Pflug, wo wir es ziemlich gut trafen. Hier erfuhren wir die sichere Nachricht von der Einnahme Bremens durch Tettenborn, und der Eroberung von 60 Kanonen durch denselben. So sind also unsere Alliierten nicht mehr fern von, ja ich möchte sagen, selbst in unserer Vaterstadt. Welche Gefuehle mögen in Euch, Ihr vielgeliebten Teuren in den Fluren meiner Heimat in den Augenblicken, als Ihr jene Tatsache erfuhret oder selbst wahrnahmet, aufgestiegen sein. Ihr seht wohl schon gar in diesen Abenteurern eure endlichen Befreier vom Tyrannenjoche. Und es mischen sich zu diesen suessen Empfindungen auch gewiss die der elterlichen Sorge und Liebe, nämlich der Glaube, dass eure guten Söhne mit zu diesen Parteigängern gehören und der Augenblick des Wiedersehens nicht mehr ferne wäre. Aber leider ist dieser heisse Glaube noch nicht erfuellt, eure Söhne weilen noch hier im sonst gluecklichen Lande der Vandalen u. es ist keine Aussicht da, dass wir es verlassen u. zu Euch eilen werden. Aber der Herr der Welten wird unser tägliches Gebet erhöhren u. uns alle den Ihrigen wiederschenken.
Den 19. 10. Ruhig hier in Duessin. Am Abend kam Scriba zurueck von Schwerin. Er hatte dort den Präsidenten v. Marschall gesprochen, der sich sehr teilnehmend nach mir, Mueller u.s.w. erkundigt hatte. Auch brachte er die Nachricht von einer vorgefallenen Schlacht in Sachsen mit, jedoch wusste man den Ausgang noch nicht. Dies machte mich sehr unruhig.
Den 20. 10. erfuhren wir die sichere Nachricht, dass die am 11. des M. vorgefallene Schlacht fuer uns mit grossen Vorteilen bei Grosskogel gewonnen, Dresden eingenommen u. 6000 Mann Gefangene von dem mir so ehrwuerdigen General Bluecher gemacht worden seien.«

Auf dem Gute bei Lehsen, wo der ehemalige Leutnant Scheele Verwalter war und das einem Herrn von Laffert gehörte, hatten die Dänen schwer gehaust. Darüber schreibt Fritz am 14. Oktober 1813:

»Alle Offiziere kamen auf das Gut des Herrn von Laffert. Unsere Feinde, besonders die Dänen hatten hier schrecklich gehauset. Die Spuren davon sahen wir besonders an der Bibliothek, die in dem Hause unseres Wirtes war, aber jetzt sehr verstuemmelt war. Das Gut liegt sehr niedlich. Auch ist ein Tiergarten mit weissen Hirschen dabei. Was mir den Aufentalt hier sehr angenehm machte, waren die Ueberreste der hier befindlichen Bibliothek. Ich versetzte mich auf einige Zeit in meine alte glueckliche Lage, wo ich nur allein den Wissenschaften lebte. Manches Buch, aus dem ich auch manches exerpierte, gewährte mir Vergnuegen und Belehrung und es stieg der fromme Wunsch in mir empor, dass mir jene holde Zeit wiederkehren möchte, wo diese meine momentane Beschäftigung mein ruhiges Studium war.«

Am 16. Oktober 1813 wurde das Bataillon, das neue Uniformen erhalten hatte, von General Lyon gemustert:

»Er war zufrieden und sagte, er habe das gute Betragen des Bataillons u. der Offiziere bei Buechen von General Dörnberg erfahren und solches dem Prinz Regenten gemeldet. Nur möchte er eine größere Reinlichkeit der Leute.«

Bei dem Studium der Tagebücher von Fritz von Coulon beginnt man daran zu zweifeln, ob die von seiner Mutter Henriette schriftlich dargelegte Charakterisierung ihres Sohnes richtig ist. Wäre er wirklich ein so in sich verschlossener und stiller, bescheidener Mensch gewesen, wie sie behauptet, so hätte er sich wohl nicht die erstaunlich große Zahl von wertvollen Freunden erwerben können und nicht so viel anregenden Verkehr auch in der älteren Generation der Göttinger Universitätskreise gefunden.
Wenn er in Stade schweigsam und in sich gekehrt war, besonders nachdem die hektisch-ausgelassenen Empfangsfestlichkeiten für die zurückkehrenden Landwehrsoldaten verrauscht waren, hatte es seine besonderen Gründe. Er glaubte in seiner überschwänglichen Art, nur in der freiheitlichen, akademischen Luft Göttingens leben zu können. Seine gleichaltrigen Kriegskameraden saßen schon zum großen Teil wieder als Studenten in den Göttinger Kollegs und unterhielten sich abends über himmelstürmende neue Probleme, die weit über die Grenzen des engen Vaterlandes hinausgingen.

Das Jahr 1813 in Spanien bis zu den Kämpfen um Bayonne, April 1814

Es ist auffällig, daß Georg von Coulon in seinem Tagebuch den Feldzug in Rußland nicht erwähnt, obwohl kein Zweifel daran bestehen kann, daß sich der französische Mißerfolg bis ins Mittelmeer durchsprach und die hier kämpfenden Truppen der Verbündeten sich darüber ihre Gedanken und vielleicht auch manche Hoffnungen auf eine günstige Wende des Krieges machten.
Aber Georg von Coulon war ja unterwegs von Lissabon bis St. Jean de Luz, und seine Gedanken waren mehr mit den unangenehmen, näherliegenden Umständen der Reise verbunden, als mit den militärischen Ereignissen im entfernten Rußland. Immerhin – am 24. Dezember 1813 denkt er besonders viel an seine Familie: ». . . möge sie der Himmel nur alle bei guter Gesundheit u. besonders meine liebe Frau, erhalten haben u. geben, dass sie jetzt in Freiheit sind, alsdann können sie wenigstens einen vergnuegten Weihnachtsabend halten. – Amen.«
Im Februar 1812 rückten die Armeen Napoleons in den Feldzug gegen Rußland, für den er bis zum Mai etwa 650 000 Mann aufgeboten hatte.
Vorerst versuchte der französische Kaiser freilich, mit diplomatischen Mitteln Druck auf den russischen Zaren auszuüben. Er hoffte, ihn durch seine bereitgestellte Streitmacht beeindrucken und zu einem ihm angenehmeren Verhalten bewegen zu können. Rußland hatte bisher Frankreichs Sanktionen gegen England mißachtet; die Kontinentalsperre war am russischen Hof unbeliebt. Napoleons Heirat mit einer österreichischen Prinzessin wurde als beabsichtigte Beleidigung der Zarenfamilie bewertet.
Aber die diplomatische Offensive Napoleons brachte nicht den erwarteten Erfolg. Im Gegenteil: Großbritannien versprach, eine Flotte in die Ostsee zu senden, und Schweden erklärte seine freundliche Neutralität.
Napoleon ließ daher seine Grande Armée am 24. Juni ins russische Polen einfallen. Damit begann die Reihe der Operationen, an deren Ende die katastrophale Niederlage des bis dahin als unbesiegbar geltenden Feldherren stand.
Da hatten es die 200 000 Franzosen besser, die auf der spanischen Halbinsel kämpften und die Napoleon in Rußland vielleicht dringend gebraucht hätte. Immerhin waren weniger als die Hälfte der in Rußland eingesetzten Soldaten französische Staatsbürger.
Drei Armeen setzte Napoleon ein. Eine stand unter seinem eigenen Kommando. Zwar errangen die kriegserfahrenen Marschalle und Generale Siege, doch sie brachten keine Entscheidung. Murat, Davout, Junot und Ney mußten sich letzten Endes der russischen Taktik beugen.
Nach 120 Tagen gab Napoleon den Befehl zum Rückzug. Und nun verbündete sich der Winter mit den Armeen des Zaren. Hätte nicht das Glück Napoleon

unterstützt, wären vielleicht schon im November an der Beresina 90 000 Franzosen in die Hände der Russen gefallen. So entkamen 40 000, für deren Flucht allerdings 50 000 Soldaten ihr Leben lassen mußten oder aber in Gefangenschaft gerieten.
Am 5. Dezember setzte sich Napoleon von seiner geschlagenen Armee ab, um so schnell wie möglich nach Paris zu kommen. Dort ging das Gerücht um, er sei in Rußland gestorben. Murat befehligte den Rückzug der geschlagenen Truppen nicht lange. Er begab sich nach Neapel, um seine Regierungsgeschäfte als König wieder aufzunehmen. So war es schließlich Eugène, einer der Armeeführer, der am Jahreswechsel 1812/13 nicht mehr ganz 100 000 Mann aus Rußland herausführte. Napoleon geschlagen! Die Armee besiegt! Wer gegen Napoleon Bonaparte war, begann zu hoffen, auch wenn der Kaiser der Franzosen mit aller Macht daran ging, die Verluste an Menschen und Material auszugleichen, um seine Herrschaft zu verteidigen.
In Spanien stand der Erfolg auf der Seite Wellingtons. Napoleon hatte sich gezwungen gesehen, 30 000 Mann aus Spanien abzuziehen. Schwierigkeiten zwischen seinem Bruder, König Joseph, und Marschall Soult hatten dazu geführt, daß Soult nach Paris abgerufen und zum Kommandant der Garde ernannt wurde. Soult galt als der fähigste der französischen Marschälle; Wellington hatte vorerst einen gefährlichen Gegenspieler weniger; aber nur für kurze Zeit.
Trotz dem Rat Napoleons an seinen Bruder, sein Hauptquartier nach Vallodolid zu legen, überraschte Wellington den König von Spanien durch den unbemerkten Vormarsch bis Vitoria, dem Ort, wo die drei wichtigen Straßen von Bilbao, Bayonne und Pamplona zusammenlaufen.
Der König stellte sich hier zum Kampf, denn der Verlust der Straße nach Bayonne war mit einem Verlust Madrids gleichbedeutend. Da die Truppen der Franzosen verzettelt waren, standen ihnen für diese Schlacht etwa 60 000 Mann zur Verfügung. Wellington befehligte insgesamt 70 000 Mann, davon 20 000 Spanier.
Nur mit knapper Not konnte König Joseph entkommen.
Napoleon bezeichnete diese Niederlage als die schimpflichste seit Höchstädt (1704). Seinem Bruder Joseph entzog er den Oberbefehl und ernannte Soult zum Oberbefehlshaber der Armeen in Spanien und in den Pyrenäen. Auch Josephs Generalstabschef verlor seine Stellung.
Die Armee zog über die Pyrenäen bis Frankreich. Die Divisionen der Generale Foy und Clausel, die nur 35 Kilometer nordöstlich und südöstlich von Vitoria standen, aber nicht in die Schlacht eingriffen, setzten sich nun ebenfalls nach Frankreich ab. Anfang Juli 1813 standen die Engländer überall an den Grenzen Frankreichs. Nur in Ostspanien behauptet sich noch Marschall Suchet. Wellington hielt es für geboten, vor einem Eindringen nach Frankreich Pamplona und San Sebastian zu nehmen, um gegen Überraschungen im eigenen Hinterland gesichert zu sein. Die Rückkehr Marschall Soults auf den spanischen Kriegsschauplatz ließ darüber hinaus eine Verschärfung der Kämpfe erwarten.

Bis Mitte August waren die Belagerungstruppen von San Sebastian so verstärkt worden, daß nach Niederkämpfen der Batterien zum Sturm angesetzt wurde. Der Großherzoglich-Badische Hauptmann Rigel, der auf französischer Seite am siebenjährigen Kampf auf der iberischen Halbinsel teilnahm, gibt über die Erstürmung der Stadt einen erschütternden Bericht:

»Die Sturmcolonnen rückten nun an demselben Vormittag (28. August) 11 Uhr, gerade um die Zeit der Ebbe, zur Ersteigung derselben heran. Sie aufzuhalten, stürzten die Belagerten mittelst zweier Fladderminen einen Theil der Mauer am Meer nieder, ohne ihnen jedoch dadurch einen bedeutenden Schaden zu verursachen, da sie weder dicht geschlossen, noch der Mauer nahe genug waren. Größern, ja den fürchterlichsten Verlust erfuhren sie am Fuße und auf dem Kamm der Breschen selbst. Was die entschlossendste Tapferkeit vermag, ward beiderseits geleistet. So oft es den Stürmenden durch beispiellose Anstrengungen gelang, die Höhe des Wallgangs zu erklettern, so oft wurden sie durch die hinter festen Abschnitten hervorstrebenden Bayonette und das fürchterlichste Flankenfeuer, das ihre Reihen niederschmetterte, wieder bis an den Fuß der Breschen zurückgetrieben. Frische Truppen ersetzten zum zweiten, ja zum dritten Male die Gefallenen. In dieser gewiß verzweiflungsvollen Lage richtete Graham sein Geschütz auf die Courtinen zur Erleichterung von 500 Portugiesen, die, von einem verheerenden Flintenfeuer der ganzen Linie und eines den niedergeschossenen Wall überhöhenden Werkes empfangen, in zwei Abtheilungen kühn durch die Urumea gegen die Wasserfronte anstürmten. Gleichwohl vermochte der höchste Heldenmuth über die wuthentbrannte Gegenwehr nicht obzusiegen. Der Tod würgte mit Entsetzen in den Reihen der Verbündeten; zwei volle Stunden waren verstrichen, und noch standen sie am Fuße der Wallbrüche. Da öffnete sich das Ende der Hauptcourtine dem wohlgezielten Feuer und bot eine gangbare Bresche; auch flog kurz darauf, fast gleichzeitig mit dem Eindringen eines Schottischen Gardebataillons, welches von dem 88. Regiment unterstützt ward, eine Menge Brandzeug in derselben aus, vom Feuer der Belagerer entzündet. Dadurch erschüttert, begannen die tapferen Vertheidiger zu wanken, selbst Verwirrung verbreitete sich gemach unter ihnen, und ein wiederholter Angriff vertrieb sie endlich aus den meisten vorliegenden Werken, z. B. aus dem Halbmond und dem linken Zweig des Hornwerks, wie auch bald darauf aus den Abschnitten hinter den Sturmlücken. Die Truppen rückten nun nach und nach über die Trümmer in die Courtine, starke Massen wandten sich gegen die Stadt selbst. Doch auch diese, theilweise verbarricadirt und mit inneren Verschanzungen versehen, konnte erst nach einstündigem blutigem Kampfe den heroischen Gegnern bis auf das Theresienkloster entrissen werden. Sie zogen sich hierauf ins Schloß zurück, nachdem sie an Gefangenen allein gegen 700 Mann eingebüßt, dem Feinde aber bei'm Sturme 1500 verwundet und 500 getötet hatten. Unter letztern befand sich der Oberstlieutenant Fletscher, Chef des Geniecorps. Diese ungeheure Einbuße, lediglich der dürftigen Erfahrung dieses die Anordnungen beim Sturme leitenden, übrigens durch Bravour und Einsicht gleich ausgezeichneten Officiers zuzuschreiben, so wie die Lage des Schlosses selbst gebot den Verbündeten bei dessen Eroberung die höchste Vorsicht. Daher schlossen sie dasselbe ein, rückten allmälig näher, errichteten mehrere sehr starke und wohlgedeckte Werke und eröffneten endlich nach Zerfall der inzwischen gepflogenen Übergabsunterhandlungen am 8. September Morgens 10 Uhr das Vollfeuer aus 56 Stück Geschütz des schwersten Calibers. Der enge Raum des Castells und der Mangel an Traversen, verbunden mit dem gut gezielten Feuer der Belagerer überwältigte endlich die heldenmüthige Besatzung. Sie steckte am Mittag die weiße Fahne auf und ergab sich, bis auf 1300 Mann, 500 Kranke oder Verwundete mitbegriffen, herabgeschmolzen, als kriegsgefangen. Sie fand in England eine ihr würdige Behandlung.«

Sehr im Gegensatz zur Behandlung, die den Gefangenen zuteil wurde, standen die Ausschreitungen der Sieger in der eroberten Stadt:

»Friedliche Bürger, Manche hochverdient um's Vaterland, besonders aber Geistliche, wurden auf den Straßen angefallen, ihrer Barschaften, ja selbst der Kleider beraubt, mißhandelt, Viele wurden verwundet oder gar getödtet . . . Die Häuser, zum Theil schon ein Raub der Flamme, wurden erbrochen, die Eigenthümer beraubt und nackt und bloß auf die Straßen getrieben . . . Umsonst widerstrebten Frauen mit männlicher Kraft schändlicher Entehrung, Mädchen von jedem Alter erlagen der viehischen Lustbegier der rohen Soldateska . . . Selbst nicht der Altäre Heiligkeit, wohin sich die Unschuld geflüchtet, gewährte dieser Schutz gegen die entfesselte Sinnlichkeit. Wer widerstand, ward festgehalten oder an irgend einen Gegenstand gebunden und nach gestillter Lustbegier der Menge des Todes Beute . . .

Nichts halfen der Alcalden dringendste Vorstellungen; der Plünderung, der Nothzucht, nicht einmal der Mordbrennerei in befreundeter Stadt konnten sie Einhalt thun. Wie konnte man aber auch, ich will nicht sagen Mäßigung, sondern nur einige Menschlichkeit von den Scharen erwarten, da ihr Befehlshaber selbst des rohesten Barbarismus ihnen ein Muster war? Wird es die Nachwelt glauben (die Mitwelt hat es gesehen), daß er, der als Befreier in eine verbündete Stadt einrückte, befehlen konnte, nachdem nichts mehr zu plündern übrig und der Raub, später im Hauptquartier sogar zum öffentlichen Verkauf ausgestellt, in Sicherheit war, die völlige Zerstörung San Sebastian's durch eigends dazu verfertigte Brandstoffe zu beschleunigen? Nur zu genau erfüllten die Mordbrenner den schändlichen Auftrag! Mit Tanz und Gesang schauten sie dem grauenvollen Flammenscheine zu, und der niederkrachenden Häuser Sturz war Melodie für ihre verwilderten Seelen! – So ging diese Stadt von 600 Gebäuden bis auf 36 durch Freundes Hand zu Grunde und ließ 1500 Familien, deren Verlust sich im geringsten Anschlage auf fünf Millionen Piaster belaufen mochte, ohne Obdach, ohne Hülfe! San Sebastian, noch vor Kurzem der blühendste Handelsplatz des

nördlichen Spanien's, stand da ein Bild der scheußlichsten Verwüstung durch ein Heer, das sich ohne Scham bei'm Anblicke seines Werks Retter vom Despotismus nannte. –«
Es liegt nahe, diese Schilderung für parteiisch zu halten. Dieser Vorwurf dürfte jedoch kaum berechtigt sein, da der Verfasser des Berichtes über die Eroberung und Zerstörung San Sebastians seine Augen vor den Vergehen der französischen Soldaten keineswegs verschließt. Plünderei war, wie er feststellt, »ein Geschäft, welchem der Französische Soldat aller Ermüdung dabei ungeachtet, so unverdrossenen Eifers oblag, daß seine Geschicklichkeit in dieser Rücksicht sehr bald ein Gegenstand allgemeiner Bewunderung ward . . . Der Ladestock oder eiserne spitzige Stangen waren die Zauberstäbe, womit jeder Fleck in Häusern wie in Feldern durchsucht ward . . . Wie der raubgierige Schakal des Orients drangen diese Menschen sogar in die Gräber ein, die Leichname ihrer Gewänder, ihres Schmucks beraubend und nur Zerstörung in diesen stiller Andacht geweihten Hallen zurücklassend.«

War Wellington nach der Eroberung von San Sebastian nunmehr seinem Hauptgegner Soult überlegen, so ließ er sich doch nicht zu Vorstößen verleiten, die möglicherweise die spanischen Verbände in schwierige Situationen hätten bringen können. Wellington überschritt Anfang Oktober den spanisch-französischen Grenzfluss, die Bidassoa. Am 10. November trat dann seine Armee in breiter Front den Vormarsch gegen die Nivelle an, nachdem am 31. Oktober Pamplona genommen worden war. Hier hatte die Besatzung nach vier Monaten anhaltender Belagerung kapituliert.
Soult wurde dadurch gezwungen, seine Stellungen bei St. Jean de Luz zu räumen und sich gegen Bayonne abzusetzen.
Während Wellington zwischen Nivelle und Nive haltmachen ließ, nutzte Soult die Zeit, die Verteidigungsanlagen von Bayonne auszubauen. Anfang Dezember begann Wellington nachzudrücken. Er beabsichtigte, zwischen Bayonne und St. Jean de Pied de Port durchzustoßen, um Bayonne einzuschließen. Das Wetter und der Zustand der Truppe behinderte die Operationen. In Wellingtons Hauptquartier in St. Jean de Luz wurde in dieser Zeit an einer neuen Einteilung des Heeres gearbeitet. Verstärkungen trafen ein. Die Linienbataillone der Legion wurden zu einer Brigade unter Generalmajor v. Hinüber zusammengefaßt. An der Einschließungsfront blieb es ruhig, von einzelnen Vorstößen der Franzosen abgesehen.

»**Den 3. Jan. 1814** bekamen wir Morgens schnell die Order zum marschieren, die Bagage blieb zurueck, und die ganze erste Division rueckte 2 Stunden vorwärts; die Feinde hatten eine grosse Bewegung nach unserem rechten Fluegel gemacht, und es schien, als wenn sie uns angreifen wollten, allein auf unserem linken Fluegel blieb alles ruhig und unser Battl. rueckte eine Hälfte ins Lager, die andere kam auf Piquet.
Den 8. Jan. gestern Abend war der Feldmarschall Wellington wieder im Hauptquar-

tier eingetroffen und wir hörten, dass am 3. die Feinde unseren rechten Fluegel mit grosser Gewalt angegriffen und solchen in etwas zurueckgedrängt hatte, Wellington hatte sie aber am 5. wieder attaquiert und die Feinde gänzlich wieder zurueckgedrängt. – Gegen Mittag erhielt unsere Division wieder Order zum Einruecken in die bisher gehabten Quartiere, und nur die gewöhnlichen Piquetter blieben stehen, um 4 Uhr Nachmittags war ich wieder im Quartier und freute mich, wieder unters Dach zu kommen, indem das schlechteste Quartier doch besser als ein Zelt in dieser Jahreszeit ist. – Gleich nach meiner Ankunft ging ich zum Paymaster und erhielt von selbigem zwanzig Guineen Vorschuss auf meine fällige 200 tägige Batl.- u. Forage Money, ich setzte mich sofort an den Tisch und schrieb meiner Frau den Brief No. 124, welchen ich zur Besorgung H. General v. Bock zuschickte, der in einigen Tagen nach England u. von dort nach dem Lande abgehen wird, in diesen Brief legte ich 20 st. Guineen fuer meine Frau mit ein, und ich wuensche herzlich, dass sie den Brief mit dem Gelde bald und sicher erhalten möge.
Heute erhielten wir auch die Nachricht, dass der Lord Castlerlagh als Minister von engl. Seite ueber Frankreich zum Frieden Congress nach Manheim abgereist sei, ist dies gewiss, so können wir uns Hoffnung zu einem baldigen Frieden machen, indem der Tyrann jetzt gedemuetigt ist, und hoffentlich das eingehen wird und muss, was ihm die Alliierten Mächte vorschreiben. Vielleicht erfolgt als dann auch bald ein Waffenstillstand.
Den 20. Jan. musste ich mit den 4 letzten Comp. des Battl. auf die Vorposten. Wir hatten den ersten bis zweiten Tag schlechtes Wetter mit Schneegestöber. Der dritte Tag als den 23. Jan., war es gutes Wetter, es hatte in der Nacht stark gefroren, die Feinde hatten ihre Vorposten bis in die Linie vor Bajonne zurueckgezogen, sie machten aber jeden Morgen eine starke Patrouille in der Nähe unserer Vedetten.
Am 22. u. 23 Jan. machte Lord Wellington eine Recognissanće mit einer Escorte Cav. u. Inf. bis an die Linie vor Bajonne, scheint als wenn wir in einigen Tagen weiter vorruecken und gegen den Feind etwas unternehmen werden. Zwei von ihren Divisionen sind nach Lyon detachiert worden.«

Bis es zum Angriff kommt, vergehen einige Wochen. Wellington hält nichts von schlecht vorbereiteten Unternehmungen. Schlechtes Wetter mit heftigen Winden, starken Regenfällen und Gewittern erschwert die Bereitstellung. Auf den schlechten Wegen kommen die Verbände nur langsam voran. Am 23. Februar sind die Linienbataillone endlich an der Mündung der Arduro, der Einfahrt für die Schiffe, die nach Bayonne wollen:

»Die ganze Colonne versammelte sich in ein tiefes sandiges Tal, und man fing sogleich an, die Pontons ins Wasser zu lassen und etwa 8 Comp. vom 1 sten Battl nebst eine Batterie von Congrews Raqueten waren ohne alle Schwierigkeiten gegen 4 Uhr Nachmittags ueber die Arduro gebracht. Diese wenige Mannschaft wurde gegen Dunkelwerden von einem von Bajonne ausgesandtem Corps ueber 1000 Mann stark, angegriffen, und wir waren zuerst wegen ihres Schicksales besorgt, allein es verteidigte sich nicht nur brav, sondern wie die Raqueten erst zu schiessen anfingen, ergriffen die Feinde bald die Flucht, und zogen sich sofort zurueck. Während der Nacht wurden noch mehrere Truppen uebergebracht.
Den 24. Febr. morgens erblickten wir eine Flotte von 40 kleinen Fahrzeugen, unter Bedeckung von verschiedenen kleinen Kriegsschiffen in der Nähe der Arduro. Diese sind bestimmt, eine Schiffsbruecke ueber diesen Fluss zu machen. – Gegen Mittag wurde unser Battl. ebenfalls in Pontons ueber den Fluss gebracht, die Pferde mussten

hinter den Booten am Zuegel festgehalten, nachschwimmen, welches zwar sehr gefährlich aussah, allein es ging besser als ich es glaubte, und Bodecker u. meine Pferde kamen noch heute gluecklich ueber. Gegen Abend schlugen wir die Zelte auf u. die ganze Division mit Ausnahme der Artillerie war den Fluss passiert. – Auch die von St. Jean de Luz hergeschickten Fahrzeuge passierten gegen Abend gluecklich die Bare u. trafen auf der Arduro an. Ein paar Boote mit Menschen verunglueckten bei dieser Gelegenheit.

Den 27. Febr. gegen Mittag kam Order zum Aufbruch, wir marschierten sofort ab u. gleich nachher wurde geladen. Die 3 Linien Battls. waren bestimmt, den Feind aus seiner festen Position zu St. Etienne noch vor der Citadelle zu vertreiben. Unsere beiden leichten Battls. sollten solche links mehr umgehen, und an unseren rechten Fluegel waren die Garden zu unserer Unterstuetzung postiert. Gegen 2 Uhr Nachmittags trafen wir den Feind an, und das kleine Gewehrfeuer begann, unsere Schuetzen avancierten vor und wir folgten. Der Feind hatte sich hinter alle Gräben, Verstecke u. Häuser gelegt und machte ein heftiges Feuer, unterstuetzt von den Kanonen aus der Citadelle. Dem ungeachtet rueckten wir frisch vorwärts und jagten den Feind von einem Versteck und Haus zum anderen, bis wir auf die Chaussee kamen, woselbst wir ihn mit einem Hurra u. mit gefälltem Bajonet attaqierten, und ihn ganz bis unter die Citadelle trieben. Gegen Abend hörte das kleine Gewehrfeuer auf und wir befanden uns in der Position, die wir besetzt haben wollten und wodurch die Citadelle nun gänzlich eingeschlossen ist. Unser Verlust an Menschen war heute sehr beträchtlich, das 1 ste. Battl. verlor allein 5 Offiziere und 78 Mann Tote und Verwundete, der ganze Verlust der 3 Battls. mag wohl beinahe an die 300 Mann ausmachen. Colonel Bodecker sein Pferd wurde getötet u. meins erhielt einen Gewehrschuss, die Kugel prellte aber gluecklicherweise an dem starken Halfter-Riemen ab und das Tier kam mit einer Kontusion davon. Gegen Abend lösten wir das zweite Battl. ab, es kommen 3 Comp. ins Piquet u. die 3 uebrigen zum Support, dichte dabei.

Den 28. Febr. wurde ein heftiges Feuer von der Citadelle mit Kanonen und Bombenwerfern gemacht, auch attaquierten die Feinde unsere Vorposten, allein sie wurden jedes mal zurueckgetrieben. Wir hielten uns hinter den Häusern und in den niedrigen Wegen auf, so dass sie uns eben keinen grossen Schaden zufuegen konnten. Das Wetter fing heute an, schlecht zu werden, und die Leute mussten von Kälte und Regen viel aushalten.

Den ersten Mertz schoss der Feind wie gewöhnlich stark aus der Festung, seine Vorposten verhielten sich aber ruhiger, unsere erhielten die Order, nicht zu feuern. Heute bekommen wir die Nachricht, dass Lord Wellington den Marschall Soult bei Orte angegriffen und geschlagen haben soll und dass er mit der Armee weiter vorwärts nach Bordeaux gerueckt sei. Der Himmel gebe, dass die Nachricht gegruendet ist und dass wir bald nachfolgen mögen.«

Da die Hannoveraner noch keine Artillerie zur Verfügung hatten, konnten sie gegen die Franzosen in der Zitadelle von St. Etienne wenig ausrichten. Die Franzosen versteckten sich nicht, sondern setzten ihre eigenen Geschütze wirkungsvoll ein. Offensichtlich halfen ihnen gute Beobachter oder gar Agenten, das Geschützfeuer zu leiten, denn bei der abendlichen Ablösung wurden die Belagerer mit Granaten eingedeckt, das Lager wurde wiederholt getroffen. In der Mitte ihrer Zitadelle hatten die Franzosen zudem einen hohen Mastbaum mit einem Korb daran errichtet, in dem zwei bis drei Mann saßen. Sobald ihnen Bewegungen der Belagerer auffielen, gaben sie ihren Kanonieren entsprechende Hin-

weise. Es gab zahlreiche Verwundete und Tote. Während dennoch die Stimmung bei seiner Truppe gut ist: ». . . die armen Soldaten kriegen keine trockenen Füsse und muessen den ganzen Tag im Wasser und Dreck waten, dabei sind sie content u. wir haben wenig Kranke, ein Zeichen, dass es lauter alte Veteranen sind, die Strapatzen ausstehen können«, melden sich aus der belagerten Stadt immer wieder Überläufer. Anscheinend hatten Gerüchte und Nachrichten über die Entwicklung des Krieges in Deutschland die Moral der französischen Soldaten und ihrer Hilfstruppen beeinträchtigt.
Soult zog sich auf Befehl Napoleons auf Pau zurück, um sich gegebenenfalls mit der Spanien räumenden Armee Suchets vereinigen zu können. Mitte März war Bordeaux gefallen, und am 27. März 1814 stand Wellington vor Toulouse. Die Hochwasser führende Garonne verhindert den Übergang und Angriffe gegen die zum Schutz der Stadt von Soult angelegten Verschanzungen. Am 10. April begann der Angriff. Zwei Tage darauf wurde in Toulouse die weiße Fahne gehißt. An diesem Tag erhielt Soult ein Schreiben aus Paris, in dem ihm mitgeteilt wurde, daß die Verbündeten am 31. März in Paris eingezogen waren und der Senat am 2. April Napoleon die Krone abgesprochen habe.
Vor St. Etienne war die Lage nach wie vor unverändert. Zwar hatte die Truppe inzwischen erfahren, daß die Alliierten Napoleon wiederholt geschlagen hatten und am 1. April in Paris eingerückt waren. Es war auch bekannt geworden, daß »eine provisorische Regierung festgesetzt, welche Louis den 18ten als König von Frankreich erklärt, dass Talleyrand mit 4 Mitgliedern der Regierung nach England abgegangen um Ludewig den 18ten im Namen des französischen Volkes einzuladen, nach Frankreich zurückzukommen u. wieder Besitz vom französischen Throne zu nehmen«, aber man blieb skeptisch, so sehr man sich darüber freute und hoffte, die Nachrichten würden bald bestätigt werden und zu einem baldigen Frieden führen. Noch war es nicht so weit:

»Den 14. Aprill. Morgens 3 Uhr wurden wir im Lager avertiert u. zwar durch einen Deserteur, dass der Feind einen Ausfall machen wuerde, u. bald darauf hörten wir, dass das kleine Gewehrfeuer anfing. In einer 1/4 Stunde waren wir unters Gewehr u. marschierten ab; unterwegens canonierten u. warfen die Feinde Bomben u. Kugeln heftig, jedoch ohne uns zu treffen, es war noch ganz finster u. auf der Mitte des Weges ging erst der Mond auf. Die Engelländer von Lord Aylmers Brigade waren auf Piquet u. hatten die Linien zu verteidigen, diese waren auf ihre Posten nicht allert genug gewesen u. die Feinde hatten solche beinahe ueberrumpelt, u. nahmen ihnen fast die ganze besetzte Position weg, töteten u. verwundeten ihnen viele Leute u. nahmen mehrere Gefangene. Unsere beiden leichten u. die 3 Linie-Battls. kamen aber bald darauf zum Succurs an; unser 1 tes. Battl. wurde die Verteidigung der grossen Redoute vor der Windmuehle aufgetragen, wir kamen just zur rechten Zeit an, indem die Feinde hierauf zumarschierten und solche ebenfalls nehmen wollten, allein eine einzige Charge von uns nötigte solche zugleich zum Weichen; das 2 te Battl. wurde nebst dem 5. tem Battl. beordert, das Dorf St. Etienne wieder zu nehmen, dies geschah von dem 2. ten Battl., welches das vorderste war mit der grössten Bravour, und die befestigte Kirche, die Häuser u. Redouten wurden sofort dem Feinde wieder

abgenommen, und die Garden vor unserem rechten Fluegel taten ein gleiches; gegen 7 Uhr Morgens waren wir wieder im Besitz der gefallenen Position und die Feinde in ihren verschanzten Werken zurueckgetrieben; der Verlust von beiden Seiten war sehr beträchtlich, jedoch wie ich glaube von unserer Seite am stärksten, besonders bedauern wir den Verlust von so manchem braven Offizier;
Unser Battl. hatte das Glueck, am wenigsten zu verlieren, indem wir nur 6 Gemeine Tot u. 10 Blessierte hatten. Das 2 te Linien Battl. sind Major Chueder u. Capt. Mueller tot, ein Colonel Bots leicht blessiert, incl. einige 40 Gemeine tot. Vom 5. l. Battl. ist Capt. Holtermann u. Wynecke incl. Lt. Wollrabe blessiert. Vom 2 leichten Battl. ist Capt. Wynecke blessiert u. Capt. Wackershagen der auf Piquet war mit einem Teil seiner Comp. zu Gefangenen gemacht; die Engelländer haben auch viele Offiziere und Mannschaften verloren, General Hay, der die Nacht commandierender Offizier der Linie war, ist erschossen, Colonel Collville hat ein Bein verloren und mehrere Offiziere von der Garden sind geblieben oder verwundet, unser commandierender General Sir John Hope hat das Unglueck gehabt in der Dunkelheit der Nacht auf den Feind zu stossen und ist mit seinem Adjudanten gefangen genommen worden; unsere Legion hat ausserdem einen grossen Verlust durch den Tod des Br. M. Drechsel erlitten, der im Anfang der Aktion, wie er das 5 te Battl. nach seiner Position fuehren wollte, erschossen wurde, statt seiner hat der General Hinueber den Lt. Wigmann, der bislang bei den leichten Battls. als Br. Major diente, zum Br. M. angenommen, ob er solchen fuer beständig behalten wird, weiss ich nicht.
Den 16. Aprill mussten wir morgens 2 Uhr wieder in die Nähe der Piquets marschieren, weil man einen Ausfall des Feindes vermutete, allein es blieb ruhig. Bei Tagesanbruch wurde eine flag of truce in die Stadt geschickt, u. dem Commandanten die guten Nachrichten, dass nämlich mehrere Generals von Boni abgefallen u. die Partie der Bourbons ergriffen, bekannt gemacht, ihn auch zugleich einen 3 tägigen Waffenstillstand vorgeschlagen, damit er Zeit hätte, sich nach der Wahrheit dieser Nachricht durch einen ausgeschickten Offizier sich zu erkundigen, allein dieser Barbar muss sich auf alle diese Propositions nicht habe einlassen wollen, indem er eine Stunde nachher ein heftiges Kanonen und Bombenfeuer anfing.«

Inzwischen war mit Soult und Suchet ein förmlicher Waffenstillstand geschlossen worden. Er sah vor, daß vor Bayonne und anderen Orten die Kämpfe sofort eingestellt werden sollten. Die aus Paris gekommenen Bevollmächtigten konnten dem englischen Befehlshaber vor Bayonne ihre Botschaft übergeben, nicht aber dem Verteidiger von Bayonne, General Thouvenot. Dieser nahm die von Hope übermittelte Botschaft als nichtamtlich nicht zur Kenntnis, sondern befahl am 14. April den Ausfall, den v. Coulon in seinem Tagebuch geschildert hat. Vier Tage später bestätigte Thouvenot dem kommandierenden englischen General Collville den Empfang des Schreibens, mit dem ihm ein Waffenstillstand angeboten worden sei. Bevor er nicht von Marschall Soult hierzu Order erhalten habe, könne er das Angebot nicht akzeptieren. Allerdings werde er seine Geschütze nicht mehr einsetzen, wenn die Engländer ihre Schanzarbeiten einstellen. Dieser Vorschlag wurde angenommen.

»**Den 22. Aprill** wurde eine Art von Convention geschlossen, nach welcher von diesem Tage an, unserer Gefangenen in Bayonne, 238 an der Zahl, in einem Boote die Provision von uns zugeschickt erhielten.
Den 23. Aprill. Von heute Morgen oder gestern Abend 5 Uhr an hörten die Feinde

mit Schiessen auf, es war auf 48 Stunden ein Waffenstillstand gemacht, indem man den Gouvernör von Bayonne eröffnete, dass der Marschall Soult mit Wellington gleichfalls einen Waffenstillstand eingegangen, und dass man morgen gewiss hatte, dass ein Offizier von Soults Armee die officiale Nachricht deshalb ueberbringen wuerde. Kommt dieser Offizier nicht zur rechten Zeit an, so wird der Feind wahrscheinlich morgen Abend nach 5 Uhr seine Feindseligkeiten wieder anfangen. Uebrigens sind hier die angenehmsten Nachrichten von Paris u. anderen Gegenden von Frankreich eingegangen, nach denselben wird die Regierung des Tyrannen bald sein Ende haben u. die alte Dynastie der Bourbons wieder zum Trone kommen.

Den 24. Aprill, obschon von Soult noch keine Nachricht wegen des geschlossenen Waffenstillstandes an den Commandeur von Bayonne ergangen, so ging der Waffenstillstand dennoch stillschweigend fort.

Den 26. Aprill wurde der geschlossene Waffenstillstand durch eine Proklamation von Seiten Wellingtons der Armee bekannt gemacht, und an allen Orten angeschlagen, auch dem Commandant von Bayonne zugesandt, dieser will solchen aber nicht ehender in Erfuellung bringen, bevor er nicht durch den Marschall Soult officielle Nachricht bekommt.

Den 27. Aprill, des Abends kam der abgesandte Offizier von Soult an den Gouvernör an, und **den 28. Aprill** wurde der Waffenstillstand und die Anerkennung der Bourbons vom Commandant von Bayonne auf eine feierliche Weise, nämlich durch Aufsteckung der weissen Flagge u. Cocarden und durch ein allgemeines Salut von den Kanonen der Festung und der Schiffe Mittags 12 Uhr der Garnison und den Einwohnern bekannt gemacht, von unserer Seite rueckte die ganze Linie aus, von den Schiffen wurden 21 Kanonenschuesse gegeben, welches hierauf von der ganzen Linie durch ein dreimaliges Hurra erwiedert wurde. Der allgemeine Friede wird Gottlob nun bald erfolgen, und unsere Wiederkehr ins geliebte Vaterland wird, so Gott will, nicht ferne mehr sein.«

1814: Die Franzosen verlieren Bayonne – Napoleon die Krone

Trotz der Katastrophe in Rußland gab Napoleon nicht auf. Er kannte nur ein Ziel: die erlittenen Verluste an Menschen, Tieren und Material so rasch wie möglich auszugleichen, um sich den nachdrängenden Preußen und Russen in den Weg zu stellen.
Preußen hatte im Februar 1813 einen Beistandsvertrag mit Rußland geschlossen; nur Österreich wandte sich noch nicht gegen Frankreich. Die Kämpfe in Spanien, die ständig Opfer forderten, erschwerten Napoleons Pläne. Dennoch gelang es ihm, durch Einberufung jüngerer Jahrgänge, Übernahme von Angehörigen der Marine und Gendarmerie sowie Einziehung von Italienern an die 500 000 Mann für das Feldheer aufzubringen. Die Aufstellung ging zum Teil zu Lasten der in Spanien kämpfenden Truppen, die Wellingtons Erfolge nicht mehr verhindern konnten. Doch abgesehen davon ließ die Kampfkraft der neuen, schlecht ausgebildeten Verbände zu wünschen übrig, und die in Rußland verlorenen Pferde konnten ohnehin nicht so schnell ersetzt werden. Die Kavallerie kam zu kurz und damit auch die Feindaufklärung.
Ungeachtet aller Schwierigkeiten erwies sich Napoleon im März und April 1813 in den Kämpfen gegen die Alliierten noch immer als gefährlich. Er siegte Anfang Mai bei Lützen und zweieinhalb Wochen später bei Bautzen. Von Anfang an machte sich indes bemerkbar, daß es den Franzosen an der früher so ausgezeichneten Aufklärung mangelte, so daß zwar Siege errungen, jedoch nicht ausgenutzt werden konnten.
Den Waffenstillstand vom 2. Juni verstanden die gegen Napoleon Verbündeten für sich zu nutzen. Österreich und Schweden hatten sich inzwischen der Allianz England-Preußen-Rußland angeschlossen. So waren sie den etwa 700 000 Franzosen um 100 000 Soldaten überlegen. Sicher bewirkte auch die Unerfahrenheit der Soldaten Napoleons, daß der Kaiser keinen Erfolg mehr erringen konnte, doch vor allem war es der Taktik der Alliierten zuzuschreiben, daß Napoleon schließlich im Oktober 1813 bei Leipzig gestellt und unter hohen Verlusten an Toten, Verwundeten, Gefangenen und Überläufern geschlagen wurde. In der Völkerschlacht von Leipzig fiel die Entscheidung über die Befreiung Deutschlands. Der Angriff auf Frankreich begann. Napoleon verstand es zwar mit alter Meisterschaft, seine Truppen hinter den Rhein zurückzuführen, doch wieder war er gezwungen, eine neue Armee aus dem Boden zu stampfen. Alte Männer und fast noch Knaben wurden zu den Waffen gerufen. Über 100 000 Mann verteidigten östlich des Rheins noch befestigte Städte, zum Beispiel Hamburg, und etwa noch einmal soviel wehrten sich gegen den vorrückenden Wellington in Südfrankreich.

Mit Beginn des Jahres 1814 drangen die alliierten Truppen in französisches Gebiet ein. In Hamburg konnte Marschall Davout die Einschließung nicht verhindern. Napoleon sah sich im Januar von seinem eigenen Schwager Murat, dem König von Neapel, verlassen. Murat, der sich während des Rückzugs in Rußland eilends an seinen Hof nach Neapel abgesetzt hatte, unterzeichnete einen Vertrag mit den Alliierten. Auch der dänische König brach sein Bündnis mit Napoleon.
Unermüdlich trieb der Kaiser seine Marschalle, Generale und Soldaten gegen die Armeen Blüchers und Schwarzenbergs an, um Zeit kämpfend und in der Hoffnung, gegen die getrennt operierenden Streitkräfte seiner Gegner Erfolge erzielen und den drohenden Vormarsch gegen Paris verhindern zu können.
Alle seine Anstrengungen blieben vergebens. Anfang April 1814 verweigerten ihm seine Marschalle, an der Spitze einer seiner treuesten Ergebenen, Marschall Ney, den Gehorsam. Am 6. April dankte der Kaiser bedingungslos ab, nachdem er noch zwei Tage zuvor seinen Rücktritt nur zugunsten des Königs von Rom erklärt hatte.
Innerhalb von zehn Tagen einigten sich die Alliierten, was mit Napoleon geschehen solle. Sie gewährten ihm für sein Exil auf der Insel Elba eine Apanage und eine 600 Mann starke Garde; allerdings wurde es seiner Familie nicht gestattet, mit nach Elba zu gehen.
Ludwig XVIII., von den Siegern als Nachfolger Napoleons auf den französischen Thron gesetzt, unterzeichnete am 30. April den Vertrag von Paris. Der Krieg war damit beendet. Zumindest schien es so . . .
Der Frieden von Paris bedeutete für viele Angehörige der Legion, endlich wieder in absehbarer Zeit zu ihren Angehörigen zurückkehren zu können. Sie hatten sich bei ihrem Eintritt in die Legion zwar verpflichtet, sechs Monate über einen allgemeinen Friedensschluß hinaus zu dienen, doch nun war das Ende der Dienstzeit in greifbarer Nähe; die Wochen bis zur Entlassung waren übersehbar, als Wellington sich von seinem Heer verabschiedete und am 15. Juni 1814 von Bordeaux nach England ging.
Georg von Coulon gehörte zu jenen Offizieren, die nicht im Sinn hatten, länger als notwendig in der Legion zu bleiben. Das hatte praktische Gründe: Georg konnte in seinem Alter nicht mehr mit einer ihn befriedigenden Karriere rechnen. Die Anstrengungen des Lebens an der Front belasteten ihn mehr als seine jüngeren, gleichrangigen Kameraden. Und – letzten Endes – konnte er sich ausrechnen, daß er nun in der Lage war, mit seiner Pension als Major seiner Familie einen einigermaßen ausreichenden Lebensunterhalt gewähren zu können.
In einem nicht mehr vorhandenen Brief muß er seiner Frau die Absicht mitgeteilt haben, zum nächsten Termin den Dienst zu quittieren. Henriette bestätigt dies am 9. Juni mit den Worten, sie freue sich wie ein Kind über seinen Vorsatz. Doch die Verpflichtung, sechs Monate über den am 30. April 1814 unterzeichneten Frieden von Paris hinaus zu dienen, stellte noch einmal die Geduld der Betroffenen auf eine harte Probe.

Die Russen kommen als Befreier, und Henriette bittet Georg, sich »unter keinem Vorwand noch länger von uns zu trennen«

Inzwischen hat Henriette die »Feldpost-Briefe« erhalten, in denen Georg über die Gefechte bei Bayonne berichtet. Sie macht sich natürlich Sorgen und bangt um ihren Mann. Aus eigener Erfahrung weiß sie, wie sehr die Franzosen es verstehen, einen Ort zu befestigen.
Noch sitzen sie in Hamburg, man spürt aber, daß das Ende ihrer Anwesenheit bevorsteht. Die Bevölkerung sehnt sich nach Frieden, sie will endlich Ruhe haben, und doch bedrückt sie trotz der Niederlage Napoleons der Gedanke, daß es ihm gelingen könnte, den Krieg zu verlängern. Am 30. April 1814 schreibt sie ihrem Mann:

> »Ich kann mich euren sauren Dienst, den ihr fuer Bayonne habt, sehr lebhaft vorstellen, und kann deshalb auch nicht ruhig sein, so sehr ich mich auch damit zu trösten suche, dass die seit kurzem gemachten Fortschritte der Alliierten u. die Absetzung des Tyrannen auch auf euch einen guenstigen Einfluss haben werden, u. alles Blutvergiessen ein Ende nehmen wird. So habe ich doch eine grössere Angst wie je, dass ihr nicht frueh genug davon unterrichtet werdet, auch vielleicht der Franzosen-Commandant in der Stadt, so wie hier der Eckmueller noch ein treuer Anhänger von Buonaparte ist, und der guten Sache sobald noch nicht beitritt. Kurz ich wuensche nichts mehr als erst 3 Wochen älter zu sein ...
> Hier will man schon wissen, dass der Friede geschlossen, u. die Legion abgedankt wird, ich bin aber durch die vielen Täuschungen, die ich erfahren, so ungläubig geworden, dass ich mich der Freude bevor ich nicht die grösste Gewissheit habe, nicht hingeben kann.
> ... Deine Anfrage, mein guter Junge, nach dem Namen des Präfekts u. dass du Benslar in den Verdacht hast, dass er es sein muesste, hat mich viel Spass gemacht. Allerdings hat letzterer sich durch seine französischen Gesinnungen mit allen seinen Handlungen sehr verächtlich gemacht, u. wäre er nicht im Juni vorigen Jahres gestorben, man hätte ihn jetzt gewiss gesteinigt, so aber hat ihn der liebe Gott doch mit Ehren aus der Welt geschafft. Der Präfekt war ein geborener Franzose, namens David, der Sohn des beruehmten Malers David in Paris, ein wahrer Tyrann u. treuer Anhänger von Buonaparte. Was er jetzt in Hamburg mit sieht und wohl sagt, das möchte ich wohl wissen. Man glaubt allgemein, Hamburg werde sich in kurzem auch ergeben u. Gott gebe, das das ohne Blutvergiessen geht. Die 12 Mann Russen habe ich allerdings speisen u. tränken muessen, so wie jetzt noch alles Militär von uns beköstigt wird, das haben sie alle von den Franzosen gelernt. Die Auffuehrung der Russen war die erste Zeit nicht sonderlich, u. wir hatten uns eine viel bessere Vorstellung von unseren Befreiern gemacht. Ich bin mit meinen Kindern 4 Tage bei der alten Hofrätin gewesen u. die Steckern hatte die Wirtschaft uebernommen, und viele Familien sind nicht in den Tagen aus ihren Häusern gegangen oder haben es ganz verlassen. Du kannst also denken, dass bei ihnen keine Ordnung, so wenig wie Recht zu erhalten bei ihren Oberen war. Jetzt sagt man, dass mehr Disziplin darin ist, doch habe ich immer allen Respekt fuer sie u. wuensche nichts mehr, als dass die guten Leute erst alle wieder in ihr Vaterland zurueck sein möchten.«

So ungetrübt war also die Begeisterung über die Befreier aus dem Osten nicht, daß Henriette sie nicht gerne wieder in ihre Heimat zurückkehren sehen mochte. Aber die Freude über die Befreiung von der französischen Gegenwart überwiegt selbstverständlich die Belastungen. Anfang Mai huldigen die Franzosen in Hamburg zudem Ludwig XVIII. und vergrößern damit die Hoffnung der Deutschen auf einen Frieden.

Freilich saß die Furcht vor Napoleon noch immer in den Herzen der deutschen Bevölkerung. Man traute ihm alles zu – und den Franzosen nicht. Henriette drückt dies in einem Brief vom 21. Mai 1814 deutlich aus:

> »Solange aber der Tyrann Buonaparte lebt, glaube ich nicht an Frieden, denn der grösste Teil der Franzosen, wenigstens die ersten derselben, sind im Herzen noch Anhänger von ihm, und das Ungeheuer ruht gewiss nicht, sondern spinnt selbst auf der Insel Elba noch wieder was an. Hier in Hamburg, wo sie seit 8 Tagen die weisse Fahne aufgesteckt u. Ludwig gehuldigt haben, sind sie alle sehr unzufrieden u. wollen nicht besiegt heissen.
> Man will hier wissen, dass die Legion demnächst nach Amerika geschickt werden soll, und dass es den Offizieren, die das nicht wollen, frei gestellt wird, mit der halben Gage abzugehen, u. dass du dieses gewiss tun wuerdest. Bisher mein bester Georg habe ich dich nie zum Abgehen gemahnt u. konnte es nach meinem Gefuehl auch nicht solange die Franzosen, unsere Erzfeinde im Lande waren, dein Aufenthalt hier mit vielem Unangenehmen verbunden war, allein jetzt, da wir unsere alte Verfassung wieder haben, u. dieser unglueckliche Krieg geendet ist, glaube ich allerdings wohl ein Recht zu haben, dich zu bereden, zu den deinigen zurueckzukehren, u. den uebrigen Teil deines Lebens im Schosse deiner Familie, die seit 8 Jahren nun bald von dich getrennt ist, zuzubringen. ... Auch können wir bei einem eingeschränkten Haushalt von der halben Gage leben.«

Henriette läßt es nicht bei dieser eher nüchternen Feststellung, sondern erinnert an die Lasten, die sie allein tragen mußte:

> »Nun mein bester Georg, jetzt gelten meine u. deiner Kinder Ansprueche auf dich, die bis dahin schweigen mussten, die aber in voller Kraft gegen dich auftreten u. dich zärtlich bitten, dich unter keinem Vorwand noch länger von uns zu trennen. Denn nur als dann wenn ich erst wieder mit dir vereinigt bin, kann und werde ich die Jahre des Leidens, die ich so sorgenvoll verlebt, vergessen können. Aber gewiss nicht ehedem erhalte ich meine verlorne Heiterkeit wieder zurueck, bis ich dich der mir in der Welt das teuerste bleibt, wiedersehe. Also noch einmal erfreue mich bald mit der frohen Nachricht, dass du diesen meinen Wunsch erfuellen wirst.«

Der Friede ist geschlossen, die Sorgen haben kein Ende – der Heimaturlaub läßt auf sich warten

Im Juni 1814 schenken die Engländer dem Haus Hannover ein Kriegsschiff. In Stade wird die Übergabe des Schiffes mit einer »Fète« gefeiert, wozu auch Henriette eingeladen wird.
Sie teilt ihrem Georg mit, daß sie es

> »aber vorzog, lieber zu Hause zu bleiben, um mich mit dir, lieben Jungen, zu unterhalten. Fritz u. Amalie sind mit Carl hingegangen, es sind die ersten von den Damen da, ich glaube es wird den Kindern gewiss viel Spass machen, fuer mich hat dergleichen grossen Wert, u. ich habe in dieser Zeit mehr Feten beiwohnen muessen, wie mir lieb war. Auch die hiesige Ritterschaft gab bei Gelegenheit das seine, zuerst wieder hier zusammen zu sein.«

Die Sorge, was aus ihrem Sohn werden soll, läßt sie trotz der Freude über die wiedergewonnene Freiheit nicht los. Der Brief No. 115 vom 22.6.1814 gibt dem beredten Ausdruck:

> »Sähest du uebrigens hier so wie ich die grosse Knauserigkeit womit man jetzt schon wieder anfängt wie vorher die Soldaten u. Offiziere zugleich mit zu behandeln, dies wuerde fuer dich gewiss schon Ursache genug sein, deinen Jungen diesem unsteten und undankbaren Stand so bald wie möglich zu entziehen. Die vorher schon so verhasste Kriegskanzlei breitet ihr Reich jetzt geschwind weiter aus wie je zuvor u. daher verdenke ich es keinem, der hier im Lande nicht Soldat bleibt . . . glaube mir, die grossen Herren hier sind durch die ungluecklichen Jahre die wir verlebt noch nicht gebessert, u. daher fuerchte ich, dass der liebe Gott abermals ein Strafgericht ueber uns verhängen muss und wird.
> Du schreibst mir von einem Klosterplatz, den ich einen von unseren Mädchen zu verschaffen sollte. Lange schon mein guter Georg habe ich daran gedacht, allein ich habe keine Gelegenheit gefunden, diesen meinen Wunsch auszufuehren. Man hat mir gesagt, dass keine Vakanzen da wären, da hier mehrer junge Mädgens sich aufhalten, die schon vorher, ehe die Franzosen hierher kamen, eingeschrieben waren u. noch jetzt nicht zur Hebung sind u. vorerst noch nicht kommen werden, habe ich jede Hoffnung aufgegeben, fuer meine Kinder einen Platz zu erhalten. . . . Dass uebrigens die Töchter der Staabsoffiziere, die in Spanien gedient, vorzueglich zu Klosterplätzen Hoffnung hätten u. selbige erhalten wuerden, ist wohl eine Meinung, die ich sehr bezweifle. Denn Undankbarkeit ist wohl keinem Lande mehr eigen, als gerade unserem Vaterlande u. es wird nicht lange mehr dauern, so gedenkt man gar nicht mehr daran, dass Ihr des Vaterlandes wegen Leben u. Gesundheit ja alles geopfert habt . . . Uebrigens ist mir fuer meine Mädgens nicht bange, dass sie alte Jungfern bleiben. Die Natur hat sie in keinem Stueck gottlob vergessen. Wenn sie älter werden, u. nur nicht zuviel von ihrem kuenftigen Manne verlangen, wie es jetzt leider der allgemeine Ton ist, so wollen wir wohl Schwiegersöhne bekommen. . . .
> Unsere Feinde sind nun alle davon seit dem 30. Mai und die Alliierten worunter ein Teil der Hann. Hanseaten gewesen sind in die Stadt wieder eingerueckt (Hamburg). . . . Weil die abziehenden Franzosen alle durch Bremen gekommen sind und man

> zwischen ihnen und den Hansaten Händel befuerchtete, hat man die letzteren aus der Stadt herausgelegt, was auch wohl recht notwendig war, da die Franzosen selbst jetzt, obwohl sie gedemuetigt sind, das Prahlen nicht lassen können. Das gelinde Verfahren, dass man ueberall gegen diese unsere Erzfeinde beobachtet, ärgert mich sehr. Wäre es möglich, so wollte ich die ganze französische Nation könnte vertilgt werden, wenigstens wuensche ich dass eine steinerne Mauer um Frankreich gezogen wuerde, und nicht ein einziger wieder herauskönnte ...
> Hier leben wir jetzt ziemlich ruhig wegen Einquartierung, vor einigen Tagen haben wir zwar viele Russen hier wieder gehabt, die aber alle ins Alte Land und ins Kedingsche verlegt sind, damit auch unsere Landleute diese kennen lernen. ... Uebrigens wird man bange, wenn man sieht, wie eifrig an unserer Festung gearbeitet wird. Seit 6 Wochen arbeiten täglich ueber 1000 Menschen daran. Der Major Sevola und Sehausen haben die Aufsicht oder vielmehr dirigieren die Arbeit u. mehrere Ingenieursoffiziere sind dabei angestellt.
> Die Arbeiter verdienen gut Geld dabei, jeder erhält täglich 1 Taler Arbeitslohn, 8 Ch. davon bezahlt der König u. das andere muessen die Einwohner des Landes aufbringen. Wozu dieser grosse Kostenaufwand nuetzen soll begreift keiner, u. mich wird es sehr betrueben, wenn unsere schöne Aussicht hier erst auch durch die hohen Wälle, die wir zu erwarten haben, uns benommen wird. Ich möchte dann sehr gerne meine Vaterstadt ganz verlassen, weil ich nichts Ängstlichereres kenne, als in einer Festung zu sitzen. Zu meinem Haus hat sich noch kein Käufer gefunden ...«

Man spürt es den Zeilen an, daß Henriette den Krieg gründlich satt hat und nun endlich ihren Mann wieder im Haus haben möchte. Nur vier Tage nach diesem langen Brief greift sie wieder zur Feder und wünscht, Georg solle nun endlich, wie viele seiner Kameraden, erst einmal einen sechs Monate langen Urlaub nehmen.
Doch so schnell wird aus dem ersehnten Heimaturlaub nichts. Georg hat inzwischen angekündigt, daß sein Bataillon zunächst Frankreich verlassen und nach England verlegt werden soll. Das veranlaßt Henriette zu der Bemerkung:

> »Wie will ich mich freuen, wenn ihr erst gar keine Gemeinschaft mit diesem falschen Volke mehr habt, so sehr mich auch die Seetour die ihr noch zu machen habt, ängstigt ...«

Henriette ist mit dem von ihr gekauften Soldatenstellvertreter für Fritz über die Bezahlung der restlichen 800 Taler in Streit geraten. Sie schreibt:

> »Auch haben wir doch jetzt das Glueck, die 800 Taler, die der Stellvertreter noch hätte haben muessen, zu behalten, darauf muessen wir ebenfalls was abrechnen. Der Schlingel hat in Altona geheiratet u. war kuerzlich hier. Derselbe verlangt von mir noch 100 Taler u. will den Kontrakt, der damals mit ihm gemacht worden, nicht herausgeben, bevor er diese nicht hat. Ich wollte mich nicht mit ihm einlassen u. schickte ihn nach Kobbe. Dieser hat ihn aber abgewiesen mit seiner Forderung, da er 50 Taler, die er ihm gleich hat geben wollen, nicht hat annehmen wollen, mit der Bedingung, er solle den Kontrakt ausliefern. Ob er mich nun verklagen wird, muss ich erwarten, da ich mich fest vorgenommen habe, mich auf mehr durchaus nicht einzulassen. Auch Kobbe hat mir dazu geraten. Die 50 Taler hätte ich ihm noch mit Vergnuegen gegeben, um einem unangenehmen Prozess, den hier schon mehrere mit ihren gekauften Stellvertretern haben zu entgehen. Allein mehr gebe ich demselben

1808: Erste britische Truppen landen im Juli in der Modego-Bucht und lagern am Strand Vorräte. Mitte August schlagen die englischen Generale Spencer und Wellesley (Wellington) General Junot und verpflichten ihn durch das Kapitulationsabkommen von Cintra, Portugal zu räumen. Die Kämpfe flammen 1809 mit dem Angriff der Franzosen unter Marschall Soult wieder auf. Mit dem Rückzug von General Masséna im November 1809 wird Portugal endgültig befreit, gerät dadurch allerdings unter als Fremdherrschaft empfundene englische Besetzung.

1808: Sieg der Spanier unter General Castaños über die Armee von General Dupont bei Bailén im südlichen Spanien. Unter dem Eindruck der französischen Niederlage verläßt König Joseph im Juni Madrid, in das er erst zwei Wochen vorher eingezogen war.

Die Ruinen des Hercules-Tempels von Talavera de la Réina erinnern an die römische Zeit dieser Stadt in der spanischen Provinz Toledo. Über den Tajo führt hier eine 400 m lange Steinbrücke. Am 27. und 28. Juli 1809 siegte bei Talavera Wellington über die unter dem Oberbefehl von König Joseph stehenden Franzosen.

Wie die Brücke von Almaraz so waren bei den Kämpfen in dem bergigen Gelände alle Flußübergänge für die Artillerie und Kavallerie besonders wichtig. Ihr Besitz war für Angreifer wie Verteidiger gleichermaßen entscheidend.

Cadiz, Cadix, war damals Spaniens wichtigster Hafen für den Handelsverkehr mit Amerika und hatte noch Anfang des 18. Jahrhunderts 180000 Einwohner. Der Krieg auf der spanischen Halbinsel führte zum Verfall der Stadt, die um 1830 nur noch etwa 50000 Bewohner zählte.

Cintra bei Lissabon war wegen seiner landschaftlichen Schönheit Wohnsitz hochstehender Persönlichkeiten. Das sich dem Meer hin öffnende Gebirgsmassiv bot herrliche Ausblicke auf das Meer und den Schiffsverkehr zum Tejo, dem spanischen Tajo, dem längsten Fluß der spanischen Halbinsel. Der Stich aus dem Jahr 1833 vermittelt zugleich einen Eindruck von den Schwierigkeiten, die das Gelände den hier Kämpfenden bereitete.

1808: Am 3. November setzt die kleine Armee von General Sir John Moore über den Tajo, in der Nähe von Villa Velha, bei dem erfolglosen Vorstoß nach Spanien.

1809: Husaren, die zur Kavallerie-Nachhut von General Pagets Truppen gehören, leisten Widerstand bei dem englischen Rückzug nach Corunna.

1810: General Wellesley, der spätere Wellington, führt seine geschlagenen Truppen aus Spanien nach Portugal zurück, wo bei Torres Vedras Verteidigungsstellungen vorbereitet worden waren.

1810: Auf schlechten Wegen, an steilen Abhängen entlang und durch Schluchten drängen französische Truppen Wellington Richtung Bussaco auf Torres Vedras nach.

Valencia, am rechten Ufer des Guadalaviar gelegen, hatte sich 1808 als erste Stadt gegen die Franzosen erhoben und konnte erst im Januar 1812 von General Suchet erobert werden. Nachdem englische Truppen 300 Meilen an der Küste aufwärts gesegelt und an Land gegangen waren, kam es hier zu heftigen Kämpfen. Wellington konnte sich nun gegen König Josephs Armee wenden, da Suchet durch den von Murray geführten Angriff gebunden wurde.

1812: Am 6. April gelang es den Briten nach wochenlanger Beschießung, Bajadoz zu stürmen und Gouverneur Philippon sowie die 4000 Mann starke Garnison gefangenzunehmen. Das Bild zeigt die Erstürmung der Wälle. Bald darauf wird die Stadt von den trunkenen Soldaten geplündert.

1812: Am 27. Juli errang Wellington bei Salamanca einen seiner größten Siege. Er schlug Marmont, womit das Ende der französischen Beherrschung Spaniens begann.

1813: Im August erstürmen englische Truppen unter Graham das hart umkämpfte San Sebastian. Nach der Kapitulation der Stadt kam es zu schweren Ausschreitungen der Briten und zu Anklagen gegen Wellington wegen Barbarei.

1813: Im Oktober überqueren britische Truppen den Bidassoa nach Frankreich. Sie hatten erkundet, daß sie näher zum Meer übersetzen konnten als die überraschten Franzosen vermuteten.

1814: Im August feiert London den Sieg über Frankreich. Den Zuschauern wird ein Scheingefecht auf der Themse geboten. Ein Feuerwerk im Hyde Park beleuchtet den Himmel. Im Vordergrund links ein Zelt mit dem Namen Wellington, rechts »The Blucher«, Blücher.

nicht freiwillig, das Gericht muss es denn entscheiden, auf jeden Fall bin ich ganz ruhig dabei, vorzueglich, da ich die grösste Hoffnung habe, dich nun bald wieder hier als Schiedsrichter fuer mich handeln zu sehen, denn dein Ausspruch wird mehr gelten wie der meinige . . .
Welch ein angenehmer Gedanke ist es fuer mich, dass ich, wenn wir erst wieder vereinigt sind alsbald nicht mehr allein zu sorgen, dir dann dies alles ueberlassen zu können und mich der Ruhe mal zu uebergeben. Glaub mir, mein guter Junge, auch ich bin unter den Lasten vorzueglich der letzten Jahre alt geworden. Falls dich die Fatigen des Krieges vielleicht älter gemacht haben, das haben es mir die Sorgen um dich u. um die Zukunft, ja aller Schreck und alle Angst getan. Ich bin ueberzeugt, du wirst mich bei unserem Wiedersehen nicht weniger alt und abgezehrt finden, doch das tut alles nichts, ich bin doch gesund dabei u. auch jetzt recht vergnuegt. Wir wollen uns dann gegenseitig pflegen. Auch bin ich gewiss, dass wenn ich dich nur erst wieder habe u. immer meine ersten Sorgen damit gehoben sind, ich dann noch einmal wieder jung werde. Also noch einmal, bleib nicht zu lange mehr weg, dass ich bald erfreut werde.«

Henriette war damals 47 Jahre alt, als sie diese ernsten Worte schrieb, als Antwort auf Georgs letzte Briefe, der sich mit seinen 58 Jahren gelegentlich schon recht müde und verbraucht vorkam.
Inzwischen ist es Juli geworden. Henriette wird immer unruhiger. Wieder erinnert sie ihren Mann, auf jeden Fall Urlaub zu nehmen. Sie hat beständig Angst vor einem neuen Kriege und fürchtet die Möglichkeit, die Legion könne nach Amerika verschifft werden. Zugleich kämpft sie um die Zukunft ihres Sohnes.

»Deinen Brief an Fritz habe ich gelesen, der Inhalt wird dem guten Jungen recht viel Freude machen. Die Aussicht die er hatte, bald eine Kompagnie zu erhalten, ist ziemlich geschwunden. Auch wuerde ihn dies selbst nicht gereizt haben, im Militär zu bleiben, ja ich glaube, selbst wenn man ihn hätte zum General machen wollen, er hätte seine Studien vorgezogen. Es ist mir daher sehr lieb, dass du es in seinen Willen gestellt u. auch zufrieden bist, wenn er abgeht . . . Den freiwilligen Bataillonen scheinet er (General v. Linsingen) nicht sehr gewogen zu sein, wenigstens soll er sie, wenn er von ihnen spricht, nicht anders wie Insurgenten nennen. Wenn es von ihm allein abgehangen hätte, wären sie gewiss alle reduziert, allein man sagt, der Herzog hat es nicht gewollt. Vorzueglich soll demselben das Bremer u. Verdensche Bataillon gefallen haben. Dass Undank der Welt Lohn ist, und Parteilichkeit auch noch jetzt die Oberhand hat, erfahren auch diese Menschen ganz vorzueglich, und nur das angenehme Bewusstsein, Teil an der guten Sache aus Pflicht genommen zu haben, ist Belohnung fuer sie.«

Ende des Monats erinnert Henriette ihren Mann wieder an den ihr versprochenen Urlaub. Geldsorgen bedrücken sie. Der Frieden ist jetzt geschlossen. Sie schreibt:

»Fritz ist seit einem Jahr so ganz das Ebenbild von deinem Bruder Wilhelm geworden, er hat so ganz alle seine Manieren, spricht wenig, leistet aber desto mehr – so alle kleinen Eigenheiten, die der selige Wilhelm an sich hatte u. seine Unzufriedenheit mit den Menschen, die doch nun einmal nicht alle nach unserem Sinne in der Welt sein können, hat er an sich. Täglich sage ich ihm, dass die stillen Verdienste in der Welt nicht mehr gelten, man muss sie huebsch auch zuweilen laut werden lassen. Davon will er nichts wissen.«

Im August erregt die Aussicht, daß Georg von England wieder nach Brabant eingeschifft werden soll, den Unwillen der Henriette, weil ihrer Meinung nach »die Brabanter nicht viel besser gegen die Deutschen wie die Franzosen selbst sind«. Wieder spricht sie vom Urlaub. Sie ist zwar willig, dem Rate Georgs folgend »in Geduld u. Ruhe das Ende aller Dinge, und damit unser Wiedersehen abzuwarten, mein Geist ist zwar willig allein mein Fleisch ist zu schwach, wie in der Bibel geschrieben steht. Aber ich will dir nichts mehr vorklagen.«

Vor dem Urlaub erst einmal nach Bordeaux und dann nach England

Eigentlich ist es verwunderlich, daß Frau Henriette nicht öfter über finanzielle Schwierigkeiten oder aber über steigende Preise klagt. Im benachbarten Dänemark bewirkten die Lähmung der Wirtschaft und die Ausgaben für die Streitkräfte einen größeren Umlauf von Papiergeld als zulässig war. 1812 war dort der Reichstaler, der noch zu Beginn des Jahrhunderts einen Kurs von 80 bis 85 behaupten konnte, auf 7 gesunken, und am 5. Januar 1813 wurde der neue Reichsbanktaler geschaffen, der ein Zehntel des alten Reichstalers wert war. Später, als im Jahr 1922 die deutsche Währung durch die Rentenmark saniert wurde, ging man ähnlich vor wie 1813 in Dänemark: aller Grundbesitz wurde mit einer Zwangshypothek von sechs Prozent belegt. Wer diese Zwangshypothek nicht ablösen konnte, mußte 6,5 Prozent Zinsen zahlen. So wurde dem Reichsbanktaler eine Basis geschaffen. Auch die dänischen Herzogtümer wurden in die Währungsreform einbezogen, was diese sehr empörte. Denn die Nordgrenze Schleswigs war nicht nur wichtige Zollgrenze, sondern zugleich Währungsgrenze, weil in den Herzogtümern eine Münze gelten sollte, die in Hamburg und Lübeck als gleichwertig gehandelt wurde. Die Altonaer Speziesbank sorgte auch lange Zeit dafür, indem ihre Noten jederzeit in Silber getauscht werden konnten. 1813 wurde davon abgegangen, obwohl in der Gründungsurkunde der Bank von 1788 ausdrücklich vom dänischen Hof versichert worden war, daß unter keinen Umständen – weder im Krieg noch in Friedenszeiten – daran etwas geändert werden solle.

Geldsorgen gehörten diesseits und jenseits der Grenzen Dänemarks sicher zur Tagesordnung . . .

Im Gegensatz zu seiner Frau, aus deren Zeilen Ungeduld spricht, die allerdings möglicherweise durch den Hinweis auf finanzielle Sorgen lediglich den Urlaubsantrag und die Rückkehr Georgs zu beschleunigen trachtete, schien Georg den täglichen Pflichten in Frankreich mit Gelassenheit nachzugehen.

Die gefährlichen Tage der Kämpfe um Bayonne hatte er ohne Verletzung überstanden; sein Gesundheitszustand hatte freilich unter den Strapazen gelitten, wie aus einem Eintrag ins Tagebuch hervorgeht, in dem nun zunächst über den Marsch nach Bordeaux und die Strecken berichtet wird, die täglich zurückgelegt werden mußten.

Bei den anstrengenden Märschen vom 6. Mai bis zum 26. Juni, zum Teil abseits der gepflasterten Heeresstraße auf schlechten, sandigen Wegen spürt v. Coulon manchmal sein Alter. Die Truppe ist sieben bis acht Stunden auf den Beinen. Mitunter wird zwei Uhr nachts aufgebrochen. Auffällig sind unterwegs Hirten, die auf hohen Stelzen gehen, auf denen sie schnell laufen konnten.

»Die Ursache davon war, weil in den Gegenden sich viele Wölfe aufhalten und solche von den Hirten besser auf ihre hohen Stelzen gesehen werden . . .«

Nach insgesamt sechs Tagemärschen erreicht das Bataillon Bordeaux:

»Wir gingen durch einen Teil von Bordeaux u. passierten verschiedene sehr schöne Strassen u. öffentliche Plätze, im Parademarsch und mit unserer Musik. Von dem Teil der Stadt so wir passierten, zu urteilen muss die Stadt Bordeaux sehr angenehm u. schön sein, vielleicht habe ich noch Gelegenheit solche ganz zu besehen. Von Bordeaux aus mussten wir noch (2 Lieux) weiter nach dem Platz marschieren wo die Engelländer im Lager standen, u. trafen nach einem schweren Marsch u. sandigem Wege endlich um 11 Uhr im Lager ein, wo wir zu unserer Verwunderung noch fast die ganze englische Armee mit Ausschluss einer Division, so nach Amerika bestimmt u. schon zu Schiffe war, antrafen. Die Ursache, warum man uns so starke Märsche hatte machen lassen, um hierher zu kommen, sieht keiner ein, da nach den Nachrichten noch kein einziges Transportschiff auf der Gironne angekommen sein soll u. wir hier also noch eine geraume Zeit liegen können. – Im Lager selbst wurde dem Battl. nur wenige Zelte zum Obdach angewiesen, u. diese wenigen waren so schlecht, dass sie fast gar kein Schutz gegen Regen gewährten, fuer die Offiziers waren ungefähr 3 Zelten bestimmt, dass also in jedem 7–8 Offiziers sich aufhalten sollten. Da dieses nun nicht sehr angenehm war, so erhielten die Staabs-Offz. u. Capts. die Erlaubnis in dem 1/4 Stunde vom Lager entfernten Dorfe Plantford sich so gut als sie konnten, einzumieten, da solches aber fast ganz von den englischen Offiziers besetzt war, so kostete es mir nicht wenig Muehe, endlich ein elendes Quartier fuer mich zu erhalten, wofuer ich noch dazu 25 Sous täglich bezahlen musste, meiner Gesundheit halber aber durfte ich es nicht wagen, im Lager zu bleiben, sondern mietete es in der Hoffnung, dass unser Aufenthalt nicht lange dauern wird.«

Ende Juni ist Zahltag. Die wie immer sorgfältige Aufstellung gibt genaue Auskunft über die vom Paymaster abgerechneten Beträge:

	£	sh	p.
1) Meine Gage pro Jan: 1814 baar mit	£ 19	4	3
2) Battl. u. Fourage Money auf 200 Tage	£ 52	10	–
3) Desgl. auf 165 Tage vom vorigen Jahr	£ 28	17	6
4) Desgl. auf 200 Tage von diesem Jahr	£ 52	10	–
Total	£ 153	1	9
und zwar in folgenden Geldsorten:			
126 Stueck Carolins, das Stueck zu 1 £ Sterling gerechnet macht	126 £	–	–
33 Stueck neu geprägte 20 Francen Stuecke 1 Franc zu 10 p (?) oder 20 Francs zu 16 Sh. 8 p englich gerechnet macht	27 £	10	–
	153 £	10	–
Ab 2 Dollar, so dem Paymaster zurueckgegeben		9	
	153 £	1	–
Den 30. Juny empfing ich abermals vom Paymaster meine Gage pro Febr. mit	19 £	4	3
	172 £	5	3

Den 1. July habe ich in Bordeaux von Herrn Clossmann et Comp. einen Wechsel auf 1000 M. Hamb. Banco empfangen, welcher auf den Kaufmann H. Wm. Ganslandt in Hamburg auf ein Monat Sicht, zur Bezahlung ausgestellt ist. Der erste Wechsel davon ist unter dem 2. July von Bordeaux aus, nach meiner Frau geschickt worden, u. der Himmel gebe, dass sie dieses Geld bald u. richtig erhalten möge.
Am heutigem Tage habe ich auch die Stadt Bordeaux besehn, es ist eine feine Stadt enthält viele schöne Gebäude, u. besonders gute Promenaden, die Strassen sind gut gepflastert u. werden des Abends durch Lampen erleuchtet, an der Wasserseite zu liegen auf der Gironne mehrere 100 Schiffe u. der Handel fängt hier wieder an, aufs neue zu bluehen. Ich kaufte fuer meine Frau u. Kinder 4 seidene Kleider von zweierlei Couleur, nämlich 11 Ellen von der blauen dazu, kostet die One 6 1/2 Franc macht 71 Francs, 10 S. u. 10 7/8 Elle von den weissgestreiften die One zu 9 Franc macht

97 Franc	17 Sous
196 Franc	7 Sous.

Macht ohngefähr 40 RTh. nach unserem Gelde höchstens.

Die Herren machten sich offensichtlich gute Tage. Sie genießen nicht nur den Bordeaux und Medoc-Wein, sondern auch, sofern sie nicht so treu wie der »gute Georg« waren, die Gunst williger Frauen.
Bei dem Marsch nach Lemarque, am 12. Juli, mußte sich ein Major Robertson fahren lassen, »eine Folge von dem Besuch in Bordeaux, woselbst er unglücklicherweise – obschon kein Wollüstling – ein Besuch bei einem Freudenmädchen gemacht hatte . . .«

Den 15. July
wurde unser Battl. zu Paullac auf 2 Transportschiffe embarquiert, diese brachten uns an das Krieges-Schiff der »Prippon« von 74 St. Kanonen, welches 9 Meilen weiter nahe am Ausfluss der Gironne vor Anker lag, woselbst wir Abends 7 Uhr embarquiert wurden. Dieses schöne Schiff wurde von Cap. Coole commandiert, der erste Lieutnant nannte sich Mr. Baacker, alle Navy Offiziers am Bord waren artige höfliche Leute. Ausser unserem Battl. waren noch 4 Comp. vom 4. Battl. mit auf dem Schiffe. Der engl. General Coole mit einem Oberst u. Adjudant waren in der Kapt. Cajuete mit logiert. Von uns waren 45 Offiziers an Bord, unsere Schlafstellen waren nur klein, allein im Messroom, woselbst wir uns bei Tage aufhielten, war hinlänglich Raum fuer alle. Ein Teil unsers eingekauften Stocks wurde dem Messmann des Schiffes uebergeben u. wir speisten alle in der Messe mit den Navy Offiziers, dies kam uns indess sehr teuer zu stehen, indem ich zu meinem Teil während des 15 tägigen Aufenthalts an Bord, 4 £ 9 Sh. 8 P. einzahlen musste.«

Es geht Richtung England. Der Wind steht günstig, als am 19. Juli Segel gesetzt werden. Nach sechs Tagen wirft die »Prippon« auf der Reede von Spithead Anker.
Oberst Bodecker befürwortet das von Coulon eingereichte Urlaubsgesuch »nach dem Lande« zu seiner Familie in Deutschland und bittet zusätzlich General Hinüber, das Gesuch zu unterstützen, das an die »Legion Office« gerichtet werden muß.

Acht Tage später ist der Urlaubsschein da: für vier Monate, vom 10. August bis zum 10. Dezember 1814.
Mit der Gage für Mai und Juni in Höhe von 37 £ 14 Sh und 3 1/2 P gönnt sich der Urlauber etwas: er kauft sich eine neue englische silberne Uhr mit goldener Kette und Petschaft für 12 £.
Gage und Verpflegungsgeld für Juli, August und September kommen noch hinzu, und da im Urlaub kein Pferd benötigt wird, verkauft er seine englische Stute mit Sattel und Zeug für 40 £ Sterling an einen Kameraden.
Gegen 60 £ Sterling erhält er von einem Agenten einen Wechsel, der auf einen Herrn Cohen in Hannover zahlbar gestellt ist. Den schickt er mit einem anderen Urlauber, der schon früher reisen darf, seiner Frau voraus. Und dann ist es so weit: Henriette, Kinder, Heimat – ich komme!

Herbst 1814: Urlaub vereinigt die Familie

Urlaub bis zum 10. Februar 1815! Endlich konnte der Major Georg v. Coulon im Herbst 1814 seit jenem Abschiedstag am 18. Juli 1806, als er mit beklommenem Herzen Stade verließ, seine Familie wieder sehen und Frau und Kinder in die Arme nehmen. Im Tagebuch des Sohnes Fritz steht unter dem 28. August 1814:

> »Heute ist der froheste Tag meines Lebens. Ich bin auf Severin, als auf einmal die Bartalaten kommt und mir sagt, mein guter Vater sei eben angekommen. Verwundert eile ich nach Hause u. finde alles bestätigt, o Gott, welche Wonne, welche Gefuehle! Dankbar war ich dem Höchsten am Abend u. möchte mir diese Sonne in ihrer vollen Kraft stets vor Augen schweben. Im Freudentaumel ward der Tag beschlossen u. so auch der 29., wo ich meine Präsente von dem guten Vater empfing. Den 30. Heute reisten wir nach Rotenburg um Amalie mit ihres Vaters Gegenwart zu ueberraschen. Die Sonne des Wiedersehens in erneuter Gestalt . . .«

In seinem zu Tournay im Monat Februar 1815 begonnenen Tagebuch blickt Georg auf die Tage in Stade zurück:

> »Ende August 1814 traf ich nach einer Abwesenheit von 7 Jahren gluecklich wieder in Stade ein, und fand meine Frau u. Kinder gottlob gesund und munter vor, meine Kinder waren so herangewachsen, dass ich sie nicht mehr kannte. Bei ihnen verlebte ich einen Zeitraum von 5 Monaten, welche ich unter die gluecklichsten und vergnuegsten meines Lebens rechne. indem ich während dieser Zeit eine ruhige häusliche Glueckseligkeit hatte, so wie sie nur ein Mensch haben kann.
> Das Schicksal oder vielmehr die ewige Vorsehung, welche will, dass eine stete Freude dem Menschen nicht gewährt werden soll, und die hierbei ihre gegruendete Ursache haben muss, die wir schwache Menschen zu ergruenden nicht fähig sind, trennte nur zu bald mir wieder von meiner lieben Familie, denn da mein Urlaub den 10. Febr. 1815 zu Ende ging, so musste ich am 30. Jann. STADE und die lieben Meinigen wieder verlassen und zum Battl. gehen, welches zu TOURNAY in FLANDERN in Garnison lag, ich trennte mich mit wehmuetigem Herzen von meiner lieben Frau u. Kindern, und was mich tröstete war die Hoffnung, solche bald wieder zu sehen; möchte der Himmel dies nur erfuellen!«

Es lag tiefer Schnee, als sich Georg von Coulon auf den Weg zu seiner Truppe in Brabant machte, doch ungeachtet dessen legte er acht Meilen zurück und erreichte abends 8 Uhr Ottersberg. Am 31. Januar traf er in Bremen Generalleutnant von Arendschild, der mit Coulon die Reise fortsetzte.
Über Bassum, Diepholz, Lemförde geht es nach Bremen und von dort nach Münster. Die Reisenden stellen anerkennend fest: » . . . der Weg von Bremen nach Muenster ist eine Chaussee, von den Franzosen gemacht, das einzige Gute, was solche hinterlassen haben. – 10 Meilen.«
Nach vier Tagen erreicht die Extra-Post Wesel. Zehn Stunden dauert die Reise am 5. Februar von Wesel über den Rhein nach Venlo. Die Herren haben es

anscheinend eilig, denn sie ziehen die Extra-Post der Diligence vor, die nicht so schnell gewesen wäre.

»**Den 7. Febr. 1815** fuhren wir ueber Mastrich, Tongern, Luettich, Ohr nach St. Tron, woselbst wir 9 Uhr Abends ankamen, von Mastrich aus fuehrt eine schöne steinerne Chaussee bis nach Tournay u. Paris hin. – 19 Stunden. Hier mieteten wir einen Fuhrmann, der uns versprach in 2 Tagen nach Tournay zu bringen wohin wir ihn incl. des Trinkgeldes 125 Francs bezahlten. Den 8. Febr. gingen wir ueber Tirlemont u. Louain nach Bruessel, allwo wir des Abends 6 Uhr anlangten. – 10 Stunden.
Den 9. Febr. gings ueber Halle, Enghiem, Ath u. Löhse nach Tournay zu, woselbst wir Abends 6 Uhr ankamen u. in einem Wirtshaus abstiegen. – 15 Stunden. Die ganze Reise hat mir ohngefähr 26 Pistol gekostet.«

Am nächsten Tag meldete sich der Urlauber bei General Hinüber, den Obersten Ampstede und Bodecker zurück und suchte sich zunächst einmal ein Quartier.

»**Den 10. Febr.** mietete ich mir ein Logis von 2 Stuben wofuer ich monatl. 50 Francs bezahlen muss, auch einen Pferdestall fuer 6 Francs des Monats. Zugleich besorgte ich die mitgebrachten Briefe. Den 11. Febr. kaufte ich ein Pferd, einen Klophengst fuer 38 Louis, auch Sattel u. Zeug fuer 8 Louis. zugleich empfing ich heute vom Paymaster auf 5 Monate incl. 24. Febr. die Gage, welche nach allen Abzuegen 122 Louis betrug.
Den 12. Febr. erhielt ich meine gutgemachte Gage auf 5 Monate vom Paymaster ausbezahlt; ich kaufte mir denselben Tag noch ein Pferd, wofuer ich 38 Napoleons und fuer Sattel u. Zeug 8 Napoleons bezahlen musste; mit diesem Pferde hat man mich wahrscheinlich betrogen, indem ich nachgehends fand, dass es mit dem linken Vorderfuss nicht richtig war, und öfters stolperte.
An diesem Tage schickte ich den Brief No. 1 an meine Frau ab.«

Doch es blieb nicht lange so friedlich. Vier Wochen später, am 12. März

»höreten wir hier zuerst die unangenehme Nachricht, dass der Bösewicht BONAPARTE zu ANTIBES in Frankreich gelandet wäre, wodurch also leicht wieder Krieg und Unruhe in der Welt verbreitet werden kann.
Den 16. Mertz höreten wir, daß BUNO weiter in Frankreich vordränge, und dass verschiedene Marschälle und mehrere Regtr. zu ihm uebergegangen wären.
Den 18. Mertz erhielten wir die Order, uns in marschfertigem Stande zu setzen, und dass die Officiers aus ihren eigenen Mitteln zur Fortschaffung ihrer Feldequipage das nötige anschaffen mussten. Da allhier keine Mules u. Packsattels wie in Spanien u. Portugal zu haben sind, so war kein andrer Weg, als uns mit Karren zu versehen, ein jeder Officier suchte also so bald möglich eine zu bekommen, dies machte aber, dass solche von den Einwohnern zu hohem Preis verkauft wurden.
Den 19. Mertz kaufte ich eine recht huebsche Karre fuer 17 1/2 Napoleon auch zugleich ein Karrenpferd mit Geschirr, wofuer ich in allen 24 Napoleon bezahlen musste, alles dies Geld, welches ich dachte, meiner lieben Frau zu ueberschicken, musste ich nun hier ausgeben, u. freute mich, dass ich es noch nicht weggeschickt hatte, sonsten ich in der grössten Verlegenheit gekommen sein wuerde.
Den 22. Mertz erhielten wir, zu unser aller Erstaunen, die unangenehme Order, dass kein Fuhrwerk bei der Armee gelitten werden sollte, sondern dass ein jeder Officier seine Equipage auf Mules oder Packpferden fortschaffen musste. Diese Order machte nun alle Ausgabe fuer Karren unnuetz und verursachte dadurch jedem Officier u.

besonders den subalternen, dass sie bettelarm wurden, und die mehrsten nicht im Stande waren, sich zu equipieren.
Heute höreten wir noch die unangenehme Nachricht dass Ludwig der 18 te in LILLE angekommen, und dass BUNO in PARIS eingerueckt sei.
Seit einigen Tagen war schon angefangen worden, die hiesige Stadt fuer einen Coup de Main zu sichern, weshalb an die 1000 Bauern zur Arbeit davon requirieret wurden, auch mussten wir ausliegende Picketen geben, und die Garnison jeden Morgen eine Stunde vor Tage angekleidet, u. zum Ausruecken in Bereitschaft sein.
Den 24. Mertz 1815. rueckten hier 4 Battl. hannöversche Truppen zur Verstärkung ein, so wie auch eine Brigade Artillerie. Denselben Tag verkaufte ich meine Karre wieder fuer 9 Napoleon, welches noch ein guter Preis war, indem andere solche fuer 1/3 des angekauften hatten abstehen muessen.
Den 25. Mertz kaufte ich von einem Adjudanten des Herzogs von ORLEANS ein hoffentlich gutes u. ruhiges Reitpferd, einen Schimmel polnischer Race fuer 40 Napoleon, da ich nunmehr 3 Pferde habe, wovon ich 2 zur Bagage und einen als Reitpferd fuer mich bestimmt, auch mein Bedienter KOHL zwei Packsattels nach portugiesischer Art verfertigt hat, so bin ich jetzt im Stande marschieren zu können, falls es erfordert wird, und bin dadurch in diesem Fall beruhigt.
Den 26. Mertz höreten wir, dass die Mächte auf dem Congress zu Wien eine Declaration erlassen, sie den BUNO fuer einen Verräter erklärt, und ihre ganze Macht aufbieten wuerden, ihn in seinem verbrecherischen Vorhaben, die Welt wieder in Unruhe zu bringen, zu verhindern. Es wird also wohl wieder gewiss zu einem blutigen Krieg kommen, worin 1000 unschuldige Menschen ihr Leben u. Gesundheit verlieren werden. Dies alles hätte vermieden werden können, wenn die grossen Mächte nicht zu nachgiebig gegen den Bösewicht gewesen, sondern ihn schon vor einem Jahre vernichtet hätten, ich hoffe aber am Ende wird er noch seinen verdienten Lohn erhalten.«

Sehr umfassend scheint der Informationsstand über den Wiener Kongreß und die dort betriebene »hohe Politik« nicht gewesen zu sein, ganz abgesehen davon, daß die bekanntgewordenen Ergebnisse der dortigen Verhandlungen auf wenig Verständnis stießen. Nach dem Geschmack der Soldaten beschäftigten Eifersüchteleien zwischen den Verbündeten ihre Staatsmänner mehr, als der Gedanke, Napoleon endgültig das Handwerk zu legen. Rußland wollte sich Polen, Preußen Sachsen einverleiben. Das paßte Österreichs Außenminister Fürst Metternich nicht, so wenig wie diese Lösung England zusagte; Österreich wünschte keine Großmacht Rußland in Mitteleuropa, England kein zu starkes Preußen. Die Personalunion zwischen London und Hannover sicherte England die Präsenz und das Mitspracherecht auf dem Kontinent, auf dem Holland und Portugal zwei weitere Verbündete des Inselreiches waren.
Zunächst ging es den Gegnern Napoleons allerdings darum, die von Frankreich durch Napoleons Rückkehr erneut ausgehende Gefahr abzuwenden. Hinter diese vordringliche Aufgabe traten die Eigeninteressen der Verbündeten zurück. Aber sie waren da.

Napoleon setzt alles auf eine Karte, und seine Gegner bilden die siebente Koalition

Aus den Überschriften des Pariser »Moniteur« der Märztage des Jahres 1815 läßt sich die Schnelligkeit ablesen, mit der Napoleon den Weg von Elba nach Paris siegreich zurücklegte. Freilich sagen die Schlagzeilen auch viel aus über die Haltung der durch die Zeitung vertretenen Öffentlichkeit:

9\. März: »Die Bestie hat ihre Höhle verlassen.«
10\. März: »Ganz Frankreich verabscheut den Moloch.«
11\. März: »Das korsische Ungeheuer hat französischen Boden betreten.«
13\. März: »Der Peiniger übernachtete in Grenoble.«
18\. März: »Der Tyrann auf dem Vormarsch nach Dijon.«
19\. März: »Bonaparte will Paris erobern, aber er wird elendlich scheitern.«
20\. März: »Der Kaiser steht bereits in Fontainebleau.«
21\. März: »Der Befreier pocht an die Tore der Hauptstadt.«
22\. März: »Seine Kaiserliche Majestät ist heute in Paris eingezogen. Vive l'Empereur!«

Andere Zeitungen, nicht so bourbonentreue, reagierten mit weniger kritischen Schlagzeilen, aber auch sie paßten sich den neuen Machtverhältnissen rasch an. Am 1. März hieß es noch, »der Korse« sei von der Insel Elba abgereist. Am 4. März wurde bereits vom »General Bonaparte« geschrieben, der sich der Stadt Grenoble bemächtigt habe. Am 11. März nennt man schon den Namen »Napoleon«; am 18. sagt eine Meldung »der Kaiser« sei von den Behörden in Auxerre feierlich empfangen worden, und am 20. März heißt es in einer Überschrift »Seine Kaiserliche Majestät wird heute, am Geburtstag des Königs von Rom, von den Spitzen des Staates und seinem Hof in den Tuilerien erwartet.«

Die Begeisterung für den in Paris Einzug haltenden Kaiser unterschied sich vom früheren Verhalten der Bevölkerung deutlich. Auch Napoleon bemerkte dies. Man spürte, daß es wieder Krieg geben wird. Natürlich jubelten noch immer Tausende, aber alle, die um ihren Besitz fürchteten und an die Opfer dachten, die in den vergangenen Jahren gebracht werden mußten, machten sich nun Gedanken, was wohl die Alliierten tun würden.

Diese konnten Ludwig XVIII. nicht einfach seinem Schicksal überlassen. Truppen, die er in Marsch gesetzt hatte, um Napoleon abzufangen, waren zu ihm übergelaufen. Die Bourbonen entschieden sich am 19. März für die Flucht nach Belgien. Doch sieben Tage nach dem Einzug Napoleons in Paris, am 27. März, erklärten die verbündeten Mächte in Wien Napoleon für geächtet. England, Preußen, Rußland, Österreich stellten sofort Truppen für einen neuen

Feldzug zur Verfügung. Die siebente Koalition war entstanden, und in Frankreich wurde am 8. Mai die Mobilmachung verkündet.
England und Preußen hatten sich zu einer Streitmacht von 150 000 Mann verpflichtet. Wellingtons und Blüchers Armee zählten zusammen über 200 000 Mann. Gegen sie wollte Napoleon offensiv vorgehen, anstatt bei Paris abzuwarten, was die gegnerischen Truppen unternehmen würden. Ein Sieg gegen Wellington sollte seinen gefährlichsten Gegner treffen und möglicherweise die englische Regierung zum Rücktritt zwingen. Er vertraute Paris dem bewährten und ergebenen Davout an und drang mit der französischen Nordarmee nach Belgien ein, um zwischen die preußische und die englische Armee einen Keil zu treiben, um – je nach Entwicklung der Lage – die eine oder die andere anzugreifen. Tatsächlich schien alles nach Napoleons Plan zu laufen. Am 16. Juni kam es bei Ligny zu der Schlacht gegen Blüchers 84 000 Mann. Nur elf Kilometer entfernt davon traf Marschall Ney bei Quatre Bras auf Wellington. Blücher geriet gegen Napoleon und Grouchy zwar in Bedrängnis, konnte sich jedoch im Schutze der Nacht absetzen. Es war für die folgenden Ereignisse ein Glück, daß Blücher dies in Richtung auf Wellingtons Stellung tat, so daß er ihm bald darauf zu Hilfe kommen konnte, als Napoleon im Begriff war, auch diesen zu schlagen: bei Waterloo. Hier fiel die Entscheidung. Selbst die Garde, Napoleons Elite, die in den elf Jahren ihres Bestehens nie gewichen war, mußte den Rückzug antreten. Nun war alles verloren. Die Armee leistete unter Führung Grouchys und Davouts zwar noch hier und dort Widerstand, doch Napoleons endgültige Niederlage war nicht mehr aufzuhalten.
Die britische Marine hinderte ihn, von Rochefort nach Amerika zu fliehen. Schließlich unterwarf er sich dem Beschluß der Sieger, auf die Insel St. Helena ins Exil zu gehen.
Hundert Tage hatte es gedauert, bis er von Elba kommend in die Tuilerien einziehen konnte. Dann ging es Schritt auf Schritt dem Ende entgegen.
Von St. Helena, wohin das Schiff »Bellerophon« den Kaiser brachte, gab es kein Zurück mehr. Longwood wurde zu seinem Gefängnis. Nach sechs Jahren starb er dort am 5. Mai 1821.
War das die Erfüllung der Hoffnung, die Georg von Coulon am 26. März ins Tagebuch schrieb, als er erfahren hatte, Napoleon sei zum Verräter erklärt worden: »am Ende wird er noch seinen verdienten Lohn erhalten«?
Als Coulon dies schrieb, hatten sich die englischen und hannoverschen Truppen bereits in Marsch gesetzt. Sie wurden an die Grenze Belgiens verlegt, um das Land gegen einen Einfall der Franzosen zu schützen. Auch die Preußen rückten heran, und aus England trafen Verstärkungen ein.

Wellington kommt wieder – Georg von Coulon bittet um Pensionierung

Schon sprach sich herum, daß Wellington in Kürze wieder das Kommando übernehmen werde. Frische Truppen trafen aus England ein, Pulver, Kugeln, schwere Geschütze.
Am 7. April erhielt Coulons Bataillon Marschbefehl nach Ath. Am gleichen Tag schreibt er in sein Tagebuch:

> »Auch wurde heute in der Order bekannt gemacht, dass von denjenigen Officiers der Legion, so in dem hannöverschen Corps ferner dienen wollten, eine namentliche Liste eingegeben werden sollte, mit dem Beifuegen, dass es vielleicht sein könne, dass einige von solchen, sogleich angestellt werden wuerden, da die Bedingung der Anstellung nicht uns bekannt war, so habe ich mich nicht dazu gemeldet.«

Das Personalamt prüft die Offiziersstellenbesetzungen im Hinblick auf die zu erwartenden Kriegshandlungen und Ausfälle. Die Kommandeure werden aufgefordert, die Verwendungsbereitschaft ihrer Offiziere zu überprüfen und solche zu melden, die »wegen schwacher Gesundheit oder erhaltenen Wunden nicht mehr fähig wären, eine Campagne mitzumachen«.
Auch v. Coulon wird von seinem Oberst gefragt, ob er sich für länger verpflichten möchte. Georg zögert keinen Augenblick zu erklären, »dass meine Gesundheit durch die Leberkrankheit, so ich in Sicilien gehabt, und woran ich zurzeiten dies Übel noch empfände, sehr geschwächt worden sei, und dass ich mich daher nicht stark genug fühlte, die Fatiguen einer Campagne mehr aushalten zu können, und daher wünschte auf Halv Pay gesetzt zu werden«.
Das Gesuch wird sofort nach England weitergeleitet. Mit dem nächsten Brief in die Heimat wird das Pensionierungsgesuch natürlich ausführlich erwähnt.
Wellington überzeugt sich persönlich vom Zustand der Truppe. Er inspiziert alle an der Grenze einquartierten Verbände.
»Wir mußten um 3 Uhr nachmittags ausruecken und formierten eine Linie nach der Straße zu Mons hin, nach 5 Uhr traf der Herzog mit seiner Suite ein, passierte zuerst in Front und ritt nachher hinter das 2. Glied wieder hinauf, von jedes Battl. wurde er mit einem Hurra empfangen.«
Zugleich wird eine Umorganisation der Königlich Deutschen Legion befohlen. Es heißt, jedes Bataillon wird um zwei Kompanien verkleinert; die Mannschaften der aufgelösten Kompanien werden auf die übrigbleibenden aufgeteilt; dadurch freiwerdende Kompaniechefs werden zu hannoverschen Einheiten unter Beibehaltung ihres Ranges und der englischen Gage versetzt und erhalten »zum Trost« eine monatliche Zulage von 25 Reichsthalern.
Auch die Zugführer werden zu den Hannoveranern versetzt. »Ob alle diese . . .

Officiers solchen Dienst annehmen werden, steht kaum zu erwarten«, kommentiert v. Coulon den bekanntgewordenen Erlaß. Seiner Meinung nach reicht die bewilligte Zulage nicht aus, um den Wegfall des in der Legion gezahlten Verpflegungsgeldes und der Wohn- und Futterzuschüsse auszugleichen.
Die Engländer versuchten mit allen Mitteln, die Versorgung der älteren, nicht mehr felddienstfähigen Legionsoffiziere auf die hannoversche Regierung abzuwälzen, indem im Zusammenhang mit der Reduzierung der Kompanien in den Bataillonen bekannt wurde, die »ausgemusterten« Offiziere sollten in Landwehrbataillonen der neuen hannoverschen Armee, bei niedrigerer Gage natürlich, untergebracht werden.
Doch schon damals wurde mitunter nach dem Spruch »Rin in die Kartoffeln, raus aus die Kartoffeln« gehandelt. Noch hatte sich die Aufregung über die Umorganisation nicht gelegt, als ein neuer Befehl eintraf, diesmal von Wellington selber. Er stellte endgültig klar, daß ein Linienbataillon der Legion künftig nur noch aus sechs Kompanien bestehen soll und die Mannschaften, wie bereits bekannt, auf die übrigen zu verteilen sind. Den frei werdenden Offizieren und Unteroffizieren wurde zugesagt, daß sie ihre bisherige Gage sowie die Zulagen behalten würden, aber mit der Versetzung in andere Korps zu rechnen haben.
Coulons alter Kamerad Robertson, der seinerzeit in Bordeaux das Pech hatte, sich bei einem Seitensprung eine Krankheit zu holen, nahm sich in treuer Verbundenheit Coulons Gesuch an. Auf seine Anfrage, ob er bereit sei, sich einer Untersuchung vor dem Medical Board zu stellen, gab Georg postwendend sein Einverständnis. Wenige Tage darauf meldete er sich in Brüssel, wo er die Weisung erhielt, sich am 16. Mai im Hospital untersuchen zu lassen.

> **»Den 16. May** wurde das Medical Board gehalten, wofuer mir immer sehr gegrauet hatte, und wogegen ich lieber in eine Bataille gegangen wäre, so wiederstehlich war mir dies, unterdess hatte ich es mir zu arg gedacht, und war eigentlich nichts. Drei Stabs Surgeon formierten das Board, ganz ohne Chene nach Gewohnheit der Engelländer, zum guten Glueck hatte ich mich von dem alten Surgeon ZIERMANN ein Attest von der in SICILIEN gehabten Leberkrankheit mir geben lassen, dies wurde gefordert, und ob mein Alter oder meine Aussicht, diese Herren etwa zu dem Entschluss gebracht, dass meine Gesundheit nicht die Beste, u. dem Zeugnis gemäss sei, genug man wollte keine weitere Erklärung von mir, sondern sagte es wäre hinlänglich, wenn ich unterschriebe, dass ich noch vor keinem Medical Board gewesen sei, nachdem dies geschehen, wurde ich entlassen. Mich soll verlangen was das Resultat dieses Boards ueber mich gewesen ist, ich hoffe es wird fuer mich gut ausfallen, denn ein Mitglied dieses Boards, ein Deutscher Namens Doctor BOCK, der unseren Quart. Mstr. gut kannte, u. der ehemals als Ass. Surgeon bei unserem Battl. gestanden, hatte zu ihm gesagt, dass wir nur ruhig sein könnten, mehr duerfte er wegen seines getanen Eides nicht sagen; in ein paar Tagen wurde dem Battl. davon ueber ein mehreres zugehen, ich muss also bis dahin warten.«

Das Ergebnis ließ aber überraschenderweise nicht lange auf sich warten. Schon nach einer Woche hat Coulon es schwarz auf weiß, er sei für den aktiven Dienst nicht mehr verwendungsfähig und dürfe zunächst zwei Monate in Urlaub gehen.

Es versteht sich, daß Coulon dieses Attest schleunigst seinem Oberst zur Weiterleitung nach England übergab, um möglichst bald vom Dienst freigestellt zu werden und nach Hause reisen zu dürfen. Doch so schnell schossen die Preußen und auch die Hannoveraner nicht, geschweige denn die Engländer.
Zunächst einmal wird wieder marschiert: von Attre nach Beloeille, wo die ganze 2. Division zusammengezogen wird. Es wird stundenlang manövriert, bevor es in die alten Quartiere zurückgeht. Das bekommt unserem Veteranen überhaupt nicht:

»Beim Ausrücken am 27. hatte ich den fatalen Umstand, daß ich auf dem Exercier Platz mit einmal schwindlig u. ohnmächtig wurde, so dass ich genötigt war, vom Pferde abzusteigen und seitwärts zu gehen, ich spuerete ein Erbrechen und alle Glieder am Leibe waren mir zerschlagen. Nachdem ich mich eine Stunde ausgeruhet, und der Doctor mir etwas Liqua gegeben, ging ich nach BELOEIL zurueck, legte mich ein paar Stunden nieder, und nachdem ich mich etwas erholet, ging ich nach ATTRE hin.«

Er macht also krank, wird von Brigadier du Plat auf unbestimmte Zeit vom Dienst freigestellt und nutzt dies, sich zu erkundigen, wo denn seine Urlaubsgenehmigung bleibe.
Man ist dem alten Kameraden wohlgesonnen, den man schätzt, aber der eben doch schon etwas zu alt für den Dienst in der Truppe ist. Man will ihm helfen, schnell in die Heimat zu kommen, und so erhält er am 11. Juni von Brigade-Major Wiegmann ein Schreiben, in dem für Oberst Du Plat angefragt wird, ob sich Coulon in der Lage fühle, ein Rekrutierungskommando zu übernehmen, das am 12. Juni nach Hannover gehen solle. Das paßt natürlich überhaupt nicht mit den Wünschen und Plänen Coulons zusammen, so daß er mitteilt, seine geschwächte Gesundheit gestatte ihm nicht, das Kommando anzunehmen.

»Zugleich schrieb ich an Du Plat, dass er die Guete haben und befördern möchte, dass mein vom Medical Board mir recommandierter Urlaub in der General Order bestätigt wuerde, u. dass er deshalb doch an den Adj. Gen. schreiben möchte.
Ich nahm mir um so weniger Bedenken, das Recruten Commando abzuschlagen, teils weil meine Gesundheit dies nicht erlaubte und teils weil dadurch mein Plan, mich ganz in Ruhestand wo möglich zu versetzen dadurch nicht erfuellet wuerde, indem leicht abzusehen ist, dass bei einem Dienst dieser Art viele Muehe und Arbeit sein wird, ohne die Chicane zu rechnen, die dabei vorkomme, besonders da alles unter der Direction von Herzog v. CAMBRIDGE u. General Decken geschehen wird, obschon auf der anderen Seite ich meine volle Gage und Allowance behalten und vielleicht auf etwas Profit Rechnung machen könnte, so hätte ich dagegen das Unangenehme ausser der vielen Arbeit, Muehe, Ärger u. Chicane in Hannover zu sein und dorten meine Familie hinkommen lassen zu muessen. Dieses sowohl als sonstige Umstände, die mir zu vielen Ausgaben Anlass geben und notwendig sein duerften, haben mich, glaube ich, mit Recht zum Entschluß gebracht, viel lieber in Ruhe mit meinem nachgesuchten halfpay vorlieb zu nehmen, als mich allen diesen Weitläuftigkeiten noch ferner auszusetzen, die mir doch zu nichts helfen und kein Vorteil bewirken können, indem was ich etwa an Gage sodann mehr empfinge, durch die alsdann mehr erforderten Ausgaben aufginge, und ich nach meiner Berechnung mir eben so gut mit dem Half-

pay in Ruhe mit meiner Familie genossen, auskommen kann, als wenn ich mehreren pay dagegen aber auch mehrere Ausgaben zu stehen habe.
Es ist also mein unabweichlicher Vorsatz, von dem einmal getanen Schritt den halfpay zu erhalten, nicht abzugehen, es wäre denn, dass man mir solchen durchaus versagen wollte, welches ich nicht hoffe.«

Coulon wehrt sich also mit Händen und Füßen gegen das Ansinnen und den Gedanken, eventuell in Hannover ein Landwehrbataillon führen zu müssen. Henriette unterstützt diese ablehnende Haltung ihres Mannes gegen eine weitere militärische Betätigung. Sie sagt:

»Welch ein saures Geschäft ist es, diese rohen Menschen zu bilden, und wenn ich vollends an die unerfahrenen, oft grösstenteils ohne alle Erziehung seienden Herren Offiziere denke, welchen unendlichen Ärger u. Verdruss ist dabei der Bataillonschef ausgesetzt, u. wie verantwortlich ist er dafuer. Nimmt man dann noch die schreckliche Knauserei der Kriegskanzlei, die gerne gar keine Bezahlung gäbe, wenn es anginge, so ist es wahrlich kein Glueck, ein Bataillon in hannöverschen Diensten zu erhalten ... Bester Georg, Ruhe, Ruhe ist es, die ich dir und fuer mich selbst wuensche ... Erhälts du deinen halv pay, so gehen wir, wenn es in der Stadt zu teuer zu leben ist aufs Land, bauen unseren Garten u. sehen das Unwesen der Welt in der Ferne zu, denn besser wird es schwerlich darin werden. Selbst das, dass man die Capitains in der Legion ohne es ihrer Wahl zu ueberlassen in die Hann. Bataillons schickt, ist eine Ungerechtigkeit nach meinem Gefuehl, die ich nicht gut ertruege.«

Henriette: »Buonaparte, der Beelzebub, stört nun aufs neue die Ruhe . . .«

Henriettes Befürchtungen, Napoleon werde wieder zurückkehren, bewahrheiteten sich schneller als sie wohl selbst geglaubt hatte.
Zunächst jedoch fühlt sie sich nach dem Urlaub ihres Mannes erleichtert. Sie hatte mit Georg alle Probleme besprechen können und erreicht, daß Sohn Fritz nicht länger zum Offizierberuf gedrängt wurde. Auch die Geldsorgen sind nicht mehr so drückend wie früher, da damals der weite Weg, den Briefe und Zahlungen zurückzulegen hatten, zusätzliche Schwierigkeiten entstehen ließen. Jetzt treffen die Briefe dank der neu eingerichteten hannoverschen Feldpost schnell aus Flandern ein. Das lange, ängstliche Warten auf Antwort und das Wiederholen von wichtigen Mitteilungen in den Briefen entfiel.
Nach der Abreise Georgs kam ihr das Haus »wieder wie eine Einöde vor, wo alle Freude mit dir ausgeflogen, dieses brauche ich dir wohl nicht zu sagen«. Sie will den Wunsch Georgs erfüllen und jemand zur Miete ins Haus nehmen. Sie steht jetzt wieder selbst um 7 Uhr morgens auf, um für ihre schulpflichtigen Kinder zu sorgen. Sie will auch dem Wunsche ihres Mannes folgen und mehr spazieren gehen, sobald es das Wetter zuläßt. Sie schreibt:

> »obgleich ich ueberzeugt bin, dass ich dadurch kein längeres Leben erhalte, wie mir bestimmt ist. Die Kinder lassen dich alle herzlich gruessen, vorzueglich Amalie. Sie vermissen deine Gegenwart zwar sehr, doch haben sie die glueckliche Natur, sich mit deiner baldigen Rueckkehr zu trösten. Hätte mich der Himmel doch etwas mehr Gleichgueltigkeit beschieden, so möchte ich mich ebenfalls wohl damit beruhigen. Doch klagen will ich nicht . . .«.

Nach vier Wochen klagt sie dennoch am 2. März 1815, die seit der neuen Trennung vergangene Zeit sei ihr »schon eine Ewigkeit lang geworden«, und für die 10 Franken, die Georg jetzt überbehalte, hätten sie alle mit nach Flandern gehen und bei ihm wohnen können. Henriette begründet diesen Gedanken sehr nüchtern: »Feuerung und Licht wären von uns mit genutzt, statt das dies jetzt nur ein Profit fuer deinen Bedienten ist, so wie ueberall ein gemeinschaftlicher Haushalt die Reisekosten bald wieder eingebracht haben wuerden . . . Ich fuer mein Teil glaube nicht an eine baldige Auflösung der Legion, so wenig wie ich an einen ewigen Frieden glaube. Kann man den Nachrichten aus Hannover glauben, so angelt Preussen schon wieder nach uns, u. selbst hier wird der Krieg aufs neue beginnen.«
Eine ganze Seite im Briefe handelt von Henriettens recht energisch vorgebrachtem Wunsche, mit den Kindern in die flandrische Garnison ihres Mannes überzusiedeln, wie es so viele andere Kameradenfamilien getan haben.
Den Bedienten Kohl, den Georg auf seinem Urlaub mit nach Stade gebracht

hatte, mag Henriette nicht leiden. Sie hat einen mit Eifersucht gemischten Zorn auf diesen ungebildeten Mann, der sich in Stade anscheinend nicht unter ihr Kommando stellen wollte, und ihren Mann ihrer Ansicht nach recht nonchalant bediente.
Henriette hatte auch nicht vergessen, dass der Bediente Kohl auf der beschwerlichen Reise durch Portugal und Spanien viel Ärger gemacht hatte. Damals (im Oktober 1813) hatte Georg seine Unzufriedenheit mit seinem »Bedienten« im Tagebuch ausgedrückt:

> »Den 25. Octbr. war der Marsch nach Abrantes, eine ziemlich grosse und befestigte Stadt, woselbst wir schon um 11 Uhr eintrafen. Wegen Erhaltung eines Quartiers mussten wir aber bis 1 Uhr warten, nachher wurde Fourage empfangen, welches auch eine gute Zeit wegnahm, so dass wir vor 3 Uhr nicht zur Ruhe kamen. Hier hatte ich einen Disput mit meinem Bedienten Kohl, er war ein wenig tipsig (angetrunken), kam mir grob an, u. ich uebereilte mich so sehr, dass ich ihm 3 Fäustel gab, er sagte mir hierauf den Dienst auf, bedachte sich aber nachher, da ich ihm wieder schmeichelte u. wir wurden am Ende wieder gute Freunde . . .«

Aber eine gute Seite hatte Kohl; er kochte gut. Das machte freilich auf Henriette wenig Eindruck, da sie während des Urlaubs ihres Mannes dieses Geschäft nicht dem »Burschen« Kohl überließ.
Durch die Landung Napoleons in Frankreich wird sie wieder von Sorgen befallen, so daß sie am 20. März einen ebenso verzweifelten wie zornigen Brief verfaßt:

> »Ich muss alle meine Vernunft zusammen nehmen, um nicht gleichgueltig gegen alles, was mich hier umgibt zu werden. Vorzueglich jetzt, wo die nahe Hoffnung des Wiedersehens durch die Landsteigung des tollen Hundes von Elba wieder verschwindet. Hättest du uns doch nur mitgenommen, wie es mein Wunsch immer war, so hätte ich mich doch in der Nähe nicht so gefuerchtet. Schlichthaupt, der vor 14 Tagen mit seiner Frau hier war, u. die ihren Mann nach Brabant auch folget, hat mir aufs neue das Herz blutend gemacht. Ich beneide alle diese Frauen u. bedaure mein Schicksal, was mir beschieden, hier immer sitzen zu muessen, u. meinen Wunsch, die Welt zu sehen unerfuellt zu sehen. Unterdess muss ich mich damit trösten, dass den einen Menschen dieses, und den anderen jenes Bestimmt ist . . .
> Buonaparte, der Belzebub, stört nun aufs neue die Ruhe von Frankreich, u. alle unsere Hoffnung ist wieder dahin. Das ist schwer zu berechnen, was er fuer Unglueck mit seinem sauberen Schwager Murat noch ausrichten wird. Die Franzosen sind falsch und alle die Marschälle, die jetzt dem König Treue schwören, traue ich nicht, u. deshalb ängstigt mich diese böse Geschichte sehr und dem englischen Captain, der den Köter hat laufen lassen, möchte ich wahrlich selbst die Knute geben. Sonderbar genug, dass meine Ahnung mir immer einen abermaligen Krieg gesagt hat . . .
> Die Sorge, dass Fritz jetzt nicht in seinen Studien unterbrochen wird, ist jetzt meine Hauptsorge. Könnte ich der beiden juengsten Kinder wegen hier weg und auf ein Dorf ziehen, so wäre dies freilich ein grosser Unterschied in meinen Ausgaben, allein dieser wegen muss ich hier bleiben. Ich werde aber das Mädchen abschaffen u. meine Arbeit wieder selbst alle tun, um dadurch einige Ersparnisse zu machen . . . Von dem Kochen fuer die Einquartierung, was ich dich in meinem letzten Briefe klagete, bin ich wieder frei, es sind jetzt Kochhäuser angelegt, wo sie ihr Fleisch hinbringen u. essen . . .
> Die Versammlung der Landstände, die schon im April sein sollte ist bis auf weitere

> Order aufgeschoben, u. es scheint ueberall, als wenn sie einsehen, dass sie zu voreilig gewesen sind, u. wenn es dem dollen Hund von Elba gar gluecken sollte weiter um sich zu beissen, so haben sie nichts weiter wie eine Komödie gespielt.«

Der Hass gegen Napoleon und alles was Franzosen sind, wächst in Henriette in demselben Verhältnis wie die Kriegsgefahr. Henriettes seelische und auch körperliche Widerstandskraft ist dem Zusammenbrechen nahe. Sie hatte zu glauben begonnen, nach dem Friedensschluß würde für ihre Familie und sie selber ein einigermaßen normales Leben beginnen. Nun liegt die Zukunft düsterer den je vor ihr; wo sie hinsieht, ballen sich neue schwarze Wolken zusammen. In ihrer durch die jahrelangen Erfahrungen erstaunlich geschärften weiblichen Intuition erkennt sie, daß ihr als Frau und Mutter eine neue Kraftprobe nicht erspart bleiben wird.

Jetzt wird in Henriette eine Persönlichkeit erkennbar, die nicht nur immer die treue Gattin und sorgende Mutter sein will. Sie hatte ihrem Manne schon angedeutet, daß sie nicht in dieser turbulenten Zeit weiter brav in Stade sitzen will, sondern daß es ihr Wunsch sei, auch einmal wie die anderen Offiziersfrauen die Welt zu sehen.

Man muß das verstehen. Sie weiß, daß sie als jüngere Frau nicht ohne männliche Bewunderer war. Und sie ist noch immer verhältnismäßig jung, tanzt gern und schätzt eine fröhliche Gesellschaft. Während des Urlaubs hatte sie mit Georg häufig gesellschaftliche Veranstaltungen im Stader Offiziers-Kasino besucht. Sie hatte für eine kurze Zeit wieder erleben dürfen, wie schön das Leben ohne Krieg sein könnte . . .

Kein Wunder also, wenn sie ihre Enttäuschung in zornigen Worten äußert:

> »Wenn in Frankreich der Buergerkrieg ausbricht und sich die Franzosen in ihrem eigenen Lande totschlagen, das mögen sie meinethalben tun, ich wuerde mich darueber nicht quälen, wenn auch die ganze Nation ausgerottet wuerde, und eine bessere Rasse dieses schöne Land kuenftig bewohnte. Alles hier im Lande nimmt jetzt wieder eine kriegerische Gestalt an. Heute Morgen ist auch ein Landwehrbataillon abmarschiert u. das andere hat auch Order sich marschfertig zu halten. Welch trauriges Gefuehl, als ich diesen Morgen den Generalmarsch schlagen hörte, kann ich dir nicht sagen, es scheint beinahe, als wenn ich solange ich lebe keine Ruhe mehr geniessen soll, doch ich reue mich, noch einige glueckliche Monate mit dir meinem guten Jungen verlebt zu haben . . .
>
> Das Leben ist nicht geeignet, Fröhlichkeit in meinem Herzen hervorzubringen, nur ein pflegmatischer oder leichtsinniger Mensch muss es sein, der getäuschte Hoffnung gleichgueltig ertragen kann, beides bin ich nicht wie du weisst, daher musst du es mir nicht uebel nehmen, wenn meine Feder die Stimme meines Herzens zu laut werden lässt . . .
>
> Morgen wird wohl zum letzten Male auf dem Kasino getanzt, die Kinder wollen gerne hin, u. ich muss ihnen vorzueglich Amalie wohl den Gefallen tun, zu erscheinen, wo ich mit dir, meinen besten Georg so gerne diesen Winter war. Da du mir es zur Pflicht machst, mich zu zerstreuen, so will ich versuchen wie es geht. Nur fuerchte ich bei solchen Gelegenheiten immer fuer böse Nachrichten.
>
> Vor einigen Tagen hat die Oberstleutnant Reinbolt der Stadt ein lustiges Schauspiel

gegeben, wodurch es recht bekannt geworden, dass sie trinkt. Auf Severins Garten wohin sie mit der kleinen Heidelbergen gegangen ist, hat sie sich so betrunken, dass sie am Wege niedergefallen, u. das Kind zwei Landwehrsoldaten gebeten, sie nach Hause zu bringen. Wie diese mit ihr in die Stadt kommen, versammelt sich alles, was Pöbel und Jungens heisst, u. begleitet sie mit dem schrecklichen Geschrei: *Harbudel,* ganz nach Hause. Ich hörte das Geschrei hier auf der Stube, sah auch die Menge Menschen vor Heidelbergs Hause, ahnte aber nicht dass sie es war, die man auf die Weise komplementierte, was will daraus werden? Doch sag keinem etwas davon, es ist traurig fuer die Familie u. ich möchte nicht gerne, das es noch weiter verbreitet wuerde . . .
Wenn Fritz auch mal wieder zum Kriegsdienst aufgerufen, u. wenn es fuer sein Vaterland gelten soll, werde ich ihn auch nicht davon abhalten können, denn sein Patriotismus ist gross . . .«

Henriette schreibt dies mit Sorge, denn sie hatte ihrem Sohn Fritz verboten, sich freiwillig wieder zum Militär zu melden. Er sollte vielmehr solange wie möglich seine Studien fortsetzen und eine Aufforderung, die Uniform wieder anzuziehen, abwarten.
Hingegen scheint Sie mit mütterlicher Freude die Zuneigung ihrer Tochter Amalie zu dem späteren Hauptmann Oppermann zu beobachten, der immer öfter in der Familie verkehrte.
Neben den Sorgen um die Gesundheit Georgs bedrücken Schulden Henriette, die sie gerne abgebaut hätte. So teilt sie ihrem Mann am 20. April mit:

»Mit dem empfangenen Geld habe ich noch denselben Tag die Schuld an Schultze berichtigt u. dann einen Schein sowie auch eine Berechnung, wie hoch er die Napoleons jetzt angenommen, erhalten.
Zinsen wollte er nicht, dafuer aber hat er die Napoleons nur angenommen zu 13 Talern 4 Gr., also 4 Gr. weniger, wie du sie wenn du dich nicht darin irrst, von ihm erhalten. Die 6 Guineas hat er zu 17 Taler 12 Gr. angenommen. Obgleich er mir versicherte, es hätte mit der Bezahlung keine Eile gehabt, so sah er doch mit vielem Wohlgefallen auf die blanken Goldstuecke, u. er verleugnete auch hier diesmal nicht, wie ich das wohl gewohnt bin, seinen Kaufmannsgeist . . .«

Henriette möchte gerne ihr Haus los werden, da sie nicht wieder die Last der Einquartierungen auf sich nehmen will; besonders keine Russen. Diese werden schon in Lübeck erwartet, wie sie gehört hat. Sie will versuchen, 800 Taler für das Haus zu bekommen, es aber auch eventuell schon für 700 Taler losschlagen. Sie möchte dann eine Etage beziehen und könnte dann ruhig allen Durchmärschen von Truppen zusehen.

»Wenn ich mich noch einmal mit der Einquartierung von fremden Truppen abquälen soll, wenn ich nur daran denke, wahrlich dann wollte ich mein Haus wohl umsonst weggeben. Schreibe mir mein bester Georg so schnell wie möglich deine Meinung.«

Auf diesen Brief antwortet Georg:

»In Ansehung des Verkaufes unseres Hauses, habe ich garnichts dagegen wann du solches fuer 7–800 Taler loswerden kannst, es muesste aber alsdann ein recht sicherer

Mann sein, u. im Fall einer nicht völligen Bezahlung muesstest du dich das Eigentumsrecht vorbehalten. 700 Taler zu 5 % gerechnet machen jährlich 35 Taler. Fuer dieses Geld glaube ich schwerlich, dass du eine gute Etage gemietet bekommst, allein wenn du auch noch 15 Taler zulegen muesstest, so hoffe ich, dass du fuer 50 Taler jährlich noch eine gute Etage erhalten wirst. Siehe in dem Fall eine Wohnung zu bekommen, die den Ostwinden nicht zu sehr ausgesetzt ist u. nicht ganz unten am Wasser belegen ist. Zugleich musst Du auch Ruecksicht auf mich nehmen, damit wenn ich wiederkomme, auch etwas Raum in dieser Herberge fuer meine Wenigkeit ist. Uebrigens lasse ich dir alles deiner Klugheit anheim, von der ich ueberzeugt bin, dass du das Beste gewiss wählen wirst.
Bis jetzt sind wir hier ruhig, aber alles ist zum Einruecken in Frankreich bereit. Da aber die Preussen, Kaiserlichen u. Russen schwerlich vor Mitte Mai an ihren Bestimmungsorten sein werden, so lässt sich vermuten, dass wir vor der Zeit nichts unternehmen werden. Die Stimmung im Ganzen scheint eben nicht vorteilhaft fuer Bonie (Buonaparte) zu sein, täglich kommen hier Deserteurs sowohl Kavallerie als Infantrie von den Franzosen ein, u. nach dem Urteil zu schliessen, scheint sowohl das Militär als die Nation im ganzen nicht zum Besten von Buno zu sein.«

Henriette nimmt mit besonderer Freude den Antrag Georgs, auf »half pay« gesetzt zu werden, zur Kenntnis und bekräftigt, wie schon in früheren Briefen ihre Absicht, sich trotz aller Sehnsucht nicht unterkriegen zu lassen. Sie verspricht dies am 1. Mai mit den Worten:

»Jetzt fuehle ich aber auch selber, wie notwendig eine Zerstreuung fuer mich ist, da ich die Erfahrung gemacht, dass man nicht von Gram stirbt, wohl aber einen kranken Körper davon tragen kann, daher du ueberzeugt sein kannst, dass ich deinen wohlgemeinten Rat gewiss befolgen werde und mit Macht dagegen kämpfe, mich gesund zu halten. Die Mitteilung, deines Entschlusses, mein bester Georg, dich auf half pay zu setzen lassen, hat meinem Geist aufs neue einige Heiterkeit verschafft, u. ich möchte dich dafuer recht herzlich kuessen. Ja mein bester Georg, ich wiederhole dir noch ein Mal, was ich dir so oft schon sagte, dass ich keinen grösseren Wunsch habe, als den Rest meines Lebens mit dir vereint in Ruhe zu zubringen, dass ich gerne entbehren will, wenn ich nur mit dir leben u. bei dir sein kann. . . . Vor einigen Tagen ist der Hauptmann Palm sein Bruder, der sich in Paris und London aufgehalten u. hier angekommen war, als Spion arretiert u. mit Wache nach Hannover gefuehret. Welch ein Fest dies fuer den Pöbel hier gewesen, kannst du nicht glauben u. selbst habe ich mich recht gefreut, dass dieser Anhänger Bonies auf diese Weise in Sicherheit gebracht ist.«

Da die neue belgische Feldpost im Vergleich zu den früheren postalischen Verhältnissen die reinste Blitzpost ist, können die Eheleute jetzt viel schneller korrespondieren. Und schon nach wenigen Tagen geht Henriette noch einmal auf die Frage des Hausverkaufs ein, denn ihr war die leichte Irritation in dem Brief ihres Mannes nicht entgangen:

»Dass ich fuers erste mit dem Verkauf *unseres* Hauses warten will, da ich die Aussicht habe, dass ich mit dir noch darin wohnen kann, habe ich dir schon in meinem vorigen Brief gesagt, und es möchte sein, dass sich eine sehr vorteilhafte Gelegenheit unverhofft dazu fände u. auf jeden Fall kannst du dich dazu verlassen, dass ich fuer ein *gutes Logis fuer Dich* mit sorgen werde.«

Mit steigender Furcht erwartet Henriette täglich die Nachrichten vom Beginn der Feindseligkeiten in Flandern. Die Blattern sind in der Stader Gegend ausgebrochen, viele Kinder sind mit Kuhpocken geimpft. Henriette wird immer unruhiger. Die allgemeine »Einsetzung der Legionisten in die hann. Landwehr, erweckt überall grosses Erstaunen, da dadurch die vielen schon lange angesetzten Landwehroffiziere abgehen müssten.« –
Der »Höllenhund Buonaparte« ist an allem schuld.
Die letzte blutige Phase des Krieges hat ihren Anfang genommen. Henriette hat von den Krankheitszuständen ihres Mannes jetzt nähere Angaben bekommen.

> »Pflege dich mein guter Junge nur jetzt gut, damit du mich u. den Kindern erhalten wirst. Trinke huebsch ein gutes Glas Wein oder Grog, was du doch einmal gewohnt bist u. bereitet dir dein Kohl gutes Essen, so habe ich nichts dabei zu erinnern, wenn es dir schmeckt u. wohlfeil ist, nur bitte ich dich, nichts zu ersparen, wodurch deine Gesundheit leidet, ja darauf jederzeit zu denken, dass es die erste Pflicht fuer dich ist, deinen Kindern einen alten Vater zu erhalten.«

Ende Juni wurde – wie wir wissen – Georg befragt, ob er mit einem Rekrutierungs-Detachement nach Hannover gehen will. Generalleutnant von Alten war der Urheber der Anfrage, die einerseits verlockend war, da sie nach englischen Sätzen dotiert wurde, aber andererseits einen dicken Strich durch Georgs bisher so zähe verfolgten Politik machte. Das muß man dem Georg von Coulon lassen: er war konsequent. Von allen Seiten wurde ihm zugeredet, den äußerlich so verlockenden Antrag anzunehmen, aber er blieb fest. In seiner pedantischen Art hatte er sich auch die finanzielle Licht- und Schattenseiten einer Versetzung nach genau ausgerechnet: Umzug der Familie, teureres Leben in Hannover und die Unsicherheit, wie lange das Kommando dauern würde. Dazu viel Arbeit, viel Verdruss mit dem ihm unsympathischen General Decken. Nein dieses Werbungsgeschäft wie er es nannte, überläßt er gerne seinem Konkurrenten, dem Major Kuckuck,

> »indem dieser viel zu intressiert und listig und schlau ist um es zu refusieren.«

Er schreibt weiter:

> »Uebrigens hat das engl. Parlament bewilligt u. erlaubt, dass 16000 Mann Rekruten, sowohl fuer die Kavallerie als Infantrie der Legion angeworben werden können, u. es scheint also fast, dass man die Legion zu ewigen Zeiten in Dienst behalten u. also auch in allen Gegenden der Welt gebrauchen will.«

Für ihn stand es fest: Noch einmal in den Krieg? Kommt nicht in Frage!
Was sagt Henriette dazu? Sie hat durchaus eine eigene Meinung:

> »Da ich ueberzeugt bin, dass du nicht ohne Ueberlegung diesen Antrag abgeschlagen, ich auch jederzeit noch Ursache gehabt habe, alle deine gefassten Entschluesse zu ehren, so hoffe ich auch, dass du diesmal das beste Teil gewählt hast, u. wenn nur deinem frueheren Entschlusse ganz abzugehen weiter nichts im Wege u. es dir nur

nicht gar zu sauer wird, oder man dich damit zu lange hinhält, so ist es mir allerdings lieber, wenn du ganz in Ruhe kommst. Aber abschlägig deucht mir, hätte ich dieses Geschäft doch erst angenommen in deiner Stelle, weil schon der Vorteil, ohne eigene Kosten ins Land zu kommen sehr gross ist. Auch die volle englische Gage hier im Lande zu geniessen ist ein sehr grosser Vorteil, wenn selbst, wie du glaubst auch bei der Werbung kein eigentlicher Vorteil sein sollte.

Unterdess wie gesagt, du musst es besser wissen und daher tadele ich es nicht, nur sage ich dir bloss aufrichtig dass ich fuer diesmal mit dir nicht einerlei Meinung bin, was vielleicht in meinem Leben das erste Mal ist. Da mich deine Gruende, die du mir anfuehrest, warum du es abgeschlagen, in diesem Augenblick nicht recht einleuchten wollen, vorzueglich, da ich mich einbilde, dass du hier im Lande deinen Abgang bei dem Herzog eher und schneller hättest bewirken können wie von dort aus. Unterdess zeiget vielleicht die Folge, dass ich hierueber völlig falsch geurteilet habe, u. dann wirst du es mir mein bester Georg verzeihen, dass ich mich durch den Schein blenden liess, mit dir einige Augenblicke nicht derselben Meinung zu sein . . . Gott gebe, dass dein völliger Abgang nun bald erfolget, dass du bald zu uns kommst, nur dies allein kann mich ueber meine fehlgeschlagene Hoffnung trösten.«

Henriette ist also gar nicht mit dem Entschluß ihres Mannes zufrieden. Abgesehen davon zehrt die Ungewißheit, wie die Kriegsereignisse ausgehen würden, an den Nerven. Sie wartet auf die erlösende Nachricht, daß Georg bald zurückkommt; sein kurzer Krankenurlaub geht bald zu Ende. Was dann? Sie fragt:

»Du wirst doch nicht zum Bataillon zurueckgehen? Ob dich Lust auch noch Paris zu sehen dich nicht umwandelt? Doch das hoffe ich nicht, wenigstens kann es mir als Vergnuegen nicht denken, unter diesem Abschaum von Menschen zu wohnen, ohne das Vergeltungsrecht gebrauchen zu duerfen, im Gegenteil sie als Freunde zu begegnen. Tröste dich also hierum nur mein bester Georg, u. wenn es mit Chic und Ehren angehen kann, so ist mein Rat, bleib wo du bist, so lange bis deine Angelegenheit beendigt, u. du zurieckkommen kannst . . . Uebrigens möchte ich doch jetzt wohl glauben, dass es dir nunmehr gereuen muss, das Commando bei der Werbung nicht angenommen zu haben, da sich die Entscheidung deines Schicksals so lange verzögert, u. da du hier im Lande selbst mit dem Herzog so wie mit Linsingen ueber deinen Abgang hättest unterhandeln können.

Dass du bei dem Verkauf der Pferde aufs neue grossen Schaden fuerchtest, tut mir sehr leid, vorzueglich da ich gehoffte, dass diese jetzt, weil so viele totgeschossen sind, recht gut verkauft werden könnten. Auch darin habe ich mich also geirrt, nun was will es sagen, es ist uns einmal nicht beschieden grosse Vorteile zu geniessen u. quälen kann ich mich auch nicht weiter darum, u. ich bitte dich es eben so wenig zu tun, da es doch einmal zu nichts nuetze ist . . .

Vorgestern sind von dem hiesigen Landwehrbataillon von jeder Kompagnie 20 Mann nach Brabant abmarschiert. Das Wehklagen der Papas und Mamas war sehr gross, u. der Trost, den man ihnen gab, dass sie Paris sehen u. dort das Vergeltungsrecht fuer uns brauchen sollten, half nichts. Mehrere sind nach dem ersten Marsch schon desertiert, und die Eltern werden nun mit Execution heimgesucht.

Uebrigens mein bester Georg bin ich ganz deiner Meinung, dass es unrecht von Wellington ist, dass er den Soldaten nicht das Vergnuegen gönnt, sich von den Franzosen fuettern zu lassen. Das wäre das wenigste, was man ihnen erlauben muesste. Ueberall kann ich den Grossmut nicht vertragen womit man diese Räuberherde behandelt. Meine einzige Hoffnung ist, wenn die Russen u. Bayern erst in Frankreich einruecken, dass diese nicht so grossmuetig sein werden.«

Vor lauter Ärger über alles dieses will Henriette jetzt keine Zeitungen mehr lesen. Ihre außerordentlich schlechte Laune ist natürlich im Grunde durch Georgs Ablehnung des Kommandos nach Hannover zu erklären. Sie wäre lieber heute als morgen mit fliegenden Fahnen von Stade nach Hannover gezogen. Heraus aus der Festung, aus der Kleinstadt, wo sie in den letzten acht Jahren nur Elend und Sorge durchgemacht hatte. In der Landeshauptstadt Hannover wartete alles auf sie, was sie sich ersehnte. Sie ist aber zu klug, um ihrem Manne dies klar zu sagen. Georg wiederum kennt seine geliebte Jette durch und durch; sie tut ihm leid. Er weiss, daß sie erst später verstehen wird, daß jede Hoffnung auf Halfpay-Pension auf immer dahin ist, wenn er als aktiver Legionsmajor im Lande Hannover eine Dienststelle übernimmt.
Henriette bereut ihre Zeilen und schreibt deshalb schon nach vier Tagen von neuem. Mittlerweile hat sie auch einen Brief von ihrem Mann erhalten, der wichtige, ihr einleuchtende Erklärungen enthält. Georg befindet sich auf dem Schloß eines Baron la Motte zur Genesung nach seiner Krankheit. Er hat sich mit seinem Wirt befreundet, und dieser tut alles was er kann für seinen bei ihm einquartierten Gast. Henriette erinnert sich an einen früheren Stader Kommandanten la Motte, der sich die Herzen aller Einwohner von Stade durch seine Gutherzigkeit und Anständigkeit erwarb. Er tat viel für die Hinterbliebenen und Invaliden der Legion. Vor sechs oder sieben Jahren war das. Er ging dann als Belgier später wieder in seine Heimat zurück. »Du kannst ihm sagen, schreibt Henriette, dass er hier immer noch in sehr gutem Andenken stünde.«
Henriette sammelt in Stade Geldbeiträge für die im Brüsseler Krankenhaus liegenden Verwundeten der Legion. Auch Leinenzeug, Binden u. Charpie geht in großen Paketen dorthin.
Sie findet den König Ludwig XVIII. jämmerlich und schwach. Sie hofft, daß wenigstens Blücher ihm zeigt, wie regiert werden muß. Das beste wäre, so meint die politisierende Henriette, daß die Alliierten ganz Frankreich so lange unter sich aufteilten, bis der Bösewicht Buonaparte mit seinem Anhange tot ist. Der Frieden sei noch weit entfernt, und vorsichtig und liebevoll sagt sie ihrem Manne, daß er doch vielleicht seine Pferde zu billig verkauft habe. Sie spricht auch besorgt von der Verzögerung seines Urlaubsgesuches und der Pensionierung, betont aber dann: »Diesmal will ich aber doch meine Besorgnisse lieber für mich behalten.« Mit Genugtuung kann Georg auf jeden Fall konstatieren, daß Henriette ihr seelisches Gleichgewicht wiedergefunden hat.
Inzwischen muß Georg nach England fahren, um sich dem Ärztekollegium vorzustellen. Henriette schreibt am 7. August, sie habe das schon lange erwartet, da »bis jetzt noch keiner davon frei gekommen sei«. Jetzt ist Henriette wieder ganz wie früher diejenige, die ihrem Manne guten Mut zuspricht:

Henriette: »Bounaparte, der Beelzebub, stört nun aufs neue die Ruhe . . .«

»Wo ist ein Gut in der Welt mein bester Georg, was ohne Anstrengungen, ohne Muehe einem zu Teil wird, wie kannst du also erwarten, dass dein Wunsch nach Ruhe und ausschließlich deiner Familie zu leben, dich ohne alle Schwierigkeiten zu teil werden wuerde? Ein wie grosser Vorteil war es schon fuer mich, dass ich nicht in der mörderischen Schlacht (Waterloo) fuer deine Gesundheit zu zittern brauchte!
Auf deine Anfrage, lieber Georg, wie es mit meiner Kasse steht, ob ich auch Geld nötig hätte, möchte ich mit Stillschweigen uebergehen, wenn ich nicht fuerchten muesste, dich damit zu beleidigen, und es ueberall in meiner Natur läge, weniger aufrichtig zu sein. Trotz aller Einschränkungen lebe ich seit 3 Monaten schon wieder auf Kredit . . . ich bin arm wie eine Kirchenratze. Aber eigentlich bin ich es ja so gewohnt seit den 10 Jahren, die du fort bist. Es wäre aber in diesem Augenblick sehr empfindlich fuer mich, wenn du mir vor deiner grossen Reise Geld schicken wolltest. Behalte was du hast, und lass mich weiter auf Kredit leben.
Uebrigens tat es mir leid mein bester Georg, dass du mir aus uebertriebener Sorgfalt dein Kranksein verschwiegen u. mir nicht gleich damals aufrichtig geschrieben, dass du wegen einem täglichen Fieber, was du gehabt, diesen Vorschlag nach dem Lande zu gehn, hast ausschlagen muessen. Es wuerde mich zwar sehr geschmerzt haben, dich krank zu wissen, allein ich wuerde doch die Beruhigung zugleich gehabt haben, dies als eine Fuegung des Schicksals anzusehen u. hätte mich ueber meine fehlgeschlagenen Hoffnungen eher getröstet. Der Himmel wird mein Gebet erfuellen, und dich mir gesund erhalten. . . . Sei guten Mutes u. heiteren Sinns u. werde nicht ungeduldig. Unverändert deine treue Henriette.«

Die Schlacht bei Waterloo bringt die Entscheidung

Während sich die Truppen der Verbündeten zum entscheidenden Kampf gegen Napoleon formierten, stand Coulons Entschluß fest, unter allen Umständen in die Pension zu gehen. Die jüngeren Offiziere der Legion hatten ein »Hip-Hip-Hurra« ausgebracht, als sie hörten, es werde bald zu neuen Kämpfen gegen die Franzosen kommen. Georg jubelte nicht mit. Er hatte sich am 16. Mai in Brüssel dem Medical Board gestellt und sechs Tage später den Bescheid erhalten, er sei nicht mehr frontverwendungsfähig. Daraufhin hatte ihm sein Brigadekommandeur, Oberst du Plat, Urlaub auf unbestimmte Zeit gewährt. Nun kam es ihm darauf an, sobald wie möglich nicht mehr Beurlaubter zu sein, sondern Pensionär zu werden. Daher richtete er am 28. Mai das Gesuch an den Herzog von York um Halvpay, das Oberst du Plat unterstützen wollte.

An Halbsold erhielt ein General täglich 1 £ 18 Shilling, ein Major der Infanterie 9 Shilling und 6 Pence. Die Witwe eines Majors erhielt eine jährliche Pension von 50 £. Offiziere wurden von dem Tag an, an dem die Bezahlung ihres vollen Gehaltes aufhörte, auf Halbsold gesetzt.

In Hannover war ein besonderer Zahlmeister, damals ein Mr. John Taylor, für die Auszahlung der Pensionen zuständig.

Während seine Kameraden sich auf den Kampf mit Napoleon vorbereiteten, blieb v. Coulon »hinter der Front«, in der Etappe.

Die Linienbataillone 1 – 4 gehörten zur 2. Division des II. Korps von General Lord Hill. Die Bataillone bildeten die 1. Brigade der Deutschen Legion, die von Oberst du Plat befehligt wurde. Der Divisionskommandeur der 2. Division war General Sir Clinton. Zusammen mit den Preußen unter Blücher erhielten die Hannoveraner eine entscheidende Aufgabe zugewiesen. Während es am 15. Juni dem Prinzen von Weimar mit seinen nassauischen Truppen gelang, Marschall Ney zu hindern, Quatre Bras zu erreichen, mußten die Preußen am 16. Juni bei Ligny eine Niederlage einstecken.

Doch bei Quatre Bras wurden die Franzosen gezwungen, sich auf Frasnes zurückzuziehen. Wellington gelang es, im Laufe des Tages seine Truppen zu vereinigen.

Da jedoch Blücher nach den Kämpfen bei Ligny auf Wavre zurückgehen mußte, setzte sich auch Wellington mit seinen Truppen auf gleiche Höhe mit den Preußen vom Feinde auf starke Stellungen südlich Brüssel ab. Napoleon leitete selber die Verfolgung der alliierten Truppen. Strömender Regen behinderte ihn. Er kam bis an das kleine Gasthaus Belle Alliance. Er nächtigte in dem Pachthof Le Caillou. Wellington verbrachte die Nacht in Waterloo.

Am 18. Juli wurde Napoleon gemeldet, Blücher ziehe in zwei Kolonnen auf

Lüttich und Wavre. Diese Meldung kam von Grouchy und war am 17. Juni um 22 Uhr von Gemloux an den Kaiser geschickt worden. Napoleon rechnete damit, daß Grouchy die Preußen daran hindern würde, sich mit Wellington zu vereinigen. So stand sein Entschluß fest, ebenso wie der Wellingtons: am Sonntag, dem 18. Juni sollte die Entscheidungsschlacht beginnen.
Die Brigade du Plat stand zum Eingreifen gegen die Franzosen bereits hinter dem rechten Flügel. Georg von Coulon wartete in dieser Zeit hinter der Front auf das Schicksal seines Antrages auf Pensionierung . . .
Coulon schreibt am 18., 19. und 20. Juni 1815 in sein Tagebuch:

»Die Diligence von BRUESSEL traf am 18. von Bruessel hier nicht an, die Ursache war, dass die Passage zwischen ENGHIEN u. BRUESSEL durch die vielen Truppen, Bagage etc. gesperrt war. Mein Wirt erhielt aber die Zeitung ueber MONS, nach selbiger waren am 15. u. 17. scharfe Gefechte in der Gegend von QUATRE BRAS ohngefähr 5 Lieus von BRUESSEL vorgefallen, in welchen das Schlachtfeld nach dieser Zeitung von den Alliierten behauptet war, man glaubte, dass das Gefecht sich heute erneuern wuerde. Viele Tote u. Blessierte muessen die Alliierten verloren haben, indem eine Proclamation von dem Commandanten zu BRUESSEL bekannt macht, dass das Gen. Hosp. zu BRUESSEL angelegt wird und allen Einwohnern aufgegeben ist, Betten, Charpie etc. dafuer zu liefern, wo nicht, so wuerde man die Verwundeten ihnen ins Haus schicken. Gott gebe, dass die Alliierten gluecklich sein mögen.
Den 19. Juny bis gegen Nachmittag trafen nur traurige Nachrichten von Seiten der Alliierten ein, und man sagte, dass die Franzosen nur 3 Stunden von BRUESSEL entfernt wären. Allein gegen Abend erhellte sich der Horizont dieser falschen Nachrichten und das Läuten aller Glocken verkuendigte dem hiesigen Publique eine wichtige u. angenehme Nachricht, u. die bisherige Bestuerzung verwandelte sich in Freude! sowohl der hiesige Gouverneur, der eine Depesche von Bruessel erhalten, als auch die Ankunft eines engl. Ingenieur-Officiers, der von der Armee abgeschickt und mit bei der Bataille gewesen war, belehrte uns, dass am 16. die feindliche Armee unter BOONAPARTE bis CHARLEROI vorgedrungen, u. die preussischen Vorposten zurueckgedrängt hätte, auch diese Stadt genommen hätte, auf diese Nachricht liess der Herzog v. WELLINGTON unsere 1.2.3. u. 4. Div. sich bei ENGHIEN versammeln u. die preussische Armee rueckte näher nach der unsrigen an.
Den 17. war das Braunschweigische Corps beordert mit der 1. Div. vorzugehen u. die Feinde in CHARLEROI anzugreifen, dies geschah, allein die Feinde behaupteten ihre Stellung, es blieben viele Menschen u. der Herzog v. BRAUNSCHWEIG wurde hierbei getötet, unterdessen hatte der kluge WELLINGTON die Armee weiter vorruecken lassen, u. am 18. Mittags 12 Uhr fing die Bataille in der Gegend von QUATRE-BRAS mit Heftigkeit an und dauerte bis Abends 9 Uhr. Um 4 Uhr kam die preussische Armee an und hat das Schicksal des Tages mit entschieden. Die Feinde wurden allenthalben in die Flucht geschlagen, der engl. Officier sagte aus, dass man von beiden Seiten gefochten, dass die franz. Cuerassiers u. Lanciers 3 mal einen Choc auf unsere Infanterie gemacht, aber jedes Mal zurueckgeschlagen worden, dass die Feinde ueber 110 Canonen verloren, u. an Toten u. Blessierten eine grosse Anzahl, auch hätte man, wie der Officier von der Armee weggegangen, an die 7000 Gefangene gemacht etc. etc.
Diesen Abend spät kommt noch die Nachricht von BRUESSEL, dass ueber 150 Kanonen vom Feinde erbeutet wären, dass sie ganz auf der Flucht seien u. vom

WELLINGTON verfolgt wuerden. Morgen werden wir ein mehreres davon erfahren, so wie auch den Verlust auf unserer Seite, der gleichfalls an Off. u. Soldaten beträchtlich sein soll, zwei engl. Generals sind geblieben u. der Graf UXBRIDGE, der die ganze Cavallerie commandierte hat ein Bein verloren; was die Legion hierbei verloren, ist noch nicht bekannt. Leider fuerchte ich, dass viele brave Officiers u. Soldaten gefallen sind, so auch von den Hannoveranern; unterdessen ist Gott zu danken, dass diese erste Bataille fuer den Bösewicht ungluecklich ausgefallen ist, dadurch wird der Feinde ihr Mut gedämpft, und der von den unsrigen erhöhet.
Wenn die Russen und Kaiserlichen gleiches Glueck haben, so kann man hoffen, dass BUONAPARTE sein Ende herannahen wird, obschon noch vorher erst viele Menschen fallen muessen.
Den 20. Juny zeigten officielle Bulletins von BRUESSEL an, dass die feindliche Armee auf der Flucht sei und von den unsrigen u. Preussen verfolgt werde; die Preussen haben an ihrer Seite dem Feinde 60 Kanonen abgenommen, und man rechnet, dass 12000 Gefangene den Alliierten in die Hände gefallen sind.
Diesen Mittag traf unvermutet der Lieut. WYHE vom 8. Battl. von der Armee bei seiner Frau hier auf ein paar Stunden zum Besuch ein. Er bestätigte, dass die französische Armee vollkommen geschlagen sei, versicherte aber auch, dass die Alliierten starken Verlust gehabt, und sagte mir, dss beim 8. Battl. der Capt. VOIGT u. WESTERNHAGEN, nebst Lt. MAHRENHOLZ erschossen, u. dass der Oberst Lt. SCHRÖDER, Capt. ROUGEMONT, Lieut. BRINCKMAN, SATTLER u. MOHREAU blessiert wären, und dass sie an Unt.Off. u. Soldaten viele verloren hätten, ausserdem wuesste er, dass Colonel OMPTHEDA tot u. sein Brig.Major EINEM gefährlich blessiert sei, incl. wäre Colonel DU PLAT gefährlich blessiert, Capt. GOEBEN vom ersten leichten Battl. und Major BÖSEWIEHL vom zweiten leichten Battl. tot, was sonstens bei den uebrigen Battls. vorgefallen, wisse er nicht, da er gleich nach der Bataille commandiert wäre, Blessierte nach BRUESSEL zu bringen.

Der Fähnrich Theodor Oppermann vom Landeswehrbataillon Münden, der Bruder des späteren Schwiegersons der Coulons, hat an den Kämpfen von Quatre Bras am 16. Juni und an der Schlacht von Waterloo am 18. Juni teilgenommen. In einem Brief an seine Eltern aus Bavay in Frankreich vom 23. Juni 1815 schildert er seine Erlebnisse:

»Lange, liebe Eltern, habe ich in unsern Standquartieren auf eine Antwort warten lassen, aber jetzt fasse ich die erste Gelegenheit etwas von mir u. allen meinen Kameraden zu schreiben, wie es auf einmal u. so ganz unverhofft uns ergangen ist. In der tiefsten Ruhe lagen wir ueber 4 Wochen in Bruessel u. lebten so recht in der grossen Welt. Gar nichts ahnend mussten wir den 16. frueh Morgens mit der ganzen Besatzung aufbrechen. Bei Waterloo, wo wir gegen Mittag ruheten, hörten wir, dass die Franzosen vorgedrungen wären u. sich schon mit den Preussen schluegen. Wir gingen in der stärksten Hitze weiter ueber Genappe, woselbst man das Kanonenfeuer schon sehr stark hören konnte, nach Quatrebras (1 Stunde von Genappe nach Frankreich zu, es besteht nur aus 4 einzelnen Häusern). Hier marschierten wir hinter einem Berge auf, und rueckten dann ueber denselben in einer Linie in das Feuer. Ich kann nicht leugnen, dass ich schon durch die grosse Hitze u. den starken Marsch verdrossen gemacht, doch mit einer kleinen Angst vorwärts ging. Die Hannöversche Artillerie spielte sehr schön u. brachte die Franzosen gleich zum Schweigen. Ein Angriff der feindlichen Kavallerie auf unsere Artillerie, welche zu Quatre-bras stand, wurde durch die Braunschweigischen Quarrée's u. unser Kartätschenfeuer gänzlich vereitelt.

Bei dieser Gelegenheit kam auch der rechte Fluegel unserer Brigade stark ins Feuer u. es wurden vom Bat. Verden 1 Offz. getötet, 1 verwundet u. 3 gefangen. Unser Bat. kam bei diesem Gefechte gut weg u. wir hatten nur 1 Toten u. wenige Verwundete. Gegen Abend hörte dieser Kampf auf, doch wurde keiner von beiden Parteien zum Weichen gebracht. Wir kampierten die Nacht hindurch auf dem Felde. Gegen Morgen 3 Uhr griffen die Franzosen von neuem an, u. es entstand ein heftiges Gewehrfeuer, doch von keiner Seite fiel ein Kanonenschuss. Unsere Brigade, die in der 3 ten Linie stand, war hierbei ganz ruhig u. kochte sich Fleisch. Ich besah während der Zeit das Schlachtfeld, wo von beiden Parteien viel Tote herumlagen. Das Gewimmer der Verwundeten, die Toten u. das Gewühl der Menschen, alles dieses, liebe Eltern, war schrecklich anzuhören u. anzusehen. Der Herzog v. Braunschweig wurde bei dieser Gelegenheit verwundet u. starb bald darauf. Er wurde von allen unseren Truppen betrauert. Bonaparte soll gesagt haben: Der Tod des Herzogs sei ihm mehr als 10000 getötete feindliche Soldaten.
Gegen Mittag hörte das Kleingewehrfeuer auf u. plötzlich mussten wir, weil die Preussen bei Fleurus zurueckgedrängt waren, uns nach Waterloo zurueckziehen. (3 St. von Bruessel) Kaum hatten wir uns hier auf einem Berge festgesetzt, als die französischen Tirallieurs mit einer Kanone erschienen. Unsere Batterie fing an zu spielen, u. die Franzosen fanden fuer gut, Reiss aus zu nehmen. Den Abend rueckten wir ruhig in das Bivouac. Aber nun fing es ganz furchtbar an zu regnen, welches bis den anderen Morgen 8 Uhr dauerte u. ich kann Euch versichern, liebe Eltern, dass ich nie eine schrecklichere Nacht erlebt habe. Der Lieut. von Spitznas hatte das kalte Fieber in höchstem Grade. mehrere Offiziere konnten weder gehen noch stehen u. das Jammern der Soldaten war schrecklich. Kurz von dieser Nacht kann sich niemand einen rechten Begriff machen als der, welcher dabei gewesen ist.
Nachdem wir nun ganz nass geregnet waren, griffen die Feinde den rechten Fluegel der Armee an. Der Kampf wurde mit jeder Minute lebhafter u. ungefähr um 11 Uhr musste der linke Fluegel (wo wir auf dem äussersten Ende standen) aufbrechen. Solgleich bildeten 2 Brigaden Quarrée's, die Kavallerie auf der linken u. die Artillerie auf der rechten Flanke. Die Feinde wagten einen Sturm, allein sie wurden durch die Artillerie u. das Flankenfeuer zurueckgetrieben. Die Dragoner verfolgten sie sogleich und hieben sie tuechtig zusammen. Darauf dehnten wir uns in eine Linie aus und unser Bataillon bekam zum Ungluecke die Bestimmung, eine Batterie zu decken. Wenn wir noch in keinem Artilleriefeuer gewesen waren, so kamen wir jetzt hinein. Die Leute fielen schaarenweise, besonders von der unsrigen 4 ten Compagnie. Auf diesem scheusslichen Posten, wo man im Kampfe stehen u. doch keinen Schuss tun darf, brachten wir bis nach 5 Uhr zu.
Während dieser Zeit sah ich mich nach dem Stande der Armee um, und fand, dass manche Veränderungen vorgegangen waren . . . Der rechte Fluegel avancierte stark, die Kavallerie machte 3 Schocks und schlug die französischen Curassiere gänzlich zurueck. Alles ging gluecklich, aber auf einmal, Gott weiss es wie es zuging, drangen die Feinde so stark an, dass alles am rechten Fluegel u. Centrum zurueckwich u. die Artillerie wäre beinahe verloren gewesen, wenn nicht die Kavallerie sie losgehauen hätte. Da erschienen plötzlich am linken Fluegel, mehr im Ruecken der Feinde, die braven Preussen. Sie drangen sogleich stark vor u. schnitten die Franzosen gänzlich ab. Während dieser Bewegungen kamen wir hinter der Batterie weg und wurden mehr nach dem Centrum hin, zwischen 2 kleinen Anhöhen gegen eine feindliche Batterie postiert. Hier wurden wir abermals stark mitgenommen u. alle Offiziere der Compagnie wurden verwundet bis auf mich. Jetzt aber drangen die Franzosen mit jeder Minute stärker an, denn sie wollten, da sie hinten abgeschnitten waren, durchaus nach Bruessel, welches Bonapartens Hauptziel war. Wir retirierten mehrere Schritte u.

jeder glaubte, es wuerde schlecht ausfallen. Da bekam ich einen Schuss an die linke Knieseite des rechten Beines. Ich liess mich sogleich durch einen Mann zurueckbringen, weil ich nicht wusste, ob die Wunde gefährlich sei oder nicht. Wie ich ohngefähr bei Waterloo war, merkte ich, dass es nur ein starker Schrammschuss war. Weil mir aber das Gehen zu sauer wurde, u. ich nicht wissen konnte, wie die Schlacht ausgelaufen sei, blieb ich die Nacht im Dorfe, sonst wuerde ich den Abend noch zurueckgegangen sein.
Ich bedaure es sehr, dass ich nicht bei dem glänzenden Ausgang der Schlacht zugegen sein konnte. Kaum dass ich mich entfernt hatte, drang eine Linie preussischer Kavallerie in die Franzosen ein, und donnerte alles nieder, wodurch die Schlacht entschieden wurde. Alles hat gejubelt u. sich gefreut u. ich armer Teufel wusste von nichts. Mitten auf dem Schlachtfeld hat die Armee kampiert u. unter den Toten u. Verwundeten geschlafen. Den andern Morgen d. 19. Juni ging ich wieder zum Bataillon, ganz allein ueber das Schlachtfeld, wo die Menschen haufenweise lagen. Verwundete, die schon 12 Stunden dagelegen hatten, jammerten nach Wasser und Verpflegung. Ich kam ungefähr 11 Uhr Mittags zum Bataillon. Alles war herzlich erfreuet, dass ich so davon gekommen war. Unsere Linie war ungefähr eine halbe Stunde vorgerueckt.
Theodor.«

Ein Kriegskamerad Coulons berichtete am 26. August 1815 aus dem Biwak im Bois de Boulogne vor Paris in einem Brief an Coulon über die Ereignisse:

»Lieber Coulon!
Da Dich als ein altes Mitglied unssers Bataillons, seine Schicksale interessieren werden, so will ich Dich etwas mit dessen Schicksalen während den blutigen Tagen vom 16. bis 18. Juny bekannt machen.
Am 15. Juny um 5 Uhr Abends erhielt das Batl. plötzlich Marschorder. Wir marschierten daher von NEUFVILLE, einem Dorfe zwischen SOIGNIER und MONS nicht weit von der Gränze nach SOIGNIER, wo das Hauptquartier unsers Divisionairs, des Generals von ALTEN war. Da dies ein kleiner Ort ist, und sich die ganze Division hier versammelte, so mussten viele Bataillons bivouacquiren und unser Bataillon kam mit mehreren andern in die dortige Kirche als Nachtquartier. Um 2 Uhr Morgens ward aufgebrochen, und ueber BRAINE le COMTE nach NIVELLES marschiert. Unterweges begegneten uns einzelne Preussen, die von ihren Regimentern, die gestern von den Franzosen angegriffen und zurueckgedrängt waren, versprengt waren. Eine halbe Stunde hinter dieser Stadt kamem wir ins Bivouacq.
Kaum hatten wir in einer grossen Hitze hier einige Stunden gelegen als wir etwa 2 Stunden vorwärts Kanonen hörten. Wir erhielten Ordre zum Aufbruch und als wir nach der Gegend, wo man dies hörte hinmarschierten, begegneten uns schon blessierte Holländer. Wir kamen durch ein Dorf QUATRE BRAS, und als wir eben jenseits von der Chaussee waren, so waren wir schon dem feindlichen Kanonenfeuer ausgesetzt. Einige Bataillons unserer Brigade wurden vorgeschickt, und wir blieben noch in Reserve und erhielten vom General den Befehl uns in den Chausseegraben zu lagern, weil das Feuer zu heftig war.
Gegen 7 Uhr Abends drangen die feindlichen Tirailleurs so rasch an, dass wir sehr dem kleinen Gewehrfeuer ausgesetzt waren. Zu diesem Augenblick erhielt der Capit. BARZOLDO eine Kugel in den Kopf, die die Hirnschale eindrueckte. Es wurden daher die 1. und 8. Division unseres Batl. gegen die Plänkners geschickt, und unsere braven Kerls, schon ärgerlich ueber die Untätigkeit in der wir gewesen waren, trieben sie auch bald mit vieler Bravour sie zurueck. Der Feind räumte das Schlachtfeld, und da die Nacht dem Dinge ein Ende machte, so lagerten wir uns hier. Die 3. Comp., bei

der ich stand kam auf Piquet, wo wir den Franzosen so nahe waren, dass man sie sprechen und lärmen hören konnte.
Den 17. Juny, um 2 Uhr mit Tagesanbruch engagierten sich die Franzosen mit dem Batl. OSNABRUECK, das links von uns lag, und bald kamen auch wir ins Feuer. Das Batl. war hinter einer Hecke postiert, und die feindlichen Tirailleurs rueckten mehrere Male so stark an, dass das Batl. zusammengezogen werden musste und ein Rottenfeuer geben musste. Etwas weiterhin ward LEPEL, BRUEL und MEYER, der ehemalige Feldwebel, jetzt Fähnrich, verwundet. Unsere Leute verschossen 3mal 60 Patronen, und meine Comp. war einiges zurueck, um die Gewehre zu reinigen, die kein Feuer mehr geben wollten.
Mittags 1 Uhr bekamen wir Ordre zurueckzugehen bis nach einem Dorf, Namens GENAPPE. Die ganze Armee ging zurueck, und wir machten unter einem Gewitter mit einem scheusslichen Platzregen begleitet, die Arrière Garde, von der französischen Armee unter NAPOLEON angefuehret stark verfolgt. Nachdem wir ungefähr 2 Stunden marschiert hatten, setzte sich die Armee auf einem Berge (Mont St. Jean) vor dem Dorfe WATERLOO. Die Franzosen schickten viele Flankeurs und Plänknerer vor, doch da die Nacht anbrach, so ward es bald stille. Der Verlust des Batl. von gestern und heute bestand in 100 Köpfen.
D. 18. Juny Seit ehegestern hatten wir schon nichts genossen, es hatte die Nacht hindurch unaufhörlich geregnet, und wir waren bis aufs Hemd nass. Nach aller Aussage, war dies die fuerchterlichste Nacht, die das Batl. seit seiner Existenz erlebt hatte . . . Der Herzog WELLINGTON, der diese Nacht erst angekommen war (bis dahin hatte der Commandeur unseres Armeecorps, der Erbprinz von ORANIEN das Commando gehabt) ging ganz unkenntlich angezogen und von keinem begleitet zwischen unsere Lager durch.
Gegen Mittag bemerkten wir eine allgemeine Bewegung des Feindes. Wir brachen auf und rueckten zusammen. Während des Anmarsches der Franzosen ward von unserer Seite entsetzlich mit Artillerie gefeuert, was von ihrer Seite anfänglich nicht beantwortet wurde, endlich entwickelten sie ihre Massen, und es entstand ein Kanonenfeuer, wie die ältesten Soldaten es nicht erlebt haben. Wir hatten schon eine Stunde untätig hier déployirt gelegen, als es plötzlich hiess, Quarré formiert, es kommt feindliche Cavallerie. Wir machten mit dem Batl. VERDEN ein Quarré 4 Mann hoch. LANGREHR commandierte es, ermahnte die Leute ruhig zu bleiben, und nicht eher zu feuern, bis es commandiert wäre. Es kam darauf eine Colonne Curassire von wenigstens 2000 Mann. Diese kam bis auf 30 Schritt auf unsre linke Flanke heran, erhielt dann ein gut wirkendes Feuer, schwenkte um die schliessende und rechte Flanke, wovon sie auch tuechtige Salven erhielt, und suchte dann das Weite wieder unter einem Hurrah von unserem Quarré, und von unserer Cavallerie verfolgt. Der Erbprinz von ORANIEN, der hiervon Augenzeuge gewesen war, ritt jetzt heran, fasste LANGREHR bei der Hand und sagte ihm, er möchte den Leuten in seinem Namen, fuer ihre Bravour danken. Dies war ein herrlicher Augenblick.
Es kam bald darauf noch mal eine Cavallerie Charge. Der schöne Engländer von LANGREHR fiel jetzt durch eine Kanonenkugel. Kaum hatte er ein andres Pferd, das nun er, der aus dem Quarré trat, aufgegriffen hatte, bestiegen, als eine Kanonenkugel ihm den rechten Fuss abriss. Er stammelte, haltet euch ferner brav: lebt wohl, und ward dann weggebracht. Der Major SCOPP uebernahm das Commando, wir déployirten wieder, um nicht so viel vom feindlichen Feuer zu leiden, mussten aber bald bey Annäherung von Cavallerie wieder Quarré formieren, und hielten noch 4 Chargen ab. Der Major SCOPP und MUELLER fiel auch noch, ein Capit. vom Batl. VERDEN erhielt das Commando, und ich commandierte auch eine Flanke, die noch aus einem halben Batl. bestand.

Um diese Zeit waren wir auch die einzige Infanterie, die von uns noch hier stand. Die Franzosen rueckten immer mächtiger heran, und feuerten auf 100 Schritt mit Kanonen auf uns, deren Traubenschuesse auf einmal die ganze stehende Flanke dahinstreckten. Es rueckte ein sehr starkes feindliches Intanterie QUARRÉ gegen uns heran, es wurden von uns Tirailleurs vorgerufen, und in diesem Augenblick wo nach aller Ansicht keiner mit dem Leben davon zu kommen schien, meldeten sich viele Freiwillige. Das Quarré unser beiden Bataillons war aber jetzt so zusammengschossen, dass kein Offizier zu Pferde mehr darin halten konnte, jetzt erhielten wir einen Adjudanten mit dem Befehl zurueckzugehen, und während wir uns aufs Dorf zurueckzogen, flohen auch die Franzosen aus allen Kräften. Wir gingen aufs Schlachtfeld zurueck, und bivouacquirten unter 1000 von Toten. Unser Bataillon war 80 Mann stark. Den 20. Juny gingen wir ueber die Gränze, und kamen, ohne Ruhetag, und ohne den Feind weiter gewahr zu werden d. 1. July vor PARIS an.
Es ist ueber mehrere Anhänger Napoleons Gericht gehalten, mehrere Obersten haben daran glauben muessen, nächstens wird NEY todgeschossen.

Lebwohl.
Fr. BÜLOW.«

Nachdem am Abend des Sonntags bei Waterloo der fünfte Hauptangriff der Franzosen gescheitert war, obwohl Marschall Ney selber seinen Kolonnen voranstürmte, gab es für die geschlagenen Franzosen kein Halten mehr. Der Ruf: »Die Garde geht zurück« pflanzte sich in ihren Reihen fort. Von den nachdrängenden Engländern wurden sie zunächst bis jenseits von Belle Alliance zurückgetrieben. Von dort ab übernahm Blücher die Verfolgung. Gneisenau gab bei dem Nachdrängen auf Genappe bis über Frasnes keinen Pardon.

Die verbündeten Heere trafen nun bei dem Vormarsch auf Paris auf keine ernsthafte Gegenwehr mehr.

Napoleon hatte seine Armee verlassen. Er war nach Paris geeilt, um dort neuen Widerstand zu organisieren.

Blücher suchte den kürzesten Weg nach Paris, Wellington hingegen besetzte erst am 1. Juli die nördlichen Vorstädte der französischen Hauptstadt.

Als Wellington sich näherte, überschritt Blücher die Seine und stieß von Versailles gegen die Stadt vor.

Napoleon verzichtete am 22. Juni auf den Thron und ließ seinen Sohn als Napoleon II. zum Kaiser proklamieren. Als er in Rochefort, von wo aus er nach Nordamerika zu fliehen gedachte, erfuhr, daß Ludwig XVIII. wieder in Paris eingezogen war, wandte er sich an den Prinzregenten von England mit der Bitte um Schutz. Am 15. Juli betrat er das Schiff, das ihn nach St. Helena brachte.

Am 10. Juli waren die Kaiser von Österreich und Rußland und der König von Preußen in Paris. Am 24. Juli fand eine große Parade der verbündeten Truppen auf den Champs Elysees statt. Die Friedensverhandlungen endeten mit Unterzeichnung des Vertrages am 20. November.

Für Georg von Coulon waren das besonders gute Nachrichten, rechnete er doch damit, daß mit dem Tage des endgültigen Sieges auch der Tag der Pensionierung näher rückte.

Kampf um die Pensionierung: Beziehungen sollte man haben . . .

Wie Coulon großen Anteil an den Kämpfen seines Bataillons und dem Schicksal der Kameraden der Legion nahm, derweil er auf seine Pensionierung wartete, so verfolgte er auch die politischen Ereignisse mit großem Interesse. In der Etappe hatte er Zeit dazu. Am 24. Juni fuhr König Louis XVIII. durch Brüssel auf dem Weg nach Mons. Er sah ihn und stellt fest: »Dieser Herr scheint ein gutmütiger, religiöser und sehr kluger Mann zu sein, er ist ein dickes Stück Fleisch, unterdessen doch 10mal besser als der Bösewicht BUNO.«

Ähnlich drastisch drückt er sich aus, als bekannt wird, Napoleon habe des Thrones entsagt und »dass eine Art von Regierung oder Administration von 5 Canaillen, worunter FOUCHÉ u. CARNOT an dier Spitze, zu Paris errichtet wäre, welche beauftragt sei, einen Waffenstillstand mit den Alliierten abzuschliessen.«

Mit Genugtuung stellt er fest, Wellington und Blücher hätten alle Vorschläge verworfen, im übrigen habe Marschall Ney, »dieser Bösewicht und Canaille«, in Paris selbst erklärt, daß von der französischen Armee kaum noch 8000 Mann beieinander seien. Wozu also sich noch auf Verhandeln einlassen?

In Mons, wo Coulon bei einem Baron la Motte einquartiert und entgegenkommend bewirtet wurde, erhielt man am 10. Juli 1815

> »die Nachricht, dass zwischen BLUECHER u. WELLINGTON die nachstehende Capitulation mit der Stadt PARIS abgeschlossen sei, dass die französische Armee sich hinter die LOIRE zurueckziehen, und dass die vollkommene Evacuation in 3 Tagen bewerkstelliget werden sollte; den 4. July nämlich soll SAINT DENIS, SAINT OUEN, CHICHY u. NEUILLY zu Mittag ueberliefert werden, am 5. zu Mittag soll MONTMARTRE, und den 6. July die sämtlichen Barrieren der Stadt an die ALLIIERTEN uebergeben werden.
> Ein Tages-Befehl von WELLINGTON macht dies der Armee am 3. bekannt, und fuegt hinzu, dass die Mannschaft ihre Kleidungsstuecke, Gewehre u. Armatur reinigen möchten, indem er sie am 6. July mustern wuerde; wahrscheinlich um sie alsdann in die Stadt zu fuehren.«

Jetzt braucht Coulon auch das Pferd nicht mehr, das er noch behalten hatte. Er verkauft seinen Schimmel für 25 Napoleon d'or und beginnt allmählich, über das Ausbleiben des Pensionierungsbescheides unruhig zu werden.

Am 16. Mai hatte er sich untersuchen lassen und wenige Tage darauf den Bescheid erhalten, nicht mehr feldverwendungstauglich zu sein. Auch Urlaub hatte man ihm gewährt, aber die Entscheidung, auf die er so sehnlich wartete, war noch immer nicht gefallen.

Endlich – Mitte Juli – regt sich etwas. Die Mitteilung, die er erhält, ist aber wenig erfreulich. Es trifft nämlich ein Schreiben ein, in dem es heißt, alle Offiziere, die den Dienst zu quittieren wünschen, müßten sich auch noch in London einer

ärztlichen Untersuchung stellen. Coulon war wie vom Donner gerührt, faßte sich aber schnell, »unterdessen da ich einmal den Schritt unternommen, so mußte ich auch das Ende versuchen . . .«
Immerhin hatte er ja noch die Urlaubsbewilligung für zwei Monate in der Tasche. Er bittet daher sein Bataillon, ihm einen Paß von Wellington zu erwirken, damit er ohne Zeitverzögerung sogleich nach London reisen dürfe, um sich dort untersuchen zu lassen. Das wird ihm abgeschlagen. Bevor das »Legions Office« keine weiteren Anweisungen für die Untersuchung gegeben habe, könne man nicht auf seinen Wunsch eingehen.
Coulon löst derweil seinen persönlichen »Stab« auf. Seine beiden »Bedienten« Kohl und Sprung werden verabschiedet. Jetzt steht er ohne Pferde und ohne Burschen da. Dann trifft ein Brief seiner Frau ein, der seine Stimmung auch nicht bessert:

> »Sie schrieb mir, dass sie einige Tage krank gewesen u. das Bette hätte hueten muessen, dass sie jetz aber vollkommen wieder wohl sei, Gott gebe, dass es gegruendet sein mag; diese meine brave gute Frau suchte in diesem Briefe mich ueber meine jetzige Lage Trost zuzusprechen, und das auf eine so gute Art, dass ich mich nicht genug darueber wundern kann, allein ich fuerchte insgeheim macht ihr doch meine jetzige Lage traurig, besonders da es ihr am Gelde gebricht, womit ich ihr leider nicht mit helfen kann, ich wuenschte dies herzlich, aber ich muss durchaus den Vorrat, den ich in den Händen habe, behalten; wer weiss wie gross ich es nicht noch nötig haben werde.«

Allmählich verließen die sonst so guten Nerven den wartenden Coulon. In Stade hatte sich offensichtlich die Meinung verbreitet, er sei bereits in England, so daß er sich gezwungen sah, dies zu dementieren. Die Gefahr, zu einem Veteranenbataillon abgeschoben zu werden, das alle nur garnisonsverwendungsfähigen Offiziere aufnehmen sollte, schwebte immer noch über seinem Haupt.
Dieses Bataillon war 1813 gebildet worden und nahm alle für den Felddienst nicht mehr tauglichen Soldaten der verschiedenen Regimenter auf. Zunächst war die Stärke auf 450 Mann festgelegt worden. Inzwischen waren daraus zehn Kompanien zu je 100 Mann geworden. Zum Bataillon gehörte auch eine Depot-Kompanie sowie eine Garnison-Kompanie.
Für den Fall, daß sein Antrag auf Entlassung mit Halfpay nicht genehmigt würde, sah Coulon im Veteranen-Bataillon seine »letzte Resource«.
Im Brief vom 20. August 1815 bittet er Henriette um ihre Meinung; zugleich berichtet er über Vorfälle während der letzten Kämpfe:

> »Robertson erzählte mir unter anderem von der schlechten Conduite so das Regt. Cumberland-Husaren in der letzten Schlacht, u. besonders dessen Kommandeur, der Oberst von Hacke, bewiesen hat. Solches hat in der zweiten Linie gestanden, und sowie einige Kanonenkugeln ins Regiment hineingeschlagen, lässt er das Regiment gleich rechts kehrt machen und alle jagen mit verhängten Zuegeln davon. Wellington hat dies beobachtet u. gleich einen Adjudant hinterher geschickt um das Regiment zurueck zu bringen, allein vergebens. Hacke soll gesagt haben, das Regiment wären

lauter Volontairs u. er könne solche nicht aufopfern. Einige Tage nach der Schlacht ist Hacke mit Extrapost nach Braunschweig abgegangen, man sagt, er wird vor ein Court Martial gefordert werden, u. das Regiment muss jetzt auf Befehl von Wellington den Dienst beim Commisariat versehen, wozu sonstens nur alte und schwächliche Leute beigestellt werden, zum Gespötte der ganzen Armee.«

Am 28. August erfährt er, daß drei seiner Kameraden Urlaubspässe erhalten haben. Er wünscht »Gott gebe doch, daß ich endlich meinen Pass heute erhalten möge!«
Sein Wunsch geht in Erfüllung. »Heute Abend bekam ich endlich den so sehr gewünschten Paß von WELLINGTON, er war vom 24. Aug. und mein Urlaub endete sich am 23. Septbr.«
Schon am nächsten Tag sitzt er in der Diligence nach Ath. Sein Bedienter Kohl war dort, um Abschied zu nehmen.
Am 3. September trifft er in London ein, zehn Napoleons hat die Reise gekostet, geht in sein Quartier bei Mistress PARKER, Queens Place, wo er im Juli 1800 bei seinem ersten Aufenthalt in London gewohnt hatte, und sucht einen Oberstleutnant REH auf, der im selben Haus wohnt. Eine böse Überraschung erwartet ihn dort:

»Von diesem hörete ich zu meinem Erstaunen, dass ich als Major beim Veter. Battl. gazettiert worden wäre, es scheint als wenn alles jetzt gegen mir ist, um meinen Entschluss fehlschlagen zu machen; unterdessen habe ich mich fest entschlossen, hier noch alles zu versuchen, um wenn es möglich ist, noch zu meinem Zwecke zu kommen, ich werde deshalb versuchen, noch in dieser Woche vor ein Medical Board zu kommen, vielleicht ist noch nicht alle Hoffnung verloren.
Den 4. Septbr. ging ich nach der Legions Office hin, um mich beim Lt. Colonel LINSINGEN zu melden. Dieser war aber nach Margate zum Seebade abgegangen; ich sprach den jetzigen Capt. u. Brigade Major BENNE, der jetzt allein den Dienst bei der Legion Office versiehet. Dieser sagte mir, dass vom 29. Aug. an ich beim Veteran Battl. angesetzt wäre, und an meiner Stelle der Capt. CRONENFELD wieder beim 1. Battl. als Major angesetzt sei, indem man geglaubt habe, dass diese Versetzung mir angenehm sein wuerde. Ich verwunderte ihn, dass das just das Gegenteil wäre, indem mein einziger Wunsch dahin ginge auf Halfpay zu kommen, und dass ich deshalb vor ein Medical Board wollte. BENNE versicherte mir, dass dies jetzt viele Schwierigkeiten mir machen wuerde, besonders da das Army Medical Board, wie er gehört, scharfe Instructionen habe, keinen Officier, der nicht total unfähig zu allem Dienst sei, um halfpay zu recommandieren, unterdessen, wenn ich es wuenschete, wollte er es sogleich befördern, dass ich den folgenden Tag vor ein Medical Board käme.
Den 5. Septbr. ging ich nach dem Hause hin, woselbst sich das Board versammelte, ich traf daselbst mehr als 20 Officers, teils verwundete, u. teils andere an, und musste von 11 bis 2 Uhr warten, bevor ich vorgelassen wurde. Man examinierte mich sehr genau, ueber meinen Gesundheitszustand, mein Alter und Dienstzeit, sogar musste ich mich entblössen, und man fuehlte mich an der rechten Seite, um genau zu sehen, ob ich auch wirklich an der Leber-Krankheit litte etc. etc. Man entliess mich sodann, und sagte mir, dass das Urteil ueber meinen Gesundheitszustand sobald als möglich der Legion Office zugesandt werden wuerde. – Aus allem diesem zu schliessen glaube ich nicht, dass das Board mir ein Attest geben wird, dass ich unfähig zu ferneren

Militär-Diensten bin, und also auf halvpay gesetzt werden muesste, sondern man wird mich wohl noch tuechtig finden, beim Veteran Battl. Dienste tun zu können, ich werde es bald hören.«

Allen Befürchtungen zum Trotz trifft drei Tage später der Befund ein, den sich Coulon so sehnlich erhofft hatte. Die Untersuchungskomission bestätigt, daß er wegen Alter und Schwachheit zu irgendeinem Militärdienst nicht mehr fähig sei. Unverzüglich schickt Georg den Befund an das »Legion Office« und versäumt nicht, allen Vorgesetzten Meldung zu machen.
Jetzt ist das Warten nicht mehr so belastend. Die Gefahr, ins Veteranen-Bataillon versetzt zu serden, besteht nicht mehr. Er hat Ruhe, sich London anzusehen:

»**Den 20. Septbr.** ging ich nach der City oder alten Stadt LONDON, diese hat nicht so viele schöne und grossen Strassen, als die Neu-Stadt oder Westmuenster, allein es sind darin die mehrsten und grössten Kaufläden und öffentliche Gebäude; ich besahe zuerst die grosse St. Pauls-Kirche, welche nach der St. Petry-Kirche in ROM, die beste in Europa sein soll; sie ist von einer merkwuerdigen Grösse und Umfang, und die beruehmtesten Staatsmänner, Generäle u. Admirals v. England ist hier ein Denkmal errichtet. Von der Gallerie oben am Turm der Kirche kann man ganz LONDON uebersehen. Von dieser Kirche ging ich nach der Börse, ein grosses mächtiges Gebäude, worin sich täglich ueber 1000 Kaufleute versammeln, die nach allen Gegenden der Welt Handlung treiben, und die unter den rundgeformten Bögen des Gebäudes, ihre Geschäfte abmachen. Dieser Bogen ruhet auf mehreren grossen Pfeilern, jeder Pfeiler ist mit einer Inschrift versehen, als z. B. France, Hamburg, Bremen, Tuerkei, Levante etc. etc. unter welche verschiedene Bogen u. Pfeiler die Kaufleute zusammenkommen, die dahin Geschäfte abzumachen haben. Beinahe alle Könige u. Königinnen, so England beherrscht bis auf Georg den 3ten sind daselbst in Lebensgrösse in Stein gehauen, vorgestellt, und die Menge Menschen so man daselbst täglich sieht, ist unglaublich.
Von der Börse ging ich nach der Bank, ein aus gehauenen Steinen geformtes massives Gebäude, das mehrere grosse Sääle enthält, worin die Clerks oder Schreibers sitzen, und die Geschäfte der Bank abmachen. Von einer Office kann man in die andere gehen, und man sagte mir, dass an die 500 Clerks täglich darin arbeiten. Die Ordnung u. Genauigkeit mit der alles betrieben wird, ist zum Erstaunen; unten in den massiv aufgefuehrten Gewölben u. Kellern des Gebäudes ist das baare Gold und Silber befindlich, so die Bank besitzt, unterdessen wird der mehrste Umsatz mit dem Papiergeld oder den sogenannten engl. Banknoten gemacht, welches so gut, ja manchmal besser als das Baare Geld ist und angenommen wird.
Das Ostindische Haus ist auch der Muehe wert zu sehen, woselbst die beruehmte Ostindische Comp. ihre Geschäfte betreibt.
Von da ging ich nach der Londoner Bruecke, bis wohin alle grosse Schiffe die THEMSE herauffahren können; man sieht von der Brücke an bis soweit das Auge reicht nichts andres als ein Wald von den Masten der Schiffe, grosse u. kleine durcheinander, dies sind fast alle Kaufmannsschiffe und allein von der Anzahl, die man auf der THEMSE herunter liegen sieht, bis nach der See zu, kann man schliessen, was fuer eine ungeheure Menge Schiffe England in Besitz hat, was fuer ein ausgedehnter Handel sie nach allen Weltteilen treibt, und dass sie allein die Beherrscherin des Meeres ist. –
Nicht weit von dieser Bruecke ab, ist das steinerne Monument befindlich, welches ein einzelner runder Turm oder Pyramide ist, das zum Andenken der grossen Feuers-

brunst so im vorigen Jahrhundert fast ganz LONDON verwuestete, errichtet worden ist.
Von da ging ich nach dem Tower, eine Art Festung oder Citadelle, das mit einem trocknen Graben, und einer hohen Mauer umgeben ist, und worin gewöhnlich die Staats Gefangenen, die Schuldners und sonstige Verbrecher aufbewahret und unterhalten werden; es ist ein altes Gebäude und liegt an der THEMSE. Das Arsenal darin ist merkwuerdig zu sehen, mehrere 100 000 Gewehre siehet man daselbst in der schönsten Ordnung und aufs beste geputzt, liegen, ausser den vielen Kanonen, Mörsern etc. und ohngeachtet England bekanntlich in einem Zeitraum von ca. 10 Jahren den Spaniern, den Deutschen, Holländern etc. mit mehreren 100 000 Gewehren versehen hat, so siehet man doch hier nicht den geringsten Mangel an allem was Kriege gehöret, alles ist in einer solchen Orndung u. in einer solchen Menge beisammen, dass aus diesem Arsenal alleine, glaube ich, die sämtlichen Europäischen Armeen könnten mobil gemacht werden. Ausser diesem werden darin alle eroberten Fahnen, Standarten, Pauken etc. aufbewahret, die England in den verschiedenen Kriegen zur Beute gefallen sind; auch ist der Platz sehenswuerdig wo die vielen verschiedenen auswärtigen Tiere, die aus allen Weltteilen hierher gebracht sind, aufbewahrt werden. — Von dem Tower besahe ich auf meinem Rueckwege noch das Mansion oder Rathaus, ein grosses massives Gebäude, wo der Lord Mayor Gericht hält, und worin verschiedene grosse und schöne Sääle befindlich sind.
Ich ging von meinem Logis des Morgens um 10 Uhr weg, und da Westminster vom Tower ab, an die 4 engl. Meilen sind, so kam ich erst gegen 5 Uhr Abends wieder nach Hause, ich war garnicht ermuedet, nahm aber beim Zurueckgehen eine gute Schale Tortelsuppe ein, welche mir sehr gut bekam.
Den 4. Octbr. ging ich mit Colonel REH nach Covent-Garden Theater um auch mal dieses Spiel der Engelländer mitanzusehen; dies Theater ist sehr schön, gross u. herrlich erleuchtet, wir gedachten in Pitt zu gehen, welches nur 3 Sh. 6 P. kostet, allein dies war schon vor 6 Uhr gestopft voll, wir mussten also in dem Box-Room gehen, und ein jeder 7 Schilling bezahlen. Wir fanden die Musik schlecht oder wenigstens nicht gut hörbar, welches aber vielleicht die Grösse des Hauses verursachet. Es wurde die Tragädie Jane Shore aufgefuehrt, worin Miss O'NEIL die beste u. Hauptrolle spielte, eine junge wackere Person, nur hat ihre Stimme mehr den Ton einer männlichen als einer weiblichen Stimme. Sie wurde sehr beklatschet, so wie auch noch ein andrer Acteur. Zum Nachspiel wurde die Magpipe oder The Maid gegeben, ein lustiges Stueck, worin getanzt wurde; ein Tänzer u. eine Tänzerin tanzten vorzueglich gut, doch muss ich sagen, dass ich auf dem Hamburger Theater sie noch besser gesehen habe; um 12 Uhr war erst alles vorbei.
Den 13. Octbr. erhielt ich von der Legion Office die Abschrift eines Briefes vom Secretair at War zugeschickt, nach welchem derselbe ein Statement von Major GRUBEN, Capt. BECKER und mir verlanget, was wir während der Zeit wir unter Hannover gedienet, fuer Dienste geleistet hätten, dieses Statement habe ich sogleich am 14. der Legion Office zurueckgesandt, und mich soll verlangen, warum dieses gefordert ist, wahrscheinlich sucht der Secretair at War uns noch allerhand Hindernisse in Ansehung des halvpays für uns auszufinden, gebe Gott, dass es nicht gegruendet sein möge.«

Man sieht, die Herren beeilen sich durchaus nicht, sondern prüfen die Anträge methodisch und ohne Eile. Georg drückt seine Verbitterung am 17. Oktober mit den Worten aus:

»Was Connection u. besonders die Familienverhältnisse, besonders die Deckensche und Linsing'sche in unserem Lande vermögen, sieht man daraus, dass der Capt. Linsingen, der in Dillons Regt. gedient hat, jetzt auf halv pay steht u. allhier in unserem Hause logiert, zum Major beim Calenbergschen Feldregt. statt Schuehen avanciert ist. Da dieser Mann schon lange aus dem hannöverschen Dienst herausgegangen ist u. also mit Recht keine Anspruech auf ein Avancement darum machen kann, hat es durch seine Verwandten dahin gebracht, dass er Major wird u. dadurch manchen rechtlichen Offizier bei den Hannoveranern, die mit Sehnsucht nach Beförderung hoffen, ein Strich durch die Rechnung gemacht.«

Immerhin – die Nachricht, daß für die in Spanien gedienteArmee nun die Summe von 800 000 £ Sterling als Prisengelder an Offiziere und Soldaten verteilt werden sollen, muntert Georg etwas auf. Mit solchen Prisengeldern wurde die Truppe während des Feldzuges bei Stimmung gehalten. Nach dem Feldzug gegen Dänemark beispielsweise erhielten Generale je 1500 Pfund, Stabsoffiziere je 730, Kapitäne 96, Subalternoffiziere 47, Sergeanten 22 und Soldaten 3 Pfund und 6 Sterling. Verwundete erhielten von der »Lloyds Gesellschaft« eine zusätzliche Prämie von 5 Pfund. Als es Angehörigen des 8. Linienbataillons im September/ Oktober 1808 gelang, in die Stadt Damietta einzudringen und dreißig Küstenfahrer wieder flott zu machen, die mit Öl, Wein, Seide und anderen Waren an Land gezogen und im Sand versteckt worden waren, zudem zehn 24pfündige englische Carronaden, acht neapolitanische Kanonen, zwei sechszöllige Haubitzen sowie Munition zu erbeuten, da erhielt jeder der fünfzehn deutschen Artilleristen, die an dem Unternehmen beteiligt gewesen waren, je zwei Pfund und fünfzehn Schilling Sterling Prisengelder. Dieser Betrag entsprach damals etwa 16½ Reichstalern.

Mit der Gewißheit, bald den ihm zustehenden Anteil am Prisengeld zu empfangen, nimmt auch seine Unternehmungslust zu. So stattet er einer Ausstellung im Panorama einen Besuch ab,

»woselbst die Bataille bei Mont-Martre 1814, und die Insel Elba beide separat vorgestellt waren. Dieses ist sehenswert, besonders gefiel mir die Insel Elba, welche so natuerlich vorgestellt war, als wenn wir sie in natura vor uns hatten; die 2 Sh. so dies kostete haben mir nicht gereut.
Heute Abend bekam ich durch Major GRUBEN die angenehme Nachricht, dass mein sowohl als GRUBEN u. BECKER sein Abgang heraus wäre und dass wir vom 25 Octbr. an auf halvpay gesetzt waren, morgen werde ich das weitere von der Legion erfahren.«

Und dann ist es soweit: Am 25. Oktober teilt ihm das »Legion Office« mit, daß er mit Wirkung vom 25. Oktober 1815 Halfpay erhält.

Keinen Tag verliert er mehr. Sogleich erkundigt er sich, wie man die Pension erheben müse. Der zuständige Agent zahlt ihm die noch fällige Gage bis einschließlich 24. Oktober aus. Natürlich geht sofort ein Brief an Henriette ab, in dem er jubelnd mitteilt:

»Endlich, liebste Jette, habe ich doch meinen flätschen Willen erreicht, wonach ich so lange u. so sehnlich getrachtet und bin vom 25. 10. d. J. auf halfpay mit 9 Schillings 6 p. täglich gesetzt.«

Die Reisevorbereitungen halten Georg nicht ab, am 28. Oktober Beobachtungen zu notieren, die er am vorletzten Tag in London gemacht hat:

»Den 28. Octbr. ich habe in LONDON verschiedene arme blinde Leute gesehen, welche durch Hunde geleitet wurden, die sie am Stricke hatten, vor ihnen aufgingen und sie fuehrten; heute sahe ich am Strande einen armen blinden Mann, gleichfalls durch einen Hund gefuehrt. Dieses Tier war zu diesem Zwecke ausserordentlich wohl eingelernt, und man sollte glauben, er hätte Verstand. Er fuehrete seinen blinden Meister am Stricke, trug in seinem Maul eine runde Schachtel, oben offen und unten mit Blech beschlagen. Dieser Hund, wenn er sahe, dass ein wohlgekleideter Mann gegen ihn kam, stand er stille und neigte seinen Kopf und den ganzen Körper, gleichsam als wollte er sagen, gebet doch meinem armen blinden Meister ein Allmosen. Wenn nun der Voruebergehende so barmherzig war, und ein Stueck Geld in die Schachtel warf, legte der Hund die Schachtel an die Erde, und da solche unten mit Blech wie gesagt, beschlagen war, hörte der Blinde durch das Geräusch auf den Steinen, dass sein Hund etwas von ihm bekommen hatte, er nahm sodann seinen Hut ab, u. hielt solchen offen vor sich; der Hund, nachdem er die Schachtel an die Erde gesetzet, nahm ganz subtil das Stueck Geld aus selbiger heraus in sein Maul, ging darauf zu seinem Herrn zurueck und warf es in den Hut, der es alsdann bei sich steckte. Der Hund fuhr dann fort seinen Herrn weiter zu leiten, und continuierte auf dieselbe Art immer fort. Ich sah bei dieser Gelegenheit mehrere Gentlemen's dem Armen ein Allmosen geben, mehr wohl aus Neugierigkeit die Geschicklichkeit des Hundes zu sehen, als aus Mitleiden fuer den blinden Mann. Dem sei nun, wie es wolle, der Blinde erhielt während der kurzen Zeit, da ich ihn bemerkte, ansehnliche Allmosen, und hat diese grösstenteils der Geschicklichkeit seines Hundes zu verdanken, der fuer ihn vom grossen Werte ist. Ob der Blinde oder ein andrer Mann diesen Hund so abgerichtet hatte, konnte ich nicht erfahren.«

Mit diesem Eintrag endet das Kriegstagebuch des Georg v. Coulon. Über seine Heimkehr berichtet dafür Tochter Amalie . . .

Mit »Halfpay« nach Hause

Endlich hatte Georg von Coulon das Dokument in der Tasche, das ihm Pensionierung und Pension sicherte. Am 25. Oktober 1815 unterzeichnete William Disney in der Parliament Street von London die Urkunde, mit der Coulon auf die Liste der ausgeschiedenen Offiziere mit einer täglichen Rente von 9 Shilling 6 Pence, insgesamt 169 Pfund Sterling und 9 Shilling pro Jahr gesetzt wurde. Wie im Tagebuch am 26. Oktober nachzulesen, ärgerte sich Coulon mächtig, daß der Agent Disney ihm 10 Prozent Steuern abzog, da die Jahrespension 150 Pfund überschritt. Auf seinen Einspruch hin wurde jedoch beurkundet, »That it shall be lawful for His Majesty . . . to direct that the Halfpay and Military Allowances of Officiers . . . should be paid . . . net and free from all or any of the Deductions . . .« Er hatte also erreicht, daß er seine Pension ohne Abzug erhielt, wie es in einem Erlaß vom 4. Juli 1815 über Aufhebung gewisser Abzüge vom Halfpay vorgesehen war.

Selbst in der Vorfreude auf das Wiedersehen mit seiner Frau und den Kindern hatte er nicht nachzurechnen vergessen.

Die Ungeduld während der Heimfahrt hinderte ihn freilich daran, die Stationen der Reise mit jener Gründlichkeit zu beschreiben, die das Tagebuch ansonsten kennzeichnet. Über Ostende, Osnabrück und Bremen kehrt er nach Stade zurück; früher als viele seiner Kameraden und schneller als das Veteranenbataillon, als dessen Angehöriger Georg zu seinem Erstaunen und Unwillen am 3. September noch »gazettiert« worden war, so daß er eine Verzögerung der Pensionierung befürchten mußte.

Das Bataillon hatte während der Kämpfe von 1815 zusammen mit zwei englischen Veteranen-Bataillonen den Wachdienst auf der Zitadelle von Antwerpen versehen und verließ erst am 13. Januar 1816 Antwerpen. Es wurde wider Erwarten nicht erst nach England verlegt, sondern direkt nach Osnabrück, das am 2. Februar erreicht wurde; sehr zum Bedauern der Soldaten, die damit gerechnet hatten, in England nach englischem Satz mit voller Gage entlassen zu werden. Am 24. Februar wurde es in Osnabrück aufgelöst; das 1. Linienbataillon, dem Georg von Coulon lange angehört hatte, etwa um die gleiche Zeit in Bücken.

Die Auflösungsordre der Legion war am 23. Dezember 1815 erlassen worden. In ihr hieß es unter anderem, die Kavallerie- und Infanterie-Regimenter sollten jeweils am 24. des Monats aus dem Dienst scheiden, in dem sie im Königreich Hannover eintreffen.

Über 20 Tage dauerte die Heimfahrt. Tochter Amalie war die erste, die ihren Vater sah. In einem Brief an ihren heimlichen Verlobten, Hauptmann August Oppermann, schildert sie den aufregenden Augenblick:

»Ob ich gleich in einer ganz eiskalten Stube sitze, u. die Uhr schon ½11 ist, so muss ich dir, mein einzig bester August, doch noch einige glueckliche schöne Worte zurufen, oh denke es dir, Vater ist bei uns! Heute Nachmittag um 5 Uhr ist er gekommen. Du wirst, und kannst die unendliche Freude, die namenlose Seeligkeit fassen, die mir zu beschreiben unmöglich ist.
Allein jetzt ordentlich erzählt! Da schreit mit einem Male Lina (Schwester Caroline), die allein bei mir war: Vater, Vater, u. läuft zur Stube hinaus. Ich war wie versteinert, u. warf natuerlich alles zur Seite, um ihr schnell zu folgen. Ach! er war wirklich da, ich wollte es garnicht glauben, da ich ihn an mein Herz druecken konnte, ihn wirklich in meinem Armen hielt, da fuehlte ich erst, dass es keine Täuschung war. O, wie war ich dankbar, wie war ich gluecklich!
Es schien mir, als hätte der Himmel uns ihn durch ein Wunder wieder gegeben. August, mein August, solche Augenblicke im Leben, die sind doch mit nichts zu vergleichen.
Lina lief gleich zu Kobbens (die Mutter war dort) u. ich brachte den herrlichen Alten in die Stube, u. konnte ihn nie genug an mich druecken. Immer kam es mir vor, als muesste er dann wieder weg, wenn ich ihn nicht festhielte. Recht bald kam Mutter, u. du kannst dir ihre Gefuehle gewiss leicht denken. Von der heftigen Todesangst, war sie nun mit einem Male so schnell, so ganz unvermutet zur Erfuellung aller ihrer Wuensche gelangt und das Wiedersehen war wirklich himmlisch.
Ach wie war Mutter auch so ganz anders, als nur die ersten Augenblicke vorueber waren, ihr ganzes Gesicht war so heiter, sie versicherte auch, nun habe sie alles erreicht, u. sprang hoch auf vor Freude. Ach so gern schriebe ich nun noch mehr, doch meine Finger sind schon ganz tot. Vater u. Mutter sind noch auf, sie können noch garnicht aufhören, sich sovieles zu erzählen, und vielleicht entdeckt Mutter jetzt ihm unsere Liebe . . .«

Falls Henriette dies nicht an diesem Abend tat, dürfte sie damit nicht lange gewartet haben. Amalie bekam ihren »geliebten Oppermann«, dessen Namen in den Briefen an den Vater des öfteren von der Mama diplomatisch erwähnt worden war. Am 9. Juni 1819 wurde schließlich in Stade geheiratet.
Als Georg nach Hause kam, bestand das größte Problem wohl darin, daß er sich als alter Feldsoldat zunächst in die Rolle eines Familienvaters wieder einleben mußte, der nicht mehr mit Bedienten und Untergebenen, sondern mit Familienangehörigen zu tun hatte.
Für Henriette begann nun ein Lebensabschnitt, der frei von den Sorgen um das Leben und Wohlergehen ihres Mannes war. Dennoch blieb sie nicht von Pflichten verschont, die das Wohl und Wehe der Familie betrafen. Manches gab es zu schlichten und auszugleichen.
Das Glück der wiedervereinigten Familie wäre fast vollkommen gewesen, wenn nicht bald die Belastungen der vergangenen Jahre von Henriette ihren Tribut zu fordern begonnen hätten. Sie hatte sich in den Kriegsjahren nie schonen können, obwohl sie keine besonders kräftige Frau war. So ruhig im Vergleich zur Vergangenheit die Phase des Familienlebens war, – es waren nur noch wenige Jahre der Gemeinsamkeit, die den Eheleuten vergönnt blieben.

Nur wenige Jahre gemeinsamen Glückes

Als Georg von Coulon im November 1815 nach Stade heimkehrte, hatten die europäischen Fürsten und Staatsmänner auf dem Wiener Kongreß nach dem Sturz Napoleons die Neuordnung Europas entschieden. Fast ein Jahr, vom 18. September 1814 bis zum 9. Juni 1815, hatten sie unter dem Vorsitz des österreichischen Staatskanzlers Metternich verhandelt und bis zum Rand eines neuen Krieges untereinander um ihre Ansprüche gestritten. Am 31. Januar 1815 schlossen Österreich, England und Frankreich der polnisch-sächsischen Frage wegen sogar ein Bündnis gegen Rußland und Preußen. Der Zar forderte einen großen Teil der ehemals polnischen Gebiete und wollte dafür Preußen, das Teile des bei der polnischen Aufteilung erworbenen Territoriums an ihn abtreten sollte, mit sächsischem Gebiet entschädigen. Da Sachsens König bei der Völkerschlacht bei Leipzig noch auf Seite Napoleons gekämpft hatte, beanspruchte Preußen ganz Sachsen. Dies wiederum stieß auf Widerspruch, nicht zuletzt auch bei dem Grafen Münster, der Hannover auf dem Wiener Kongreß vertrat. Mit Hilfe Englands gelang es ihm, einer Vergrößerung des preußischen Einflusses insbesondere in Norddeutschland entgegenzuarbeiten und dadurch die Selbständigkeit Hannovers zu bewahren. Im neuen Deutschen Bund wurde Hannovers Stellung sogar noch durch die Erhebung zum Königreich gehoben.

Dieser Graf Münster galt als ein deutscher Patriot. Auf dem Kongreß vertrat er im übrigen auch freisinnige Grundsätze und forderte für die deutschen Staaten konstitutionelle Verfassungen. Dennoch hielt man in Hannover noch am ständischen Prinzip fest und bildete 1814 eine provisorische allgemeine Ständevertretung, die aus zehn Deputierten der alten geistlichen Stifter, 43 ritterschaftlichen, 29 städtischen und drei nichtadligen Abgeordneten bestand. Diese Ständeversammlung sollte in Finanz- und Steuersachen mitentscheiden. Erst im Dezember 1819 wurde eine Verfassung verkündet, welche die Volksvertretung in zwei Kammern teilte. Die Erste Kammer bestand aus einigen Prälaten sowie aus den Standsherren und den Deputierten der Ritterschaft.

Die Zweite Kammer setzte sich aus den übrigen Prälaten sowie aus den Abgeordneten der Städte, Flecken und der freien Landeigentümer zusammen. In der Bürokratie, von der die eigentliche Regierung gestellt wurde, war nach wie vor der Adel vorherrschend.

In der Königlich Deutschen Legion war man schon seit langer Zeit weniger konservativ. Heinrich Heine hat dies in seinen Reisebildern von Norderney bestätigt, indem er darauf hinwies, in der Legion sei das üble Gewohnheitsrecht, daß nur Adlige Offiziere werden konnten, überwunden worden. Das ganze Korps der Deutschen Legion habe viel zur Minderung der Vorurteile beigetra-

gen. »Diese Leute sind weit herum in der Welt gewesen, und in der Welt sieht man viel, besonders in England, und sie haben viel gelernt, und es ist eine Freude, ihnen zuzuhören, wenn sie von Portugal, Spanien, Sizilien, den ionischen Inseln, Irland und anderen weiten Ländern sprechen, wo sie gefochten und ›vieler Menschen Städte gesehen und Sitten gelernet‹, so daß man glaubt, eine Odyssee zu hören, die leider keinen Homer finden wird . . .«
In der Familie von Coulon richtete sich das Interesse zunächst weniger auf die politischen Vorgänge als vielmehr auf ein sehr privates Ereignis: auf die Vermählung von Amalie mit dem inzwischen zum Hauptmann avancierten August Oppermann am 9. Juni 1819.
Lange konnte sich das Ehepaar des Glücks der Neuvermählten und der Großeltern-Freuden nicht erfreuen. Henriettes Gesundheitszustand verschlechterte sich besorgniserregend. 1822 begann sie an einem schon längere Zeit sich äußernden Brustleiden zu kränkeln. Sie erholte sich zwar immer wieder, gab aber doch zu ständiger Besorgnis Anlaß. In der Familienchronik heißt es dann 1823:
»Die Freuden der jungen Mutter Amalie wurde verkuemmert durch die leider zu schnell gerechtfertigte Sorge um ihre eigene Mutter, deren Brustleiden einen immer bösartigereren Charakter annahm, und schließlich den plötzlichen Tod der trefflichen Frau Henriette von Coulon in ihrem 56.ten Lebensjahre am 10. Juli 1823 durch einen Blutsturz herbeiführte.«
»Ein seit 1791 geknüpftes in jeder Hinsicht glückliches Eheband wurde damit zerrissen«, hieß es in der Trauerrede von Garnisons-Prediger und Consistorialrat Schilling in der Garnisons-Gemeinde Stade. »Ein so gehaltvolles Leben, als das Leben unserer Verewigten, war zwar einer längeren Dauer, aber auch des schönen Todes würdig, der es schloß. Schnell und schmerzlos ging sie aus den Armen der Liebe in die Wohnungen des Friedens . . . Zum hohen Troste gereicht dies dem tiefgebeugten Witwer, dem schmerzlich erschütterten Sohne und den in zärtlicher Wehmuth trauernden drei Töchtern und dem tiefempfindenden Schwiegersohn . . .«
Die Familienchronik berichtet, daß »bei dem herben Schmerz über diesen unersetzlichen Verlust der edelsten, aufopfernden Mutter, der treuesten Beraterin u. stets liebevollen Vermittlerin im Familienkreise« der Todesfall auch eine wesentliche Umgestaltung der häuslichen Verhältnisse veranlaßte.
Vater Coulon verkaufte sein bisheriges Wohnhaus, das neben der Wilhardi-Kirche in Stade stand, und siedelte mit seinen ledigen Töchtern Luise und Caroline zur Oppermannschen Familie über. Tochter Amalie übernahm von da an den gesamten Haushalt.

Geduldig, treu und ehrenwert bis zum letzten Atemzug

67 Jahre alt war Georg v. Coulon, als er seine Frau Henriette verlor. Nur vier Jahre hatten sie nach dem Krieg zusammen sein und sich ihrer Kinder erfreuen können. Für Georg muß der Verlust der Gattin ein schwerer Schicksalsschlag gewesen sein, tragisch und schwer zu ertragen wie seine Jugendzeit. Die unglückseligen Verhältnisse, unter denen seine Eltern zusammenlebten, hatten lange über ihn und seine Brüder Schatten geworfen. Ihnen war es zuzuschreiben, daß er erst so verhältnismäßig spät Offizier werden und den Rang eines Majors erreichen konnte.

Die vier Brüder – Friedrich Ludwig, Georg August, Wilhelm Friedrich und Rudolf August – wurden erst 1786 durch den König als ehelich Geborene anerkannt. Das war zu spät für den schon 32jährigen Friedrich Ludwig und fast zu spät für den auch schon 30 Jahre alten Georg von Coulon, für die beiden jüngeren Brüder aber gerade noch rechtzeitig genug, um sich in die ihnen dem Namen und der Herkunft nach damals gebührende Offiziersschicht einzugliedern.

Friedrich Ludwig, der Älteste, schaffte es mit 41 Jahren gerade bis zum Sergeanten; er starb in armseligen Verhältnissen 1825 in Grund am Harz.

Wilhelm fand – wie wir wissen – den Tod auf der Rückfahrt von Dänemark nach England im Jahre 1807 als Capitain, Rudolf, der jüngste der vier Brüder, starb 1799 in Stade im Alter von 33 Jahren als Fähnrich an den im Felde erhaltenen Wunden.

Georg hatte es also in der militärischen Hierarchie am weitesten gebracht. Aber er war bereits 50 Jahre alt, als er als Legionsoffizier nach England ging. Zahlreiche jüngere Offiziere hatten ein älteres Patent als er. Es muß für ihn nicht leicht gewesen sein, sich damit abzufinden. Diese Umstände dürften zu seinem eher zurückhaltenden Wesen und der Neigung beigetragen haben, seine Gedanken und Beobachtungen nur guten Freunden und seinem Tagebuch anzuvertrauen.

Wer kritisch sein will, neigt vielleicht dazu, die mitunter sehr detaillierte Berichterstattung als pedantisch zu bezeichnen. Ein Mitglied der Königlichen Gesellschaft der Wissenschaften, der Königlich Großbritannische Major a. D. N. Ludlow Beamish, hat in seiner »Geschichte der Königlich Deutschen Legion« diese Art anders gekennzeichnet. Er charakterisiert die Hannoveraner als »standhaft, furchtlos, gemäßigt, und brav; ihrem Könige treu – ihrem Vaterlande ergeben – die dargebotenen Bestechungen entehrender Knechtschaft mit Verachtung von sich weisend – und ihre theuersten Interessen willig der Freiheit und dem Rechte opfernd.«

Fast könnte man seine Worte, die der »Kings German Legion« gelten, als eine Beschreibung Coulons betrachten:

»... gleichviel ob unter Italiens mildem Himmel oder auf Hollands sumpfigem Boden – in Spaniens Gebirgen oder in den eisigen Gefilden des Nordens – in den geselligen Kreisen des Friedens oder unter dem Waffengeräusch ... zu allen Zeiten und an allen Orten – ist es derselbe tapfere, sanftmüthige, geduldige, treue, ehrenwerthe deutsche Soldat!«

Nicht weniger anerkennend sprach sich im Juni 1811 Wellington in einer Depesche über die Legion aus:

> »Es ist nicht möglich bessere Soldaten zu haben, als es die eingeborenen Hannoveraner sind, und es würde sehr wünschenswerth sein, die hier bei der Armee auf der Halbinsel dienenden Bataillone der Königlich Deutschen Legion durch einen Schlag solcher Leute von den Depots aus verstärkt zu sehen.«

Es lag also nichts näher als die Vermutung, man würde nach dem Frieden nunmehr die erfahrenen Offiziere, Unteroffiziere und Mannschaften der Königlich Deutschen Legion zum Stamm der neu zu bildenden hannoveranischen Armee machen.
Georg von Coulon wäre zwar dafür nicht mehr in Frage gekommen. Aber es hätte ihm sicher Genugtuung gegeben und seinem Sinn für Gerechtigkeit und vernünftiges Handeln entsprochen, wenn so verfahren worden wäre. Beamish vertritt die Meinung, man hätte »die deutsche Legion als eine Fortsetzung der bei Lauenburg aufgelösten churhannoverschen Armee betrachten, deren würdigste Trümmer unter den ehrenvollsten Gefahren, die es für den patriotischen Krieger geben kann, nicht aufgehört hatten, ihrem Könige zu dienen, und welche diese Dienste durch Erfolge besiegelt hatten, die in der Geschichte jener denkwürdigen Feldzüge mit Recht eine glänzende Stelle einnehmen und behaupten werden. Die Hoffnung ihr Vaterland zu retten, und einst frei und glücklich wieder zu sehen, hatte bei den mehrsten jener Männer die erste Veranlassung gegeben, jenseits des Meeres ihre Kräfte und ihr Leben dem nämlichen Ziele zu widmen, welches sie bis dahin verfolgt, und welchem diejenigen, die zu einer späteren Zeit den britischen Fahnen zueilten, mit Aufopferung ihres Vermögens, ja mit Gefahr ihres Lebens nachgestrebt hatten!
So stand die Legion im Jahre 1815 als ein Corps da, welches durch die höchste kriegerische Ausbildung sich die bleibende Anerkennung der englischen Nation und des unsterblichen Feldherrn erworben hatte, unter dessen Leitung sie so wesentlich zum Siege gegen einen übermächtigen Feind mitgewirkt hatte. – Ein Corps wie es in solcher innern Stärke nicht leicht übertroffen sein dürfte.«

Aber es kam anders. In Hannover war in den Jahren 1813 und 1814 eine neue Armee aufgestellt worden. Dabei war nicht nach den Gesichtspunkten von früher ausgewählt worden. »Es war unvermeidlich, in diese Armee die verschiedenartigsten Elemente aufzunehmen«, schreibt Beamish vorsichtig, doch ein Blick auf die Tatsachen lehre überzeugend, »wie schwer es sein mußte, diese fremden und selbst widerstrebenden organischen Theile zu einem Ganzen zu vereinigen. Wenn auch der Patriotismus des Einzelnen und der lebendige Haß gegen Frankreich zu guten Erwartungen berechtigte, so war doch die Zeit zu kurz und der Wiederausbruch des Krieges zu schnell erfolgt, um in dieser Beziehung zu irgend sicheren Resultaten führen zu können. Selbst das vortreffliche, ja glorreiche Benehmen, welches mehrere der neu organisirten hannoverschen Bataillone in der Schlacht von Waterloo an den Tag legten, enthielt keine vollständige Bürgschaft für den Fall einer längeren Dauer des Krieges. Der größere Theil jener Truppen war außerdem nicht ins Feuer gekommen. Die Legion bestätigte und erhöhte an diesem Tage den schon erworbenen Ruhm ihrer früheren Thaten.«

Den neuen Offizieren waren königliche Patente verliehen worden, die durch die Patente der »Legions-Offiziere« nicht geschmälert werden sollten. Offiziere der Legion mußten also bei einem Eintritt in die neue Armee ihres Heimatlandes, dem sie so viele Jahre unter großen Gefahren gedient hatten, unter Umständen in Kauf nehmen, unter Offizieren dienen zu müssen, die weder ihre Kriegserfahrung noch ihr Dienstalter hatten oder aber – was auch im Bereich der Möglichkeiten lag – unter Napoleon gekämpft hatten, während die Legionäre ihr Leben im Kampf für die Freiheit ihres Heimatlandes gegen Napoleon einsetzten.

Nun – Georg von Coulon hatte keinen militärischen Ehrgeiz mehr, nachdem es ihm gelungen war, mit Halfpay nach Stade in den Kreis der Familie zurückzukehren. Er hatte erreicht, was er sich vorgenommen hatte: den Krieg überstehen und mit Anstand und Würde den Uniformrock ausziehen dürfen.

1820 war der Prinzregent als Georg IV. König von Hannover geworden und hatte das Land streng aristokraitsch regiert. Für Georg war die Zeit also weitergegangen, wie er es gewohnt war.

Nach dem Tod seiner Henriette war er in das Haus seines Schwiegersohnes umgesiedelt. Man darf annehmen, daß sein Leben dadurch nicht nur an Inhalt, sondern auch an Wert verloren hatte. Jedenfalls setzte er sich schon im März 1827 an den Schreibtisch, um den Bestand seines Vermögens für ein Testament genauestens zu erfassen. Das Barvermögen belief sich auf 5343 Taler. Das neugekaufte Haus hatte einen Wert von 3600 Talern; 2900 Taler waren bereits abgezahlt.

So genau wie er sein Tagebuch geführt hatte, war auch das Testament aufgesetzt. Er überlebte es um sieben Monate. Am 12. Oktober 1827 starb Georg von Coulon, Major der Königlich Deutschen Legion a. D., im Alter von 71 Jahren.

Anhang

1. Einige Fachbegriffe und Fremdwörter

Algarbien	Königreich; Provinz in Portugal, Hauptstadt Faro
Arrière-Garde	Nachhut
Avant-Garde	Vorhut
Batavische Republik	1795–1806, von Frankreich errichtete niederländische Republik
Brigg	Brigantine, Schiff mit zwei Masten
Bandeliersblech	Blechbeschlag am Schulterriemen der berittenen Truppe
Charge	heftiger Angriff
Chasseurs à Cheval	Jäger zu Pferd
Chene	gemeint: gêne = Hindernis, Hemmung
Cisalpinische Republik	1797 vom damaligen General Bonaparte gebildete Republik; sie umfaßte die Lombardei, das Herzogtum Modena, die Fürstentümer Massa und Carrara, die Romagne, Teile des Herzogtums Padua sowie des Schweizer Kantons Graubünden, Hauptstadt Mailand. 1802 in Italienische Republik, 1805 in Königreich Italien umgewandelt
Courtinen	Mittelwälle einer Befestigung
Diligence	Postkutsche
Doceur	Geschenk (frz. Douceur)
Fahrenheit	Temperaturskala, bei der 32° F = 0° Celsius sind und 212° F = 100° C. 84° F sind also 28,9° C
Genie-Offizier	heute = Pionier-Offizier
Halbmond	Teil einer Befestigungsanlage, nach ihrer Form benannt
Helvetische Republik	1798–1803, von Frankreich errichteter Schweizer Einheitsstaat
Hetrurien	Etrurien; auch Tuscia, an der Westküste von Mittelitalien
Hornwerk	nach seiner Form benannter Teil einer Befestigungsanlage
Jakobiner	Mitglieder des bedeutendsten politischen Klubs in der Franz. Revolution; nach der Tagungsstätte im ehem. Jakobskloster der Dominikaner in Paris benannt
Kasimir	Kaschmir
Kutter	Frachtensegler, Boot mit 1 Mast
Ligurische Republik	1797–1805, von Frankreich aus der Adelsrepublik Genua geschaffen
Linienbataillon	Infanterie-Bataillon; 1. B. = leichtes Bataillon
Organs	Organzin; Kettenfaden für gute Seidenstoffe
on account of . . .	englisch: auf Rechnung von . . .
Subsistenz	Sorge für den Lebensunterhalt
Sybarit	Schlemmer; nach einer italienischen Stadt Sybaris benannt
Tschako	hohe, oben abgeflachte, meist lederne Kopfbedeckung
Vendémiaire	erster Monat des in der Französischen Revolution eingeführten Kalenders (22. 9.–21. 10.)

Einige Erläuterungen zu den im Text genannten Währungen

Crusado	portugiesische Münze: Cruzado; 1 C. = 2,416 Mark
Dollar	spanische Münze; ersetzte das alte span. Achtrealenstück
Ducat	Dukaten; 1 Dukaten sollte den Wert von 9,60 . . . Mark haben.
Frank	Franc in Frankreich; 1795 für den Livre eingeführt; zunächst in 10, dann in 100 Centimes unterteilt. 1 F = 81 Pfennig, das 20-F-Stück = 16,20 Mark
Guinee	engl. Münze zu 21 Schilling = 21,45... Mark
Mark	deutsche Münzeinheit = $\frac{1}{3}$ Thaler; Geldrechnung nach Mk. war in Norddeutschland üblich. Einteilung dort in 16 Schilling zu 12 Pfennig
Napoleon d'or	20-Franc-Stück in Gold = 16,20 Mark
Pistole	spanisches und französisches Goldstück = 17,3... Mark
Sterling	englische Währung; das Pfund Sterling = 20,4295 Mark
Thaler	nach Gehalt, Herkunft und Gepräge erhielt er verschiedene Namen. Bis 1821 war der preußische Thaler auf $1\frac{1}{2}$ Gulden gesetzt = 3,006 Mark. Seine Einteilung war nicht einheitlich. In Hannover hatte er 24 »gute Groschen« zu je 12 Pfennig, in Sachsen 30 Groschen zu 10 Pfennig, Abkürzung des Reichsthaler »RT«

Über Kaufkraft und Paritäten sind im Text mehrere Beispiele enthalten:
40 Millionen Crusados = 100 Millionen Francs
6 Guinees = 17 Thaler 12 Groschen
6 Pistolen à 13 Mark 4 Schilling (Hamburger Währung) = 26 Thaler 24 Schilling
1 Pfund Sterling = 42 Francs

Die Kaufkraft wurde durch die Kriegsereignisse regional stark beeinflußt. So kaufte v. Coulon einmal ein Lamm für 1 Dollar; ein anderes Mal erhielt er dafür nur ein Huhn, für ein Pfund Fleisch mußte er 2 Schilling bezahlen, was etwa dem Wert von 2 Mark entspricht.

Wegmaße

League, lieue, Legua	Wegmaße, die aus der altgallischen Leuca abgeleitet sind. Auf sie wurden in England, Frankreich, Spanien und Portugal 3 Meilen gerechnet. Es wurde zwischen der geographischen Meile und der Landesmeile unterschieden. Die geographische Meile hieß auch **deutsche Meile** und war gleich 4 Seemeilen = 7420,438 m.; Die **englische Meile** entsprach 5000 Fuß = 1523,986 m; sie betrug $\frac{1}{3}$ League; Die **französische Lieue** de post maß 3898,07 m; Die **spanische Legua** nueva war 6687,24 m lang.

2. *Verzeichnis ausgewählter Namen (soweit im Text nicht hinreichend identifiziert)*

Alten	von, Oberstleutnant, später General, K.G.L.
Bentinck	William Henry Cavendish, Lord, brit. General, geb. 1774, gest. 1839; 1811 Gesandter am Hofe des Königs von Neapel, Oberbefehlshaber der britischen Streitkräfte auf Sizilien; später u. a. Generalgouverneur in Ostindien
Berg	Herzog von, s. unter Murat
Blücher	Gebhard Leberecht, Fürst Blücher von Wahlstatt (1814), preuß. Feldmarschall, geb. 1742, gest. 1819
Boni, Buno	Spitzname für Bonaparte
Davout	franz. Marschall, geb. 1770, gest. 1823; behauptete Hamburg bis 1814; schloß nach der Schlacht bei Waterloo den Waffenstillstand mit den Alliierten am 3. 7. 1815
Drevsen	»die Drevsen« ist die Frau eines Leutnants namens Drewes
Dyonisius	Dionysos, der griechische Gott des Rausches
Enghien	Louis Antoine Henri, Herzog von; geb. 1772, gest. 1804; wurde von Napoleon im badischen Ettenheim unter dem Vorwurf der Verschwörung verhaftet und durch Erschießen hingerichtet
Ferdinand IV.	wurde König von Neapel, als sein Vater Karl III. König von Spanien wurde; verlor Neapel an die Franzosen; verheiratet mit Maria Karoline
Fichte	Johann Gottlieb, deutscher Philosoph, geb. 1762, gest. 1814; stellte sich von 1806 an in den Dienst der Erhebung gegen Napoleon, »Reden an die deutsche Nation«
Franz II.	deutscher Kaiser 1792–1806, Kaiser von Österreich 1804–1835 als Franz I., geb. 1768, gest. 1835; verzichtete unter Druck von Napoleon 1806 auf die röm.-deutsche Kaiserwürde; 1810 Schwiegervater Napoleons durch Heirat seiner Tochter Marie Louise
Goltermann	Bankier
Hardenberg	Karl August, Fürst von, preuß. Staatsmann, geb. 1750, gest. 1822; schloß 1795 den Baseler Frieden, hielt bis 1806 an der Seite von Haugwitz an der preuß. Neutralitätspolitik fest, ab 1810 preuß. Staatskanzler
Haugwitz	Christian, Graf von, preuß. Staatsmann, geb. 1752, gest. 1832, schloß 1805 den Vertrag von Schönbrunn und 1806 in Paris den Bündnisvertrag mit Napoleon; wurde von Hardenberg nach der Schlacht bei Jena gestürzt
Jansen	Peter, Anlaufstelle für Briefe zwischen dem Ehepaar v. Coulon, Gastwirt in Husum
Kleist	Heinrich von, Dichter, geb. 1777, gest. 1811; 1807 in Berlin von den Franzosen der Spionage verdächtigt und ein halbes Jahr in Haft; rief zur nationalen Erhebung auf
Maria Karoline	Königin von Neapel, Tochter von Maria Theresia (Erzherzogin von Österreich) u. Kaiser Franz I.; seit 1768 mit Ferdinand IV. verheiratet
Moreau	Jean Victor, französischer General, geb. 1763, gest. 1813; Führer der Rheinarmee 1796/97 und 1800, Sieger von Hohenlinden; 1804 als Gegner Napoleons verbannt; kämpfte auf russischer Seite und wurde in der Schlacht bei Dresden tödlich verwundet

Murat	Joachim, französischer Marschall (1804), geb. 1767, gest. 1815, König von Neapel 1808–1815; 1800 Heirat mit Napoleons Schwester Karoline; 1806 Großherzog von Berg; 1808 Joachim Napoleon I., König von Neapel; 1814 Bündnis mit Österreich gegen Frankreich; 1815 verkündet er die Unabhängigkeit ganz Italiens, wird im Kampf gegen Österreich gefangengenommen und erschossen.
Nettelbeck	Joachim, preußischer Volksheld, geb. 1738, gest. 1814; half dem Kommandanten von Kolberg, Gneisenau, als Bürgerkommandant bei der Verteidigung gegen die Franzosen
Ney	Michel, französischer Marschall, Herzog von Elchingen (1808), Fürst von der Moskwa (1813), geb. 1769, gest. 1815
Pichegrü	Charles, franz. General, geb. 1761, gest. 1804; eroberte die Niederlande 1794/95, schlug den Jakobineraufstand 1795 in Paris nieder, nahm an einer Verschwörung royalistischer Kreise teil und verübte Selbstmord
Schill	Ferdinand von, preuß. Offizier, geb. 1776, gest. 1809; Husarenregiment »Freikorps« Schill; fiel in Stralsund; 11 Offiziere seines Regiments wurden 1809 in Wesel von den Franzosen erschossen
Sch.	Abkürzung für Schultze, Kaufmann im Stade, der Henriette v. Coulon öfter Geld lieh
Soult	Nicolas, Jean, franz. Marschall (1804), Herzog von Dalmatien (1807), geb. 1769, gest. 1851; 10. 4. 1814 bei Toulouse von Wellington besiegt; 1830–1834 Kriegsminister; 1839 Außenminister; 1840–1842 Kriegsminister
Saint-Cyr	Laurent Gouvion, franz. Marschall (1812), Marquis (1817), geb. 1764, gest. 1830; 1812 Führer des bayerischen Korps im Rußlandfeldzug; 1815, 1817–1819 Kriegsminister der Bourbonen
Talleyrand	Charles Maurice, Herzog von (1812), franz. Staatsmann, geb. 1754, gest. 1838; 1797 Außenminister (bis 1799 und unter Napoleon bis 1807); setzt sich nach Napoleons Niederlage für die Rückkehr der Bourbonen ein; 1830–1834 Botschafter in London
Wellington	Arthur Wellesley, Herzog von; brit. Feldherr und Staatsmann, geb. 1769, gest. 1852; bis 1818 Oberbefehlshaber der Besatzungstruppen der Verbündeten in Frankreich; u. a. engl. Ministerpräsident 1828–1830; Minister unter Peel von 1841–1846
Yorck	von Wartenburg, Ludwig Graf (1814), preuß. Feldmarschall, geb. 1759, gest. 1830; befehligte das preußische Hilfskorps Napoleons 1812, schloß 1812 die Konvention von Tauroggen mit den Russen; rief mit Freiherr von Stein zur allgemeinen Volkserhebung auf; Führer eines Korps unter Blücher
York	Frederick, Herzog von, geb. 1763, gest. 1822; 1791 Heirat mit Prinzessin Friederike von Preußen; 1794 von Pichegru in den Niederlanden als Befehlshaber der engl.-hannoverschen Armee geschlagen

3. Eine abschließende Bemerkung: Quellen, Literatur und Abbildungen

»Tagebuch des Georg von Coulon, 1806–1815« steht mit schön geschwungener Schrift auf dem Deckel des 21 × 17 cm großen, dicken Heftes. Auf 255 Seiten hat der »Capitain, später Major der K. D. Legion« seine Gedanken und Beobachtungen niedergeschrieben, neun Jahre lang, beinahe jeden Tag. Manche Eintragung ist kaum zu entziffern, die Tinte zum Teil verblaßt, einige Seiten hat Regen verwaschen. Zusammen mit vielen Briefen, über 170 Jahre alten, lag es in einer Truhe im Haus des mir befreundeten Ehepaars Pfäffle, sorgsam behütet, denn die Dame des Hauses, Frau Ursula, geborene Kreutz von Scheele, ist eine Nachkommin der bewundernswerten Henriette von Coulon, der im Tagebuch ein so wunderbares Denkmal der Treue, Tapferkeit und Fürsorge gesetzt worden ist. Es wurde mir angeboten, das Tagebuch zu lesen und »vielleicht zu veröffentlichen«. Dies ist nun geschehen.

Ohne die Vorarbeit von Herrn Heinz Kreutz von Scheele, Kolsva/Schweden, der die Schrift entziffert und übertragen hat, wäre das Vorhaben unendlich mühsam gewesen. Ihm gebührt hierfür und für die von ihm gesammelten Daten und Aufzeichnungen zur Familiengeschichte der Familie von Coulon, auf die ich zurückgreifen durfte, nachträglich großer Dank. Diesen schulde ich auch Herrn und Frau Pfäffle für ihr Vertrauen und ihre Unterstützung.

Am Text der Eintragungen wurde nur in seltenen Fällen etwas korrigiert, auch an der fast nur aus Beistrichen bestehenden Interpunktion nur dann, wenn die Gefahr von Mißverständnissen bestand. Freilich mußte kräftig gestrichen werden, wo Wiederholungen oder Unwesentliches den Leser ermüdet hätten. Der Stil wurde nicht verändert; der Einfluß des Englischen und Französischen auf die deutsche Sprache, der sich auch heute wieder im militärischen Sprachschatz, aber keineswegs nur dort, bemerkbar macht, sollte nicht verwischt werden.

Über die Königlich Deutsche Legion gibt es eine reichhaltige Literatur. Erwähnt sollen jedoch nur die Bücher werden, die auch vom Autor für dieses Buch herangezogen wurden:

Die »Geschichte der Königlich Deutschen Legion« von N. Ludlow Beamish (Hannover 1832); die »Geschichte der Kgl. dtsch. Legion 1803–1816« von Bernhard Schwerdtfeger (Hannover/Leipzig, 1907); Fr. Xav. Rigel: »Der siebenjährige Kampf auf der Pyrenäischen Halbinsel« (Rastatt 1821). –

Farbig und aus englischer Sicht beschreibt Roger Parkinsons »The Peninsular War« (London 1973) den Krieg auf der spanischen Halbinsel. Über Napoleon und die Französische Revolution wertvoll: »Napoleon« (dva Stuttgart) von Friedrich Sieburg, »Napoleon« (Lübbe, Berg.-Gladbach) von David Chandler, »Napoleon« (Heyne, München) von Vincent Cronin und die an Inhalt reiche »Lingens Illustrierte Weltgeschichte« (Band 3). – Als Quellen wurden ferner benutzt: Philip

Haythornthwaite: »Die Uniformen der Schlacht von Waterloo« (Heyne, München) und »Der moderne Kleinkrieg« (Holzner, Würzburg) von Frhr. von der Heydte.

Ganz besonders ist zu danken den Verlagen und ihren Autoren, aus deren Veröffentlichungen Bildvorlagen verwendet wurden. Es sind dies: »Die Schrecken des Krieges« von Paolo Lecaldano, Paul List Verlag, München; »Seestücke aus dem Leben des Richard Bolitho« von A. Kent, Ullstein Verlag, Berlin; »Die Uniformen der Schlacht von Waterloo« von Philip Haythornthwaite, Wilhelm Heyne Verlag, München; »The Peninsular War« von Roger Parkinson, Hart – Davis Macgibbon, London; »Alte Uniformen«, Südwest Verlag, München; »Segel erobern die Welt«, Verlag J. F. Schreiber, Esslingen, Union Verlag, Stuttgart. Das Gemälde vom Sieg der Spanier über die Franzosen bei Bailé verdanke ich dem spanischen Generalkonsul in Stuttgart, Herrn Carlos Villanueva. Die übrigen Abbildungen stammen aus Privatbesitz sowie älteren Werken, die Herr Tutenberg, Leiter der Wehrbereichsbibliothek V, Stuttgart, freundlicherweise besorgt hat.

J. K.

Der Autor

Joachim S. Kannicht, Jahrgang 1918, Humanistisches Gymnasium, Abitur, 1937 zur Wehrmacht.
Offizier, Kriegsdienst und Gefangenschaft bis 1946.
Nach dem Krieg Studium an einer Technischen Hochschule und freie Mitarbeit an Architekturzeitschriften sowie Pressediensten.
Verantwortlicher Redakteur der »Internationalen Presseschau«, Stuttgart, Mitarbeiter vieler deutscher und ausländischer Zeitungen.
Rundfunkkommentare und zahlreiche Sendungen über politische und kulturelle Themen.
Pressereferent eines wirtschaftspolitischen Bundesverbands. PR-Tätigkeit in einer süddeutschen Werbeagentur.
Politischer Redakteur bei den »Stuttgarter Nachrichten«, Ressortleiter, Chef vom Dienst.
Chefredakteur einer Tageszeitung des Zeitungsverlags. Schwerpunkt: Außen- und Sicherheitspolitik sowie Verteidigungs- und Streitkräftefragen.
Preis der Deutsch-Atlantischen Gesellschaft für Berichterstattung über die NATO. Bundesverdienstkreuz wegen des journalistischen Beitrages zur Integration der Bundeswehr und der amerikanischen Streitkräfte in die Gesellschaft.
Buchveröffentlichung 1982: »Die Bundeswehr und die Medien.«

Der Autor über das hier vorgelegte Werk »Und alles wegen Napoleon«:
»Das Tagebuch des Georg von Coulon ist mit einer unglaublichen Menge detaillierter Informationen über die vom Krieg betroffenen Menschen angefüllt. Als Troupier stand Coulon den Nöten und Sorgen der Soldaten näher, als ein hoher General.
Die Aufgabe bei der Auswertung des Tagebuches mußte vor allem darin bestehen, die Details zu ordnen und in einen größeren Zusammenhang zu stellen; auch zum Tageswerk eines Redakteurs gehört es, Wichtiges von Unwichtigem zu trennen und in Beziehung zum Zeitgeschehen zu setzen.«

ATLANTISCHER OZEA
Kgr. Irland
Limerick
Dublin
Drogheda
Wexford
Cork
Carlisle
Newcastle
Dogger-Bank
Ripon
Preston
Marston-Moor
York
Chester
Hull
Wales
Derby
Newark
England
Naseby
Norwich
Worcester
Cambridge
Bristol
Oxford
London
Newbury
Amsterdam
Haag
Taunton
Exeter
Plymouth
Scilly-In.
Dover
Portsmouth
Portland
Tor Bay
Wight
Boulogne
Calais
Dieppe
Amiens
Cherbourg
Le Havre
La Hougue
Brest
Rouen
Compiègne
Bretagne
St Germain
Versailles
Reims
Paris
L'Orient
Rennes
Le Mans
Fontainebleau
Quiberon
Les Ponts de Cé
Orléans
Nantes
Blois
Loire
Tours
Dijon
Vendée
KGR. FRANKREICH
Nevers
Ré
Oléron
La Rochelle
Montpensier
1529 unt. d. Bourbonen
Angoulême
Lyon
Pompadour
Bordeaux
Gironde
Kamisarden
Grenoble
Bayonne
Bidassoa
S. Sebastian
Montauban
Toulouse
Montpellier
Nimes
Avignon
Pau
Marseille
Narbonne
Toulon
Roussillon 1659 franz.
Coruña
Finisterre
Oviedo
León
Oporto
Braganza
Valladolid
Burgos
Pamplona
Coimbra
Salamanca
Duero
Ebro
Andorra
Cardona
KGR. PORTUGAL
KGR.
Zaragoza
Lérida
Gerona
S. Ildefonso
El Pardo
Villaviciosa
Katalonien
Barcelona
Alcántara
Toledo
Madrid
Tajo
Elvas
Aranjuez
Tarragona
Tortosa
SPANIEN
Guadiana
Olivenza
Valencia
Balearen
Menorca
1708-83 brit.
Port Mahon
Mallorca
Ibiza
Cordoba
1700 (1713) bourb.
Almansa
Sevilla
Guadalquivir
Murcia
Cadiz
Malaga
Granada
Cartagena
Str. v. Gibraltar
Tanger
Gibraltar
1704 (1713) brit.
Ceuta span.
Peñon de Velez
Marsalquivir
FES UND MAR
Algier
Constantine
MITT
Kgr. genues.

Euro

Kopenhagen
Blekinge
Brömsebro
Schonen
Karlskrona
GR. DÄNEMARK
Malmö
Bornholm
Schleswig
Rügen
Stralsund
Holstein
Wismar
Lübeck
Pommern
Danzig
Hamburg
Mecklenbg.
Stettin
Hannover
Fehrbellin
Bromberg
Thorn
Brandenburg
Berlin
Posen
Kassel
Leipzig
Sachsen
Fraustadt
Hessen
Dresden
Breslau
Schlesien
Frankfurt
Prag
Böhmen
Olmütz
Mähren
Bayreuth
Ansbach
Nürnbg.
Stuttg.
Regensbg.
Brünn
Straßbg.
Donau
Bayern
München
Österreich
Wien
Konstanz
Salzbg.
Steiermark
Graz
Innsbruck
Tirol
Kärnten
Trient
Laibach
Krain
Triest
Venedig
Mantua
Parma
Modena
Bologna
Lucca
Florenz
Toskana
1737 habsb.
San Marino
Ancona
Tolentino
Kirchenstaat
Stato d. Presidi
Viterbo
Rom
Tiber
Chieti
Pontecorvo
Benevent
Neapel
Salerno
1714 österr.
1735 bourb.
Bitonto
Bari
Tarent
Otranto
Tyrrhenisches M.
Sardinien
österr.
(savoyisch)
Cagliari
Palermo
Messina
Reggio
Sizilien
Catania
Augusta
Syrakus
Repbl. Venedig
Adriatisches M.
Dalmatien
Herzegowina
Rep. Ragusa
Cattaro
Skutari
Montenegro
Durazzo
Albanien
Korfu
Ionische In.
Kephalonia
Zante
Parga
Janina
Liwadia
Morea
Memel
Königsberg
Litauen
Tauroggen
Kowno
Wilna
Grodno
Minsk
Kgr. Preußen
Wehlau
Bialystok
Pultusk
KGR. POLEN
Praga
Brest Litowsk
Pinsk
Warschau
Radom
Maziejowize
1697–1763
unter sächsischen Kön
Lublin
Klissow
Sandomir
Wolhynien
Berditschew
Krakau
Lemberg
Brody
Galizien
Podhajce
Podolien
Kamieniez
Weichsel
Bartfeld
Neusohl
Munkacz
Chotin
Czernowitz
Preßburg
Kaschau
Bukowina
Neuhäusel
Erlau
Debreczin
Moldau
Jassy
Raab
Ofen
Pest
Gr. Wardein
Eisenbg.
KGR. UNGARN
Klausenbg.
Siebenbürgen
St. Gotthard
1687(99) österr.
1688(99) österr.
Szegedin
Maros
Drau
Temesvar
Lugos
Hermannst.
Agram
Mohacs
Banat
bis 1718 türk.
Kronstadt
Slawonien
Peterwardein
Slankamen
Kleine
Große
Walachei
Bihać
Karlowitz
Bukarest
österr.
Bosnien
Belgrad
Grozka
Passarowitz
1718–39
Donau
Serajewo
Serbien
Widin
Nikopolis
Sistowa
Bulgarien
Nisch
Morawa
Sofia
Philippopel
Rumelien
Üsküb
Wardar
Kawala
Saloniki
Lemnos
Larissa
Tenedos
Mytilene
Euböa
Chios
Naxos

n 1785